改訂

板書&展開例でよくわかる

田中 洋一【編著】

指導と評価が見える

365日の全授業

中学校国語 3年

JN240405

明治図書

はじめに

　現行学習指導要領は，自ら学び自ら考えるなどの「生きる力」の育成を目指すという点や，学校教育法に示されたいわゆる学力の三要素である「基礎的な知識及び技能」「課題を解決するために必要な思考力，判断力，表現力その他の能力」「主体的に学習に取り組む態度」をバランスよく養うという点で21世紀を迎えて始まった教育改革の延長にあるものである。

　1998年に告示された平成10年版学習指導要領は，「ゆとり教育」というキャッチコピーを文部科学省自体が付けたことにより評価は分かれてしまったが，覚える量を減らしてでも生徒が考える時間を確保し，主体的な学びを実現しようという画期的なものであった。間近に控えた21世紀に生きる子供たちを育てるという意図の明確に出た学習指導要領であった。

　それに続く平成20年版学習指導要領，平成29年告示の現行学習指導要領は確実にその方針を受け継いでいる。これらの学習指導要領は，社会の変化に対応し，自らの課題に積極的に取り組み，自力で解決していく能力の育成を求めている。国語科でも論理的な思考力の育成を中心に据え，目的や場面に応じて適切に理解したり表現したりする能力を育てることに重点をおく改善がなされた。特に，生徒自身の手による課題解決を中心に据える授業を目指した。これらの改善は一定の成果を挙げることができたが，国語科においては，言語活動を目的と勘違いさせるようなメッセージが発せられたこともあり，授業改善は十分でない部分もあった。

　さらに，その後の今日的課題として，Society 5.0の社会における学びの在り方，特に個別最適化への対応，GIGA スクール構想への対応，SDGs 達成のための資質能力の育成など新しい課題が山積し，さらなる授業改善が求められているのである。今，学校現場では学習指導要領の趣旨を受け，新しい教育課題に対応した授業の実現のために，先生方の創意工夫に満ちた授業が展開されている。日本の教育は優秀で誠実な先生方の努力で支えられているのである。

　本書は，光村図書の教科書教材を用いており，指導事項などは教科書の編集趣意に沿っているが，指導方法や生徒の言語活動には各執筆者たちの研究成果に基づく工夫が凝らされている。執筆に当たったのは21世紀国語教育研究会の会員の先生たちである。本会は東京都を中心とする中学校の管理職を含む教員による会で，発足から21年，会員数約150名の組織である。常に生徒の主体性を引き出し，国語好きを育てる授業を心掛けており，月に一度の定例会や年に一度の全国大会，執筆活動などで切磋琢磨している。本書の基本的な執筆方針は第一章に述べているのでご覧いただきたい。

　本書が，中学校の国語科授業に携わる全国の先生方のお役に立てば幸いである。

編著者　東京女子体育大学名誉教授　　田中洋一

本書の使い方

単元構想のページ

単元の目標と評価規準を，三観点で示しています。

単元構想に役立つ教材の特徴と，身に付けさせたい資質・能力について解説しています。単元計画と授業づくりに役立ててください。

---

2 多様な視点から

クマゼミ増加の原因を探る （4時間）

1 単元の目標・評価規準

・情報と情報との関係の様々な表し方を理解し使うことができる。　　〔知識及び技能〕(2)イ
・文章全体と部分との関係に注意しながら，主張と例示との関係などを捉えることができる。
　　　　　　　　　　　　　　　　　　　　　　　〔思考力，判断力，表現力等〕C(1)ア
・文章と図表などを結び付け，その関係を踏まえて内容を解釈することができる。
　　　　　　　　　　　　　　　　　　　　　　　〔思考力，判断力，表現力等〕C(1)ウ
・言葉がもつ価値を認識するとともに，読書を生活に役立て，我が国の言語文化を大切にして，思いや考えを伝え合おうとする。　　　　　　　　　　「学びに向かう力，人間性等」

知識・技能	情報と情報との関係の様々な表し方を理解して使っている。	((2)イ)
思考・判断・表現	「読むこと」において，文章全体と部分との関係に注意しながら，主張と例示との関係などを捉えている。	(C(1)ア)
	「読むこと」において，文章と図表などを結び付け，その関係を踏まえて内容を解釈している。	(C(1)ウ)
主体的に学習に取り組む態度	粘り強く表現の効果について考え，学習の課題に沿って自分の考えを発表しようとしている。	

2 単元の特色

教材の特徴

　本単元は，小見出しによって論の展開が分かりやすく示されており，展開を捉えやすい。また，その論の展開は，仮説を立てそれを解明することを重ねることで「クマゼミ増加の原因」に迫っていくという科学的な検証方法に沿っている。そして結論で筆者は「世間一般にいわれていることをうのみにするのではなく，科学的な根拠を一歩一歩積み上げて臨む姿勢が大切である」と主張している。

　また，意見の確かさを補足するために，数多くの図表を用いることで読者の理解を促している。文章と図表などを結び付けながら，その関係を踏まえて内容を解釈する力を養うためのテキストとして最適である。本文と図表などをどのように結び付けると理解が深まるのかを考えさせながら読み進めていきたい。

身に付けさせたい資質・能力

　本単元では，学習指導要領C(1)ア「文章全体と部分との関係に注意しながら，主張と例示との関係などを捉える」力を育成することに重点を置く。この資質・能力を身に付けるための言語活動として「構成（否定された説を入れたこと）が効果的であったかどうかについて考える」活動を設定する。

　また，本教材は，前述したように本文と図表などの結び付きを考えるのに最適な文章である。そのため，C(1)ウ「文章と図表などを結び付け，その関係を踏まえて内容を解釈すること」や〔知識及び技能〕(2)イ「情報と情報との関係の様々な表し方を理解して使うこと」についても関連して指導する。

3　学習指導計画（全4時間）

時	○主な学習活動	☆指導上の留意点　◆評価規準
1	○単元の目標を確認する。 ○本時の目標を確認する。 ○新出漢字・新出語句について確認をする。 ○教科書を通読する。 ○文章を読んでみて気付いたことや疑問に思ったことを共有する。 ○振り返りをする。	☆学習に見通しがもてるようにする。 ◆意欲的に文章の内容を理解しようとしている。【主】
2	○本時の目標を確認する。 ○本文を図示して，内容を捉える。 ○まとめたものを発表する。 ○振り返りをする。	☆情報における既習事項と結び付けながら指導する。 ☆図示して情報を整理することで，文章の構成や内容を捉えられるようにする。 ◆情報と情報の関係の様々な表し方を理解して使っている。【知・技】
3	○本時の目標を確認する。 ○図形と文章のつながり，図表の特徴，効果，役割について考える。 ○まとめたものを発表する。 ○振り返りをする。	☆グループごとに図表等を振り分けて，本文とのつながり，図表等の効果や特徴，その役割について分析させる。 ◆文章中に示された図や表と関連させて文章の内容を理解している。【思・判・表】
4	○本時の目標を確認する。 ○自分の考えをつくる。 ○班で考えを共有する。 ○班の考えをクラスで共有する。 ○振り返りをする。	☆表現の効果について自分の考えをもたせる。 ◆文章全体と部分との関係に注意しながら，主張と例示との関係などを捉えている。【思・判・表】 ◆粘り強く表現の効果について考え，学習の課題に沿って自分の考えを発表しようとしている。【主】

単元全体の学習指導計画を一覧できる表です。主な学習活動が記載されているので，おおまかな流れをつかむことができます。評価規準は毎時の評価規準例と合致しています。指導上の留意点と合わせて付けたい力の見通しをもちましょう。

本時のページ

本時の指導の重点と，展開に即した主な評価規準の例を示しました。

生徒に示す本時の目標を明記しています。

ダウンロードして使えるワークシートがあります。改変可能な Word データですので，学級の実態に応じてアレンジして使ってください。（ダウンロードのためのパスワードは目次ページに記載しています）

各時間の授業の要所（ポイント）を示しています。

 クマゼミ増加の原因を探る
（1／4時間）

指導の重点
・語句の意味を確認し，本文の内容を捉えさせる。

本時の展開に即した主な評価規準例（Bと認められる生徒の姿の例）
・意欲的に文章の内容を理解しようとしている。【主】

生徒に示す本時の目標
語句の意味を確認し，本文の内容を捉えよう

1 導入
T：セミについて知っていることは何がありますか。知っていることをワークシート①に書き出してみましょう。 ⬇️ **WS1**

○普段は，あまり意識して考えることがないと思われるので，生活の中でセミについて知っていることを振り返らせる。生徒からは次のようなことが挙がると考えられる。
・夏になると鳴いている
・アブラゼミ，クマゼミ，ニイニイゼミ…
・地中で生活している
・抜け殻がよく落ちている
・地上で羽化すると一週間ぐらいの命
・液体をかけられたことがある

> **ポイント　本文に興味をもたせる**
> 生徒に生活の中で聞いているセミの鳴き方などを思い出させる。普段，聞いている鳴き声がどのような種類のセミのものなのか意識させる。また，実際にデジタル教科書などを使って音声を聞かせることで，セミや本文に興味がもてるようにする。

2 新出漢字・進出語句を確認
T：この単元に出てくる新出の漢字と語句を確認します。ワークシートの②〜④を解きましょう。
○新出漢字の読みの確認をする。
○新出語句の意味を例文を基に自分なりに考えて書く。分からない語は辞書を引かせる（タブレット等で調べさせてもよい）。
○新出語句を使って例文をつくらせる。

> **ポイント　語彙の獲得**
> 本文を読んで困らないように本文で使用される新出漢字や語句についてあらかじめ確認しておく。辞書やタブレット等を使用して意味を調べることは大切であるが，前後の文脈を利用して自分の言葉で言い換える作業も有効である。ここではできる限り自分の言葉で言い換えさせたい。

3 教科書を通読する
T：では教科書を読んでいきます。本文の書き方の特徴として気付いたことを挙げてもらいますので，どのような特徴があるのかを意識しながら読み進めましょう。また，先ほど確認した新出漢字や語句が，どこで使われているのかを確

74 ● 2　多様な視点から

準備物：ワークシート，国語辞典

> ## クマゼミ増加の原因をさぐる
>
> 本時の目標
> 語句の意味を確認し，本文の内容を捉えよう
>
> 1
> ・夏になると鳴いている
> ・アブラゼミ、クマゼミ、ニイニイゼミ…
> ・地中で生活している
> ・抜け殻がよく落ちている
> ・地上で羽化すると一週間くらいの命
> ・液体をかけられたことがある
>
> 5
> ・見出しが付けられていた。
> ・見出しで段落が分かれていた。
> ・図表や写真がたくさん使われていた。
> ・実際に調べた事実が書かれていた。
> ・筆者の日ごろの経験をきっかけに研究を進めている。
> ・仮説を立てて検証している。

展開に沿った具体的な板書例を提示しています。

認してください。また，意味の分からない語句があれば線を引いておき，後で調べましょう。
○範読するかデジタル教科書を使用して音声を聞かせ，その後読ませる。

4　気付いたことや疑問に思ったことを書く
Ｔ：本文を読んで気付いたことや疑問に思ったことがあれば，ワークシートの5に書き出してみましょう。
○気付いたことや疑問に思ったことをできるだけたくさん書くよう促す。
Ｔ：全体で，気付いたことや疑問に思った点を共有します。各自一つずつ挙げてください。
○気付きや疑問点を整理して板書する。
　〈予想される生徒の発言〉
　・見出しが付けられていた。
　・見出しで段落が分かれていた。
　・図表や写真がたくさん使われていた。
　・実際に調べた事実が書かれていた。
　・筆者の日ごろの経験をきっかけに研究を進めている。
　・仮説を立てて検証している。など

5　次時の確認をする
Ｔ：次の時間は内容を整理していきます。

○生徒が見通しをもてるようにする。

6　振り返りをする
Ｔ：本時の目標は「語句の意味を確認し，本文の内容を捉えよう」でした。新出語句の意味を確認し，本文のおおまかな内容を捉えることができたでしょうか。ワークシートに今日の学習の振り返りを記入をしましょう。
○ワークシート「振り返り」の欄に，記入させる。

予想・期待される生徒の発言・作品例を適宜掲載しています。

CONTENTS

目次

ワークシートについて

本書でマーク記載のあるワークシートは,
右の QR コード, または下記 URL より
無料でダウンロードできます。

※教材のご利用には Microsoft Office が必要です。

※データは, お使いの PC 環境によって
　レイアウトが崩れる場合があります。あらかじめご了承ください。

URL 　　　：http://meijitosho.co.jp/491327#supportinfo
ユーザー名：491327
パスワード：365chukokugo3

第1章 これからの国語科の授業が目指すもの ──授業づくりのポイントと評価

第2章 365日の全授業 3年

＊本書の構成は，光村図書出版株式会社の教科書を参考にしています。

第 **1** 章 これからの国語科の授業が目指すもの
——授業づくりのポイントと評価

I 国語科で育てる学力

1 学校教育において育成を目指す資質・能力

　平成29年に告示された現行学習指導要領は，育成を目指す資質・能力として全教科共通に次の三点を示している。

- ・「何を理解しているか，何ができるか（知識・技能）」
- ・「理解していること・できることをどう使うか（思考力・判断力・表現力等）」
- ・「どのように社会・世界と関わり，よりよい人生を送るか（学びに向かう力・人間性）」

　これらを，授業等の教育活動を通して育成することになっている。当然，教科指導においても，目標に反映させ，評価の観点や規準に取り入れることが求められている。

　これを受けて「『令和の日本型学校教育』の構築を目指して（答申）」（令和3年）では，2020年代を通じて目指す学校教育の姿として，「個別最適な学び」「協働的な学び」「主体的・対話的で深い学び」「ICT の活用」等をキーワードにし，学校教育の充実を提言しているのである。

2 国語科の課題

　国語科に関する児童・生徒の意識調査は多くあるが，それらの共通点として小学校中学年あたりから，「退屈で面白くない」教科であると感じる児童・生徒が増え，中学生になると「答えがあいまいで学習しにくい」と感じる生徒が増えるようになる。さらに「教師と意見が合わないと正解にならない」と思う生徒も増える。その結果，国語は好きな教科でなく，どのように勉強したらよいか分からない教科であると感じる生徒が多くなる。

　もともと国語科は文字を獲得する初期以外は，新しいことを学ぶというよりも，すでにある程度できることをスパイラルに学び，資質・能力を向上させていく教科である。したがって前述した課題は教科の特性にも関連するが，それだけでなく，授業の流れが明確でなく，子供の思考をいざなう深い学びが少ないという課題が現状の授業にあることは否めない。

　国語の授業の陥りがちな特徴には次のようなものがある。

○生徒がある程度できる教科であるので，「読み方」や「書き方」の技能を指導していない。
　したがって，読むこと，書くことなどを経験させているだけの授業が多い。この結果，国語の得意な生徒はよいが，苦手な生徒は学習効率が悪い授業になり，成就感ももてなくなる。
○文章を読んで内容を理解する課題と，読み取った内容について自分の考えをもつ課題が混在

していることが多い。この結果，生徒は自由に考える課題でも，自信がもてず深く考えようとしない。また国語の学習方法が分からないという生徒が増えることにもなる。

本書ではこれらの課題に対し，生徒が言葉を駆使して言語活動をすることの楽しさを味わえるように工夫した。また生徒が成就感を味わえるように学習の道筋を明確にしている。

Ⅱ　国語科の授業改善の視点

1　「知識及び技能」と「思考力，判断力，表現力等」

現行学習指導要領国語の特色に「知識及び技能」と「思考力，判断力，表現力等」の育成方針が明確化されたことが挙げられる。というのは長い間，国語科はこの両者を明確に分けて来なかったからである。平成元年版学習指導要領の実施に伴い導入された観点別学習状況の評価では，多くの教科で「知識・技能」と「思考・判断」を分けて示したのに対し，国語科では，教科の特質により，領域ごとに独自の指導事項と評価規準を設けてきた。これについては評価の分かれるところであるが，少なくとも生徒に教えることは教え，考えさせることは考えさせるという教育の基本の上では課題が多かったのである。そこで今回の学習指導要領では「知識・技能」と「思考・判断」の指導事項を分けて示し，育成する資質能力を明確にしたのである。

本書では，この考えに基づき「知識及び技能」は，固有の知識及び技能を習得させるとともに，それらを既有の知識及び技能と関連付けて活用できるようにしている。文法や漢字についても丸暗記するのではなく，文章を読んだり書いたりする中で使える知識として身に付けさせることを目指している。また，「思考力，判断力，表現力等」については，生徒に考えさせるための課題設定や展開を工夫して，深い思考をいざなう授業を提案している。

2　主体的・対話的で深い学び

現行学習指導要領は，「主体的・対話的で深い学び」を通して生徒の学力を育てることを求めている。本書もその趣旨に沿った授業提案をしている。本書の基本的な考えは以下である。

まず「主体的」な学びについてである。例えば体育の短距離走の時間に，教師が「今日は50メートル走を10本ずつ走る」と指示し，生徒は汗だくになって走る。このような学習を主体的な学びと言うだろうか。生徒が一生懸命に学習していることは間違いないが，主体的と言うには違和感がある。それは，生徒が教師の指示通り活動しているだけで，自身の思考や工夫が見られないからである。これに対して，五輪選手と自分の走り方をビデオで比べ，自分の走り方の短所を見付け，それを直す練習方法を各自工夫するという事例なら主体的な学びと言えよう。要は生徒自身が考えて課題に取り組むことが主体的な学びの条件になるのである。

次に「対話的な学び」である。これは，他者の意見に触れることにより自分の考えを吟味したり再構築したりすることである。話合いはその一方法である。

このような主体的・対話的な学びを通じて考えを深めることが深い学びである。本書では，まず生徒に自分の考えをもたす。次に交流し他者の意見に触れる。最後に交流の成果として自分の考えを深めるという過程を基本としている。（時数によっては一部を省略している）

3 「読むこと」における深い学び

「読むこと」は国語科の授業の中で最も多く行われる活動であるが，これにもそれぞれの段階があることに留意する必要がある。読みの段階を三つに整理すると次のようになる。

【文学的な文章の場合】
○第一段階の読み
　叙述を正しく読み，書かれていることを捉える。（登場人物や背景，粗筋等を捉える）

○第二段階の読み
　直接，表現されていないが，表情，動作等の叙述や，前後の展開などから，誰が読んでもほぼ同じように読めるところを読む。
　例１）「楽しそうに話していたＡ君とＢ君だが，Ａ君が突然立ち上がり，ドアをバタンと閉めて出て行った」（前後の状況や動作から，感情の行き違いがあったことを読み取る）
　例２）「彼女はその話を聞いて肩を落とした」（「肩を落とす」という慣用的な表現から心情を読み取る）等である。

○第三段階の読み
　叙述されていないことを，周辺の叙述を基にして想像しながら読む。
　例）「メロスを最後まで支えたものは何だったのか」
　友情，正義感，家族愛，プライド，国王への意地等，叙述を読みながら，一番大きな要素であると思われるものを考える。

このように，第一段階は誰が読んでも同じ答えになる基礎的な課題である。第二段階も読み手による多少の違いはあっても概ね同じ線上の解釈になる。

それに対して，第三段階の読みは，読み手が自分の考えで深める読みである。もちろん叙述を土台にすることが必要であり単なる空想ではない。第一段階，第二段階の読みを基にして，それに読み手の感性を加えて読むのである。これは多様な読みが許容される読みで，かなり広い範囲の「正解」がある問いである。このような問いを単元の中心に据える。それにより，生

徒は「私は〜と読む」という意見がもて，自分の解釈や感想と異なる他者の意見を聞くことにより，新たな気付きをもったり自分の読みに確固たる自信をもったりするのである。結果として文学を味わうことの奥深さと，それを追究することの楽しさに気付き，生徒のさらなる主体性を引き出すことにもなる。現状の授業には第三段階の読みの課題もあるが，実際は第一段階から第三段階までのものが混在していることがあり，生徒は「国語は答えがあいまいで勉強しにくい」「先生のまとめに納得しにくい」などの感想をもつことが多くなっている。

【説明的な文章の場合】
○第一段階の読み
　叙述を正しく読み，書かれていることを捉える。

○第二段階の読み
　叙述されていることを整理しながら読む。（事実と意見とに分ける。問題提起の部分と結論の部分を整理する。段落の意味を捉え，段落相互の働きを捉える等）である。

○第三段階の読み
　書かれている内容や論の展開に対して，評価，選択，補充等，自分の考えをもちながら読む。
　例１）環境問題についての三つの提言があるが，自分にとって最も大事だと思うのはどれか。
　例２）環境問題を論じている二人の学者の意見のうち，論の展開に納得がいくのはどちらか。

　文学的な文章の授業と違い，従来の説明的な文章の授業は，ほとんどが第二段階の読みで終わっている。第三段階の読みは，PISA 調査で示されているリーディング・リテラシーを活用した読みと同じ方向性で，読み取ったことを活用したり，それを基に自分の意見をもったりする読みである。これらは学習指導要領に示された「考えの形成」に該当する読みである。21世紀型学力として変化の激しい社会において自ら考え，主体的に解決し，よりよく生きていくために必要な力を育てる学習活動と位置付けられる。
　第三段階の読みの課題を授業の中心的な位置に設けることで，文章を正しく理解するだけの授業から一歩進むことができる。そして各生徒がそれぞれ自分なりの考えをもつことで主体的な学びが成立する。第一段階や第二段階の読みでは答えが一つに集約されるので交流しても答え合わせに終始してしまうが，多様な考えが生まれる課題であるからこそ対話的学びが充実し，深い読みにつながる。このように他者と意見交流をしながら自分の読みを追求していく行為は文章を読むことの面白さそのものであり，生徒の意欲を引き出すのにも有効である。

4 「書くこと」「話すこと」における深い学び

　「書くこと」と「話すこと」の表現活動は，一般には理解の活動よりも思考・判断の力を育てると思われがちである。しかし，これも生徒に何を考えさせ，どこで工夫させるかを想定し，課題を設定しないと活動すること自体が目標になってしまう傾向がある。

(1) 「書くこと」の場合

　例えば行事作文や，読書感想文などは作文課題の定番と言えようが，これらには「何のために書くのか」「誰が読むのか」という表現活動に必須の条件が設定されていないことが多い。

　生徒は相手や目的に応じて，素材を文章化する対象として整理し，表現や文体，用語などを工夫する。文章の長さも本来は，相手や目的に応じて必要な分量で書けることが文章力の一つと言えよう。「これから運動会を終えてという作文をする。内容は自由，原稿用紙四枚以上」という指示は，生徒が考えるための必要な情報を何も与えていないのである。

　これが例えば「部活動でお世話になっている近所のご老人のＡさん（実在の人物）が，君たちの運動会を楽しみにしていたのだが，あいにくお仕事で来られなかった。Ａさんに，自分たちの運動会がこんなに楽しかったということをお知らせする手紙を書こう」という設定ならどうであろうか。相手はＡさんという実在の人物である。目的は，「運動会を見たがっていてかなわなかったＡさんに，運動会が楽しかったことをお知らせする」である。

　生徒はこの設定により，まず運動会という行事の中で，楽しかったことが伝わる（当然Ａさんが喜んでくれる）場面やエピソードを探すことになる。つまり運動会という素材を文章の対象に応じて整理するのである。そこにはＡさんという人物の人間性や，自分たちとの関わりの程度，また中学生の運動会における「楽しさ」の解釈などが必要である。このような経緯をたどって文章がつくられていく。また「相手」が既に知っている情報は不要であり，必要な情報だけを選ぶという作業も行われる。またＡさんに通じる言葉や失礼でない表現を選ぶこともする。さらに，クラス全員がそれぞれ手紙を書くなら，それに相応しい長さはどのくらいかを考えることも必要になる。これら全てが適切に判断できることが文章力なのである。

　このような条件を設定することで推敲も，より有効な活動として設定できる。推敲を学習活動に設定する場合は次のように整理することが有効である。

　○推敲Ａ→誤字，脱字，主述や係り受け，呼応のねじれ等。誤っている部分を正しく直す。
　○推敲Ｂ→相手に対して目的が達成される文章になっているかどうかを確認する。
　○推敲Ｃ→より高いレベルを目指して表現や構成を磨く推敲。日記や随筆なら，そのときの
　　　　　　心情をより適切に表す語を探す。報告文や記録文などでは，無駄な表現をそぎ落
　　　　　　として，より分かりやすくするなどの視点で文章を直す。

授業で推敲させることは多いが，教師の指示が明確でないと，ＡＢＣのどのレベルの推敲を
してよいのか生徒は分からない。一般に推敲Ａは正誤を扱うので，誰が推敲しても結果はほぼ
同じになるはずである。推敲Ｂは深い学びのための推敲と言える。推敲に臨む姿勢は，読み手
になったつもりで目的が達成されているかを確認しようとする試みである。前述の例で言えば，
地域のご老人のＡさんになったつもりで読み，運動会の楽しさが伝わるかどうかという視点で
推敲することである。相手と目的を意識した作文の仕上げに相応しい推敲である。推敲Ｃは，
筆者の思いや感覚の問題に踏み込む推敲である。推敲ＡとＢは相互推敲にも適しているが，Ｃ
は文章力のある生徒ほど他者のアドバイスに違和感を覚えることが多い。その場合は相互推敲
でなく，感想交流とすることが適切であろう。
　このように推敲の目的を明確にすることで，生徒が深く考える活動となるのである。

(2)「話すこと」の場合

　スピーチやプレゼンテーションなどの表現活動の場合は，作文と同様に「相手」と「目的」
を明確に設定することで，生徒の思考は深まる。例えば自己紹介の3分間スピーチなどを実施
する場合にも，目的は「自己紹介」，相手は「クラスの友達」という程度の設定でなく，より
生徒の思考を深めるように設定する。目的や相手は生徒に付けたい力を考慮し，実施する時期
などに合わせて，例えば次のように設定することが考えられる。「新しいクラスになって3ヶ
月が過ぎた。普段一緒のクラスで生活しているので，学校での様子はかなり分かり合えてきた。
今日は，普段見せない自分の別の面を紹介して，より親しくなってもらおう。」
　これにより，目的と相手が明確になる。目的は「より親しくなってもらう」ことであるから
紹介するエピソードはみんなからポジティブな印象をもたれるものでなくてはならない。また
相手は3ヶ月間一緒に生活してきたが，まだ自分のことはよく知らないことがある友達である
ので，野球部に入っているとか数学が得意だとかのみんなが知っている情報は，あまり価値が
ないことが分かる。みんなが意外に思い，その結果，自分の好感度が上がる内容を考えること
になる。生徒が内容や表現について思考したスピーチをするような設定が大切なのである。
　以上の例から分かるように，要は生徒一人一人に自分の考えをもたせる課題を設定すること
が深い学びにつながるのである。そして，その課題を解決するという明確な目的をもたせるこ
とである。考えるということは個人の能力や適性に応じて行われるし，対話的な学びはほかと
の違いを認識することになるので，個別最適の面からもふさわしい学びである。本書はできる
だけこのようなプロセスを通して，生徒の深い学びを達成しようとする事例を紹介している。

Ⅲ　ICT の活用

　文部科学省は，生徒一人一人に個別最適化され創造性を育む教育を実現するため，ICT 環境

を充実するよう求め，１人１台の端末や高速大容量の通信ネットワークを整備する方針を示し，それは実現しつつある。現在は ICT の有効性について吟味しながら使っている段階である。したがって ICT を使うことが有効である場面では積極的に使う姿勢が望まれよう。

　国語科における ICT の活用については，例えば情報の提示や整理の場面，意見集約の場面等が最も効果的に機能するところであるが，その情報を吟味したり評価したりするのは人間である。したがって情報の量や考える時間等は人間が対応できることを想定した設定が必要である。ICT の機能は日進月歩に向上しているので，ICT の長所と短所も刻々変わるが，常に学習者である人間を中心とした配慮が必要である。本書では，全国で ICT 環境にまだ差があることを考慮した上で，ICT を活用した事例を示している。

Ⅳ　目標と評価規準の設定

　学習指導要領の改訂に合わせて，国立教育政策研究所による「評価規準の作成，評価方法等の工夫改善のための参考資料」が示されている。今回の資料は，学習指導要領の規定から評価規準を作成する際の手順を示している。それを要約すると次のようになる。

1　単元の目標の設定

　年間指導計画や前後の指導事項を確認し，系統的な指導になるように目標を設定することが基本である。本書では各単元における指導事項を，光村図書の内容解説資料にある指導事項配列表に従って作成した。光村図書は全国の先生方の目安になるよう，一単元に多めの指導事項を設定していることがあり，その場合は全ての指導事項を指導しなくてもよく，年間を通して学習指導要領の全ての指導事項が指導できればよいという考えである。本書はそれを承知で，できるだけ示された全ての指導事項と評価規準を示した。それは，読者の方がどの指導事項を選んでも参考になるようにという配慮である。また本書独自の展開を試みて，光村図書の示した指導事項以外のものも設定していることがある。したがって指導事項が多すぎると感じられることもあるだろうが，編集の趣旨をご理解いただき，適宜，選択して活用していただきたい。

　○「知識及び技能」の目標
　　本単元で指導する学習指導要領に示された「指導事項」の文末を，「〜している」として作成する。
　○「思考力，判断力，表現力等」の目標
　　「知識及び技能」と同様に，本単元で指導する学習指導要領に示された「指導事項」の文末を「〜している」として作成する。
　○「学びに向かう力，人間性等」の目標
　　いずれの単元についても当該学年の学年目標である「言葉がもつよさを〜思いや考えを伝え合おう

とする」までの全文をそのまま示す。

2　単元の評価規準の作成

指導事項を生かし，内容のまとまりごとの評価規準を作成することが基本である。

○「知識・技能」の評価規準の作成
　当該単元で育成を目指す資質・能力に該当する〔知識及び技能〕の指導事項について，その文末を
「〜している」として「知識・技能」の評価規準を作成する。なお単元で扱う内容によっては，指導
事項の一部を用いて評価規準を作成することもある。

○「思考・判断・表現」の評価規準の作成
　当該単元で育成を目指す資質・能力に該当する〔思考力，判断力，表現力等〕の指導事項について，
その文末を「〜している」として「思考・判断・表現」の評価規準を作成する。なお指導事項の一
部を用いて評価規準を作成することもある。評価規準の冒頭には当該単元で指導する一領域を
「（例）『読むこと』において〜」のように明記する。

○「主体的に学習に取り組む態度」の評価規準の作成
　a「知識及び技能を習得したり，思考力，判断力，表現力等を身に付けたりすることに向けた粘り
　強い取り組みを行おうとする側面」と，b「粘り強い取り組みを行う中で，自らの学習を調整しよ
　うとする側面」の双方を適切に評価する。文末は「〜しようとしている」とする。

　本書では，国の示した評価の趣旨を尊重して評価規準を作成している。しかし，実際の授業
で指導と評価が一体化するために，毎時の指導事項と評価規準は，より具体的に授業展開に沿
ったものを示している。
　以上の編集趣旨をご理解いただき，参考にしていただけると幸いである。

（田中洋一）

第2章　365日の全授業　3年

世界はうつくしいと
続けてみよう

1　単元の目標・評価規準

・理解したり表現したりするために必要な語句の量を増し，語感を磨き語彙を豊かにすることができる。　　　　　　　　　　　　　　　　　　　　〔知識及び技能〕(1)イ
・言葉がもつ価値を認識するとともに，読書を通して自己を向上させ，我が国の言語文化に関わり，思いや考えを伝え合おうとする。　　　　　　　　「学びに向かう力，人間性等」

知識・技能	理解したり表現したりするために必要な語句の量を増し，語感を磨き語彙を豊かにしている。　　　　　　　　　　　　　　　　　　　　　　　　((1)イ)
主体的に学習に取り組む態度	詩に表現されている内容に着目し，粘り強く考察しようとしている。

2　単元の特色

教材の特徴

　本教材は教科書の表紙裏に位置するもので，教科書を開くと一番初めに目に飛び込んでくる詩である。目にするものに「うつくしい」と感じてはいるものの，はたして普段その言葉を口にしているだろうか。この詩は読者に「自分は普段うつくしいという言葉を使っているだろうか」と問いかける機会を与えてくれる。読者が感じた内容を交流したくなるような作品であり，交流の中で他者の意見を聞くことにより自分の考えを深めることができる教材である。

身に付けさせたい資質・能力

　中学校の最終学年ということも意識し，既習の知識・技能の確認に終わらせず，その知識を用いて詩の世界を深く味わう力を育てる。また，詩を「他者が作った作品」という認識だけで読むのではなく，自分の知識や経験と照らし合わせて読むことにより，豊かな読書活動ができる力を付けさせる活動とする。

3 学習指導計画（全1時間）

時	○主な学習活動	☆指導上の留意点 　◆評価規準
1	○この詩の形式上の特徴を確認する。 ○詩を読み，注目した表現について自分の意見をもつ。	☆今まで学習した知識が定着しているか確認する。そしてこの詩の中で反復法や省略がどのような効果をもたらすのかに注目させる。 ◆詩に用いられている語句や表現に注目して詩から読み取れることをまとめている。【知・技】 ◆詩について考えた内容を交流し，他者の意見も踏まえて自分の考えをまとめようとしている。【主】

世界はうつくしいと
続けてみよう

指導の重点

・詩の中の語句に着目し，語感を磨き語彙を豊かにさせる。
・詩に表現されている内容について考察させる。

本時の展開に即した主な評価規準例（Bと認められる生徒の姿の例）

・詩に用いられている語句や表現に注目して詩から読み取れることをまとめている。【知・技】
・詩について考えた内容を交流し，他者の意見も踏まえて自分の考えをまとめようとしている。【主】

生徒に示す本時の目標

　詩に表現されている内容に着目し，自分がどのように感じたり，考えたりしたかについて分かりやすく表現しよう

1　詩の知識についての確認　⬇ WS

T：今から黙読をしましょう。
○黙読する。
○詩の形式上の分類，内容上の分類を確認する。
T：この詩の形式上の分類は何でしょう。
　・口語自由詩
T：では，内容上の分類は何でしょう。
　・叙情詩
T：この詩では何度も「うつくしいと」という表現が使われています。ここには二つの表現技法が用いられています。それは何かを確認しましょう。
　・反復　　・省略
T：反復を用いると，一般にどのような効果が表れますか。
　・印象に残る
　・リズムが整う
T：省略を用いると，どのような効果が表れますか。
　・余韻が残る

T：「うつくしいと」の表現はどのような効果がありますか。
　・うつくしいという言葉が印象に残る。
　・訴えかけるような感じに読み取れる。

ポイント

　ここでは今まで学習した詩についての知識を確認しつつ，この詩で効果的に使われている表現技法について確認していくことで，作品理解につなげていく。便覧など資料がある場合にはその資料を見ながら行ってもよい。

2　詩の内容についての確認

○詩からどのようなことが感じられるか確認する。
T：この詩は叙情詩でした。では，みなさんはどのような心情を感じましたか。
　・うつくしいと言おう，というメッセージ
　・様々なうつくしいことを挙げて，世界はうつくしいことを伝えようとする気持ち
　・「一体，ニュースとよばれる日々の破片が，わたしたちの歴史と言うようなものだろうか。」（そうではない）というメッセージ
　・「あざやかな毎日こそ，わたしたちの価値だ。」という主張

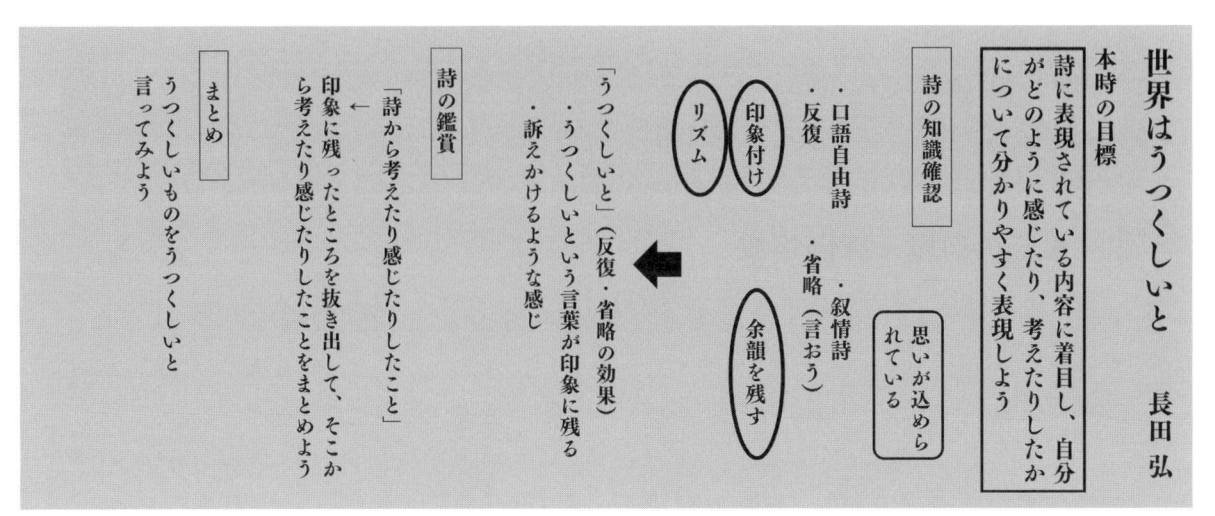

3 印象に残ったところについて意見をまとめる

○詩の中から印象に残ったところを抜き出して，そこから感じたことをまとめる。

Ｔ：この詩には様々なうつくしいものが読まれていました。また，先ほど挙げられたように様々な心情を感じることができます。その中で，みなさんが特に印象に残ったところについて意見をまとめ，交流していきましょう。

○まとめた内容を三〜四人のグループで交流する。

・「うつくしいということばを，ためらわず口にすることを，誰もしなくなった。」というところから，確かに自分はうつくしいという言葉を使っていないと感じた。代わりに「きれい」とか「素敵だ」という言葉を使っている気がする。

・「南天の，小さな朱い実」「コムラサキの，実のむらさき」とあるけれど，それらが何か分からなかった。自分が出会ってうつくしいと感じていたら，もしかしたら名前を聞いたり，調べたりしていたかもしれない。

○グループに一人残し，残りの人はそれぞれ別々のグループに移動し，交流する。（時間があればもう一度繰り返す）

ポイント

ここではたくさんの人と交流し，意見を交わしてもらいたい。そのため，ワールドカフェのような交流を行う。男子だけ，女子だけなどのグループが気になる場合には事前に男女二人ずつになるように指導しておくとよい。また，内容が自分事としてとらえられていない場合には，自分の経験と照らし合わせて意見を出すようにアドバイスを行い，詩を深く味わえるように指導する。

4 まとめ

○グループでの交流で出てきた意見や感想を確認する。

○自分がうつくしいと感じたものをうつくしいと伝え合う。

Ｔ：この詩には「うつくしいものをうつくしいと言おう。」と二回繰り返されています。本時のまとめとしてみなさんがうつくしいと思っていることを伝え合いましょう。

○三〜四人グループの中で交流する。

○教師の講評を聞く。

握手 （4時間）

1 単元の目標・評価規準

・理解したり表現したりするために必要な語句の量を増し，語感を磨き語彙を豊かにすることができる。　　　　　　　　　　　　　　〔知識及び技能〕(1)イ
・文章の種類を踏まえて，論理や物語の展開の仕方などを捉えることができる。
　　　　　　　　　　　　　　　　　〔思考力，判断力，表現力等〕C(1)ア
・文章を批判的に読みながら，文章に表れているものの見方や考え方について考えることができる。　　　　　　　　　　　　〔思考力，判断力，表現力等〕C(1)イ
・言葉がもつ価値を認識するとともに，読書を通して自己を向上させ，我が国の言語文化に関わり，思いや考えを伝え合おうとする。　　　「学びに向かう力，人間性等」

知識・技能	理解したり表現したりするために必要な語句の量を増し，語感を磨き語彙を豊かにしている。　　　　　　　　　　　　　　　　　　　((1)イ)
思考・判断・表現	「読むこと」において，文章の種類を踏まえて，論理や物語の展開の仕方などを捉えている。　　　　　　　　　　　　　　　(C(1)ア) 「読むこと」において，文章を批判的に読みながら，文章に表れているものの見方や考え方について考えている。　　　　(C(1)イ)
主体的に学習に取り組む態度	くり返し作品を読んで積極的に意見交流をしながら，学習課題に沿って内容に基づいた自分の考えをもとうとしている。

2 単元の特色

教材の特徴

　本教材は「わたし」とルロイ修道士の心の交流が丁寧に描かれており，人との出会いや別れ，生き方について考えをめぐらせることのできる味わい深い作品である。所々で使われる指言葉と題名に用いられている三回の「握手」が印象的であり，それらに込められた意味を考えることも本作品を読み深めることにつながるだろう。また，物語は「現在」の場面に回想を織り込む形で展開していくが，終局の描写から語り手である「わたし」の「現在」が明らかになる工夫がされている。この構成も特筆すべき点であり，回想が二重になっていることで時間の経過とともに変化する「わたし」の心情にも迫ることができると考える。様々な学習課題の設定が

可能であり，生徒を深い学びに誘うにふさわしい教材といえる。

身に付けさせたい資質・能力

　本単元では文章に表れているものの見方や考え方について，自分の考えを広げたり深めたりする能力を養うことを目的としている。これに応じて情景描写や回想が巧みに織り込まれた構成などの効果に気付かせたり，時間の経過に伴う人物の変化や「わたし」の心情を丁寧に捉えたりする学習活動を設定している。また学習過程で他者と意見を交流させることは読みの深まりに欠かせないものである。このような活動を通じて，本作品を読み味わうことで文学を読み深めることのおもしろさや読書の楽しさを知ることにつながればよいと考える。

3　学習指導計画（全4時間）

次	時	○主な学習活動	☆指導上の留意点　◆評価規準
一	1	○学習課題について関心を持つ。 ○本文を読み，設定と大まかな内容と構成を捉える。 ・初読後の感想を交流する。 ・時，場所，登場人物，語り手を確認する。	☆初読の感想は設定や構成，表現など様々な観点で捉え，自由に考えてよいことを伝える。 ◆新出漢字や語句の意味を理解している。【知・技】 ◆叙述を正しく読み物語の設定や内容，構成を捉えている。【思・判・表】
二	2	○登場人物の人物像や関係性を読み取る。 ・過去のエピソードや人物の「現在」の様子などから，人物像を読み深めるとともに関係性について考える。 ・指言葉と三回の握手に込められた意味を考え，意見交流をする。	◆ルロイ修道士や「わたし」の言動に着目し，それぞれの人物像や関係性をより詳しく捉えている。【思・判・表】 ◆指言葉や握手に込められた意味を考え，本作品におけるそれらの役割について自分の考えをもっている。【思・判・表】
	3	○構成に着目して，展開の工夫による効果について考える。 ・最後の場面を再読し，構成について確認する。二重の回想が作品にどのような効果をもたらしているのか自分の考えをもち，クラスで共有する。 ○「わたし」の心情について読み深める。 ・時間の経過と「わたし」の心情を整理する。人物の心情にどのような変化があったのか，またその理由についてグループで意見交流する。	☆必要に応じて構成を図解するなどして，物語の時系列を明確にさせる。 ◆物語の展開の仕方などを捉え，展開の工夫による効果について考えている。【思・判・表】 ☆「現在」の「わたし」がルロイ修道士の死をどのように受け止めているのか考えをもたせる。 ◆時間の経過と「わたし」の心情の変化がどのように結びついているか考え，グループで伝え合うことによって理解を深めている。【思・判・表】
三	4	○作品に描かれた人と人とのつながりについて自分の考えをもち，意見交流する。 ・前時までの学習を踏まえ，内容をもとに課題に沿って自分の考えを形成している。 ○グループ，クラスでの意見交流後に自分の考えを再構築する。	☆叙述をもとにして自分の考えを形成させる。 ◆作品を読み返して学習課題に取り組み，グループでの意見交流を経て，自分の考えを深め再構築している。【思・判・表】 ◆人物の言動や描写に着目して作品を読みながら粘り強く課題に取り組もうとしている。【主】

指導の重点

・語句に着目しながら本文を読み，作品の設定と大まかな内容，構成を捉えさせる。

本時の展開に即した主な評価規準例（Bと認められる生徒の姿の例）

・新出漢字や語句の意味を理解している。【知・技】
・叙述を正しく読み物語の設定や内容，構成を捉えている。【思・判・表】

生徒に示す本時の目標

　語句に着目しながら本文を読み，作品の設定と大まかな内容，構成を捉えよう

1　学習課題について関心をもつ

○握手に関連する知識を全体で共有する。

Ｔ：どのようなときに握手をするのか，知っていることをあげましょう。

> **ポイント　関心を高める工夫**
>
> 　握手以外に手を使ったコミュニケーションについてあげてもよい。（手を振る，ハイタッチ，ハンドジェスチャーやハンドサインなど）
>
> 　非言語コミュニケーションの役割について簡単に触れておく。

2　単元の目標を確認し学習の見通しを立てる

○単元の目標を確認して学習の見通しを立てるとともに，身に付けたい力を念頭におく。

○最終的な学習課題についても触れておく。

Ｔ：単元の目標を確認して，自分が今回の学習で特に身に付けたい力について意識しておきましょう。

3　本時の目標を確認する

○本時の目標を確認し，最終的に単元の目標を達成するための学習活動であることを理解する。

4　本文を読み初読後の感想を交流する

○新出漢字や語句に着目しながら範読を聞く。（生徒の実態によっては範読ではなく，各自黙読してもよい。）

○初読の感想を書き，意見を交流する。

⬇ **WS1**

Ｔ：疑問点や印象に残ったところ，内容について考えたことを文章にまとめましょう。物語の構成や表現に触れてもよいですね。

○授業者が生徒の感想を確認し，今後の学習につながるものを中心に全体にフィードバックする。（ICT を使用してクラス全体で共有することも広がりがあってよい。）

> **発展　教材提示の工夫**
>
> 　構成をより意識させるため，範読を聞く際に最後の場面（語り手の「現在」）を伏せた教材（テキスト）を提示する。伏せた場面は第3時の学習時に改めて使用する。

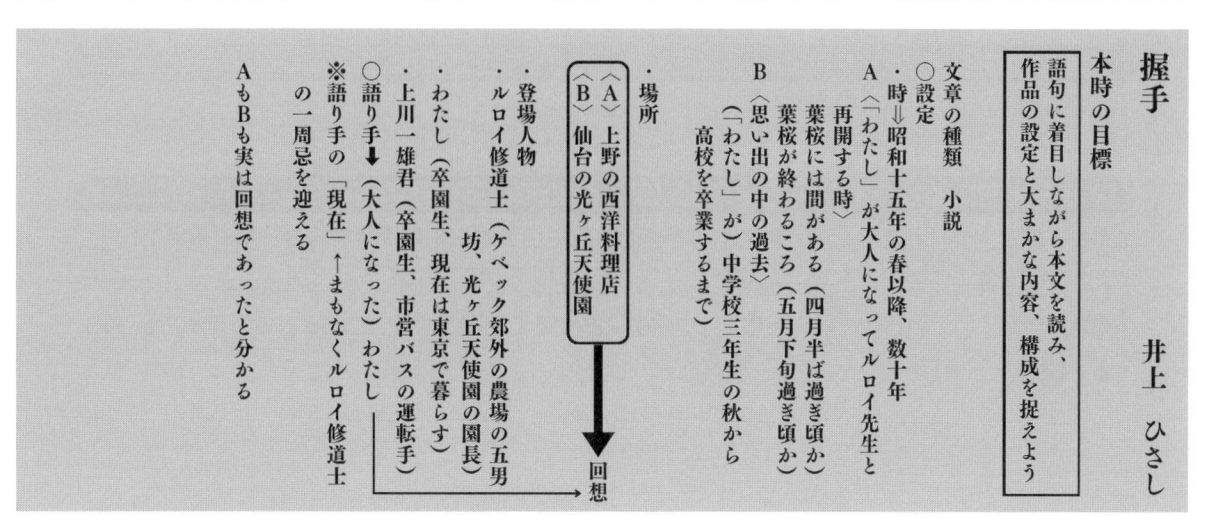

本時の目標

語句に着目しながら本文を読み、作品の設定と大まかな内容、構成を捉えよう

握手　　井上　ひさし

・文章の種類　小説

○設定
・時↓昭和十五年の春以降、数十年

A　「わたし」が大人になってルロイ先生と再開する時
葉桜には間がある（四月半ば過ぎか）
葉桜が終わるころ（五月下旬過ぎ頃か）

B　〈思い出の中の過去〉
（「わたし」が）中学校三年生の秋から
（「わたし」が）高校を卒業するまで

・場所
〈A〉仙台の光ヶ丘天使園
〈B〉上野の西洋料理店

A
B → 回想

○登場人物
・ルロイ修道士（ケベック郊外の農場の五男　坊、光ヶ丘天使園の園長）
・わたし（卒園生、現在は東京で暮らす）
・上川一雄君（卒園生、市営バスの運転手）

○語り手↓（大人になった）わたし
※語り手の「現在」→まもなくルロイ修道士の一周忌を迎える

AもBも実は回想であったと分かる

5　文章の種類・設定・大まかな内容を捉える

T：文章中の表現をもとに設定や内容を読み取りましょう。

○文章の種類について確認する。

○設定（時・場所・登場人物）を読み取る。

○ワークシートに記入し、個人で設定や内容を整理する。

○板書を用いながらクラス全体で情報を共有し、叙述を正しく読めているかを確認する。

6　作品の構成を捉え、語り手について確認する

T：構成の特徴を捉え、回想場面を確認しましょう。

○回想場面に該当する部分を探して印をつけるなど、ペアやグループで確認する。（必要に応じてデジタル教科書などを使って該当箇所を示す。）

> ### ポイント　回想が二重になった構成
> ・「わたし」が天使園にいた当時
> ・大人になりルロイ修道士と再会したとき
> ・ルロイ修道士の葬式のとき
> 　いずれも回想であることを押さえておく。

T：この物語の「語り手」は誰ですか。

○直前の学習とも関連しているが、大人になった「わたし」が語り手であり、その視点で物語が進んでいることを押さえておく。

7　「ルロイ修道士とわたしの年譜」を作成する

○ルロイ修道士と「わたし」の人生がどのように絡み合っていくかを俯瞰させ、深い読みを助ける手立てとする。

T：文章をもとにワークシートの空欄に当てはまる言葉を書き入れましょう。

○本文から読み取って記入する。教科書と全く同じ単語にする必要はなく、正しく読み取っていることを前提に表現を変えてもよい。

8　本時の振り返り

○本時の目標が達成できたかどうかを中心に自己評価し、学習の記録を書く。

②/4時間 握手

指導の重点
・人物像を読み深め，指言葉や握手の役割を考えさせる。

本時の展開に即した主な評価規準例（Bと認められる生徒の姿の例）
・ルロイ修道士や「わたし」の言動に着目し，それぞれの人物像や関係性をより詳しく捉えている。【思・判・表】
・指言葉や握手に込められた意味を考え，本作品におけるそれらの役割について自分の考えをもっている。【思・判・表】

生徒に示す本時の目標
　人物像を読み深め，指言葉や握手の意味や役割を考えよう

1　本時の目標を確認する
○本時の学習目標を確認し，学習の見通しをもつ。

2　人物像を読み深める
○過去のエピソードや人物の「現在の」様子から人物像を読み深める。またそれぞれの関係性を読み取り，全体で共有する。📥 WS2
Ｔ：前時で学習した設定に加えて，過去のエピソードや「現在」の様子から登場人物の人柄を読み取りましょう。
Ｔ：登場人物同士はそれぞれどのような関係でしょうか。

ポイント
　人物像をどれだけ読み深められるかが深い学びにつながる鍵である。文章に直接書かれてはいないが，叙述されていることから想像できることを整理する。（第二段階の読み）
　またお互いの関係も事実のみを端的に述べるのではなく，関係性を表す言葉に修飾を加えて広がりをもたせる。

【予想される生徒の解答例：△先生と卒園生→○
ルロイ先生は天使園の園児たちを自分の子どものように大切に育てており，彼らもルロイ先生のことを敬愛している。など】
　さらに生徒の発言を活かし，回想と「現在」の変化の有無も押さえておく。
【予想される生徒の解答例：時間が経過しているため，「わたし」は大人になり，ルロイ修道士も歳を重ねている。／ルロイ修道士は卒園した児童に対しても変わらずに愛情をもっている。など】

3　指言葉の意味を確認する
○どのような場面で使われているか，文章から読み取れることを確認する。
Ｔ：指言葉の意味と手の形を確認しておきましょう。
○黒板及びプロジェクターで指言葉のイラストなどを表示し，生徒が文章から読み取ってイメージしたものと違いがないよう照らし合わせておく。

握手　　井上　ひさし

本時の目標
人物像を読み深め、指言葉や握手の意味や役割を考えよう

◎人物像（人柄・性格）
・ルロイ修道士
・わたし
・上川一雄君

【指言葉】

右の人さし指をぴんと立てる	右の親指をぴんと立てる
こら／よく聞きなさい	わかった／よし／最高だ

両手の人さし指を交差	右の人さし指に中指をからめて掲げる
怒っているとき	幸運を祈る／しっかりおやり

◎指言葉や握手がもつ意味・役割
（例）・指言葉はルロイ先生の特徴→象徴
・天使園の児童たちの共通言語
・握手はルロイ先生の愛情表現
・指言葉や握手はルロイ先生と児童たちとのつながりを表すもの

4　握手に着目して心情を捉える

○握手をしたときの人物の心情について考える。

Ｔ：はじめて出会ったときの握手，再会したときの握手，別れ際の握手にはそれぞれどのような思いが込められているか考えてみましょう。

○前時の冒頭で確認した握手の意味を踏まえつつ，「ルロイ修道士」「わたし」の双方の視点から捉える。特に三回目の握手は「わたし」から手を差し出していることに着目させる。

5　指言葉や握手の意味や役割について考える

○指言葉や握手がルロイ修道士や光ヶ丘天使園の児童（卒園生）にとってどのような意味があったのかを考える。

Ｔ：ルロイ修道士はどうして指言葉を使うのか考えてみましょう。

○多様な答えのある問いのため，グループで意見を交流して考えを広げる。

Ｔ：指言葉や握手はどのような役割を果たしているでしょうか。

○自分で考え，クラスで意見を交流する。

ポイント

どちらも非言語コミュニケーションだが，ルロイ修道士を象徴するものであることや光

ヶ丘天使園の児童の共通言語であること，また彼らのつながりを示すものであることに気付かせる。さらに折々の場面で過去の思い出を呼び起こすきっかけになっていることも忘れずに押さえておく。

6　本時の振り返り

○本時の目標が達成できたかどうかを中心に自己評価し，学習の記録を書く。

$\left(\dfrac{3}{4時間}\right)$ 握手

指導の重点
・それぞれの場面における「わたし」の心情を読み深めさせる。

本時の展開に即した主な評価規準例（Bと認められる生徒の姿の例）
・物語の展開の仕方などを捉え，展開の工夫による効果について考えている。【思・判・表】
・時間の経過と「わたし」の心情の変化がどのように結びついているか考え，グループで伝え合うことによって理解を深めている。【思・判・表】

生徒に示す本時の目標
　それぞれの場面における「わたし」の心情を読み深めよう

1　本時の目標を確認する
○本時の学習目標を確認し，学習の見通しをもつ。

2　「わたし」の心情について読み深める
○時系列順に整理し，「わたし」の心情について考える。学習集団の実態に応じて以下のようにさらにスモールステップで考えてもよい。
【例：天使園に在籍していた当時の「わたし」，大人になってからルロイ修道士と再会した「わたし」】
Ｔ：「わたし」の心情はどのように変化したでしょうか。今回は特に次の二つの場面について考えましょう。　📥 WS3
・ルロイ修道士の葬式のとき
・まもなく一周忌を迎える現在

ポイント　指言葉に着目
　葬式のときの「わたし」の指言葉に込められた意味について考えた後に心情を捉えさせる。思考が止まっている生徒にはルロイ修道士はこの指言葉を「おまえは悪い子だ」と伝

える場面で使っていたことを振り返らせ，「誰に対して」の「どのような感情」なのかを考えさせる。

Ｔ：「まもなく一周忌」を迎える現在，なぜ「わたし」はルロイ先生との思い出を語ったのでしょうか。
Ｔ：現在の「わたし」がルロイ先生の死をどのように受け止めているか併せて考えましょう。（この発問は学習集団の実態に応じる。）
○個人で考える時間を十分に確保した後，グループやクラスで意見交流を行いワークシートに整理する。

3　展開の工夫による効果を考える
○「2」での学習を踏まえて，回想を積み重ねて書かれている構成がこの小説をどのように印象づけているか考える。
Ｔ：この小説は展開が工夫されていますが，それによって読者はどのような印象をもつか考えてみましょう。
○自分で考えた後にグループで意見交流し，クラス全体で意見を共有する。ミニホワイトボードやタブレット等を活用して視覚化することが望ましい。

握手　　井上　ひさし

本時の目標
それぞれの場面における「わたし」の心情を読み深めよう

○「わたし」の心情
【天使園にいたときの「わたし」】
・ルロイ先生に対する畏怖
・あたたかさや愛情を感じる
【大人になって先生と再会したときの「わたし」】
・懐かしさ、尊敬、感謝
【ルロイ先生の葬儀のときの「わたし」】
・ルロイ先生が病気であることを感じていながら何もできなかった自分の後悔、くやしさ、憤り
・ルロイ先生にもっと自分の体を労ってほしかったという思い
【まもなく一周忌を迎える「わたし」（現在）】
・過去の思い出を振り返り、改めて感謝と先生の愛情を感じている
←
☆「現在」の「わたし」はルロイ先生の死をどのように受け止めているか
☆二重構造の回想による効果
・全体を俯瞰できる構図
・時間の経過とともに
・「わたし」の心情も変化

ポイント　二重構造の回想

　本作品では語り手が「現在」の「わたし」であることで，小説全体を俯瞰できる構図になっている。最後の場面が現在でそれ以外は回想を重ねて用いていることにより「わたし」の（ルロイ修道士に対する）心情が時間とともに変化していることを際立たせている。それに気付いたとき作品をより深く味わえる効果があることを学習する。

発展

　展開の特色による効果を考えるため，第1時で意図的に伏せていた本文の最後の部分を教科書で確認する。これにより構成により着目させる効果がある。この構成が作品の読み方にどのような影響を与えているか考えやすくなるだろう。

どうか確認しましょう。今日の授業で新たに分かったことや学んだこと，疑問に残ったことなどを書きとめておき，次回の授業に活かしましょう。

4　本時の振り返り

○本時の目標が達成できたかどうかを中心に自己評価し，学習の記録を書く。

Ｔ：本時の学習を振り返り，目標を達成できたか

握手

指導の重点

・作品に描かれた人と人とのつながりについて自分の考えをもち，読みを深めさせる。

本時の展開に即した主な評価規準例（Bと認められる生徒の姿の例）

・作品を読み返して学習課題に取り組み，グループでの意見交流を経て，自分の考えを深め再構築している。【思・判・表】
・人物の言動や描写に着目して作品を読みながら粘り強く課題に取り組もうとしている。【主】

生徒に示す本時の目標

　作品に描かれた人と人とのつながりについて自分の考えをもち，読み深めよう

1　本時の目標を確認する

○本時の学習目標を確認し，学習の見通しをもつ。

Ｔ：この授業ではこれまでの学習をもとにして，単元の目標でもある「自分の考えを広げたり深めたりする」活動を行います。最終的に「作品に描かれた人と人とのつながり」について自分の考えをまとめ，文章で表現しましょう。

2　語句の確認

○「つながり」の基本的な意味を確認する。どのような用例で使われるかを考え，ペアで交流したり，授業者が数人を指名したりしてもよい。

3　前時までの復習をし，ポイントとなる項目を再確認する

○これまでの学習で出た意見を再掲するなどしてポイントを押さえる。

Ｔ：前時までの学習を復習しましょう。「わたし」や天使園の児童生徒にとってルロイ修道士はどのような存在ですか。

Ｔ：現在の「わたし」は，ルロイ修道士に対して

どのような思いを抱いているでしょうか。

ポイント　既習内容の確認

　第２時で学習した【登場人物の関係性】，第３時で学習した【「わたし」の心情】を中心に既習内容の復習を行う。
　ルロイ修道士は「わたし」や天使園の子どもたちにとってどのような存在であるか，また現在の「わたし」がその死をどのように受け止めているのかなどを押さえておくことが最後の学習課題を深める手助けとなる。

4　「人と人とのつながり」について自分の考えをもつ

○作品を読み返し，「人と人とのつながり」がどのように描かれているのかを捉え，自分の考えをもつ。

Ｔ：「人と人とのつながり」について小説の内容を踏まえ，自分の考えをワークシートに記入しましょう。

○必要に応じて課題解決のステップ（板書例参照）を参考にしながら考えを形成する。作品から飛躍しないように叙述にもとにしながら考える。（第三段階の読み）

握手　　井上　ひさし

本時の目標

作品に描かれた人と人とのつながりについて自分の考えをもち、読み深めよう

【辞書での定義】

つながり↓結びつき、関係、きずな。

○課題解決のためのステップ

1　前時までの学習を振り返り、「わたし」とルロイ修道士の関係を確認する

【再確認】

・「わたし」にとってルロイ修道士はどのような存在か

・まもなくルロイ修道士の一周忌を迎える「わたし」の心情

2　作品を読み返し、「人と人とのつながり」について自分が読み取ったことや考えたことを書く

5　意見を交流させる

○観点をもとにお互いが書いた文章を読み合い、感想を交流する。

T：それでは書いたものをグループ内（三〜四人）で交換して読み、感想を交流しましょう。今回の学習課題の観点に着目して感想を伝え合ってください。

【意見を交流させるときの観点】

・叙述をもとにした「人と人とのつながり」について書かれているか

・ルロイ修道士の言動や人間性にふれているか

・ルロイ修道士に対する「わたし」の思いにふれているか

○時間を区切って口頭で感想を述べたり、コメントシートや付箋に感想を記入したりするなど、学習集団の実態に応じて形態を変化させる。

6　自分の考えを再構築する

○他者の意見を踏まえて、自分の考えに立ち返りもう一度考えてみる。

T：自分の書いたものを読み返し、必要があれば考えを補足したり、修正したりしてください。

ポイント　個人で考えを再構築させる

考えを再構築させる際は元の意見を削除することなく、学習の過程が分かるように記録を残す。ワークシートを活用することはもちろん、タブレット等で画像を保存しておくなど学習者自身が変容を自覚できるようにしておく。

7　本時の振り返り

○本時の目標、単元の目標が達成できたかどうかを自己評価し、学習の記録を書く。

T：本時の目標を達成できたかどうか確認しましょう。また、単元全体の学習を振り返りましょう。

・単元全体を通して学んだことや考えたこと

・学習課題に対する自身の取り組み方

・次回以降の文学の読み方に活かしたいこと

以上のような項目を中心に、その他気付いたことを書きとめ、今後自己の国語学習に役立てられるようにする。

○授業者は全体や個人にフィードバックする。

漢字に親しもう1

教材の特徴

　本教材は年間五回ある漢字に特化した「漢字に親しもう」の第一回である。漢字の「読み」を中心に構成されており，「漢字の読み（社会）」「四字熟語」「同じ部首の漢字」「同じ漢字の読み」の四つの問題が示されている。生徒が漢字に対して興味・関心をもち，漢字に親しめるように指導する。

　調べた読みや熟語を活用した問題を自ら作成し，生徒同士の交流を通して，様々な漢字の「読み」に触れさせる。

生徒に示す本時の目標

　様々な漢字の「読み」を使って問題を作成しよう

1　本時の目標「様々な漢字の『読み』を使って問題を作成しよう」を確認し，本時の流れについて説明する

Ｔ：今日は漢字についてのいくつかの問題に取り組んだ後に，自分で様々な漢字の「読み」に関する問題の作成をします。

○本時は漢字に親しむための学習をすることを確認する。各自が漢字の読みに関する問題を解いたり新たな問題を作成したりすることを確認する。

ポイント　「親しむ」ための雰囲気づくり

　漢字の学習を苦手とする生徒も多い。生徒が挑戦しやすい，楽しめるような雰囲気づくりを意識した指導とする。

2　教科書 p.28の「読み」に関する問題を解くように指示する

Ｔ：教科書 p.28に掲載されている新出漢字に関する「読み」についての問題を解きます。それぞれの漢字のすべての「読み」とその漢字を活用した「熟語」を書きます。

○新出漢字が書かれているプリントを配布し，「読み」とその漢字を活用した「熟語」に関する問題にグループで取り組む。

○グループ内で役割分担を行い，それぞれの答えを確認する。

○国語辞典，漢字辞典を配布し，グループ等で役割分担をして素早く行えるようにする。グループ内ですべての答えが揃っていることを確認する。

3　教科書 p.28の問題に取り組む

Ｔ：教科書 p.28に掲載されている四つの問題に取り組みます。

○学習した知識を基にして，教科書 p.28に掲載されている，新出漢字の「読み」とその活用についての問題に取り組む。

○問題に取り組んだ後に答え合わせを行う。

○教科書に掲載されている問題に出てくる「読み」は学習活動の「2」で調べているものでもあるため，答え合わせは解答を配布するなどしてスピード重視で完了する。

漢字に親しもう 1

本時の目標

様々な漢字の「読み」を使って問題を作成しよう

《本時の流れ》

・新出漢字の「読み」の問題に挑戦

・教科書の問題に挑戦

・漢字の「読み」に関する問題の作成に挑戦

・作成した問題をお互いに出し合う

・まとめ

まとめ

・本時の学習で気づいたこと学んだこと

・漢字の読みを知ることで言葉の幅が広がる

・漢字や熟語には多くの「読み方」があり，読み方を知ることで，「使い方」も分かる

> 必要に応じて生徒の主な発言をメモする

---

4 漢字の「読み」を活用した問題を作成する

Ｔ：教科書 p.28に掲載されている四つのパターンの問題をグループで作成します。作成したものはタブレットに入れます。

〇グループの中で「漢字の読み」「四字熟語」「同じ部首の漢字」「同じ漢字の読み」の四つのパターンの問題を分担して作成する。

ポイント 難易度に注意する

・難読漢字など難しすぎる問題ではなく，教科書に掲載されている漢字を活用した問題を作成するように指導する。

・作成途中のものを確認し，難易度が高すぎないように指導する。

発展

・タブレット等が利用できない場合は，プリントを使用する。

・グループ間交流は，ワールドカフェ方式やプロジェクター等に投影して，全員で答えるという方式で行うこともできる。

5 作成した問題を解く

Ｔ：グループのメンバーを数名入れ替えます。

Ｔ：お互いが作成した問題をタブレットで交換します。

〇グループ間で作成した問題に解答する。

6 学習を振り返る

〇学習を振り返り，気づいたこと，感じたことについてまとめさせる。

［聞く］意見を聞き，適切さを判断する　（1時間）

1　単元の目標・評価規準

・情報の信頼性の確かめ方を理解し使うことができる。　〔知識及び技能〕(2)イ
・目的や場面に応じて，社会生活の中から話題を決め，多様な考えを想定しながら材料を整理し，伝え合う内容を検討することができる。　〔思考力，判断力，表現力等〕A(1)ア
・言葉がもつ価値を認識するとともに，読書を通して自己を向上させ，我が国の言語文化に関わり，思いや考えを伝え合おうとする。　「学びに向かう力，人間性等」

知識・技能	情報の信頼性の確かめ方を理解し使っている。　((2)イ)
思考・判断・表現	「話すこと・聞くこと」において，目的や場面に応じて，社会生活の中から話題を決め，多様な考えを想定しながら材料を整理し，伝え合う内容を検討している。　(A(1)ア)
主体的に学習に取り組む態度	聞き取った内容や意見と根拠の適切さを進んで評価し，今までの学習を生かして助言を考えようとしている。

2　単元の特色

教材の特徴

　本単元では，相手の意見を聞き，その意見が適切かどうかをいくつかの観点をもとに判断する学習をする。メモの取り方など，これまでの既習事項を生かしながら，意見とその根拠を整理し，その上で適切かどうかを判断できるように学習活動を展開していく。はじめに「適切さ」とは何かを理解し，それを判断する観点を明確にして学習に取り組ませていく。意見の「適切さ」を判断することで，自分と他者の意見とを比較したり，助言をしたりすることで，互いによりよい意見を生み出そうとする意欲が生み出されていく単元である。相手の意見を聞いて，自分の意見との共通点や相違点を見付け，互いに伝え合ったり，助言をし合ったりするなど，実生活で生かしていける技術を身に付けさせることをねらいとする。

身に付けさせたい資質・能力

　これまでメモを取り，相手が何を伝えたいのかを聞き取ったり，自分の考えとの共通点や相違点を聞き分けたりする学習に取り組んできた。ここでは，既習事項を生かし，メモを取って

聞き分けるだけでなく，聞き取った意見について適切であるかどうかを判断する力を身に付けさせる。そのために，教科書にもある意見の適切さを判断するためのポイントを指導する。

・話し手の意見と根拠，その結び付き（「理由づけ」）を聞き取る。

・多様な考えをもつ聞き手を想定した意見かどうか確かめる。

・根拠として示された情報の適切さや信頼性を評価する。

　また，意見の適切さを判断し，さらに聞き手として自分はどのような意見をもったか，どのように意見を述べればよいかなどの助言を考えさせる学習へとつなげていく。聞き取った意見や根拠の適切さを評価することで，その一歩先の学習へと進める指導とする。

3　学習指導計画（全1時間）

時	○主な学習活動	☆指導上の留意点　◆評価規準
1	○本時の目標を確認して，学習の見通しをもつ。 ○メモの取り方などの既習事項を振り返る。 ○スピーチの練習を，メモを取りながら聞く。 ・「中学生は全員，ボランティア活動をするべきだ」という坂本さんのスピーチを聞く。 ○意見の適切さを判断するポイントを確認する。 ・教科書「意見を聞き，適切さを判断するために」を確認する。 ○聞き取った意見の適切さを判断し，よりよいスピーチになるための助言を考える。 ・よりよいスピーチになるために，自分だったらどのようなスピーチにするか自分の考えをまとめる。 ・班ごとに意見を交換し，全体で共有する。 ○事前に用意したスピーチの内容を，助言をもとに練り直す。 ・事前に考えてきた「中学生のボランティア」というテーマでのスピーチについて，助言をもとに練り直す。 ・練り直したスピーチを互いに発表し合い，適切さを判断する。 ○本時の学習を振り返る。	☆事前準備として「中学生のボランティア」というテーマでスピーチの内容を考えさせる。 ☆メモの取り方など，これまで学習した聞き取り方について振り返らせる。 ◆根拠としている情報の確かさを確認している。【知・技】 ◆多様な立場を想定し，意見と根拠，その結び付きが適切であるかを判断している。【思・判・表】 ◆聞き取った意見と根拠の適切さを進んで判断し，今までの学習を生かして助言を考え，よりよいスピーチを作り出そうとしている。【主】

［聞く］意見を聞き，適切さを判断する

1／1時間

指導の重点

・情報の信頼性の確かめ方を理解させる。
・社会生活の中から話題を決め，多様な考えを想定し，伝え合う内容を検討させる。
・言葉がもつ価値を認識するとともに，我が国の言語文化に関わり，思いや考えを伝え合わせる。

本時の展開に即した主な評価規準例（Bと認められる生徒の姿の例）

・根拠としている情報の確かさを確認している。【知・技】
・多様な立場を想定し，意見と根拠，その結び付きが適切であるかを判断している。【思・判・表】
・聞き取った意見と根拠の適切さを進んで判断し，今までの学習を生かして助言を考え，よりよいスピーチを作り出そうとしている。【主】

生徒に示す本時の目標

　スピーチを聞いて，意見とその根拠が適切かどうかを判断しよう

1　本時の目標を確認して，学習の見通しをもつ

○本時は，スピーチを聞いて，意見やその根拠が適切であるかどうかを判断するために，どういう観点で聞き取ればよいかを学習することを確認する。

○適切であるかどうかを判断し，どのようにスピーチすればよいか助言するところまで学習を進めることを確認する。

○既習事項であるメモの取り方について確認する。

2　スピーチの練習を，メモを取りながら聞く

T：今日は，スピーチの会に向けて練習している坂本さんのスピーチを聞いてもらいます。テーマは「中学生のボランティアについて」です。メモを取りながらしっかりと聞きましょう。

○どのような根拠をもとに意見を述べているかをメモさせる。

○聞き取った内容の適切さを判断し，よりよいスピーチをするために助言することを伝える。

ポイント　音声

　教科書は見せずに，二次元コードの音声を聞かせる。メモは，ワークシートもしくはノートにメモを取るように指示する。 **⬇ WS**

3　意見の適切さを判断するポイントを確認する

T：教科書にある「意見を聞き，適切さを判断するために」を読んで，ポイントを確認しましょう。

ポイント　適切さを判断するために

　①意見と根拠の結び付き（妥当性）②多様な見方をふまえたものか（一般化）③根拠となる事実（正確性・信頼性）について考えさせる。

4　聞き取った意見の適切さを判断し，よりよいスピーチになるための助言を考える

T：ポイントをもとに意見の適切さを判断して，どうすればよりよいスピーチになるかを考えてください。

○適切かどうかを判断し，聞き取ったメモに書き

意見を聞き、適切さを判断する

本時の目標
スピーチを聞いて、意見とその根拠が適切かどうかを判断しよう

1 坂本さんのスピーチを聞き、助言しよう。

★意見の適切さを判断するポイント
①意見と根拠の結び付き（妥当性）
②多様な見方をふまえたものか（一般化）
③根拠となる事実（正確性・信頼性）

*ポイントをふまえ、メモに書き込もう。
適切である→〇
やや改善が必要→△
不適切→×

2 再度、スピーチを聞き取り、適切さを判断しよう。

込ませる。

○「適切である→〇」「やや改善が必要→△」「不適切→×」と、メモした部分に書き込ませるとよい。

○「適切である→〇」「やや改善が必要→△」「不適切→×」の判断をもとに、坂本さんのスピーチへの助言を考える。

5 よりよいスピーチになるための助言を発表する

○考えた助言を、四班に分かれて発表し合い、皆の共通点や相違点をもとに、坂本さんへの助言を考える。

○班で話し合った結果を、全体で共有する。

○教科書に取り上げられている助言を確認する。

6 「中学生のボランティア」というテーマで考えたスピーチを聞き、適切さを判断する

○事前に考えてきたスピーチを、坂本さんへのスピーチの助言を参考にもう一度練り直す。

○四人グループをつくり、一人ずつスピーチをする。聞き手は、メモを取りながら聞き、適切さを判断する。

7 適切さを判断し、よりよいスピーチになるために助言し合う

○メモをもとに聞き取った意見と根拠の適切さを判断する。

○互いに助言し合い、スピーチの内容を振り返る。

8 本時の学習を振り返る

○意見を聞き、適切さを判断するときのポイントを確認する。

○今回の学習で学んだことや考えたこと、今後に生かしていきたいことをワークシートに記入する。

発展 別のテーマを設定し、スピーチの会を開く

適切さを判断し、互いに助言し合い、よりよいスピーチができるようにしていく。今回学習した内容を、この後の単元「説得力のある構成を考えよう スピーチで心を動かす」につなげていく。

スピーチの別のテーマとして「未来に残したい日本の文化」「なりたい大人」などもよい。

文法への扉1　「走って」いるのは誰？　　　　　（1時間）

1　単元の目標・評価規準

・助詞や助動詞などの働き，文の成分の順序や照応など文の構成について理解を深めることができる。　　　　　　　　　　　　　　　　　　　〔第2学年　知識及び技能〕(1)オ
・言葉がもつ価値を認識するとともに，読書を通して自己を向上させ，我が国の言語文化に関わり，思いや考えを伝え合おうとする。　　　　　　　「学びに向かう力，人間性等」

知識・技能	助詞や助動詞などの働き，文の成分の順序や照応など文の構成について理解を深めている。　　　　　　　　　　　　　　　　　　（第2学年：(1)オ）
主体的に学習に取り組む態度	進んで助詞や助動詞などの働き，文の成分の順序や照応などの文の構成について理解を深め，今までの学習を生かして考えたことを説明しようとしている。

2　単元の特色

教材の特徴

　本教材は，これまでの文法の学習を日常生活に生かすことの意義を理解することをねらいとしている。1年生では「文法への扉」の単元で，「言葉の単位（単語から文章まで）」，「文の組み立て（文節同士の関係）」，「単語の分類（品詞の分類）」を，2年生では「自立語」「用言の活用」「付属語」を学習した。本教材の特徴は，これらを受けて文節の関係のとらえ方によって解釈が異なる文などを取り上げることで，文法的な観点で文を読み直すことの意義を理解するところにある。p.230「文法1　文法を生かす」下段の練習問題は，文の成分の順序や照応など文の構成についての事前の確認に役立つ。これらの取組を踏まえて課題「文法的な観点を整理しよう」を設定した。その際に生徒が個人で考えたことをグループで共有することで進んで文法を理解し，今までの学習を生かして見直した文について文法的な観点から説明できるように指導していく。

身に付けさせたい資質・能力

　本単元では，学習指導要領　第2学年〔知識及び技能〕(1)オ「助詞や助動詞などの働き，文の成分の順序や照応など文の構成について理解する」力を発展・定着させることに重点を置き，文法を日常の生活に生かすことができる資質・能力を身に付けさせる。文法を日常生活に生か

すことができる資質・能力を身に付けさせるために教科書の練習問題に家庭学習で取り組ませた後，教師が用意した文例を修正する活動を行い，文法的な観点について理解を深める。その後，小グループ内で共有し，修正した文について理由とともに互いに説明する。その際，生徒は既習事項である助詞や助動詞の働き，文の成分の順序や照応などをふまえて説明する。教師は活動前に教科書 p.230〜の文法の既習事項や国語辞典の活用などで文法的な観点から考えるように指導しておく。このような言語活動を通して助詞や助動詞の働き，文の成分の順序や照応などの文の構成について理解を深め，今までの学習を生かして日常の生活に文法を生かせるように主体的に学習に取り組む態度を身に付けさせたい。

3 学習指導計画（全1時間）

時	○主な学習活動	☆指導上の留意点　◆評価規準
1	○単元（本時）の目標を確認する。 ・日常生活の中での推敲の場面を振り返り，次のように本時の目標を確認する。 「文を見直すポイントを見付ける」 ・教科書 p.31を読む。 ○課題を設定する。 ・文法を文の見直しに生かすときに分かっていないと困ることは何か考える。 ・教科書 pp.230-231を読み，練習問題の答えを確認する。 ・文の見直しに「文法的な観点」が大切であることを理解し，課題設定につなげる。 ・課題「文法的な観点を整理しよう」を設定する。 ○課題解決の見通しをもつ。 ○課題解決に取り組む。 ・個人で「分かりにくい文例集」A〜Fから一つを選び，修正文と修正した理由を記入する。 ・個人で選んだ文例毎の小グループをつくり，互いに発表して共有する。 ・数名の生徒が発表し，クラスで共有する。 ・個人で文法的な観点について整理する。 ・数名の生徒が発表し，全体で共有する。 ○まとめ ・文を見直すときには「文法的な観点」をふまえることがポイントであることを確認する。	☆ pp.230-231の練習問題を事前に家庭学習で取り組ませる（タブレット等を使用）。 ・分かりにくい文を修正するときには文法を生かすことがポイントであることを確認しておく。 ◆教科書の文法の説明や国語辞典を活用して修正した文と修正した理由を考えている。【知・技】 ☆ワークシート「分かりにくい文例集」はA〜Fの文法的な観点に沿って分類してある（観点はあらかじめ生徒に示さないでおく）。 A　主語（主部）・述語（述部）　B　呼応の副詞 C　制限のある副詞　　D　他動詞 E　助動詞　　　　　　F　長すぎる文 ☆文例は個人で自由に選ばせ，特に調整しない。選ばれなかった文例は，後で教師が説明する。 ◆文法的な観点をふまえて進んで文を見直し，これまでの学習を生かして文を修正したり，修正した理由を説明したりしようとしている。【主】 ☆教科書の文法の説明と国語辞典を活用させる。Dの他動詞は国語辞典で用例を確かめさせる。 ☆ p.232の「文法を生かして読み味わう」の練習問題は家庭学習で取り組むように指示する。正解は後日，タブレット等で確認できることを伝えておく。

文法への扉1 「走って」いるのは誰？

指導の重点

・助詞や助動詞などの働き，文の成分の順序や照応など文の構成について理解を深めさせる。

・言葉がもつ価値を認識するとともに，我が国の言語文化に関わり，思いや考えを伝え合おうとさせる。

本時の展開に即した主な評価規準例（Bと認められる生徒の姿の例）

・教科書の文法の説明や国語辞典を活用して修正した文と修正した理由を考えている。【知・技】

・文法的な観点をふまえて進んで文を見直し，これまでの学習を生かして文を修正したり，修正した理由を説明したりしようとしている。【主】

生徒に示す本時の目標

文を見直すポイントを見付ける

1 単元の目標を確認する

T：皆さんは，文章を見直す場面で文の意味が伝わりにくい，分かりにくい文だと気づいたとき，どのように文を見直しますか，また，分かりにくい理由は何だと考えますか。

○生徒は教科書 pp.230-231の練習問題にタブレット等を使用して家庭学習で取り組んでいる。分かりにくい理由は「意味のまとまりが二通りにとれる」「一文が長すぎる」など，見直しの手段は「読点を打つ」「文節の順序を入れ替える」などの意見が出る。本時の学習は，分かりにくい文を見直すポイントを見付けることが目標であることを確認する。

○教科書 p.31の本文を範読する。

2 課題の設定：「文法的な観点を整理しよう」

T：文を見直すポイントは p.230の単元名の通り「文法を生かす」ことです。そのために分かっていないと困ることとしてどのようなことがあげられますか。教科書 pp.230-231の本文を読んだ後に練習問題の答え合わせをします。それをふまえて意見を発表してください。

○教科書 pp.230-231を読む。

○生徒を指名して練習問題の答え（修正した文）と理由を発表させる。教師は解答をタブレット上で生徒と共有しながら正解を確認していく。

T：練習問題を解いて文を見直す時に分かっていないと困ることはどのようなことでしょうか。

○「文法の知識」「ルール」「規則のまとめ」といった意見が出る。これらの意見から文の見直しには「文法的な観点」（p.31）の理解が必要であることに気づかせる。

T：「主語と述語の照応」といった文法に即して確認する手立てを「文法的な観点」と呼びます。では「主語と述語の照応」以外に「文法的な観点」にはどのようなものがありますか。

○「一まとまり」の範囲，「呼応の副詞」など教科書本文の言葉を引用した意見が出る。教師は黒板にまとめ，これらの意見をふまえて事前に「文法的な観点」の整理をしておくことで見直しに文法を生かせるということを確認する。

ポイント 目標の達成に必要な課題を設定する

文の見直しにどうして「文法的な観点」が必要なのか，生徒とのやりとりを通して気づかせる。このようにして生徒が自ら学習の意

「走って」いるのは誰?

本時の目標
文を見直すポイントを見付ける

〈練習問題の文法的な観点〉
・主語（部）・述語（部）の対応→A
・他動詞＝対象となる語を伴う→D
・一まとまりの範囲
・修飾語（部）と被修飾語（部）の関係→D
・呼応の副詞
・動詞または連体詞（「ある」）
→B の関係

※「→A」、「→D」「→B」は、〈分かりにくい文例集〉の文法的な観点
板書後に、練習問題の文法的な観点も振り返って確認する際に記入する。

〈「分かりにくい文例集」の文法的な観点〉
・各グループが確認した観点
C 制限のある副詞
　→後にくる語がない×
D 他動詞の対象となる語
　→省かれている×
E 助動詞「せる」「させる」
F →不自然な使い方・文意が不明×
　長すぎる文→主張・文意が不明×

まとめ
文を見直すポイントを見付けるには、
①文節の関係、助詞・助動詞・副詞の使い方、他動詞といった文法の観点を活用する。
②長い文×
「一文に一つの内容」が原則。

義を見出して，主体的に学習に取り組むことができるようにする。

3　課題解決するための見通しをもつ ↓ WS

T：課題解決に向けて見通しを示します。まず，ワークシート「分かりにくい文例集」A～Fの観点を一つ選択してください。それを個人で修正し，修正した文と理由を①に書いてください。教科書の文法の説明や国語辞典を活用してください。次に同じ観点の文例を選んだ者同士のグループ（三～四名）で共有します（交流の成果はワークシート②に記入）。さらにグループの代表者がクラス全体で発表します。最後に個人で「文法的な観点」ワークシート③にA～Fの見直しの観点を記入します。
○ワークシートはタブレット上に用意し，生徒が記入したことも共有できるようにしておく。

4　課題を解決する

T：文例集には他にどのような観点があるか，課題「文法的な観点を整理しよう」にまず個人で取り組みます。ワークシートの問い①A～Fから一組選んだ文例の修正文と理由を記入しましょう。理由は「呼応の副詞の後半が欠けている

から」のように「文法的な観点」で説明します。
○5分程度時間をとる。次に同じ文例のタイプを選んだグループで共有する言語活動を行う。
○10分程度時間をとる。

○ワークシートの「文法的な観点」に他動詞，制限のある副詞なども含めることで，文法的な観点を広く意識するように配慮した。
　文法が苦手な生徒には練習問題と同じ観点であるA（主語・述語の照応）を選択させてもよい。

○共有・意見交換が終わったグループから順に交流したことをタブレット等で発表する。
T：交流の結果を参考にして個人でワークシート③「文法的な観点」を記入してください。
○5分程度時間をとる。その後，生徒数名に記入した観点を発表させ，黒板にまとめる。

5　まとめ：「文法的な観点」を日常に生かす

○ p.232「文法を生かして読み味わう」学習は家庭学習とし，解答は後日，教師がタブレット等に掲載するので自己採点するよう伝える。
　整理した「文法的な観点」を文の見直しのポイントとして活用するよう促す。

説得力のある構成を考えよう （3時間）
スピーチで心を動かす

1 単元の目標・評価規準

・情報の信頼性の確かめ方を理解し使うことができる。 〔知識及び技能〕(2)イ

・自分の立場や考えを明確にし，相手を説得できるように論理の展開などを考えて，話の構成を工夫することができる。 〔思考力，判断力，表現力等〕A(1)イ

・場の状況に応じて言葉を選ぶなど，自分の考えが分かりやすく伝わるように表現を工夫することができる。 〔思考力，判断力，表現力等〕A(1)ウ

・言葉がもつ価値を認識するとともに，読書を通して自己を向上させ，我が国の言語文化に関わり，思いや考えを伝え合おうとする。 「学びに向かう力，人間性等」

知識・技能	情報の信頼性の確かめ方を理解し使っている。 ((2)イ)
思考・判断・表現	「話すこと・聞くこと」において，自分の立場や考えを明確にし，相手を説得できるように論理の展開などを考えて，話の構成を工夫している。 （A(1)イ） 「話すこと・聞くこと」において，場の状況に応じて言葉を選ぶなど，自分の考えが分かりやすく伝わるように表現を工夫している。 （A(1)ウ）
主体的に学習に取り組む態度	相手を説得できるように粘り強く論理の展開などを考えて話の構成を工夫し，学習の見通しをもって自分の考えを伝えようとしている。

2 単元の特色

教材の特徴

　本単元では，これまでの「話すこと」の学習を踏まえ，聞き手の心を動かす説得力のある構成を考えるために必要な資質・能力を身に付ける学習を行う。本教材は，「スピーチで心を動かす」ために，説得力のある構成を考えさせるもので，「集める・整理する」「組み立てる」「伝え合う」「共有する」という学習内容で構成されている。まず「集める・整理する」では，話題を決め，情報を集める。社会生活の中から話題を決め，情報の正確性や信頼性を確かめながら，説得力をもたせることができる情報を取捨選択できるようにする。「組み立てる」では，話の構成を考える。まず，聞き手がどの程度，知識や関心をもっているかを想定し，それを踏まえ，多様な考えをもつ聞き手を説得できるように，情報を提示する順序を考えていく。また，種類の異なる複数の根拠を提示する。「伝え合う」では，実際にグループ内でスピーチを行う。

グループのメンバーで互いに発表し合い，質問したり，感想を伝えたりする。その際に，タブレット等を用いて，録画を行う。「共有する」では，既習単元である「意見を聞き，適切さを判断する」で行った「適切さを判断するポイント」をもとに助言を行う。再度，自身のスピーチの内容を見直し，説得力のある構成とはどういうものか振り返りを行う。

身に付けさせたい資質・能力

　本単元では，相手を説得するための構成の工夫として，次のような点に留意させる。
　・スピーチの内容について，聞き手がどの程度，知識や関心をもっているのかを想定する。
　・多様な考えをもつ聞き手を説得できるように提示する情報の順序を考える。
　・正確性，信頼性の高い情報を選ぶ。
　・種類の異なる複数の根拠を提示する。
　これらの点をふまえ，説得力のあるスピーチの構成を考える資質・能力を身に付けさせる。

3　学習指導計画（全3時間）

時	○主な学習活動	☆指導上の留意点　◆評価規準
1	○〔集める・整理する〕話題を決め，情報を集める。 ・社会で起きている出来事や問題の中から，「今私たちにできること」というテーマで伝えたいことを決める。 ・自分が決めた題材について，情報の正確性や信頼性を確かめながら集め，取捨選択する。	☆事前にテーマ「私たちにできること」を伝え，どんなことを題材にしたいか考えさせておく。 ◆情報の発信者，出典，調査方法，発信時期，情報の数等が適切であるかどうかを確認して情報を集めている。【知・技】 ◆相手の心を動かすスピーチをしようと説得力を高める情報を集めようとしている。【主】
2	○〔組み立てる〕話の構成を考える。 ・聞き手の立場や関心などを踏まえ，説得力のある構成を考える。 ・構成メモをもとに，友達と助言し合う。	☆構成メモを作成し，初案からの変化が見られるようにワークシートを使用させる。 ◆多様な考えをもつ聞き手を説得できるように，種類の異なる根拠を示し，提示する情報の順序を工夫している。【思・判・表】 ◆多様な聞き手を想定し，説得力のある構成になるように工夫しようとしている。【主】
3	○〔伝え合う・共有する〕スピーチの会を開き，学習を振り返る。 ・話し方にも注意しながら，2〜3分でスピーチをする。 ・聞き手は意見と根拠の適切さを判断し，助言する。 ・今回学習したことを振り返る。	☆スピーチはタブレット等を用いて録画し，あとで振り返らせる。 ◆聞き手の反応に応じて，話の内容を補足したり，言葉を言い換えたりしている。【思・判・表】 ◆聞き手の興味や関心を高めようと，粘り強く構成を工夫しようとしている。【主】

説得力のある構成を考えよう　スピーチで心を動かす

（1／3時間）

指導の重点

・情報の信頼性の確かめ方を理解した上で使わせる。
・社会で起きている出来事に目を向けて話題を設定し，信頼性や正確性を確かめながら，情報を集めさせる。

本時の展開に即した主な評価規準例（Bと認められる生徒の姿の例）

・情報の発信者，出典，調査方法，発信時期，情報の数等が適切であるかどうかを確認して情報を集めている。【知・技】
・相手の心を動かすスピーチをしようと説得力を高める情報を集めようとしている。【主】

生徒に示す本時の目標

社会の生活の中から題材を決め，多様な聞き手を想定しながら，話題を決定しよう

1　本単元の目標を確認し，学習の見通しをもつ

○教科書にある学習の流れ「集める・整理する」「組み立てる」「伝え合う」「共有する」を用いて確認する。

Ｔ：今回は，「今，私たちにできること」というテーマでスピーチを行います。社会の中で起きている様々な出来事や問題の中からクラスのみんなに考えてもらいたいことを決めスピーチをします。聞き手の心を動かし，社会を変えていけるような説得力のあるスピーチを考えていきましょう。そのためには，説得力のある構成のスピーチにする必要があります。今回は，説得力のある構成とは何かを学び，みんなの心を動かして，社会を変えていけるようなスピーチをしましょう。

2　社会で起きている出来事や問題の中から，話題を考える

○事前課題として，「社会で起きている出来事や問題の中から，クラスのみんなに伝えたい話題と，その理由」を考えさせておく。

○教科書にある二次元コード「表現・テーマ例集」を参考にしてもよい。

ポイント　話題の設定について

今回の単元は，「説得力のある構成を考えよう　スピーチで心を動かす」である。そのため，「説得力のある構成」によって，聞き手の心が動き，一人一人の行動が変わっていき，それによって社会がよい変化をとげるという流れを生徒に理解させる。

「今，私たちにできること」を考えるためには，社会で起きている出来事や問題について，その原因を深く調べる必要がある。その原因から考えられる「私たちにできること」のつながりが明確になるように指導する。

3　聞き手の状況を想定し，どのように情報を集めていくかを考える

○社会で起きている出来事や問題について，自分で決めた「話題」と「その設定理由」を三〜四人のグループで発表し合う。

○発表後，互いに質問や感想を述べ合い，聞き手がどの程度，知識や関心をもっているか，どんな考えをもっているかを把握する。

説得力のある構成を考えよう
スピーチで心を動かす

本時の目標

社会の生活の中から題材を決め、多様な聞き手を想定しながら、話題を決定しよう

〈テーマ〉「今、私たちにできること」

① 自分が伝えたいこと（話題）を決定しよう。

② 自分が決めた話題について、他の人の考えを聞いてみよう。

③ 話題について情報を調べよう。

【情報の信頼性　確認ポイント】
□ 情報の発信者・出典
□ 情報の調査方法
□ 情報の発信時期
□ 情報の数

④ 意見と根拠の関係を整理しよう。

⑤ 想定した反論についての意見をもとう。

○聞き手の知識や関心，どのような考えをもっているかを踏まえ，必要な情報をワークシートに書き出していく。　　📥 **WS**

○「意見」「根拠（調べた情報）」「意見と根拠をつなぐ考え」の３点に整理していく。

4　正確性・信頼性を確かめながら情報を集める

○「情報の集め方」について，第１学年，第２学年で学習した内容を振り返る。

> **ポイント　情報の正確性・信頼性**
> ①発信者，出典　②調査方法　③発信時期
> ④情報の数が適切であるかどうかを確認する。

5　調べた情報をもとに，話題に対する自分の考えとその根拠を整理する

○調べた情報をワークシートに整理していく。

○「意見」「根拠（調べた情報）」「意見と根拠をつなぐ考え」の３点に整理する。

○再度，社会で起きている出来事や問題に対して「今，私たちにできること」として考えた内容が整合性があるかどうか，また成果が見込めるかどうかを確認する。

6　多様な考えをもつ聞き手からの反論を想定し，それに対する意見をもつ

○「聞き手がもつであろう多様な考え」をあげる。

○それに対する自分の意見を整理する。

7　次時の学習内容を確認する

○本時でまとめた「意見」「根拠（調べた情報）」「意見と根拠をつなぐ考え」の３点に「想定した多様な考えに対する意見」を加えて，構成を考えていくことを確認する。

○調べたいことや確認したいことがある場合，次回までに調べてその情報をまとめてくるようにする。

2 / 3時間　説得力のある構成を考えよう　スピーチで心を動かす

指導の重点
・自分の立場や考えを明確にし，相手を説得できるように論理の展開などを考えて，話の構成を工夫させる。
・説得力のある構成とはなにかを考え，話の構成を工夫させる。

本時の展開に即した主な評価規準例（Bと認められる生徒の姿の例）
・多様な考えをもつ聞き手を説得できるように，種類の異なる根拠を示し，提示する情報の順序を工夫している。【思・判・表】
・多様な聞き手を想定し，説得力のある構成になるように工夫しようとしている。【主】

生徒に示す本時の目標
　聞き手の心を動かす説得力のあるスピーチの構成を考えよう

1　自分の意見と根拠を確認する
○前時でまとめた「意見」「根拠（調べた情報）」「意見と根拠をつなぐ考え」「想定した多様な考えに対する意見」について確認する。
○本時にいたるまでに新たに調べたことや確認したことがある場合，ワークシートに追記する。

2　スピーチの構成メモを作成する
○教科書の例を用いて，構成メモについて説明する。
○文章の型（頭括型，尾括型，双括型）について確認する。
○前時にまとめた意見とその根拠をワークシートを用いて整理し，構成メモを作成する。
○教科書の「学びのカギ」を確認し，相手を説得させるためには，どのように構成を工夫すればよいかを考えさせる。
○完成した構成メモを見直し，構成のどこに聞き手の心を動かすポイント（相手を説得するポイント）があるか確認させる。

ポイント　聞き手の心を動かす
　教科書にある「達人からのひと言」に，「言葉は熱をもち，その熱こそが聞いている人を動かす」とある。これも参考にし，説得力のある構成として，どこに聞き手の心を動かすポイントがあるかを明確にさせる。

3　互いの構成メモを見て，構成が工夫されている点を確認し合い，助言する
○三人から四人班で，構成メモを互いに読み合う。
○読み終わった後に，感想や質問を述べ合い，互いの構成のどこに聞き手の心を動かすポイントがあったかを確認し合う。
○互いの構成の心を動かすポイントを踏まえ，観点ごとに構成メモを評価させる。

ポイント　構成を工夫するポイントが評価の観点となる
①聞き手がどの程度，知識や関心をもっているかを想定して意見と根拠を構成しているか。
②種類の異なる複数の根拠を示し，自分の意見を一般化しているか。

説得力のある構成を考えよう　スピーチで心を動かす

本時の目標
聞き手の心を動かす説得力のある スピーチの構成を考えよう

> 聞き手の心を動かす説得力のある スピーチの構成を考えよう
>
> 〈ポイント〉構成を工夫する観点
> ①聞き手がどの程度、知識や関心をもっているかを想定して意見と根拠を構成しているか。
> ②種類の異なる複数の根拠を示し、自分の意見を一般化しているか。
> ③根拠となる情報の出典や調査方法など、正確性、信頼性の高いものを選んでいるか。
> ④意見と根拠のつながりに妥当性があるかどうか。
> ⑤多様な考えをもつ聞き手を説得できる反論になっているか。
> ⑥聞き手を説得できるように導入や提示する情報の順序が工夫されているか。

○構成メモを作成しよう。　←
◎互いの構成メモを読み合い、助言する。　←
●構成メモを推敲する。

---

③根拠となる情報の出典や調査方法など，正確性，信頼性の高いものを選んでいるか。
④意見と根拠のつながりに妥当性があるかどうか。
⑤多様な考えをもつ聞き手を説得できる反論になっているか。
⑥聞き手を説得できるように導入や提示する情報の順序が工夫されているか。

○観点ごとに評価をし終えたら，一つの観点を選び，助言させる。
○スピーチをする話し手の心を動かすポイントを理解し，具体的に助言させる。

4　観点を踏まえ，構成を推敲する
○助言を踏まえ，構成メモを推敲する。
○新たに調べる必要があれば，タブレット等を用いて情報を集める。
○推敲後の構成メモをワークシートに記入させる。
○推敲の過程が分かるように，初案の構成メモは残しておく。
○初案の構成メモから推敲後，どのように構成を工夫したかを明確にさせる。

5　次時の学習について確認する
Ｔ：次回は，三人から四人班で構成メモをもとにスピーチを行います。今日完成した構成メモをもとに，２分から３分でスピーチできるように練習しておきましょう。
○今回は，説得力のある構成の工夫に重点を置いている。そのため，話し方については各自，既習事項を確認し，練習させる。
○教科書にある二次元コードを読み取り，実際のスピーチの動画を話し方に着目させながら聞き，イメージをもたせるとよい。

> **発展　話し方**
> 　教科書の「言の葉ポケット」にある強調したいときの言い回しや，聞き手に合わせて言い換えたり補足したりする話型を確認する。

説得力のある構成を考えよう スピーチで心を動かす

③／3時間

指導の重点

・場の状況に応じて言葉を選ぶなど，自分の考えが分かりやすく伝わるように表現を工夫させる。
・聞き手の興味や関心を高めるために，構成を工夫させる。

本時の展開に即した主な評価規準例（Bと認められる生徒の姿の例）

・聞き手の反応に応じて，話の内容を補足したり，言葉を言い換えたりしている。【思・判・表】
・聞き手の興味や関心を高めようと，粘り強く構成を工夫しようとしている。【主】

生徒に示す本時の目標

　説得力のある構成で聞き手の心を動かすスピーチをしよう

1　構成メモをもとに，スピーチの練習をする

○本時の目標を確認する。
○推敲後の構成メモをもとに，全員一斉にスピーチの練習をする。
○タイマーを3分にセットし，3分以内にスピーチを終えるようにする。
○教科書にある「言の葉ポケット」を用いて話型を確認する。
○時間や話し方に注意し，練習を繰り返す。
○必要に応じて構成メモや話し方を修正する。

2　スピーチの会を開く

○三人から四人班となり，順番を決めてスピーチを行う。
○後でスピーチの振り返りができるように，タブレット等を使用して録画しておく。
○聞き手は，説得力のある構成となっているか，心が動かされたか，構成の工夫の評価の観点を再度，確認する。
○スピーチが終わったら，互いに感想を伝え，質問をする時間を設ける。

○心が動かされた部分はどこかなどを，具体的に伝えるよう指示する。

ポイント　タイマーの活用

　グループごとに時間に差が出ないよう，電子黒板等でタイマーを表示し，教師の合図でスピーチがスタートするようにする。

3　互いのスピーチを評価し，助言し合う

○評価シート等を用いて，説得力のある構成であったかどうかを振り返る。
○観点ごとにスピーチの構成を評価する。
○評価シート等をもとに，互いに助言し合う。

ポイント　評価の観点（これは構成の工夫の観点と同じである）

①聞き手がどの程度，知識や関心をもっているかを想定して意見と根拠を構成しているか。
②種類の異なる複数の根拠を示し，自分の意見を一般化しているか。
③根拠となる情報の出典や調査方法など，正確性，信頼性の高いものを選んでいるか。
④意見と根拠のつながりに妥当性があるかど

説得力のある構成を考えよう スピーチで心を動かす

本時の目標

説得力のある構成で聞き手の心を動かすスピーチをしよう

〈テーマ〉「今、私たちにできること」

【目的】「説得力のある構成」によって、聞き手の心を動かし、一人一人の行動を変え、社会によい変化をもたらそう。

【相手】クラスのみんな

〈評価の観点〉〈構成を工夫する観点と同じ〉

①聞き手がどの程度、知識や関心をもっているかを想定して意見と根拠を構成しているか。

②種類の異なる複数の根拠を示し、自分の意見を一般化しているか。

③根拠となる情報の出典や調査方法など、正確性、信頼性の高いものを選んでいるか。

④意見と根拠のつながりに妥当性があるかどうか。

⑤多様な考えをもつ聞き手を説得できる反論になっているか。

⑥聞き手を説得できるように導入や提示する情報の順序が工夫されているか。

うか。

⑤多様な考えをもつ聞き手を説得できる反論になっているか。

⑥聞き手を説得できるように導入や提示する情報の順序が工夫されているか。

いこと

○必要に応じて，録画したスピーチを見直す。

○振り返りを記入させる。もしくは，タブレット等を用いて，振り返りを入力させ，全体ですぐに共有できるようにする。

発展　話し方

　今回は，話し方に重点を置いていないが，相手の心を動かすためには話し方も工夫する必要がある。次回，人前でスピーチをするときのために，友達のスピーチを聞いて話し方についてよかった点や学んだことを記録しておく。

4　論理の展開や話の組み立てを推敲する

○心を動かされた部分とそう感じた理由を踏まえ，説得力のある構成であったかどうかを振り返らせる。

○観点ごとにチェックさせ，マルをつけなかった項目について，具体的にアドバイスをする。

①聞き手の知識・関心の想定　　　（　○　）

②複数の根拠を用いての意見の一般化（　○　）

③情報の正確性・信頼性　　　　　（　○　）

④意見と根拠のつながりの妥当性　（　○　）

⑤導入・情報の順序の工夫　　　　（　○　）

5　今回学習した内容を振り返る

○教科書にある「振り返る」を確認しながら，今回のスピーチを振り返る。

【知る】情報の信頼性

【話す・聞く】相手の心を動かす構成の工夫

【つなぐ】説得力という観点で今後に生かした

言葉1　相手や場に応じた言葉遣い　（1時間）

1　単元の目標・評価規準

・敬語などの相手や場に応じた言葉遣いを理解し，適切に使うことができる。
〔知識及び技能〕(1)エ

・場の状況に応じて言葉を選ぶなど，自分の考えが分かりやすく伝わるように表現を工夫する
ことができる。　　　　　　　　　　　　　　〔思考力，判断力，表現力等〕A(1)ウ

・言葉がもつ価値を認識するとともに，読書を通して自己を向上させ，我が国の言語文化に関
わり，思いや考えを伝え合おうとする。　　　　　　　「学びに向かう力，人間性等」

知識・技能	敬語などの相手や場に応じた言葉遣いを理解し，適切に使っている。　　　　((1)エ)
思考・判断・表現	「話すこと・聞くこと」において，場の状況に応じて言葉を選ぶなど，自分の考えが分かりやすく伝わるように表現を工夫している。　　　　(A(1)ウ)
主体的に学習に取り組む態度	相手や場に応じた言葉遣いや表現の選び方について進んで理解し，今までの学習を生かして学習課題に取り組もうとしている。

2　単元の特色

教材の特徴

　この教材では，主に敬語に焦点をあて，相手や場に応じた言葉遣いについて考える学習を行
う。

　敬語については，第2学年において〔知識及び技能〕(1)カ「敬語の働きについて理解し，話
や文章の中で使うこと」を学習している。それを受け，第3学年では，正しい敬語表現を知る
だけでなく，相手や場に応じた言葉遣いという観点から，日常の言語活動を振り返り，敬語の
役割や効果を理解することが重要である。高校入試の面接場面や，友達に頼み事をする場面な
ど，具体的な事例を通して，どのような言葉遣いがふさわしいか考えさせるようになっている。

　敬語には，目上の人に対する敬意を表すとともに，受け手を尊重し受け手の気持ちを配慮す
る働きがある。円滑なコミュニケーションに欠かせない日本語の言語文化と言えるだろう。ま
た，くだけた表現と改まった表現の使い分けは，伝達手段（媒体）によっても異なってくる。
校内放送（音声）で，不特定多数の人に対して伝えるには，情報を整理してできるだけ一文を
短く，誤解を招くような同音異義語を避けて聞いて分かりやすい言葉（和語）を使うなどの工

夫が必要である。

身に付けさせたい資質・能力

　学習指導要領では全学年を通して，自分の考えが分かりやすく伝わるように表現を工夫することを求めている。第3学年では，場の状況に応じて言葉を選ぶなどして表現を工夫することに重点を置いている。

　文化審議会国語分科会の報告「分かり合うための言語コミュニケーション」（平成30年）では，言語コミュニケーションの要素として，「正確さ」「分かりやすさ」の他に「ふさわしさ」と「敬意と親しさ」を挙げている。「ふさわしさ」とは場面や状況，相手の気持ちに配慮した話題や言葉を選び，適切な手段・媒体を通じて伝え合うことである。「敬意と親しさ」とは伝え合う者同士が互いに心地よい距離をとりながら伝え合うことである。

　敬語は，たくさん使えばよいというものではない。敬語を使い過ぎるとかえって失礼な印象を与えてしまったり，よそよそしい態度や卑屈な態度に見えてしまったりする。また，同じ相手でも，私的な場面と公的な場面では，ふさわしい言葉遣いは異なる。人間関係の距離に大きな影響を与えるものである。

　敬語の働きや特徴を理解し，相手や場に応じて使い分ける技能を身に付け，互いに相手を尊重してよりよいコミュニケーションをとろうとする態度を育成することが大切である。

　そこで，相手と自分との関係によって，どのような伝達手段や言葉遣い・表現が適切であるか，具体的な場面を想定して表現する言語活動を行う。

　コミュニケーションの方法には画一的な正解はない。用いる言葉は相手との関係や距離に影響するのであるから，実際の生活では相手の反応を見ながら調整していく力も必要である。

3　学習指導計画（全1時間）

時	○主な学習活動	☆指導上の留意点　◆評価規準
1	○相手や場に応じた言葉遣いがあることに関心をもつ。 ○敬語を使う際に気をつけることや，相手への配慮を示す表現について考える。 ○具体的な場面を想定して，相手や場に応じた言葉遣いを選んで表現する。	☆様々な表現があることに気づき，違いを考えるよう指導する。 ◆相手や場に応じた敬語などの言葉遣いを理解し，適切に使っている。【知・技】 ◆相手や目的に応じた伝達手段や言葉遣いを選択して表現している。【思・判・表】 ◆相手や場に応じた言葉遣いや表現の選び方について進んで理解し，今までの学習を生かして学習課題に取り組もうとしている。【主】

言葉1 相手や場に応じた言葉遣い

指導の重点

・敬語などの相手や場に応じた言葉遣いを理解し，適切に使わせる。

・相手や場に応じて，改まった言葉，くだけた言葉等を適切に使い分けさせる。

本時の展開に即した主な評価規準例（Bと認められる生徒の姿の例）

・相手や場に応じた敬語などの言葉遣いを理解し，適切に使っている。【知・技】

・相手や目的に応じた伝達手段や言葉遣いを選択して表現している。【思・判・表】

・相手や場に応じた言葉遣いや表現の選び方について進んで理解し，今までの学習を生かして学習課題に取り組もうとしている。【主】

生徒に示す本時の目標

　相手や場に応じて，敬語などの言葉遣いを考えよう

1　本時の目標を理解する

○導入の例を比較して，相手や場に応じて言葉を使い分けることに関心をもつ。

T：教科書 p.36のAとBを比べて違いを挙げましょう。

S：Aはため口で，Bは敬語を使っています。

S：相手が，Aは友達。Bは高校の先生。

S：Bは初対面だからよい印象を相手に与えたい。

S：Aは親しげだけど，Bは固い感じ。

T：このように私たちは，相手や目的，場に応じて，くだけた口調や敬語などの表現を使い分けています。今日は，よりよいコミュニケーションのためにどのような表現が適切なのか，どのようなことに注意すればいいのか考えましょう。

2　相手や場に応じた言葉遣いについて理解する

○教材文「相手や場に応じた言葉遣い」を読み，相手との間柄（関係）や，公私の別を踏まえて，ふさわしい言葉遣いを選ぶ必要があることを理解する。

3　相手や場に応じた表現とは，言葉遣い（敬語）だけでないことを理解する

○動画「敬語おもしろ相談室3／7」（文化庁）の冒頭30秒を視聴して意見を出し合う。

⬇ WS

○相手に配慮しつつ，お願いするにはどう言ったらいいか考える。

T：文化庁が制作した「敬語おもしろ相談室」は他にも敬語に関するいろいろな事例を紹介しているので，興味ある人は検索してみてください。

> **発展**
> 　敬語に関する動画などを生徒が調べて，相手や場にふさわしい表現を選ぶための留意点をスライドにまとめる活動も考えられる。

○教材文「相手や場に応じた表現の選び方」を読み，考慮すべき視点を理解する。

4　実際に表現してみる

○教科書 p.37下段「やってみよう」に取り組ませ，数人に発表させる。

相手や場に応じた言葉遣い

本時の目標

相手や場に応じて、敬語などの言葉遣いを考えよう

〈ＡとＢ　何が違う？〉

Ａ くだけた口調　　Ｂ 敬語 （言葉遣い）
　友達　　　　　　高校の先生 （相手）
　親しい　　　　　初対面 （関係・間柄）
　休み時間　　　　面接 （場面）
　共感　　　　　　よい印象 （目的）

くだけた表現　⇕　改まった表現

〈動画を見て考えよう〉（依頼する場面）
・敬語を使っていても失礼な感じがする
・上から目線
・一方的　相手の都合を考えていない
　↓
・相手の気持ちを配慮する言い方が大事

〈やってみよう〉
・相手　小さい子からお年寄りまで
　　　　不特定多数　場　公的
・手段　音声のみの校内放送
・目的　時間と場所を知らせる、勧誘する

〈比べてみよう〉
「小学校のクラス会に誘う」　相手に応じた違い
①同じ中学校の親しい友達
②他の中学校に進学した友達
③小学校の担任の先生
◎言葉遣い・表現　⇕　人間関係

ポイント　考慮すべき視点を確認する

・相手（子どもからお年寄りまで）→平易で分かりやすい言葉
・場（公的）→丁寧な言葉遣い
・手段（校内放送）一文を短く，情報を整理
・目的（宣伝）→楽しく，親しみやすい感じ

○相手に応じた言葉遣いや伝え方を考える演習に取り組む。（ワークシート「比べてみよう」）

Ｔ：では，小学校のクラス会に誘う場合，相手に応じてふさわしい表現はどのようなものか，考えてみましょう。相手は，①同じ中学校にいる親しい友達，②他の中学校に進学した最近会っていない友達，③小学校の担任の先生　とします。どの相手に対しても，ぜひとも来てほしいという気持ちを伝えます。伝える手段（媒体）もふさわしいと思うものを選びましょう。

○三～四人のグループで，自分が考えた表現を交流する。工夫した部分や理由も述べる。

ポイント　表現の交流を参考にして自分の表現を修正する

・相手の立場に立ってクラス会に行きたくなるような表現かどうか，評価する。

・他の人の表現でよいと思ったものを色ペンでメモする。
・交流したことを参考にし，自分の表現をよりよく手直しする。

Ｔ：相手と自分との関係を考えて，言葉遣いや表現を工夫できましたね。よいコミュニケーションの方法は一つではありません。話す人の人柄がにじみ出ます。受け取る人の受け取り方も個人差があります。日常生活の実際の場面では，相手の反応を見ながら，「敬意」と「親しさ」のバランスを調整していくことも必要です。言葉遣いが人と人との関係作りに重要な役割を果たしていることを心に留めてください。

5　学習を振り返る

Ｔ：相手や場に応じた言葉遣い・表現をするために，どのようなことに気を付けたらよいか考えることができましたか。今日の学習を振り返って，分かったこと・考えたことをワークシートに書きましょう。

学びて時に之を習ふ──「論語」から／ 漢文の訓読 　　（2時間）

1　単元の目標・評価規準

・歴史的背景などに注意して古典を読むことを通して，その世界に親しむことができる。
〔知識及び技能〕(3)ア

・長く親しまれている言葉や古典の一節を引用するなどして使うことができる。
〔知識及び技能〕(3)イ

・文章を読んで考えを広げたり深めたりして，人間について，自分の意見をもつことができる。
〔思考力，判断力，表現力等〕C(1)エ

・言葉がもつ価値を認識するとともに，読書を通して自己を向上させ，我が国の言語文化に関わり，思いや考えを伝え合おうとする。　　　　　　　「学びに向かう力，人間性等」

知識·技能	歴史的背景などに注意して古典を読むことを通して，その世界に親しんでいる。 ((3)ア)
	長く親しまれている言葉や古典の一節を引用するなどして使っている。　((3)イ)
思考·判断·表現	「読むこと」において，文章を読んで考えを広げたり深めたりして，人間について，自分の意見をもっている。　　　　　　(C(1)エ)
主体的に学習に取り組む態度	人間の生き方に関する孔子の考えについて積極的に自分の意見をもち，学習課題に沿って，論語を引用した文章を書こうとしている。

2　単元の特色

教材の特徴

　本単元は，第1学年での「故事成語」，第2学年での「漢詩」の学習を受けて中国の古典である「論語」を取り上げている。二千年以上の歴史をもつ「論語」は，5世紀頃に日本に伝わり，長い間親しまれ受け継がれてきた。その「論語」の言葉には，現代にも通じる「ものの見方・考え方」が記されており，座右の銘として心のよりどころにされる名言も多い。「論語」の言葉を通して，人間の生き方について，孔子の考えを捉えるとともに，自分たちの生活と関連づけて考えさせたい教材である。

身に付けさせたい資質・能力

　本単元では，「長く親しまれている言葉や古典の一節を引用するなどして使う」力を基に「文章を読んで考えを広げたり深めたりして，人間について，自分の意見をもつ」力を育成することに重点を置く。この資質・能力を身に付けさせるための言語活動として「『論語』の言葉を引用して，メッセージを書く」活動を設定する。「論語」に記された言葉の中から，現代に生きる自分たちの生活と関連付けられるものを探し，友人や後輩にメッセージとして贈る活動である。それぞれの言葉の意味を十分に捉えた上で，励ましやアドバイス，賞賛等の言葉として，どのような人にどの言葉を贈るか考えさせる。

　また，この活動を行う際は，「歴史的背景などに注意して古典を読むことを通して，その世界に親しむこと」と関連付けて指導する。本文の解説だけでなく，動画の視聴によって孔子の生きた時代の歴史的背景を押さえる。その上で，教材文を音読させ，漢文のリズムを味わいながら「論語」の言葉にふれ，「論語」の世界に親しませる。

3　学習指導計画（全2時間）

時	○主な学習活動	☆指導上の留意点　◆評価規準
1	○本単元の目標を確認し，学習の見通しをもつ。 ○漢文の訓読方法を理解し，訓読文と書き下し文を対比させながら訓読の仕方を確認する。 ○ NHK for School 10min. ボックス漢文「論語」を視聴し，孔子が生きた時代の歴史的背景や孔子の考え方について知る。 ○書き下し文を音読する。 ○書き下し文と対比させながら現代語訳を読み，孔子の考え方を捉える。	☆1・2年時に学習した訓読のルールに加え，新たに学習するルールは丁寧に説明する。 ◆教材文や動画を参考に歴史的背景を押さえ，書き下し文や訓読文を読むことを通して，「論語」の世界に親しんでいる。【知・技】
2	○前時に学習した章句の現代語訳を確認する。 ○四つの章句以外に，「論語」の章句について知る。 ○「論語」の言葉の中から，どの言葉をどんな人に贈りたいか考える。 ○「『～なあなた』に贈る『論語』の言葉」を書く。	☆本文の章句以外に「論語」の言葉を紹介する。 ☆人間の生き方に関する孔子の考え方を，自分たちの生活と関連付けて考えさせる。 ◆「論語」の言葉を自分たちの生活と関連付けながら，人間の生き方について考えている。【思・判・表】 ◆孔子の考えについて積極的に自分の意見をもち，「論語」の言葉を引用して友達に贈る文章を書こうとしている。【主】

学びて時に之を習ふ―「論語」から／漢文の訓読

指導の重点

・漢文の訓読について理解させ，「論語」の世界に親しませる。

本時の展開に即した主な評価規準例（Bと認められる生徒の姿の例）

・教材文や動画を参考に歴史的背景を押さえ，書き下し文や訓読文を読むことを通して，「論語」の世界に親しんでいる。【知・技】

生徒に示す本時の目標

「論語」について知り，孔子の考え方を捉えよう

1　学習の目標を確認する

○本時の目標は「論語」という作品を知ること，漢文の訓読方法を理解した上で，「論語」の文章を読むことであることを確認する。

Ｔ：これから学習する「論語」は，１年生で学習した「故事成語」，２年生で学習した「漢詩」と同じ中国の古典です。そこで，まず漢文の読み方を確認しておきましょう。

2　漢文の訓読方法を理解する

○教科書 p.41「漢文の訓読」を読み，訓読方法を確認する。

> **ポイント　返り点の知識を定着させる**
> ・第１・２学年で学習した返り点に加え，第３学年で新たに学習する「上・下点」「レ点」は，特に丁寧に説明する。
> ・「置き字」も第３学年で新たに学習する事項なので，訓読の時の働き，読みの省略等も踏まえ指導する。

○確認した訓読方法を踏まえて，教科書の訓読文と書き下し文を対比させる。

3　「論語」という作品について知る

○教科書 p.38冒頭，「論語」についての説明を読む。

○ NHK for School 10min. ボックス漢文「論語」を視聴する。

> **発展**
> 「論語」や孔子に関して，便覧やタブレット等で調べたり，他の解説動画を見たりする方法もある。

4　書き下し文を音読する

Ｔ：孔子という人の人生と，孔子が生きた時代の様子が分かりましたか。「論語」が現代に受け継がれている理由も分かったのではないでしょうか。それでは，「論語」の中の文章を読んでみます。教科書 p.38〜の章句を書き下し文で読みましょう。

○教師の範読を聞いた後，教師の後に続いて音読させる。

○漢文特有の言い回しを味わいながら，個人やペ

準備物：なし

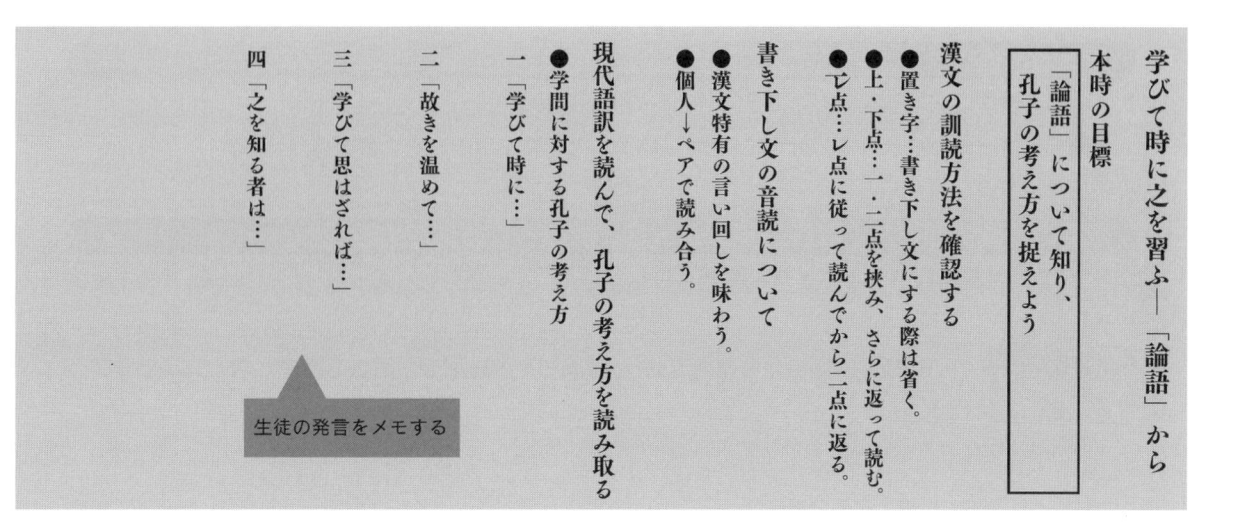

学びて時に之を習ふ―「論語」から

本時の目標
「論語」について知り、
孔子の考え方を捉えよう

漢文の訓読方法を確認する
●置き字…書き下し文にする際は省く。
●上・下点…一・二点を挟み、さらに返って読む。
●レ点…レ点に従って読んでから二点に返る。

書き下し文の音読について
●漢文特有の言い回しを味わう。
●個人→ペアで読み合う。

現代語訳を読んで、孔子の考え方を読み取る
●学問に対する孔子の考え方

一 「学びて時に…」
二 「故きを温めて…」
三 「学びて思はざれば…」
四 「之を知る者は…」

生徒の発言をメモする

アでくり返し音読させる。

5　現代語訳を確認し，孔子の考え方を捉える

○書き下し文と対比しながら，現代語訳を確認させる。

> **ポイント　現代語訳の内容を理解する**
> 　以下のことを押さえておく。
> ・「子曰はく」の「子」は孔子を指している。
> ・「学びて時に…」の「亦…からずや」は反語である。
> ・「故きを温めて…」は四字熟語「温故知新」を確認する。
> ・「学びて思はざれば…」の「則ち」は特に訳す必要がない。
> ・「之を知る者は…」の「之」は何を指してもよい。

○現代語訳から，孔子の考え方を捉える。
Ｔ：四つの章句は，学問に対する孔子の考え方が述べられていますね。それぞれの章句から，孔子の学問に対するどのような考えが読み取れますか。
○個人で考えさせ，グループで交流させる。

〈生徒の発言例〉
・学んだことが自分のものになる時のうれしさについて。
・仲間がいた方が楽しく学べるということ。
・復習は大切だということ。
・教わるだけでなく自分の頭で考えることが大事だということ。
・学問に独断は禁物だということ。

6　次回の予告をする

Ｔ：次の授業では，「論語」の中の言葉を，現代のどんな場面や状況に生かせるか考えます。教科書にある章句以外に，どのような言葉があるか，興味がある人は，家に帰ってから調べてみましょう。

2 / 2時間　学びて時に之を習ふ—「論語」から／漢文の訓読

指導の重点
・人間の生き方に関する孔子の考えを自分たちの生活と関連付けて考えさせる。
・人間の生き方について自分の意見をもち，「論語」の言葉を引用して文章を書かせる。

本時の展開に即した主な評価規準例（Bと認められる生徒の姿の例）
・「論語」の言葉を自分たちの生活と関連付けながら，人間の生き方について考えている。【思・判・表】
・孔子の考えについて積極的に自分の意見をもち，「論語」の言葉を引用して友達に贈る文章を書こうとしている。【主】

生徒に示す本時の目標
「論語」の言葉を引用して，メッセージを贈ろう

1　学習の目標を確認する
○「論語」の言葉を引用して，友達や後輩にメッセージを贈ることを確認する。
Ｔ：前回は「論語」について知り，四つの章句を読むことで，学問に対する孔子の考え方を捉えました。「論語」の中の他の言葉を調べてみた人はいますか？
○家庭学習として「論語」の言葉を調べた生徒がいれば発表させる。

2　「論語」の言葉を読む
Ｔ：「論語」には他にどのような言葉があるか読んでみましょう。
○教科書の四つの章句以外に，「論語」の言葉を紹介する。書き下し文と現代語訳を載せたプリントやパワーポイント等を使用する。
○取り上げる言葉の例
「人の己を知らざることを患えず，人を知らざることを患う。」
「己の欲せざる所，人に施すこと勿かれ。」
「徳は孤ならず，必ず隣有り。」

「内に省みて疚しからずんば，夫れ何をか憂え何をか懼れん。」
「過ちて改めざる，是を過ちという。」　　等

> **発展**
> 便覧や書籍，タブレット等を使って調べる方法もある。

3　「論語」の言葉を自分たちの生活と結びつける
Ｔ：「論語」に表れた考え方には，現代の私たちと共通するものや納得できるものがありますね。では，論語の言葉を友達や後輩に贈るとしたら，どの言葉をどのような人に贈りますか。
○自分たちの生活と「論語」の言葉を結びつけて考え，思いついたものをできるだけたくさん書く。　⬇ WS

> **ポイント　「論語」の言葉が生かされる様々な場面を考え，その言葉を選んだ理由を明確にさせる**
> ・悩んでいることや困っていることへの助言・アドバイス，祝福や賞賛としての言葉，勇気づけたり励ましたりする言葉，心のよ

```
学びて時に之を習ふ──「論語」から

本時の目標
┌─────────────────────┐
│ 「論語」の言葉を引用して、       │
│ メッセージを贈ろう          │
└─────────────────────┘

色々な「論語」の言葉
  子曰はく…
  どのような言葉があるだろう

どの言葉をどのような人に？
〈目的〉
● 助言やアドバイスをする
● 祝福したり賞賛したりする
● 勇気付けたり励ましたりする
● 心のよりどころにしてもらう
                ←

意見交流
  なぜその言葉を選んだのか、
  理由を明確にさせる
                ←

「～なあなた」に贈る『論語』の言葉
● 相手…友達または後輩
● 『論語』の言葉を引用してメッセージを贈る
                ←

作品を読み合う
```

りどころとして覚えておいてほしいもの等，自分たちの生活と結びつく場面を具体的に考えさせる。

・なぜその言葉を選んだのか，理由を明確にさせる。

Ｔ：ワークシートに書いた内容を，グループで発表し合いましょう。

○ワークシートに記入したことを四人グループで交流し，クラス全体で発表する。発表内容は，ミニホワイトボードに書いて掲示，ロイロノート等で提出し表示する等，視覚化して次の学習活動に生かす。

4 「論語」の言葉を引用してメッセージを書く

○「『～なあなた』に贈る『論語』の言葉」として「論語」の言葉を引用したメッセージを書く。書く際に以下の点を確認する。

・言葉を贈る相手は，友達または後輩であること。

・贈る相手によって，選ぶ言葉の分かりやすさや説明するための表現を吟味すること。特に後輩に贈る場合は，より理解しやすい言葉を選び，平易な表現で説明すること。

・選んだ言葉と意味（現代語訳）を文章の中に入れること。

生徒の実態に応じて，例文を示すことも考えられる。

○「～なあなた」の例

・部活を続けるか迷っているあなたに

・小学校卒業が目前のあなたに

・リーダーとして頑張っているあなたに

・親友とケンカ中のあなたに

・なかなか意見が言えないあなたに　　等

5 書いたメッセージを読み合う

○書いた文章を読み合い，感想を交流する。どの言葉がどのように引用されているか，同じ言葉を引用したものに，どのような違いがあるか等に着目するとよい。

季節のしおり　春

教材の特徴

　1，2年生の「季節のしおり」同様，季節を表す言葉を使った詩歌や文章，言葉が並んでいる。短歌や漢詩など既習事項の多い3年生では文学的文章を読むことや創作することを楽しく味わわせる。それぞれの作品の言葉の響きや季節感，込められた思いを味わい，また，自身も季節を表す言葉とともに精選した言葉で自分の思いを表現することで，文学作品を創作することの楽しさや難しさを実感させる。

生徒に示す本時の目標
　春の言葉とともに自分の思いを伝えよう

1　学習課題の提示，本時の目標を確認する
○「季節のしおり」のページで学習することの目的や意義，生涯学習へのつながりについて説明する。

T：古の昔から人々は自分の思いを俳句や短歌，詩などの短く洗練された美しい言葉に込めてきました。皆さんはすでに和歌や漢詩も含めた詩歌については1，2年生で学習しました。俳句についてはこの後の単元で勉強しますが（先にp.62「俳句の可能性」p.66「俳句の創作教室」p.68「俳句を味わう」を学習することも可）小学生の時に作った経験などはあると思います。

　1ページしかない教材ですが，皆さんに，日本独特の四季を表す美しい言葉をたくさん知ってもらい，昔から今に至るまで，人々が行ってきたようにその季節の言葉とともに自分の思いを伝えられるようになってほしいと思っています。そこで，本時の目標は「春の言葉とともに自分の思いを伝えよう」としました。春から想像される自分の思いを，春を表す言葉とともに俳句や短歌，詩などに込めてください。

ポイント
　単元の目標を設定し，評価するのであれば，「書くこと」の指導事項(1)イ「文章の種類を選択し，多様な読み手を説得できるように論理の展開などを考えて，文章を工夫すること」に当てはまる。

2　それぞれの作品の言葉の響きを味わい，意味を理解する
○教科書の作品を音読し，言葉の響きを味わう

T：教科書の作品を声に出して読んでみましょう。その際は俳句，短歌，漢詩の独特の響きを味わってください。

○印象に残った言葉を抜き出したり，線を引いたりしてもよい。

発展
　高浜虚子の句は，原本は「はるかぜ」であるが「しゅんぷう」という漢語の読みも考えられる。その印象の違いや蘇軾の「春夜」の漢語の響きと俳句や短歌の和語の響きとの違いなど，和語，漢語の違いについて考える学

準備物：辞書，歳時記

季節のしおり　春

本時の目標

> 春の言葉とともに自分の思いを伝えよう

① 言葉の響きを味わいながら音読する
　○優しい響き…春風　行春
　○力強い響き…忘るな　直千金
　○硬い響き…春宵一刻　清香

② 生徒の発言をメモする（あらかじめ響き方を指定するのではなく、生徒が感じたままをメモする）

② 作品に込められた思い
　闘志　決意　別れの悲しさ
　旅立ちの思い　春の美しい情景

③ 春を表す言葉の語彙を増やす
④ 文学作品を作る

振り返り
① 言葉の響き
② 春を表す言葉
③ 自分の思い
④ 文学作品

習活動も考えられる。それは「知識及び技能」の言葉の特徴や使い方に関する事項の「語彙」や教科書 p.72言葉2「和語・漢語・外来語」に関係付けることができる。

○それぞれの作品の意味を理解し，文章に込められた思いを想像する。（資料やタブレット等での検索を通して理解する。）

Ｔ：資料を通してそれぞれの作品の意味を捉え，どのような思いが伝わってきたかを考えてみましょう。

○「別れの悲しさ」「旅立ちの気持ち」「春の美しい情景」「決意」などの「思い」が想定されるが，あくまでも作者の思いではなく，作品から読み取った思いを確認する。

3　春にまつわるその他の言葉や詩歌を調べ，語彙を増やす

○辞書や歳時記，タブレット等を使って春の言葉や春の言葉が使われている詩歌を探究し，語彙を増やす。

Ｔ：皆さんにも作者になって短歌や俳句を作ってもらいます。初めに教科書以外の季節を表す言葉に触れてみましょう。その中で，使いたい言葉があればメモしておきましょう。

4　春を表す言葉とともに伝えたい自分の思いを考え，詩歌や文章を創作する

○2の学習を参考に自分が詩歌に込める思いを考えながら作品を創作する。

Ｔ：季節を表す言葉をたくさん調べてもらいました。教科書の作品からは「別れの悲しさ」や「旅立ちの思い」，「鮮やかな情景」などが作品に込められているということを学びました。
　　これまで皆さんは多くの文学的文章を学んできました。俳句でも短歌でも随筆でもその中から自分で書きやすい文章を選び，季節の言葉とともに自分の思い込めた作品を作りましょう。

5　振り返りをする

○振り返りのポイント
①印象に残った言葉の響きと理由
②探究学習で印象に残った季節を表す言葉とその理由
③自分の思いを季節の言葉とともに表現することの達成度。その際，苦労したところや工夫したところ
④文学作品を作ることの楽しさ，難しさ

作られた「物語」を超えて　（3時間）

1　単元の目標・評価規準

・具体と抽象など情報と情報との関係について理解を深めることができる。

〔知識及び技能〕(2)ア

・文章の種類を踏まえて，論理の展開の仕方などを捉えることができる。

〔思考力，判断力，表現力等〕C(1)ア

・言葉がもつ価値を認識するとともに，読書を通して自己を向上させ，我が国の言語文化に関わり，思いや考えを伝え合おうとする。　　　　　　「学びに向かう力，人間性等」

知識・技能	具体と抽象など情報と情報との関係について理解を深めている。　　　((2)ア)
思考・判断・表現	「読むこと」において，文章の種類を踏まえて，論理の展開の仕方などを捉えている。　　　　　　　　　　　　　　　　　　　　　　　　（C(1)ア）
主体的に学習に取り組む態度	今までの学習を生かして，文章の構成や論理の展開の仕方などを捉え，積極的に評価しようとしている。

2　単元の特色

教材の特徴

　本教材は，ゴリラのドラミングに対する誤解から人間が勝手に作り上げた「物語」を具体例に，人間社会にも同じような課題があり，それを解決するために広い視野で物事を考えることの重要性を説いた論説文である。そこで，本単元では，筆者の問題意識とゴリラの事例を通して，抽象と具体の関係性について理解を深め，筆者の主張に至るまでの論理の展開を捉えるとともに，筆者が指摘する人間の性質について自分の考えをまとめさせる学習活動を展開する。

身に付けさせたい資質・能力

　説明的な文章の授業においては，第1学年で「文章の中心的な部分と付加的な部分，事実と意見との関係などについて叙述を基に捉え，要旨を把握する力」，第2学年で「文章全体と部分との関係に注意しながら，主張と例示との関係や登場人物の設定の仕方などを捉える力」を身に付けてきた。これらのことを踏まえ，本単元では，書き手の「ものの見方や考えの進め方」が表れている論述の過程である論理の展開を捉えることで，文章の内容を正確に理解する

資質・能力を身に付けさせる学習活動とする。

3 学習指導計画（全3時間）

次	時	○主な学習活動	☆指導上の留意点　◆評価規準
一	1	○単元について知る。 ○本時の目標を知る。 ・「論理の展開」について，教科書 p.51「学びのカギ」を活用し理解する。 ○全文を通読する。 ・注意する語句，新出漢字を調べる。 ○本文からゴリラの事例の概要を，教科書の課題に示された3点に着目して読み取る。 ○本文から筆者の論理の展開を，教科書の課題に示された2点から読み取る。 ○次時の学習を知る。	☆ゴリラの事例の概要を読み取る際には，教科書の二次元コードから，動画や資料を確認させる。 ☆筆者の論理の展開を読み取る際には，課題の文面にある言葉に注目させる。 ◆筆者の論理の展開を読み取り，ワークシートにまとめている。【思・判・表】
二	2	○前時の学習を振り返る。 ○本時の目標を知る。 ○教科書 p.258「説明的な文章を読むために」を活用し，これまでの説明的な文章の学習を振り返る。 ○本文から，ゴリラに関する具体的な事例と，それらを抽象化してまとめた筆者の考えを抜き出す。 ○筆者の主張を要約する。 ○次時の学習を知る。	☆具体と抽象にあたる部分を抜き出す際には，どちらも筆者が主張を述べるためのものであり，複数あることを伝える。 ☆筆者の主張を要約する際には，筆者の意見が最も強く表れている一文を探させる。 ◆前時の学習や教科書の記述を参考にして，本文における具体と抽象にあたる部分をノートに抜き出している。【知・技】
三	3	○前時の学習を振り返る。 ○本時の目標を知る。 ○筆者が指摘する人間の性質について，思い当たる事例を一つ挙げ，今後どのようなことを意識していきたいかを文章にまとめる。 ○単元を振り返り，二つの課題に取り組む。 ・論理の展開を捉えるときには，どんな点に着目すると効果的か。 ・今後，自分が意見文を書く際に，論理の展開に説得力をもたせるために活用できそうな工夫を一つ挙げる。 ○教科書 p.242「国語の力試し」から「読む力」の発展課題に取り組む。 ○次の単元を知る。	☆筆者が指摘する人間の性質は，第1時にワークシートに書き出していることを個→集団→個での検討・話し合いで，合意形成に向け，全体で共通理解すべきことを発表させる。 ◆筆者の主張についての自分の考えや，論理の展開を今後にどう生かすかなど，学習課題に沿って考えたことを文章にまとめようとしている。【主】

作られた「物語」を超えて

指導の重点

・論説の展開を理解し，筆者の考えの進め方を読み取らせる。

本時の展開に即した主な評価規準例（Bと認められる生徒の姿の例）

・筆者の論理の展開を読み取り，ワークシートにまとめている。【思・判・表】

生徒に示す本時の目標

論理の展開を理解し，筆者の考えの進め方を読み取ろう

1　単元について知る

○文章のタイトルを確認し，板書する。

○単元の概要を伝える。最終的にどのような活動を行って，何をゴールとするのかを，単元の冒頭に大まかに伝えておく。

Ｔ：この単元は３時間の予定です。「作られた『物語』を超えて」を読み，論理の展開を捉え，筆者の主張について考えます。単元の最後には筆者が述べていたことについてみなさん自身の考えを文章にまとめる予定です。

2　本時の目標を知る

○本時の目標を板書して確認する。

Ｔ：今日の目標は，「論理の展開を理解し，筆者の考えの進め方を読み取ろう」です。

○本時の学習内容・活動内容を伝える。

Ｔ：今日は，本文を読んで，内容を読み取ってから，新出漢字と注意語句の意味を確認します。その後，ワークシートを使って筆者の論理の展開を読み取っていきます。📥 **WS1**

○「論理の展開」とは何かを教科書 p.51「学び

のカギ」で確認させ，板書する。

Ｔ：「論理の展開」とは，結論や主張を導くための，筋道の通った考えの進め方のことです。図にもあるように，文章を構成するそれぞれの部分が，どのような関係で結び付き，どのように結論や主張を支えているかを考えることが大切です。

3　本文を通読し内容を捉える

○本文を教師が範読する。

生徒には，一度の通読で大まかな内容を捉えることを意識して範読を聞かせ，教師は感情を込めず，ある程度の速度で朗読する。

○新出漢字，注意する語句を，生徒にタブレット等を使用して調べさせ，必要に応じてノートにまとめさせる。

目安となる時間を伝え，それまでに調べるように伝える。

4　ゴリラの事例を読み取る

○ゴリラの事例の概要となる３点をワークシートに書き出させる。

Ｔ：この文章はゴリラについて書かれていますが，最初から最後までゴリラのことを説明しているわけではありませんね。では，ゴリラの事例は

論理の展開を捉えよう1
作られた「物語」を超えてを読む

論理の展開を理解し、筆者の考えの進め方を読み取ろう

本時の目標

○「論理の展開」とは何か
　結論や主張を導くための、筋道の通った考えの進め方のこと

○筆者の論理の展開を捉える ←

　文章を構成するそれぞれの部分が、どのような関係で結び付き、どのように結論や主張を支えているのかを考える。

①ゴリラの事例の概要を読み取る

　・ゴリラについて、作られた「物語」とは

　・その「物語」は、どのような経緯で作られたか

　・ゴリラの観察を通して分かったことは

②論理の展開を捉える

　・筆者は、ゴリラの事例を基に、人間に共通するどのような性質を導いているか

　・その性質は、人間の社会にどんな状況をもたらすと述べているか

何のために書かれているのでしょうか。ゴリラについて3点の課題を挙げました。ワークシートに書き出しましょう。

ポイント

　ゴリラの事例については，論理の展開を捉える次の課題を考えさせるのに必要であるため，二次元コードを読み取り動画を視聴させるなどして概要を確実に押さえさせる。教師が机間指導するだけでなく，周囲の生徒同士で確認させる。

○生徒とやり取りしながら，ゴリラの事例の概要を確認する。

5　論理の展開を捉える

○論理の展開を捉えるための2点をワークシートに書き出させる。

Ｔ：ゴリラについて書かれた内容が，筆者の言いたいことにどうつながっているかを読み取るために2点の課題を挙げました。ワークシートに書き出しましょう。

ポイント

　課題の文面にある「性質」「人間の社会に

どんな状況を」という文言に注目させる。つながりで捉えさせることが大切である。

○生徒とやり取りしながら，論理の展開を捉えるための課題を確認する。

○具体と抽象との関係に触れ，次時につなげる。

6　次時の学習を知る

○次時では，筆者の主張を読み取って要約することを伝える。

2/3時間　作られた「物語」を超えて

指導の重点
・筆者の主張を読み取って要約させる。

本時の展開に即した主な評価規準例（Bと認められる生徒の姿の例）
・前時の学習や教科書の記述を参考にして，本文における具体と抽象にあたる部分をノートに抜き出している。【知・技】

生徒に示す本時の目標
　論理の展開を確認しながら筆者の主張を読み取って要約しよう

1　前時の学習を振り返る
○前時の学習内容を全体で確認する。
Ｔ：前の時間は，本文を読んで筆者の論理の展開を読み取りました。論理の展開とはどのようなものでしたか。
○後ほど取り上げるため，ここは簡単な確認にとどめる。

2　本時の目標を知る
○本時の目標を板書して確認する。
Ｔ：今日の目標は，「論理の展開を確認しながら筆者の主張を読み取って要約しよう」です。
○本時の学習内容・活動内容を伝える。
Ｔ：今日は，前の時間に学習した論理の展開について，これまでの説明的な文章の学習を振り返りながら，もう一度学んでいきます。そして，筆者の主張を読み取って要約します。

3　説明的な文章の学習を振り返る
○教科書 p.258「説明的な文章を読むために」から，これまでに学習したことを確認させ，板書

するとともに，本文の種類が「論説」であることを説明する。
Ｔ：段落の役割や文章の構成，要旨や要約などを学習しましたが，文章の種類には，事実や事柄を正確に伝えるものと，根拠に基づき意見を述べるものの二つがありました。この「作られた『物語』を超えて」は「論説」になるので，根拠に基づき意見を述べる種類です。

4　具体と抽象を抜き出す
○教科書 p.258「説明的な文章を読むために」の図で論理の展開における具体と抽象の関係を確認した後，本文から実際にノート（もしくは「マイ黒板」）に抜き出させる。
Ｔ：本文では，筆者が自分の主張を述べるために書いた，具体と抽象の記述を読み取ることができます。デジタル教科書を開き，ゴリラに関する具体的な事例と，それらを抽象化してまとめた筆者の考えにあたる部分をノートに抜き出しましょう。

> **ポイント**
> 　具体も抽象も，筆者が主張を述べるためのものであり，複数あることを伝える。
> 　また，必要な個所を抜き出すことのできな

論理の展開を捉えよう2

作られた「物語」を超えてを読む

本時の目標

> 論理の展開を確認しながら筆者の主張を
> 読み取って要約しよう

○これまでの説明的な文章の学習を振り返って

・文章の種類
　事実や事柄を正確に伝えるもの
　根拠に基づき意見を述べるもの　[論説]
・段落の役割
　文章の内容や構成、中心が捉えやすくなる
・文章の構成
・内容の整理や要旨の把握に役立つ
・要旨
　文章の内容や筆者の考えの中心となる事柄
・要約
　目的や必要に応じて文章の内容を
　短くまとめること

○ゴリラに関する具体的な事例と、それら
　を抽象化してまとめた筆者の考えに
　あたる部分を「マイ黒板」に抜き出す。

○筆者は、作られた「物語」を超えて
　真実を知るために、どうするべきだと
　主張しているか、筆者の主張をノートに
　まとめる。

い生徒には，コメント機能で助言を伝えるな
ど重点的に指導する。

○生徒とやり取りしながら，具体と抽象にあたる
　部分を確認する。

5　筆者の主張を要約する
○筆者の主張をノートにまとめさせる。
Ｔ：筆者は，作られた「物語」を超えて真実を知
　るために，どうするべきだと主要していますか，
　筆者の主張をノートにまとめましょう。

ポイント
　筆者の主張が最も強く表れている一文を探
させる。

○生徒とやり取りしながら，主張の基になった一
　文を確認する。

6　次時の学習を知る
○次時では，筆者の主張について自分で考えたこ
　とを文章にまとめることを伝える。

ノート例

○具体
・ドラミングをするゴリラのオスを見て、襲われる恐怖におびえた探検家たちは銃の引き金をひいてゴリラを撃ち殺したのである。
・それを十九世紀の違う民衆の間では、この宣言を誤解して、ゴリラは好戦的で凶暴な動物だという「物語」を作り出したことによって、ゴリラは悲惨な運命をたどることになった。
・だが、言葉や文化の違うゴリラの間で触れ合いしかない。誤解が修復されないまま「物語」が独り歩きをして敵対意識を増幅しかねない。
・私がゴリラの調査で訪れた当時のルワンダやコンゴなどでも、紛争が絶えず、肌で戦いを感じる機会が何度もあった。

○抽象
・ゴリラのドラミングに対する誤解が広まってしまったのは、人間がある印象を基に「物語」を作り、それを仲間に伝えたがる性質をもっているからだ。
・アフリカの森に暮らすゴリラの調査を通じて、私は人間の、自然や動物、そして人間自身を見る目がいかに誤解に満ちているかを知ることができた。
・誤解に基づく「物語」は、人間の社会にも悲劇をもたらし、それがうわさ話として人から人へ伝わるうちに誇張されて、周りに嫌われてしまうことがある。何気ない行為が誤解され、

作られた「物語」を超えて

3 / 3時間

生徒に示す本時の目標
　筆者の主張について，自分の考えを文章にまとめよう

1　前時の学習を振り返る
○前時の学習内容を全体で確認する。

Ｔ：前の時間は，第１時に学習した論理の展開について振り返り，具体と抽象について学んだ後，筆者の主張を要約しました。

Ｔ：本文の中からノートに抜き出した具体的な事例，もしくは抽象化してまとめた筆者の考えにあたる部分を発表してください。

○時間があれば，要約した筆者の主張も，指名して発表させることも考えられる。

2　本時の目標を知る
○本時の目標を板書して確認する。

Ｔ：今日の目標は，「筆者の主張について，自分の考えを文章にまとめよう」です。

○本時の学習内容・活動内容を伝える。

Ｔ：今日は，前の時間に読み取った筆者の主張について，みなさん自身の考えをまとめます。その後，グループで書いた内容を友達と交流して自分の考えを深めたり広げたりします。そして，最後に，この単元で学んだことを振り返ります。

3　自分の考えをまとめる
○筆者の主張について考え，時間を決めて文章にまとめさせる。

Ｔ：筆者が指摘する人間の性質について，思い当たる事例を一つ挙げ，自分は今後，どのようなことを意識していきたいかを文章にまとめましょう。　WS2

ポイント
　筆者が指摘する人間の性質は，第１時にワークシートに書き出している（ある印象を基に「物語」を作り，それを仲間に伝えたがる性質）ため，各自で確認して取り組ませる。

　また，事例を挙げることができない生徒が多い場合は，各自の作業を止め，どのような事例が考えられるかをクラス全体に対して問うことも必要である。

○自分の考えを書き終えた生徒は，次の課題に取り組む。

4　単元を振り返る
○教科書 p.50「学びへの扉　振り返る」にある「読む」「つなぐ」の振り返りに取り組ませる。

Ｔ：人間の性質についての自分の考えを書き終え

論理の展開を捉えよう３
作られた「物語」を超えてを読む

本時の目標

筆者の主張について、自分の考えを文章にまとめよう

○筆者が指摘する人間の性質について、思い当たる事例を一つ挙げ、今後どのようなことを意識していきたいかまとめる。
（人間の性質　ある印象を基に「物語」を作り、それを仲間に伝えたがる性質）

○次の二つをワークシートに書く。
・論理の展開を捉えるときには、どんな点に着目すると効果的か。
・今後、自分が意見文を書く際に、論理の展開に説得力をもたせるために活用できそうな工夫を一つ挙げる。

たら、「論理の展開を捉えるときには、どのような点に着目すると効果的か」「今後、自分が意見文を書く際に、論理の展開に説得力をもたせるために活用できそうな工夫を一つ挙げるとしたら何か」の二点についてワークシートに考えたことを書きましょう。

ポイント

実際に読むときと書くときをイメージさせるとともに、必ず自分が考えたことの理由を記入するよう助言する。

5　発展課題に取り組む

○教科書 p.242「国語の力試し」にある二次元コードを読み取って「読む力」の発展問題に取り組ませる。

Ｔ：ここまでの取り組みが終わった場合は、教科書の発展課題に進みましょう。二次元コードからアクセスして「発展問題を解く」を選びましょう。1と2の両方に取り組んでください。

○教科書 p.258「説明的な文章を読むために」を参考にするよう助言する。

6　次の単元を知る

○次の単元では、今回学習した具体と抽象について学習することを予告して学習を終える。

思考のレッスン　具体化・抽象化　（1時間）

1　単元の目標・評価規準

・具体と抽象など情報と情報との関係について理解を深めることができる。

〔知識及び技能〕(2)ア

・言葉がもつ価値を認識するとともに，読書を通して自己を向上させ，我が国の言語文化に関わり，思いや考えを伝え合おうとする。　　　「学びに向かう力，人間性等」

知識・技能	具体と抽象など情報と情報との関係について理解を深めている。	((2)ア)
主体的に学習に取り組む態度	積極的に具体と抽象との関係について理解を深め，その技術を基に説明しようとしている。	

2　単元の特色

教材の特徴

　本教材は今まで説明的文章において学んだ「文章における具体と抽象の関係」について復習し，自分の表現に生かしていくことができるように学びを深めるものである。教科書にある説明と設問で簡単なレッスンを行うことができるようになっている。今後の説明的文章の読解や，自分で文章を作成する際に役立てられるように抽象化されたものと具体化されたものとをつなぐ言葉についての例が書かれているため，参考にしながら学習し，知識を習得することができる。

身に付けさせたい資質・能力

　抽象化と具体化について理解を深めるとともに，自分の言葉で書き表すことができる力を身に付けさせる。そのために教科書の問題1に取り組ませた後，「日本の文化」について具体例を用いて説明させる学習を取り入れた。取り組みの中で，自分が日頃から無意識に対象を具体化したり抽象化したりしていることに気付かせるような学習活動とする。日本の文化という抽象化したものの中から具体例を挙げることにより，分かりやすく説明する技術を習得させる。その後，問題2を課題で学習することで，知識の定着を図っていく。

3 学習指導計画（全1時間）

時	○主な学習活動	☆指導上の留意点　◆評価規準
1	○抽象化と具体化について確認する。 ○問題1に取り組む。 ○「日本の文化」について具体例を挙げて説明する。	☆問題1で具体化から抽象化についてまとめる学習を行った後，その逆を「日本の文化」というテーマで学習させる。 ◆問題1の答えを自分の言葉で作り上げ，「日本の文化」について具体例を用いて説明している。【知・技】 ◆「日本の文化」について具体例を用いて分かりやすく伝えようとしている。【主】

思考のレッスン　具体化・抽象化

1／1時間

指導の重点

・具体と抽象など情報と情報との関係について理解を深めさせる。
・具体と抽象について学んだことを積極的に自分のスピーチに用いて説明させる。

本時の展開に即した主な評価規準例（Bと認められる生徒の姿の例）

・問題１の答えを自分の言葉で作り上げ，「日本の文化」について具体例を用いて説明している。【知・技】
・「日本の文化」について具体例を用いて分かりやすく伝えようとしている。【主】

生徒に示す本時の目標

具体化と抽象化の関係について理解を深めよう

1　本時の目標について確認する

○本時の目標は「具体化と抽象化の関係について理解を深めよう」であることを確認する。

T：今まで学習してきた「具体化と抽象化」について改めて確認していきましょう。
　　黒板に書いた「くだもの」と「りんご・ぶどう・いちご」の関係で考えるとどちらが具体化されたもので，どちらが抽象化されたものでしょう。

・くだもの→抽象化
　りんご・ぶどう・いちご→具体化

T：では，ワークシートⅠの☆一つ目の問題に取り組みましょう。　　📥 WS

・お弁当

ポイント

「作られた『物語』を超えて」において文章における具体と抽象の関係を捉えた学習を行っている場合，そのことの復習として位置付けることにより，学んだことを自分の表現に生かすことを意識させられる。また，簡単に具体化と抽象化ができるようなミニゲーム

のようなものをタブレット等で提示するのも効果的である。板書計画にはタブレット等を用いない学習の例を一つ記載している。

2　具体と抽象をつなぐ言葉について確認する

○抽象から具体へ，具体から抽象へと文で説明する場合のつなぎ言葉について確認する。

T：抽象から具体へ，具体から抽象へとつなげる言葉があります。それらを意識すると説明的文章が理解しやすくなったり，自分の文章が整理され，相手に分かりやすくなったりします。確認してみましょう。

○教科書 p.52の問題１で，具体から抽象にまとめる文の形式に取り組む。
○作成した文を三〜四人グループで確認する。
○全体で確認する。

・犬は主人に忠実，人懐っこい
・猫はマイペース，気まぐれ
などの言葉が予想される。

3　抽象的な言葉について具体例を用いて説明する

○活動内容を確認する。

T：「日本の文化」にはどのようなものがあるか，

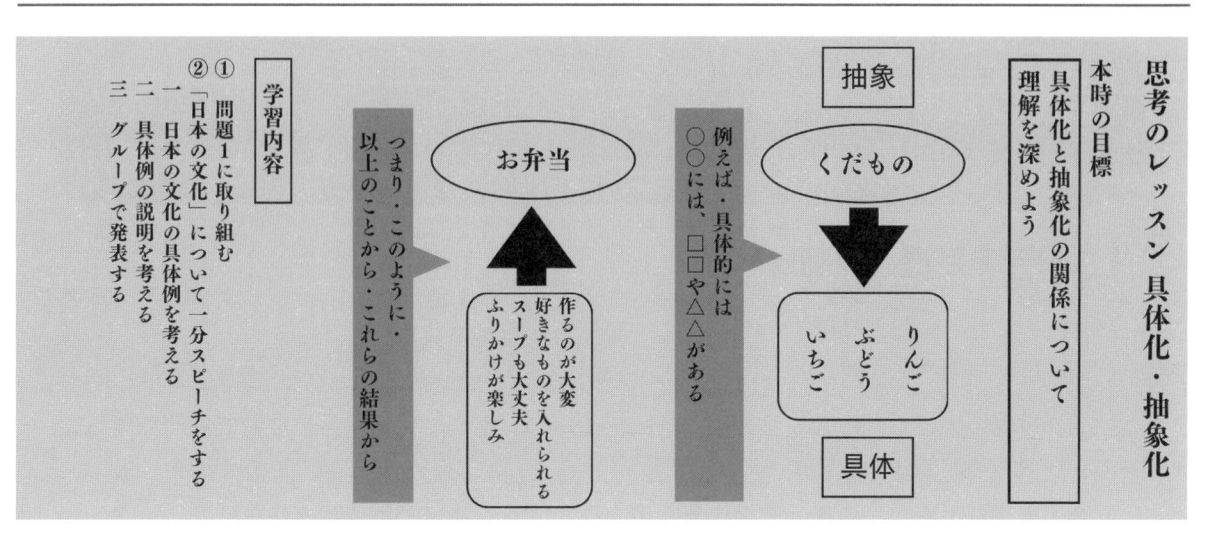

具体例を用いて１分間で説明してみましょう。

　説明する相手は外国から来た留学生を想定しましょう。今回は日本語で紹介することとします。日本の文化として紹介したいものを二つ、名前を挙げた後に具体的に説明してみましょう。

○説明するための準備を行う。

① スピーチ内容を考える。

② 心の中で練習を行う。

ポイント

　ここでは、メモでスピーチができる生徒はスピーチメモ作成、原稿が欲しい生徒は原稿作成、と生徒一人一人に選ばせてもよい。ただし、時間も限られているため、時間内に終わるように考えさせる。この後グループで発表があるため、余裕があればメモや原稿を見なくても発表できるように練習する必要があることも伝える。

○グループ三～四人で発表を行う。

○発表後、日本の文化とその具体例に整合性があったか、具体例についての説明が分かりやすかったか、など感想を述べ合う。

4　本時の学習を振り返る

○日本の文化とその具体例の発表に対して教師の講評を聞く。

○本時の振り返りを行う。

① 具体化と抽象化について確認を行った。

② 具体と抽象をつなぐ言葉について確認を行った。

③ ①と②を基に問題１と「日本の文化」について説明を行い活用してみた。

○宿題について確認する。

・教科書 p.53 の問題２を具体例一つで取り組む。

（問題２についてはテスト対策で行い、各自で答え合わせをしてもよい。）

（今回は日本語で留学生に対して話すことばを作成したが、英語ではどのように話すか、など他教科につなげてみてもよい。）

論理の展開を意識して書こう （4時間）
グラフを基に小論文を書く

1　単元の目標・評価規準

・具体と抽象など情報と情報との関係について理解を深めることができる。

〔知識及び技能〕(2)ア

・目的や意図に応じて，社会生活の中から題材を決め，集めた材料の客観性や信頼性を確認し，伝えたいことを明確にすることができる。　　　　〔思考力，判断力，表現力等〕B(1)ア

・文章の種類を選択し，多様な読み手を説得できるように論理の展開などを考えて，文章の構成を工夫することができる。　　　　　　　　　〔思考力，判断力，表現力等〕B(1)イ

・論理の展開などについて，読み手からの助言などを踏まえ，自分の文章のよい点や改善点を見いだすことができる。　　　　　　　　　　　〔思考力，判断力，表現力等〕B(1)オ

・言葉がもつ価値を認識するとともに，読書を通して自己を向上させ，我が国の言語文化に関わり，思いや考えを伝え合おうとする。　　　　　　　　　「学びに向かう力，人間性等」

知識・技能	具体と抽象など情報と情報との関係について理解を深めている。 （(2)ア）
思考・判断・表現	「書くこと」において，目的や意図に応じて，社会生活の中から題材を決め，集めた材料の客観性や信頼性を確認し，伝えたいことを明確にしている。 （B(1)ア） 「書くこと」において，文章の種類を選択し，多様な読み手を説得できるように論理の展開などを考えて，文章の構成を工夫している。 （B(1)イ） 「書くこと」において，論理の展開などについて，読み手からの助言などを踏まえ，自分の文章のよい点や改善点を見いだしている。 （B(1)オ）
主体的に学習に取り組む態度	論理の展開や意見と根拠などを工夫し，他者からの意見も踏まえて粘り強く書こうとしている。

2　単元の特色

教材の特徴

　説明的文章の資料としてのグラフを的確に読み取る力と，読み取ったことに対して自分の考えをもち，それを相手に伝わるように書く力を育てる単元である。学習した内容を生かして文章を読み取ったり書いたりすることになる。読み手を考えて自分の意見を分かりやすく表現する力を育む活動とする。

身に付けさせたい資質・能力

　授業の初めに p.265「グラフを読み取るときの着眼点」を読み，説明的な文章におけるグラフを読み取るときの着眼点として「・数値の大きい（小さい）部分，・「変化」の大きい部分・全体の傾向」に着目するということを確認する。それ以外の教科書内容については伏せたワークシート，もしくはタブレット内に用意したグラフを用いることで説明文章を書く際のデータとしてのグラフを読み取る力を育てる。また，その結果になった理由や今後の在り方についても自分の考えをもたせる。そして，小論文の構成を考え，自分の意見と根拠が明確な文章を作成する技術を身に付けさせる。

3　学習指導計画（全4時間）

次	時	○主な学習活動	☆指導上の留意点　◆評価規準
一	1	○教科書にあるグラフ1〜3を読み取る。 ○読み取ったことを交流する。 ○読み取ったことに対して，自分の考えをまとめる。	☆教科書の内容は伏せ，読み取るときの着眼点とグラフのみを提示することにより，生徒たちに考えさせる。 ◆グラフから読み取れた具体的な情報を基に，意見をまとめている。【知・技】
二	2 ・ 3 ・ 4	○教科書の例から小論文の書き方について学ぶ。 ○小論文の資料となるグラフを選び，読み取る。 ○読み取ったことに対して問いを立て，自分の考えをまとめる。 ○読み取ったことと，自分の考えについて意見交換する。 ○構成を考えて小論文を書く。 ○グループで小論文を読み合い，意見交流する。 ○推敲を行い，小論文を完成させる。	☆教科書で必要事項をおさえつつ，自分の文章に役立てられるように適宜指導していく。 ☆グラフを正しく読み取り，意見と根拠の整合性が取れるように確かめながら書くことができるように指導していく。 ◆課題に沿って，グラフから得た情報を根拠として挙げながら，自分の考えを書き表している。【思・判・表】 ◆グラフを読み取ったことを基に意見をまとめ，相手を説得できるように構成を工夫している。【思・判・表】 ◆小論文に読み手の助言を書き込み，その上で自分の考えを書き表している。【思・判・表】 ◆積極的に文章構成や内容を見直し，他者からの意見も踏まえて粘り強く分かりやすい文章にしようとしている。【主】

指導の重点

・具体と抽象など情報と情報との関係について理解を深めさせる。

本時の展開に即した主な評価規準例（Bと認められる生徒の姿の例）

・グラフから読み取れた具体的な情報を基に，意見をまとめている。【知・技】

生徒に示す本時の目標

　課題に対しグラフを読み取った内容を基に意見文を書く

1　課題を確認し，資料を読み解く

○本時の学習内容を確認する。

Ｔ：今日は「どうすれば中学生の読書量を増やすことができるだろうか」という課題に対して考えます。まずはグループごとに資料を読み取りましょう。その後，材料を一つ選び，意見を書きます。

　意見を作成する際の目的と相手について説明します。目的は「生徒の読書量を増やす」ことです。生徒の実態を踏まえた意見を形成します。みなさんの意見を伝える相手は学校の司書さんです。司書の方に聞いていただく内容を考えます。

ポイント

　書くことの学習では生徒が「目的」と「相手」を意識して取り組むことが大切である。本時はグラフを基に小論文を書くためのトレーニングであるが，意識して取り組ませることを心がける必要がある。

Ｔ：今からグラフを配ります。教科書の資料1〜3に対して個人で読み取ったことをグループで確認し合いましょう。　⬇ WS1

○まず，個人で読み取り，その後グループ（三〜四人）で読み取ったことを確認する。

　・5月一か月間の平均読書冊数は小学生よりも少ないが，年々増加傾向にある。

　・電子書籍に関して小学生よりも中学生の方が活用していることが分かる。

　・小学生も中学生も電子書籍を読んだことがある，読んだことはないが読んでみたいと答えた割合が7割を超えている。

　・本を読むきっかけの第一位は小学生も中学生も「本の題名」である。

○読み取った内容を全体で確認する。

ポイント

　教科書の資料1〜3を用いるが，教科書には例文等もあるため，それを読ませないためにワークシートに載せたもので考えさせてもよい。グラフをただ読み取るだけではなく，課題に合わせて正確に理解することが大切である。そのため，読み取ったことを共有し，確認することが必要である。しかし，本時は，この後の「書く活動」を中心とした指導を行

準備物：ワークシート

論理の展開を意識して書こう

本時の目標
課題に対しグラフを読み取った内容を基に意見文を書く

資料1～3をデジタル黒板やスクリーンに投影する

グラフを読み取るときの着眼点
・特徴的な数値
・変化
・違い

学習課題
① ワークシートの資料を見て自分で読み取る
② グループで話し合いさらに読み取る
③ 確認を行う
④ 読み取ったことを基に意見文を書く

目的・・・本校生徒の読書量を増やす
相手・・・学校の司書さん

1 読み取った内容を書く。
2 意見を書く。

⑤ グループ交流

う。この活動を短時間で行えるようにタブレット等の共有ツールを効果的に用いることも考えられる。

2　読み取ったことを材料にして文章を作成する

Ｔ：では，読み取ったことを基にして司書さんに対して提案する文章を作りましょう。

　　読み取った内容の中から目的に合うものを一～二つ選び（材料），文章を作りましょう。その後，読み取った内容に対する自分の意見を書きます。

○書く材料を選び，文章を書く。

○グループで書いたものを読み合い，意見交流する。

Ｔ：書いたものを読み合いましょう。読書量を増やすことができる意見を作っているか。また，その意見に結び付く材料を用いて書いているかを確認し，交流していきましょう。

3　本時のまとめ・次回の予告

○本時を振り返る。

Ｔ：今回の授業では，「どうすれば中学生の読書量を増やすことができるだろうか」という課題に対してグラフを読み取り，意見を書きました。読み取った事実を基に意見を作ることができましたか。

○二，三人に感想を聞く。

○ワークシートを提出する。

○次回の学習内容について把握する。

Ｔ：次回からは同じく読書に関する別のグラフを用いて小論文を書いていきます。今回のグラフを基に意見を書いた学習を踏まえて取り組みましょう。

2 / 4時間　論理の展開を意識して書こう　グラフを基に小論文を書く

・課題に沿って，資料から得た情報を根拠として挙げながら，伝えたいことを書かせる。

本時の展開に即した主な評価規準例（Bと認められる生徒の姿の例）

・課題に沿って，グラフから得た情報を根拠として挙げながら，自分の考えを書き表している。【思・判・表】

生徒に示す本時の目標

　課題に対し，グラフから読み取った内容を基に小論文の構成を考える

1　小論文について学ぶ

○本時の学習内容を確認する。

Ｔ：今日からの３時間で，前回グラフを読み取って意見を書いた経験を基に，新たなテーマで文章を書きます。１時間目の今日は，小論文について学んだ後，グラフを読み取り，文章の構成を考えます。２時間目に小論文を書きます。３時間目にはみんなで読み合い，交流を行います。

○小論文の書き方を学ぶ。

Ｔ：教科書の p.57 を開き，「小論文の例」を黙読しましょう。

Ｔ：小論文の例には「提案・自分の考え」「資料の分析→解決策の提示」「まとめ」が書かれていました。では，少し時間をとるので，インターネットで小論文とはどのような文章かを調べ，自分で説明できるようにしましょう。

○インターネットを用いて小論文について，もしくは小論文の書き方などを調べる。

Ｔ：では，隣の人と調べたことを交流しましょう。

○小論文について調べたことを交流する。

Ｔ：小論文はこのようにテーマに対して自分の意見を論じた文章です。意見の説得力を高めるために根拠を提示します。根拠を示すことで相手を説得することができます。今回はその根拠を教科書のグラフを読み取って，作っていきます。

Ｔ：書き方について先ほど調べている人もいましたね。例に書かれているように「序論」「本論」「結論」の書き方と共に，文章の構成の頭括型，尾括型，双括型の３種類のどれを使うことで説得力が生まれるかを考えて文章を作りましょう。書きやすさも考えて構成を決定していきましょう。

2　グラフを読み取る

Ｔ：教科書の p.265 を見てください。「グラフの種類と特徴」にある，四つのグラフを読み取ります。今回の小論文の目的は，「夏休みに本を読みたいと思わせる」です。相手はクラスのみんなです。特に夏休みに本を読む予定がない人を想定してみましょう。みなさんの小論文を読んだ後に「夏休みに本を読みたい」と思わせたら成功です。タイトルについては読みたいと思わせるために書こうとする意見に合わせて考えてください。400字以内にまとめてもらいます。では，読み取っていきましょう。

○グラフを読み取る。

論理の展開を意識して書こう

本時の目標
課題に対し、グラフから読み取った内容を基に小論文の構成を考える

学習活動

小論文の例
- 提案・自分の意見　　　　　序論
- 資料の分析→解決策の提示1　本論
- 資料の分析→解決策の提示2
- まとめ　　　　　　　　　　結論

① 教科書の例を基に小論文について学ぶ
② 小論文とは、について調べてまとめる
　目的…夏休みに本を読みたいと思わせる

　相手…クラスのみんな
③ グラフの読み取り
④ 意見を考え、根拠となるグラフを選ぶ
　1　付箋に意見、資料の分析等を書く
　2　構成を決める。
　　頭括型？　尾括型？　双括型？
　　資料の順番は？
⑤ グループ交流

T：グラフを読み取る中で「夏休みに本を読みたいと思わせる」ために自分はどのような意見（提案）を示すか，考えましょう。

ポイント

　調べている中で生徒たちから別の資料を調べたい，と声が挙がることが予想される。教科書のグラフだけではなく，別のグラフから読み取りたい生徒については，インターネットで調べてもよい。また，前時に使用した教科書 p.56 のグラフを用いることも考えられる。構成を考えるときに，資料が足りない場合にはまたこの活動に戻る生徒も出てくると予想される。

3　構成を考える 📥 WS2

○付箋に書き，ワークシートに貼りながら構成を考える。※タブレット等で構成を考えてもよい。

T：グラフから読み取った事実を基に，どのような意見を論じたいかを考えましょう。そして根拠として提示する資料とそこから読み取ったことを二つ選び，構成を考えましょう。意見の説得力を増すために別のグラフを調べたい場合にはインターネットで調べていきましょう。文章

で使うグラフは提出してもらうため保存しておきましょう。

4　意見と構成について話し合う

T：小論文で主張したい自分の意見とその意見を伝えるための構成についてグループで発表しましょう。説得力がある構成になっているか話し合っていきましょう。

○三〜四人のグループで話し合う。

5　まとめ

○二，三人にどのような意見と構成で書こうとしているか，グループではどのような意見が出たかを聞く。

T：今日は小論文とは何かを確認し，グラフから読み取ったことを基に自分の意見とその根拠を整理し，構成を作りました。気付いたことや考えたことを書きましょう。

T：次回は小論文を書いていきます。話し合いで変更したい所が出てきた人は宿題で構成までは作っておきましょう。

論理の展開を意識して書こう　グラフを基に小論文を書く

3／4時間

指導の重点

・文章の種類を選択し，読み手を説得できるように論理の展開などを考えて，文章の構成を工夫させる。

本時の展開に即した主な評価規準例（Bと認められる生徒の姿の例）

・グラフを読み取ったことを基に意見をまとめ，相手を説得できるように構成を工夫している。【思・判・表】

生徒に示す本時の目標
　根拠を明確にして小論文を書く

1　前時の復習
〇小論文の構成を確認する。

T：前回は小論文について学んだ後，グラフを読み取り，小論文の構成を考えました。話し合いで不十分だったところについては各自考えてきたと思います。自分の考えた構成を確認しましょう。

2　小論文によく用いる言葉や表現について学ぶ
T：教科書 p.52，56，57を読み，小論文によく使われる言葉や表現を見つけて印をつけましょう。

〇教科書にある言葉を確認する。

〇今回の小論文に用いなくても，今後使う可能性があることを伝え，放課後学習等を利用してノートにまとめる。

3　小論文を書く　　　📥 WS3
〇小論文を書く目的と相手を改めて確認する。

T：今回の小論文の目的は「夏休みに本を読みたいと思わせる」でした。相手は「クラスのみんな」でしたね。それが伝わるように考えてきた

構成で文章を作成します。400字以内でまとめてください。

ポイント
　手書きと文章作成ソフトどちらを用いてもよい。学習のねらいに応じて書きやすい方を生徒に選ばせてもよい。また，手書きを選んだ生徒も漢字を調べたい場合には辞書だけではなく，タブレット等を活用させることも考えられる。文章作成ソフトと併用する場合には手書きの方が著しく負担が大きい，ということにはならないようにしたい。本人が何を使うのかを自由に選択できるように準備をする必要がある。

〇小論文を書く。
〇中間確認

T：ここまで書いている中で確認したいことがある人，困っていることがある人は，席を離れて相談しましょう。相談された人はアドバイスしましょう。

ポイント
　書き続けたい気持ちの生徒はそのまま書き，

準備物：ワークシート

論理の展開を意識して書こう

本時の目標

根拠を明確にして小論文を書く

学習活動

① 小論文によく用いる言葉や表現を確認する

　教科書　p.52・p.56・p.57

② 小論文を書く

　目的…夏休みの読書量を増やす

　相手…クラスのみんな

③ 中間確認

④ 小論文を書き上げる

相談したい人は集まって相談する時間をとる。文章の作成中は静かに集中して取り組ませることを基本とする。しかし、一人では書くことが難しい生徒、確認してから次に進みたい人のために他者と相談する時間を設定してもよい。また、生徒の作文の中で、全体に指摘したいことがある場合、この時間の終わりにまとめて知らせると効果的である。「今までの文章を見て、一文が長くなっていないか点検しましょう。」「序論と結論で主張が変わらないようにしましょう。」などの助言をしてから残りの文章を書く時間に入るようにする。ただ書くだけではなく、分かりやすく説得力のある文章となるように支援していくことを心がける。

Ｔ：残りの時間は集中して取り組み、時間内に書き終われるように時間配分しましょう。

4　まとめ

○本時を振り返る・次回の確認をする。

Ｔ：今日は小論文によく使われる言葉や表現を確認して、実際に書いてみました。どんな感想をもちましたか。

　　二〜三人を指名し今日の取り組み内容や書いた感想を聞く。

Ｔ：構成を基に小論文を書きました。書きながら気づいたことや考えたことなど感想を書きましょう。

Ｔ：次回は書いた小論文を読み合います。まだ完成していない人は、次回までに作成しておきましょう。

4 / 4時間　論理の展開を意識して書こう　グラフを基に小論文を書く

指導の重点

・論理の展開などについて，読み手からの助言などを踏まえ，自分の文章のよい点や改善点に気付かせる。

本時の展開に即した主な評価規準例（Bと認められる生徒の姿の例）

・小論文に読み手の助言を書き込み，その上で自分の考えを書き表している。【思・判・表】
・積極的に文章構成や内容を見直し，他者からの意見も踏まえて粘り強く分かりやすい文章にしようとしている。【主】

生徒に示す本時の目標

小論文を読み合い，助言を受けて文章を整える

1　前時の復習

○小論文を読み直す。

T：前回は小論文によく用いる言葉や表現を確認した後，実際に小論文を作成しました。読み直して修正したい部分がある人は赤ペンで訂正しましょう。

2　グループで読み合う

T：今から三〜四人のグループで読み合い，意見を出し合います。読むときには自分の意見とグラフで読み取ったこととの関係に着目してください。つじつまが合うかどうかを話し合います。次に全体の構成が小論文としてふさわしいか話し合いましょう。意見が感想で終わってしまっていないか等，内容面を話し合います。最後に，表現の仕方について話し合いましょう。教科書で学習したような言葉を使ったら効果的な場所があれば使って意見を相手に伝えましょう。話し合いで出た意見はワークシートの枠外に青で書き込みます。一人の作品を読んだら意見交換を行う時間をとり，次の人に進みます。

○グループで小論文を読み合う。

ポイント

相互推敲では読む観点を示すことで，ただ読み合って終わらないようにすることが大切である。3年生では自分で推敲することが求められるが，小論文の論の矛盾や飛躍は自分自身では気付かないことが多い。そのため，相互推敲に力を入れる指導とする。

読み合う前に，分かりやすい欠点のある文章を提示し，みんなで話し合って改善点を見つける活動を取り入れても効果的である。

タブレット等を活用して学習している場合には，コメント機能を用いることで時間をかけずに活動を進めることもできる。手書きの場合には，カメラ機能を用いて文章を取り込むことで，一斉に読み合うことができる。読むことに時間をかけるのではなく，話し合いに時間を使うことができるように，各校で可能な活動内容を考えることが大切である。

3　意見を基に推敲する

○話し合いで出てきた意見を基に，再度推敲を行う。

T：意見をもらったことを基に，再度推敲してい

準備物：前時のワークシート，赤ペン，青ペン

論理の展開を意識して書こう

本時の目標

小論文を読み合い、助言を受けて文章を整える

今回の小論文のタイトル…各自で決める

目的…夏休みに本を読みたいと思わせる

相手…クラスのみんな

学習活動

① 小論文を読み直す（推敲1）
※修正したい部分は赤ペンで直そう

② グループ交流

読む観点

1 意見とグラフの分析、解決策等の整合性
2 構成
3 内容
4 表現

もらった意見は青ペンで欄外に書くこと。直接訂正しないように。

③ 小論文を推敲する（推敲2）
※修正したい部分は赤ペンで直そう

④ 小論文を書き終え、推敲した感想を書く

きます。他者からもらった意見を使いたい場合には青で書かれた部分を赤で囲みましょう。

　自分で考えて，意見はもらっても変えないと決めた部分はそのままにします。また，意見を受けて文章を書き換えたい部分はそこを赤で囲み，空いている個所に赤で書き込みましょう。

4 まとめ

○本時を振り返る

Ｔ：グループから出た意見と自分が変えた部分，変えなかった部分で印象に残ったことをその理由も含めてワークシートに記入しましょう。

○感想を発表する

Ｔ：今，書いた内容を何人かに聞きます。
　　二～三人に感想を聞く。

ポイント

　ここでは他者からの意見によってどのように意見を変容させたかを確認させたい。そのため，感想を聞く中で変容が述べられていない場合には追加で質問することで，聞いている生徒も，自分の感想に付け加えることができるようにしていきたい。

　また他者から指摘されてもよく考えた上で変えない場合は，より確固たる意見になっているのでそれでもよいことを伝える。

Ｔ：今回の授業で小論文の学習が終わります。今回はグラフで読み取ったことを基に意見を考え，説得力のある文章を作成しました。今後，資料を見た時にただ事実を読み取るだけではなく，その先に自分の意見をもち，課題意識をもって読みを深めるとよいでしょう。

　小論文の書き方については，様々な情報があります。本やインターネットで学ぶことができるため，調べていろいろな書き方を試してみるのもよいですね。

2 視野を広げて

漢字1　熟語の読み方／漢字に親しもう２　（1時間）

1　単元の目標・評価規準

・第2学年までに学習した常用漢字に加え，その他の常用漢字の大体を読むことができる。また，学年別漢字配当表に示されている漢字について，文や文章の中で使い慣れることができる。　　　　　　　　　　　　　　　　　　　　　〔知識及び技能〕(1)ア

・言葉がもつ価値を認識するとともに，読書を通して自己を向上させ，我が国の言語文化に関わり，思いや考えを伝え合おうとする。　　　　　　　　　　「学びに向かう力，人間性等」

| 知識・技能 | 第2学年までに学習した常用漢字に加え，その他の常用漢字の大体を読んでいる。また，学年別配当表に示されている漢字について，文や文章の中で使い慣れている。
((1)ア) |
| 主体的に学習に取り組む態度 | 学習課題に沿って，粘り強く漢字を読んだり書いたりしようとしている。 |

2　単元の特色

教材の特徴

　本単元は年間五回ある漢字に特化した「漢字に親しもう」の第二回の学習と「熟語」の読み方を組み合わせた教材である。漢字の読み方には「音」と「訓」があることを前提として，熟語がどちらの「読み」の組み合わせでできているかを考えることを通して，漢字の「読み」に親しみをもたせる。また，「熟語の読み方」のあとの「漢字に親しもう」の中では「音」の読み方を中心に問題が掲載されていることをふまえて，「音」と「訓」に触れていく中で，重箱読みや湯桶読みの構成について理解できるようにする。

身に付けさせたい資質・能力

　熟語の読み方である，「音と音」「訓と訓」と，その組み合わせである「重箱読み」「湯桶読み」，特別な読み方である「熟字訓」を学ぶために，まず「漢字に親しもう２」の問題に取り組み，同じ漢字でも様々な読み方があることを理解する。その上で，熟語の読み方についての知識を学習する。さらに，「漢字に親しもう２」で学習した熟語がどの「読み方」にあたるのかを確認したり，学習した漢字を使った熟字訓を探して整理したりする活動を通して，熟語の

90 ● 2　視野を広げて

読み方を理解し，文や文章の中で使えるようにしていく。

3　学習指導計画（全1時間）

時	○主な学習活動	☆指導上の留意点　◆評価規準
1	○本単元の目標を確認し，学習の見通しをもつ。 ○「漢字に親しもう2」の練習問題に取り組む。 ○p.60に掲載されている練習問題の4を例にして音読み，訓読みについて確認する。 （例）発言・石高・納得など ○pp.58-59を参照し，「重箱読み」「湯桶読み」「熟字訓」を確認する。 ○p.59の練習問題1，2に取り組む。 ○p.60に掲載されている熟語に加え，自分で調べた熟語を「重箱読み」「湯桶読み」「熟字訓」に分類する。 ○分類した熟語をグループで共有し，間違いがないかを確認する。 ○学習を振り返る。	☆熟語の「読み方」にどのようなものがあるか確認し興味喚起を行う。 ☆正解を配布し自分たちで採点させる。 ☆新たに熟語を板書し，その読み方なのかを数名指名し確認する。 ☆教科書の内容の確認は口頭での説明にとどめる。 ☆練習問題で分からない場合は，周囲の生徒に相談してもよいという前提で実施する。 ☆学習した内容を基に，p.60に掲載されている熟語に加え，自分で調べた熟語を「重箱読み」「湯桶読み」「熟字訓」に分類して，記入させる。 ☆グループ間で共有したものを，自分のプリントに追記させる。 ☆追記したものが適切かどうかを調べて確認させる。 ◆熟語の読み方「音と音」「訓と訓」「重箱読み「湯桶読み」「熟字訓」について理解し，読んでいる【知・技】 ◆学習課題に沿って，粘り強く熟語の読み方に基づいて熟語を分類している。【思・判・表】

1/1時間

漢字1　熟語の読み方／漢字に親しもう2

指導の重点

・熟語の読み方である「音と音」「訓と訓」「重箱読み」「湯桶読み」「熟字訓」について理解させる。
・熟語の読み方に基づいて熟語を分類させる。

本時の展開に即した主な評価規準例（Bと認められる生徒の姿の例）

・熟語の読み方「音と音」「訓と訓」「重箱読み「湯桶読み」「熟字訓」について理解し，読んでいる。
　【知・技】
・学習課題に沿って，粘り強く熟語の読み方に基づいて熟語を分類している。【思・判・表】

生徒に示す本時の目標

　熟語の読み方について理解し，熟語を分類する

1　本時の目標「熟語の読み方について理解し，熟語を分類する」を確認し，本時の流れについて説明する

Ｔ：今日は漢字の読みについてのいくつかの問題に取り組んだ後に，熟語の読み方について分類します。

○本時は漢字に親しむための手立てとして，熟語の「読み方」の種類を知り，それによって熟語を分類することを確認する。

○漢字の読み方には「音」と「訓」があることを再確認し，その組み合わせで熟語の読み方は分類できることを確認する。

2　教科書 p.60の4の問題から発言，石高，納得の読み方の確認をする 📥 WS

Ｔ：発言，石高，納得の読み方の確認をします。

Ｔ：それぞれの熟語を構成している漢字の「音」と「訓」を確認します。

○漢字の読みには「音」と「訓」がそれぞれあることをあらためて確認し，熟語はそれらの組み合わせで読むことを確認する。

ポイント　多様な読みの実感

　それぞれの熟語に使われている漢字の「音」と「訓」を使って別の熟語を考え，それぞれの「音」と「訓」の組み合わせの広がりを実感できるようにする。

3　教科書 pp.58-59を参照し，「重箱読み」「湯桶読み」「熟字訓」とは何かを確認する

Ｔ：教科書 pp.58-59を参照し，「音と音」「訓と訓」「重箱読み」「湯桶読み」「熟字訓」とは何かを確認します。

○それぞれの読み方をする。他の熟語について数名指名して確認する。

ポイント　読み方の実感

　それぞれの読み方が理解できたら，それぞれの読み方で他の熟語があることを確認すると理解が深まる。

4　教科書 p.59の練習問題に取り組む

○教科書 p.59の練習問題1，2に取り組む。周囲の人に聞いたり，確認したりしながら実施し

準備物：ワークシート

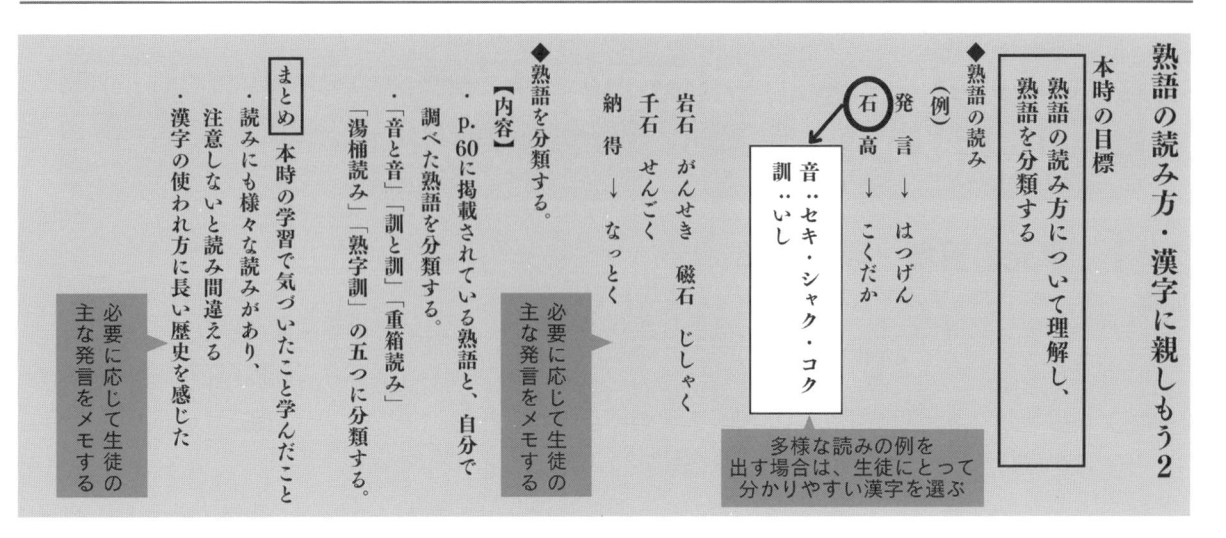

てもよい。5分程度時間を設ける。

Ｔ：練習問題の解答を配布します。個人で採点を
してください。

○教科書に掲載されている問題に出てくる答え合
わせは解答を配布するなどする。

**5　教科書 p.60に掲載されている熟語と，自分
で調べた熟語を読みの種類で分類する**

Ｔ：教科書 p.60に掲載されている熟語と，自分
で調べた熟語を「音と音」「訓と訓」「重箱読
み」「湯桶読み」「熟字訓」に分類してください。

Ｔ：分類した内容をグループで見せ合い，お互い
に間違いがないかを確認してください。

○グループ内でお互いのものを発表し合い，間違
いがあれば訂正する。

○適宜，机間指導をし助言する。最後は，ワーク
シートを提出させる。

6　学習を振り返る

○学習を振り返り，気づいたこと，感じたことに
ついてまとめさせる。

> **発展**
> 　タブレット等を活用して分類作業を共有し
> ながら実施すると視覚的にも効果が高く，時
> 間的にも短縮可能である。

俳句の可能性／俳句の創作教室／俳句を味わう　（4時間）

1　単元の目標・評価規準

・理解したり表現したりするために必要な語句の量を増し，語感を磨き語彙を豊かにすることができる。　　　　　　　　　　　　　　　　　　　　〔知識及び技能〕(1)イ

・文章の種類とその特徴について理解を深めることができる。　　〔知識及び技能〕(1)ウ

・文章の構成や表現の仕方について評価することができる。

〔思考力，判断力，表現力等〕C(1)ウ

・言葉がもつ価値を認識するとともに，読書を通して自己を向上させ，我が国の言語文化に関わり，思いや考えを伝え合おうとする。　　　　　　　「学びに向かう力，人間性等」

知識・技能	理解したり表現したりするために必要な語句の量を増し，語感を磨き語彙を豊かにしている。　　　　　　　　　　　　　　　　　　　　　((1)イ)
	文章の種類とその特徴について理解を深めている。　　　　　　　((1)ウ)
思考・判断・表現	「読むこと」において，文章の構成や表現の仕方について評価している。（C(1)ウ）
主体的に学習に取り組む態度	進んで俳句の特徴について理解し，学習課題に沿って，鑑賞文を書いたり俳句を創作しようとしたりしている。

2　単元の特色

教材の特徴

　本単元は俳句について知り，読み味わい，創作するという教材で構成されている。まず「俳句の可能性」で，俳句の約束事や俳句という表現形式の魅力を理解する。その学習を踏まえて，「俳句を味わう」では様々な作品を読み味わう。さらに「俳句の創作」活動を設定し，俳句の作り方の基本を身に付ける。これら三編の教材を通して，つながりのある学習活動を展開することで，生徒が俳句に親しみ，俳句をより身近に感じることができる。

身に付けさせたい資質・能力

　本単元では，「文章の構成や表現の仕方について評価する」力を育成するための言語活動として「俳句のよさを伝える鑑賞文を書く」活動を設定する。この活動を行う際は，「理解したり表現したりするために必要な語句の量を増し，語感を磨き語彙を豊かにすること」と関連付

けて指導する。作品に使われた語句の選び方や表現の仕方に着目しながら，情景や心情を豊かに想像し，その句の魅力を鑑賞文として書かせる。「俳句を創作する」活動を設定し，それまでの学習を自身の俳句創作にも生かしていくことを目指す。

3 学習指導計画（全4時間）

時	○主な学習活動	☆指導上の留意点　◆評価規準
1	○本単元の目標を確認し，学習の見通しをもつ。 ○「俳句の可能性」を読み，俳句の約束事や特徴について理解する。 ○「俳句の可能性」の筆者が着目した表現と，それぞれの俳句に描かれた情景や心情を捉える。	☆「切れ字」等について本文に説明を加え，俳句に関する基本的な知識を理解させる。 ☆筆者が着目した表現を確認することで，俳句を鑑賞する視点に気づかせる。 ◆俳句の特徴や約束事について理解し，俳句に使われている語句の意味を理解したり，語感を生かして読み取ったりしている。【知・技】
2	○「俳句を味わう」に掲載された俳句の大意を理解し，描かれた情景や心情を捉える。 ○句に描かれた情景や心情を想像しながら「俳句を味わう」に掲載された俳句を音読する。 ○魅力を感じた俳句を一句選び，作者の表現意図を考えながら，その句のよさを伝える短い鑑賞文を書く。	☆五感を使って想像をふくらませ，情景や心情を捉えさせる。 ☆鑑賞文では必ず句の中の表現を取り上げさせる。 ◆語句の選び方や表現の仕方に着目して俳句を読み，評価している。【思・判・表】 ◆学習課題に沿って鑑賞文を書こうとしている。【主】
3	○前時に書いた鑑賞文を読み合う。 ○「俳句の創作教室」を読み，俳句を創作する際の心得について理解する。 ○俳句に使われる表現技法を確認する。 ○俳句創作のためのミニトレーニングをする。	☆友達の鑑賞文から，表現の工夫や作品の魅力について，新たな気付きを得させる。 ◆語句の選び方や表現の仕方に着目して俳句を読み，評価している。【思・判・表】 ◆進んで表現の仕方などを工夫して俳句を創作しようとしている。【主】
4	○俳句を創作する。 ○作った俳句を読み合う。 ○学習を振り返る。	☆歳時記やタブレット等を使い季語を調べさせる。 ◆語句の選び方や表現の仕方に着目して，友達の俳句を読み，評価している。【思・判・表】 ◆進んで表現の仕方などを工夫して俳句を創作しようとしている。【主】

俳句の可能性／俳句の創作教室／俳句を味わう

指導の重点

・俳句の特徴や約束事について理解させ，作品の大意や特徴を捉えさせる。

本時の展開に即した主な評価規準例（Bと認められる生徒の姿の例）

・俳句の特徴や約束事について理解し，俳句に使われている語句の意味を理解したり，語感を生かして読み取ったりしている。【知・技】

生徒に示す本時の目標
俳句の約束事や特徴について理解しよう

1 学習の目標を確認する
○本単元では，俳句の特徴を理解した上で俳句を読み味わい，自分でも俳句を創作することを確認する。

2 俳句について知っていることを確認する
○小学校での既習事項や，2年時に学習した短歌との違いなど，知識として知っていることを発表させる。

3 俳句の約束事や特徴を理解する
Ｔ：それでは，教科書の「俳句の可能性」を読みましょう。俳句の特徴について，皆さんが新たに知ることはどのようなことでしょうか。また，「俳句の可能性」にはどのようなことがあるのでしょうか。
○教科書 p.62「俳句の可能性」を読む。教師の範読を聞きながら，俳句の約束事に印をつけるよう指示する。
○「俳句の可能性」に示された俳句の約束事を確認する。
Ｔ：「俳句の可能性」に書かれていることを基に，

俳句の約束事をまとめます。俳句の約束事を一言で表した四字熟語がありましたが何ですか。

ポイント　有季定型を押さえる
・俳句は五・七・五の定型詩であることを確認し，それぞれ，「上五」「中七」「下五」という呼び名や，破調（字余り・字足らず）にもふれておくとよい。
・「季語」とはどういうものかを確認し，歳時記にもふれる。「山笑う」「山眠る」等，生徒に馴染みのない季語や，「ブランコ」「ラグビー」等，意外な季語，「七夕」「こいのぼり」等，現在の季節感とずれる季語を紹介したり調べたりする時間をとることで，生徒の興味を喚起する。
・無季俳句，自由律俳句があることにもふれる。

発展
　生徒が歳時記やタブレット等で季語を調べ，季語クイズを出し合う学習活動も考えられる。

○「切れ字」について確認する。「俳句の可能性」で説明されている切れ字の説明を取り上げて，

（上部・板書例　縦書き）

俳句の可能性／俳句の創作教室／俳句を味わう

本時の目標
┌─────────────────────────┐
│ 俳句の約束事や特徴について理解しよう │
└─────────────────────────┘

俳句の約束事
● 有季・・・季語を入れる
定型・・・五・七・五
● 季語とは
俳句で用いられる特定の季節を表す語
→「歳時記」に掲載
● 切れ字とは「や」「かな」「けり」「ぞ」など
句の切れ目や感動を表す
→リズムを整え余韻をもたせる

「俳句の可能性」の俳句
● どの子にも・・・
季語　涼し　季節　夏　切れ字　かな
情景・心情　涼しい風が子どもたちに吹く情景
● いくたびも・・・
季語　雪　季節　冬　切れ字　けり
情景・心情　病床にいて、積雪の様子を尋ねる
作者の思い

その働きを確認する。

4　「俳句の可能性」の俳句を理解する

Ｔ：では「俳句の可能性」のそれぞれの句について、述べられている特徴を確認しましょう。

○それぞれの句について、季語・季節・切れ字・情景や心情等を確認し、宇田氏が述べる句の味わいを捉える。

「どの子にも…」
・季語：涼し　季節：夏　切れ字：かな
・情景や心情：子どもたちに涼しい風が吹く情景。
・宇田氏が述べる句の味わい：省略部分を自由な解釈で補って鑑賞できる。

「いくたびも…」
・季語：雪　季節：冬　切れ字：けり
・情景や心情：病床にいて、積雪の様子を尋ねる作者の思い。
・宇田氏が述べる句の味わい：十七音では表現しきれない思いを切れ字に込めている。

「跳箱の…」
・季語：冬　季節：冬
・情景や心情：初冬のきりっとした季節感を感じた瞬間の切り取り。
・宇田氏が述べる句の味わい：一見無関係なも

のを結びつけて一つの世界を表現している。

「たんぽぽの…」
・季語：たんぽぽ　季節：春　切れ字：けり
・情景や心情：「ぽぽ」という擬態語で表す絮毛のたんぽぽが並んでいる様子。
・宇田氏が述べる句の味わい：声に出して読むことで生き生きとした魅力が伝わる。

「分け入つても…」
・無季自由律俳句
・情景や心情：どこまで行っても木々の生い茂る山をひたすら歩く作者の思い。
・宇田氏が述べる句の味わい：反復法で表すリズムが、読み手を作品の中に引き込む。

5　次時の学習の見通しをもたせる

○本時の学習で得た知識を土台として、「俳句を味わう」の句を自分自身で鑑賞することを伝える。

俳句の可能性／俳句の創作教室／俳句を味わう

2／4時間

指導の重点
・句の作者の表現意図を考えながら，その句のよさを伝える鑑賞文を書かせる。

本時の展開に即した主な評価規準例（Bと認められる生徒の姿の例）
・語句の選び方や表現の仕方に着目して俳句を読み，評価している。【思・判・表】
・学習課題に沿って鑑賞文を書こうとしている。【主】

生徒に示す本時の目標
　俳句を鑑賞し，そのよさを伝える鑑賞文を書こう

1　本時の目標を確認する
○本時は，「俳句を味わう」の九句を鑑賞し，その中の一句を選んで，そのよさを伝える鑑賞文を書くことを確認する。

2　「俳句を味わう」の俳句を確認する
○教科書 p.68の俳句の範読を聞く。デジタル音源を使用してもよい。

Ｔ：教科書 p.68「俳句を味わう」の俳句を読みます。季語に印をつけながら聞きましょう。

○それぞれの句について，大意・季語・季節・切れ字・表現技法等を確認し，ノートにまとめる。

「バスを待ち…」
　・季語：春　季節：春
　・大意（例）：大通りでバスを待っていると疑いなく春の訪れを感じた。

「ちるさくら…」
　・季語：さくら　季節：春
　・大意（例）：桜の花が青い海へ散っている。

「萬緑の…」
　・季語：萬緑　季節：夏

　・切れ字：や
　・大意（例）：辺り一面緑の中で，我が子の歯が生え始めた。

「山越える…」
　・季語：夏帽子　季節：夏
　・大意（例）：山を越える。その山と同じ形の夏帽子で。

「いなびかり…」
　・季語：いなびかり　季節：秋
　・大意（例）：北の空から稲光がしたので，北の空を見た。

「金剛の…」
　・季語：露　季節：秋
　・切れ字：や
　・大意（例）：ダイヤモンドのような露が一粒，石の上に在る。

「冬菊の…」
　・季語：冬菊　季節：冬
　・大意（例）：冬菊が身にまとっているのは己が放つ光だけである。

「星空は…」
　・季語：鯨　季節：冬
　・大意（例）：見上げた星空は，まるで無音の雄大な滝のようだ。その中で鯨が飛んでいる。

「咳をしても…」

俳句の可能性／俳句の創作教室／俳句を味わう

俳句を味わう

本時の目標
　俳句を鑑賞し、そのよさを伝える鑑賞文を書こう

「俳句を味わう」の九句について
● 季語・季節・切れ字・表現技法・大意を確認しノートにまとめる
● 情景や心情を想像しながら音読する
● 魅力を感じた俳句を選び、鑑賞文を書く

　鑑賞文…その作品の「よさ」「魅力」を伝える
●描かれた情景や込められた心情を踏まえて自分が感じ取ったことを書く
●例えばこんな観点で書く
・季語が生み出すイメージ
・情景の分かりやすさ
・心情の表現の仕方
・語順の工夫
・表現技法や切れ字の効果
・余白によって生み出されるもの
●句の中の言葉を取り上げて書く
※一〇〇字〜一五〇字

・無季自由律俳句
・大意（例）：咳をしても，ただ一人であると
　　自覚した。
○句に描かれた情景や心情を豊かに想像しながら，
　音読する。

3　魅力を感じた俳句を選び，鑑賞文を書く
○「俳句を味わう」の中から一句を選び，100字
　〜150字で鑑賞文を書く。 ⬇ WS
Ｔ：それぞれの句の情景や心情を想像することが
　できましたか。この中で，特に魅力を感じた句，
　他の人にも魅力を知って欲しいと思う句はどれ
　でしょうか。一句を選び，そのよさが伝わるよ
　うな鑑賞文を書きましょう。

> **ポイント　鑑賞文を書くための観点を確認す**
> **る**
> ・鑑賞文を書くための観点の例として，
> 　季語が生み出すイメージ
> 　情景の分かりやすさ
> 　心情の表現の仕方
> 　語順の工夫
> 　表現技法や切れ字の効果
> 　余白によって生み出されるもの　等があげ
> られる。

> ・「俳句の可能性」で，筆者はどのような観
> 　点からその句の特徴やよさを述べていたか
> 　を参考にする。
> ・俳句に描かれた情景や込められた心情を踏
> 　まえて，自分が感じ取ったことを書く。
> ・句の中の言葉を具体的に取り上げて書くよ
> 　うにする。

> **発展**
> 　鑑賞文を書く前に，同じ俳句を選んだ者同
> 士で意見交流をする方法もある。

4　次時の学習の見通しをもたせる
○本時で書いた鑑賞文をクラスで読み合うことを
　伝える。

指導の重点

・友達の鑑賞文から気付いたことを，自分の鑑賞や創作に生かさせる。

本時の展開に即した主な評価規準例（Bと認められる生徒の姿の例）

・語句の選び方や表現の仕方に着目して俳句を読み，評価している。【思・判・表】
・進んで表現の仕方などを工夫して俳句を創作しようとしている。【主】

生徒に示す本時の目標

　鑑賞文の交流を通して，自己の考えを深めたり，俳句の創作に生かしたりしよう

1　本時の目標を確認する

○本時は，前時に書いた鑑賞文を読み合うことで，自分の鑑賞をより深めること，自分の俳句創作に生かすことを確認する。

2　鑑賞文を読み合う

○選んだ句の作品ごとに鑑賞文をまとめ，手に取って読めるようにセットする。

Ｔ：前回書いた鑑賞文をお互いに読み合います。皆さんの書いた鑑賞文を選んだ句の作品ごとにまとめているので，まず自分と同じ句を選んだ人の鑑賞文を読み，その俳句のよさをどのように捉えているか，自分の鑑賞と比べてみましょう。その後，自分とは異なる句を選んだ人の鑑賞文を読みます。それぞれの句にどのようなよさがあると述べているか確認してください。

○教室内を自由に動いて鑑賞文を読む。読みながら気がついたことや考えたことをメモする。

ポイント　メモをするポイントを示す

・自分とは異なる鑑賞の視点

・新たに気付いたその句の魅力
・多くの人がふれている表現の工夫
・改めて感じた季語の効果
・俳句の創作に生かしたい表現の工夫
など。

3　鑑賞文を読み合って気付いたこと等を確認する

○鑑賞文を読みながらメモしたことをノートにまとめる。まとめたことを数人に発表させる。

4　俳句の作り方の例を知る

Ｔ：これまでの学習を生かして，皆さんも俳句の創作に挑戦しましょう。色々な作り方がありますが，一つの例として，教科書の「俳句の創作教室」を読みます。

○教科書 p.66の「俳句の創作教室」を読み，三つの課題を使って俳句作りのトレーニングをする。

① 「私」の感じ方を確かめよう
　「俳句の創作教室」では「夏が好き」な理由を十二音で表す課題になっているが，自分が好きな季節を選び，その好きな理由を十二音で表してみてもよい。

俳句の可能性／俳句の創作教室／
俳句を味わう

本時の目標

鑑賞文の交流を通して、自己の考えを深
めたり、俳句の創作に生かしたりしよう

鑑賞文を読み合う
●別の句を選んだ人同士で
●同じ句を選んだ人同士で　　　　←
読み合って気付いたことをまとめる
●自分とは異なる鑑賞の視点
●新たに気付いたその句の魅力
●多くの人がふれている表現の工夫
●改めて感じた季語の効果
●俳句の創作に生かしたい表現の工夫
　　　　　　　　　　　　　　など
●俳句の作り方の例を知る
●教科書「俳句の創作教室」
●俳句作りに向けたミニトレーニング

例　春が好き 新たな出会い芽吹くから
　　 つなぐ手が温かくなる 冬が好き
②「私」の気持ちに言葉を与えよう
　　今の気分や言いたいことを十二音で表し，そ
　の気持ちに合うイメージの季語を合わせる。
③季語の中に「私」を探そう
　　「俳句の創作教室」では心引かれる生き物を
　季語の中から選び詠んでみる課題になっている
　が，生き物以外にも好きな季語や使ってみたい
　季語を選び，そのイメージから詠んでみてもよ
　い。
○プリントやパワーポイント等を使い，俳句創作
　のためのミニトレーニングを行う。
　例１　友達と別れ見上げる（　　）の空
　　（　　）に入れるのは春・夏・秋・冬のうち
　　どれが句のイメージに合うか。その理由。
　例２　好きな人友にも秘密（　　　　）
　　（　　　）にどんな季語を入れると句のイメー
　　ジに合うか。
　例３　楽しみは（　　　　　　　　　）時
　　（　　　　）に入る十音を考える。

発展
　俳句の作り方についての動画を視聴する方
法もある。

5　次時の学習の見通しをもたせる
○俳句の創作を行うことを伝える。

俳句の可能性／俳句の創作教室／俳句を味わう

4 / 4時間

指導の重点

・表現の仕方などを工夫して俳句を創作したり，他の人の作品を評価したりさせる。

本時の展開に即した主な評価規準例（Bと認められる生徒の姿の例）

・語句の選び方や表現の仕方に着目して，友達の俳句を読み，評価している。【思・判・表】
・進んで表現の仕方などを工夫して俳句を創作しようとしている。【主】

生徒に示す本時の目標
表現を工夫して俳句を作ろう

1　本時の目標を確認する
○本時は，これまで学習したことを生かして俳句を創作することを確認する。

2　俳句を作る手順を確認する
Ｔ：今日は，これまで学習したことを生かして，俳句の創作に取り組みましょう。創作の流れを確認します。

○前時の学習を振り返り，俳句の作り方の例を確認する。有季定型を基本とする。

創作パターン１
・今の気分や俳句にしたいことを五・七音または七・五音の十二音で表す。
・十二音に組み合わせる季語を選ぶ。
・表現を見直す。

創作パターン２
・使いたい季語とテーマを決める。
・伝えたい気持ちや場面を決める。
・五・七・五にあてはめる。
・表現を見直す。

3　俳句の創作に取り組む
○確認した作句の手順を参考にして，俳句を作る。季語の一覧を黒板に掲示したり，歳時記やタブレット等で季語を調べたりできるようにしておく。

> **ポイント　生徒とのやりとりの中で，実態に応じた助言をする**
>
> ・テーマが決まらない生徒には，テーマになりそうなことを自由に書き出させる。
> ・考えがまとまらない生徒には，一番伝えたいことは何かを確認する。あれもこれも言おうとせず，伝えたいことを一つに絞り，気持ちや場面を切り取ってみるよう助言するとよい。
> ・季語選びに迷っている生徒には，いわゆる「取り合わせ」の視点を示すとよい。
> ①季語によって状況を付け加える
> ②季語によって作者の心情をイメージさせる
> ③テーマとは直接関係のない季語を結びつけて，イメージを広げたり，新たなイメージをつくり出したりする
> ・表現を見直している生徒には，上五と下五を入れ替えてみる，切れ字を使う，具体的

俳句の可能性／俳句の創作教室／俳句を味わう

本時の目標

表現を工夫して俳句を作ろう

●創作パターン1
・今の気分や俳句にしたいことを表す五・七音
または七・五音の十二音で表す
・十二音に組み合わせる季語を選ぶ
・表現を見直す
●創作パターン2
・使いたい季語とテーマを決める
・伝えたい気持ちや場面を決める
・五・七・五にあてはめる
・表現を見直す

表現を工夫して俳句を作る

作った俳句を発表し，鑑賞し合う
●自分の作品で工夫したところは？
●友達の作品を読んで
・印象に残った句とその理由
・工夫が感じられる表現
・情景や心情を詳しく知りたい句

なものに言いかえてみる等の助言を行う。
・その他，五感を意識して表現を工夫できる
よう助言することもできる。
視覚→形・色・明暗・位置・大きさ・数
聴覚→音の種類・声の様子・高低・大小
触覚→硬軟・温度・滑らか・ざらざら・凸
凹
味覚→甘い・苦い・辛い・想像上の味
嗅覚→甘い・臭い・刺激・漂う
等をイメージさせる。

○作品を読んだ感想を発表する。発表前に，作者
への質問タイムを設けてもよい。
・印象に残った作品とその理由
・工夫が感じられる表現
・情景や心情をもう少し詳しく聞いてみたい句
とその理由　　等

発展
　時間に余裕があれば，教科書 p.67「句会
を開こう」に沿って，句会を開く。その際，
実際の句会の様子を動画で見せるとよい。

4　創作した俳句の工夫した点を書く
○創作した俳句について，テーマ・言葉選び・表
現の仕方等，工夫したところを書く。

5　創作した俳句を鑑賞し合う
○創作した俳句を発表する。自作の工夫した点に
ついてもふれる。

ポイント　ICT 機器を使用し効率化を図る
　作った俳句は，ロイロノート等タブレット
等を利用して提出させ，全員の作品を効率よ
く読めるようにする。

言葉の釣り糸を垂らす

（2時間）

1　単元の目標・評価規準

・理解したり表現したりするために必要な語句の量を増し，話や文章の中で使うことを通して，語感を磨き語彙を豊かにすることができる。　　　　　　　〔知識及び技能〕(1)イ

・文章を批判的に読みながら，文章に表れているものの見方や考え方について考えることができる。　　　　　　　　　　　　　　　　　　〔思考力，判断力，表現力等〕C(1)イ

・言葉がもつ価値を認識するとともに，読書を通して自己を向上させ，我が国の言語文化に関わり，思いや考えを伝え合おうとする。　　　　　　　　　　「学びに向かう力，人間性等」

知識・技能	理解したり表現したりするために必要な語句の量を増し，話や文章の中で使うことを通して，語感を磨き語彙を豊かにしている。　　　　　　　　((1)イ)
思考・判断・表現	「読むこと」において，文章を批判的に読みながら，文章に表れているものの見方や考え方について考えている。　　　　　　　　　(C(1)イ)
主体的に学習に取り組む態度	文章を読んで，進んで書かれている表現を吟味し，自分の考えを広げたり深めたりしようとしている。

2　単元の特色

教材の特徴

　この教材は，「書く」ことの意義とその方法について書かれた文章である。筆者は「目に見える言葉」だけではなく，自分の「記憶の奥底に沈んでいる，名もなく，目に見えない言葉」に注目している。「溶けた記憶」「言葉になっていない気持ち」「まだ起きていない出来事」といったもやもやとしたものが「自分の生」を支えていて，「書く」ことは「自分の本当の生を，言葉の形で取り戻すことにほかならない」としている。こうした筆者ならではの表現に着目させ，筆者のものの見方や考え方を読み取るには，想像力を働かせるとともに，自分の体験や知識と結びつけて具体的に言い換える作業が必要となる。

　筆者は，「言葉の釣り糸を垂らす」という「実験」を勧めている。これは「心の奥底にそっと垂らして探る」という非常に個人的な作業のように思われる。それは決して大げさなものでなく，「昔読んだ本」「昨日食べたパン」「将来いっしょにどこかに旅行に行きたいなというイメージ」などである。

生徒の中には，文章を書く課題に対して「何も書くことがない」という者がいる。しかし，筆者によれば，私たちは何もないと思っていた意識の水底に，「言葉を浸す」ことで豊かな「記憶」や「光」を見いだすことができるのである。そうした筆者の考えに触れる学習を通して，言語感覚を磨き，自分の言語生活に生かしていこうとする態度を育てる。

身に付けさせたい資質・能力

　本単元では，「文章を批判的に読みながら，文章に表れているものの見方や考え方について考える」力を育成することをねらいとしている。「批判的に読む」とは，文章に書かれていることをそのまま受け入れるのではなく，文章を対象化して吟味したり検討したりしながら読むことである。その上で自分の知識や経験などと照らし合わせて，納得や共感ができるか否かなどを考えることが重要である。

　言語活動として，筆者の勧める「実験」を実際に行い，気づいたことを交流する活動を設定する。「自分の中に言葉を垂らしてみて何がくっついてくるのか」自分の思考過程をメタ認知する活動である。本単元では，文章にあるように自分の中の広がりを実感することができたか，振り返って考えることに重点をおく。筆者が書いているようにうまくいくとは限らないが，そうしたもどかしさも含めて交流する。

　また，この活動を行う際は，〔知識及び技能〕(1)イと関連付けて指導する。文章中に多用された感覚的な表現，概念的な表現，比喩表現などに対する語感を磨き，語彙を豊かにすることができるようにする。

3　学習指導計画（全2時間）

時	○主な学習活動	☆指導上の留意点　◆評価規準
1	○文章を読んで，気になる表現に線を引き，気づいたこと・読み取ったことを書き込む。 ○筆者が勧める「言葉の釣り糸を垂らす実験」を実際に体験する。「くっついてきた記憶や考え」を200字作文にまとめる。 ○実験を振り返り，筆者の主張を「考察」する。	☆書き込む際のポイントを示す。 ◆比喩表現を具体的に自分の言葉に置き換えて理解している。【知・技】 ◆筆者が提案する「言葉の釣り糸を垂らす実験」に進んで取り組み，検証しようとしている。【主】 ☆書くことの評価規準は設けない。
2	○前時の「実験」の結果と「考察」を報告し合う。 ○「書く」ことに関する筆者の考えについて，自分の考えをもつ。	☆自分の考えを形成するためのガイドラインを示す。 ◆前時の「実験」で分かったことを積極的に発表し合って，自分の考えを広げたり深めたりしようとしている。【主】 ◆「書く」ことについての表現に着目して，自分なりの考えを文章にしている。【思・判・表】

言葉の釣り糸を垂らす

指導の重点

・語句や表現のしかたに着目して，内容を捉えさせる。
・「言葉の釣り糸を垂らす」実験を検証させる。

本時の展開に即した主な評価規準例（Bと認められる生徒の姿の例）

・比喩表現を具体的に自分の言葉に置き換えて理解している。【知・技】
・筆者が提案する「言葉の釣り糸を垂らす実験」に進んで取り組み，検証しようとしている。【主】

生徒に示す本時の目標

　語句や表現のしかたに着目して，筆者のものの見方や考え方を捉えよう

1　題名の意味を予想する

○題名だけ板書して，導入する。

Ｔ：みなさんは釣りをしたことがありますか。（何人かに釣りの経験を尋ねる）釣り竿に釣り糸が付いていて，その先にえさを付けて魚を釣り上げる。では，「言葉の釣り糸を垂れる」とは，どのようなことでしょうか。

2　本単元の目標「語句や表現のしかたに着目して，筆者のものの見方や考え方について考える」を示す

3　気づいたことや読み取ったことを書き込む

○各自文章を読んで，心に引っかかった語句や表現に線を引いて，浮かんだことを書き込む。

ポイント　書き込みのポイントを示す

　書き込む際のポイントをアドバイスしてから始める。
・「なるほど」納得，共感した部分
・「ちょっと違う」違和感，疑問を覚えた部

分
・「大事そう」「意味が深そう」気になる表現
・感じたこと・思ったこと何でも
　いずれも，自分なりに理解したことをできるだけ具体的に自分の言葉を使って書き込むように指導する。

4　書き込んだことを発表し合う

○何人かに書き込んだことを発表させる。
○聞きとったことを色ペンなどでメモするよう指示する。
○疑問に対しては他の生徒の意見を求める。

5　「言葉の釣り糸を垂らす」実験をする

📥 **WS1**

Ｔ：筆者は，「こうした実験をすると，自分の中が，びっくりするくらい深くて広いんだってわか」ると書いています。これは本当でしょうか。実際にやってみましょう。

○「言葉の釣り糸を垂らす」実験の「仮説」と「やり方」を確認する。
○文章中に例示された「楽しかった誕生日」「好きな漫画」「飼っていた動物」「おばあちゃんの癖」を参考に，垂らす言葉を選んで，その言葉

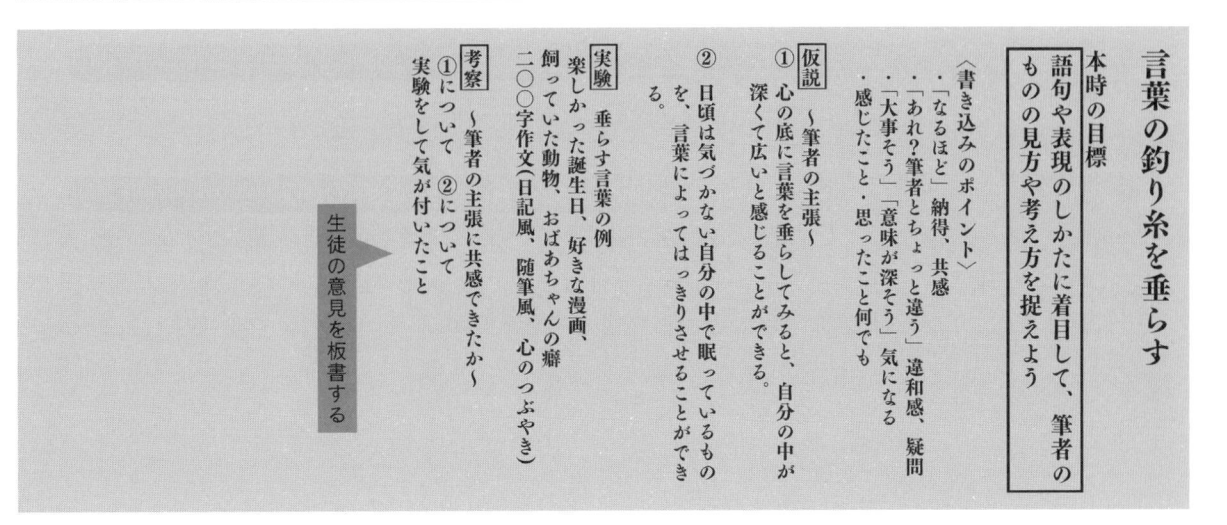

（書き込みのポイント）
・「なるほど」納得，共感
・「あれ？筆者とちょっと違う」違和感，疑問
・「大事そう」「意味が深そう」気になる
・感じたこと・思ったこと何でも

言葉の釣り糸を垂らす

本時の目標
語句や表現のしかたに着目して、筆者のものの見方や考え方を捉えよう

①仮説
〜筆者の主張〜
心の底に言葉を垂らしてみると、自分の中が深くて広いと感じることができる。

②日頃は気づかない自分の中で眠っているものを、言葉によってはっきりさせることができる。

実験
垂らす言葉の例
楽しかった誕生日、好きな漫画、飼っていた動物、おばあちゃんの癖
二〇〇字作文〈日記風、随筆風、心のつぶやき〉

考察
①について〜筆者の主張に共感できたか〜
②について
実験をして気が付いたこと

生徒の意見を板書する

にくっついてきた「記憶」や「考え」をワークシートに書き出す。

○垂らした言葉から浮かんだ情景や色，匂い，感情など，イメージしたことをどんどん書き出すように指示する。

> **発展**
> 垂らすキーワードは「楽しかった○○」「好きな○○」「○○の癖」のように自由度を高くしたり，「行ってみたい場所・国」「一度は食べてみたいもの」のように未来につながる言葉を選択肢に入れたりしてもよい。

6　言葉にくっついてきた「記憶」や「考え」を200字程度にまとめる

T：くっついてきたものを引き上げることができましたか。そのメモを基にして浮かんできた記憶や考えを200字程度で書きましょう。

T：垂らした言葉から派生した言葉を並べるのではなく，思い浮かんだ記憶の情景を「日記風」あるいは「随筆風」「物語風」に書きます。

○書けない生徒には，書き始めを助言する。
　「○歳の誕生日のことだ。……」
　「好きな漫画といえば……」

「おばあちゃんには変な癖があった。……」

T：今回の200字作文は，自分が引き上げたイメージを言語化するのが目的なので，誰か他の人に伝えるというより，相手は自分自身といえるでしょう。自分の内言をできるだけ具体的な言葉にして書き表してください。

7　「実験」を考察する

○筆者の主張（仮説）「言葉の釣り糸を垂らす」実験を通して，「自分の中が，びっくりするくらい深くて広いと感じること」ができたか。また，200字作文を書くことで「自分の中に眠っているけれど，気づいていない何かを大きくすること」ができたか。振り返って考える。

T：考察はできましたか。筆者の仮説，主張に対してどのようなことを考えましたか。またそう考えた理由も書きましょう。

8　次時の予告

T：次の時間は，どのような言葉を垂らしたら，どのような記憶や情景，考えが釣り上げられたか，実験の経過と，筆者の主張についての考えを発表します。ワークシートで書けていないところがある人は，完成させておいてください。

2 / 2時間　言葉の釣り糸を垂らす

・「書く」ことに関する筆者の考えについて，自分の考えをもたせる。

本時の展開に即した主な評価規準例（Bと認められる生徒の姿の例）
・前時の「実験」で分かったことを積極的に発表し合って，自分の考えを広げたり深めたりしようとしている。【主】
・「書く」ことについての表現に着目して，自分なりの考えを文章にしている。【思・判・表】

生徒に示す本時の目標
　「書く」ことについての筆者の考えについて自分の考えをもとう

1　前時の「実験」と「考察」について報告し合う　↓ WS2
○四〜五人のグループを作り，前時のワークシートをもとに交流する。
○事前に「仮説」肯定派と否定派に分けてグループを決めておくとよい。
Ｔ：前回，「言葉の釣り糸を垂らす」実験をやりました。各自，どのような言葉によって，どのような記憶や考えがくっついてきたか，そして，この実験をしてみて，筆者の考えについて賛同したかどうかをグループ内で発表し合います。他の人の発表を聞いて気づいたこと，感じたことをワークシートにメモしてください。

> **ポイント　「実験」の「考察」を報告する**
> 　発表は，上手な200字作文を書くことが目的ではなく，「実験」をしてみて感じたことを交流するのが主眼である。
> 　様々な意見を聞いて，自分の考えを広げたり深めたりする場となるようにする。

2　「書く」という行為を具体化する
○「書く」という行為について，自分の経験と結びつけて考えるために，具体的に想起させる。
Ｔ：私たちが「書く」という行為をするのはどのようなときでしょうか。挙げてみましょう。学校では行事の作文や読書感想文や意見文を書きますね。他には？（自由に思いついたことを挙げさせる。）理科や社会科のレポート，修学旅行の記録，自己PR，卒業文集……。自分自身や自分の考えを人に伝えるため。なるほど，日記や手記，ノートのように自分の記録のために書くこともありますね。

3　「書く」ことについての筆者の考えを確認する
○文章中から「書く」ことについて書かれた表現を探す。
Ｔ：では，筆者は，「書く」ことを，どのような行為だと考えているのでしょうか。文章中から探して傍線を引きましょう。
Ｔ：「書く」ことについての表現を書き出してみると，こうなります。（黒板掲示用資料を貼る）

4　筆者の見方・考え方について考える
○筆者の「書く」ことについての見方・考え方に

準備物：黒板掲示用資料，前時のワークシート，ワークシート

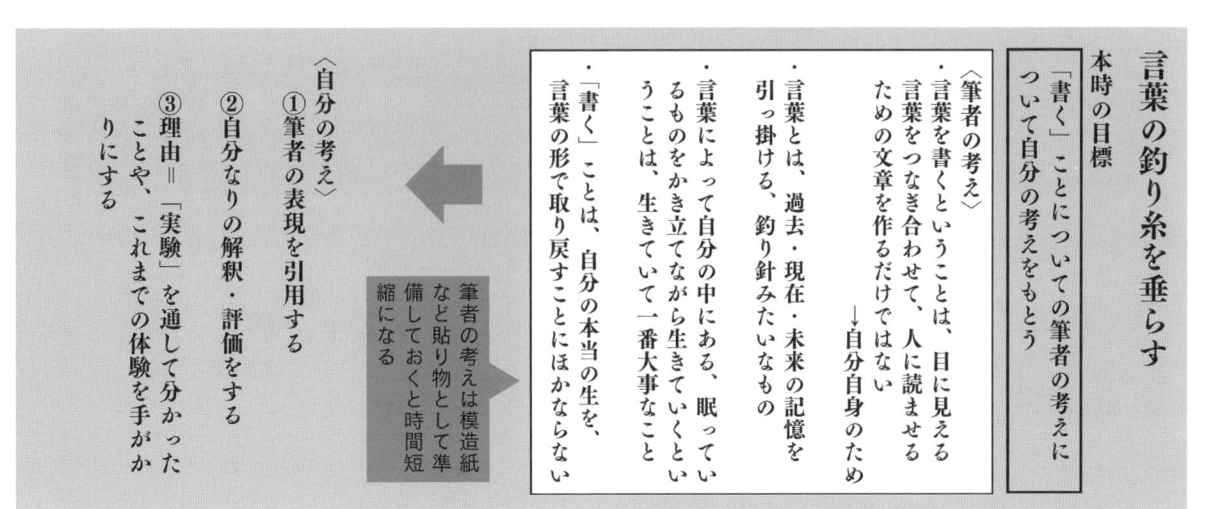

言葉の釣り糸を垂らす

本時の目標
「書く」ことについての筆者の考えについて自分の考えをもとう

〈筆者の考え〉
・言葉を書くということは、目に見える言葉をつなぎ合わせて、人に読ませるための文章を作るだけではない
→自分自身のため
・言葉とは、過去・現在・未来の記憶を引っ掛ける、釣り針みたいなもの
・言葉によって自分の中にある、眠っているものをかき立てながら生きていくということは、生きていて一番大事なこと
・「書く」ことは、自分の本当の生を、言葉の形で取り戻すことにほかならない

筆者の考えは模造紙など貼り物として準備しておくと時間短縮になる

〈自分の考え〉
①筆者の表現を引用する
②自分なりの解釈・評価をする
③理由＝「実験」を通して分かったことや、これまでの体験を手がかりにする

ついて，自分の考えをまとめる。

T：（掲示資料を指して）これらの「書く」ことに関する筆者の見方・考え方について自分はどう考えるか，考えたことを言葉にしましょう。賛成か反対かの二者択一でなく，共感した部分，腑に落ちない部分，違うと感じた部分など，前回の「実験」やこれまでの「書く」体験を手がかりにして，具体的に感じたことや考えたことを言葉にできるといいです。

発展
　生徒の実態に応じて，隣の席の生徒同士で簡単に意見交換をさせたり，全体で数名，指名して意見を発表させたりして，思考を促すことも考えられる。

S：人に読ませるためだけじゃないという部分で，日記とか記録とかかなと思いました。

S：生きていて一番大事といってますが，ちょっと大げさだなと感じました。

S：「自分の本当の生」って何なのかピンときません。

ポイント　表現に着目して具体的に述べる
ワークシートに考えをまとめるための観点を示す。着目した表現の引用，自分なりの解釈，筆者の考えについての評価，そう考えた理由（実験で分かったことやこれまでの体験と結びつけて考えたこと等）。

5　自分の考えを交流する

○四〜五人の学習グループで自分の考えを発表し合う。

○他の人の考えをメモするように指示する。

○タブレット等に入力して共有する方法もある。

T：前回と今回，自分の考えを言葉にしてもらいました。自分の中にあるもやもやした思いや考えを言葉にするのは難しかったですか。それともやりがいがありましたか。言葉にする行為には自分の感じていることや考えていることをはっきりさせ自分で再認識する働きがあるのですね。今回の学習をこれから「書く」ときに生かしてみてください。

3　言葉とともに

言葉2　**和語・漢語・外来語／**（1時間）
語彙を豊かに　時代や世代による言葉の変化

1　単元の目標・評価規準

・理解したり表現したりするために必要な語句の量を増し，和語，漢語，外来語などを使い分けることを通して，語感を磨き語彙を豊かにすることができる。　〔知識及び技能〕(1)イ
・時間の経過による言葉の変化や世代による言葉の違いについて理解することができる。
　　　　　　　　　　　　　　　　　　　　　　　　　　　　　〔知識及び技能〕(3)ウ
・言葉がもつ価値を認識するとともに，読書を通して自己を向上させ，我が国の言語文化に関わり，思いや考えを伝え合おうとする。　　　　　「学びに向かう力，人間性等」

知識・技能	理解したり表現したりするために必要な語句の量を増し，和語，漢語，外来語などを使い分けることを通して，語感を磨き語彙を豊かにしている。　　　　　((1)イ) 時間の経過による言葉の変化や世代による言葉の違いについて理解している。 　　　　　　　　　　　　　　　　　　　　　　　　　　　　　　((3)ウ)
主体的に学習に取り組む態度	和語・漢語・外来語の特色について考え，進んで表現の中で使い分けようとしている。 世代による言葉の変化を捉え，学習課題に沿って相手の理解できる言葉を選んで表現しようとしている。

2　単元の特色

教材の特徴

　本教材は，主に和語・漢語・外来語に着目して，受ける印象や語感が違うことを理解し，適切に使い分けることをねらいとしている。和語・漢語・外来語の三つの層があることは，日本語の一般的な特質であり，言葉の成り立ちと深く関連する。また，この三つは語彙習得や語彙学習の段階にも対応している。まず幼少期に和語を習得し，次に漢字を学習する過程で多くの漢語を習得し，さらに外来語を習得していく。そのため，年少者には和語の方が分かりやすい。漢語は同音異義語が多いので，音声による話し言葉の場合，注意が必要である。したがって話し言葉では概して和語のほうが分かりやすい。一方，漢語は漢字が意味を表すので，書き言葉では一見して意味が伝わり，少ない字数で端的に表現できる。また，「アイデンティティ」や「サステナブル」のように輸入された新しい概念や専門用語は，外来語が使われることが多い。

学習指導要領〔知識及び技能〕(3)我が国の言語文化に関する事項　ウでは，「時間の経過による言葉の変化や世代による言葉の違いについて理解すること」を挙げている。言葉は，時間の経過により語形や意味などが変化していくという側面をもっている。中学3年生になると，社会的な活動や関心も広がるだろう。同年代に対してだけでなく，年配者や年少者など様々な世代に対して伝える場面を想定して，相手に応じた言葉遣いができるように，語彙を豊かにしていく。

身に付けさせたい資質・能力

　本教材のねらいは，和語・漢語・外来語の性質について理解した上で，語彙を豊かにし，相手や場面に応じて適切に使い分ける力を身に付けることである。言葉は時代や世代によって変化している。コミュニケーションでは，言葉が相手にとって理解しにくいと感じた時には，別の表現に言い換えるなどの配慮が大切である。

　言語活動としては，具体的な相手（世代）と場面を想定して言葉を言い換える演習を行う。言い換えた際に，それぞれの語の意味が完全に一致するわけではないことや，与える印象が異なることにも注意させる。また，「分かりやすい表現」が必ずしも「正確な表現」にはならないことにも留意する。日頃から言葉の使われ方や変化に関心をもつ態度を養う学習活動とする。

3　学習指導計画（全1時間）

時	○主な学習活動	☆指導上の留意点　◆評価規準
1	○本時の目標を理解する。 ○和語・漢語・外来語の違いやそれぞれの特徴について理解する。 ○時代や世代による言葉の変化を知る。 ○相手に合わせて言葉を選ぶ演習問題に取り組む。 ・教科書の演習に取り組む。 ・「高瀬舟」を小学生向けに書き換える。 ・タブレットの使い方をおばあちゃんに説明する。 ○本時の学習を振り返り，分かったこと・気づいたことをまとめる。	☆1時間の配当なので，ワークシートやタブレット等を活用してテンポよく進める。 ◆和語，漢語，外来語の特徴を理解して，進んで言葉の意味や特徴を調べるなどして，相手や場に応じて使い分けている。【知・技】 ◆相手の年代や理解の程度に応じて適切な言葉や表現に言い換えようとしている。【主】

言葉2　和語・漢語・外来語／
語彙を豊かに　時代や世代による言葉の変化

指導の重点

・和語，漢語，外来語の特徴を理解し，相手や場に応じて使い分けさせる。

・時間の経過による言葉の変化や世代による言葉の違いについて理解し，相手や場に応じて使い分けさせる。

本時の展開に即した主な評価規準例（Bと認められる生徒の姿の例）

・和語，漢語，外来語の特徴を理解して，進んで言葉の意味や特徴を調べるなどして，相手や場に応じて使い分けている。【知・技】

・相手の年代や理解の程度に応じて適切な言葉や表現に言い換えようとしている。【主】

生徒に示す本時の目標

　和語・漢語・外来語の特徴を理解して，相手や場に適した使い分けをする

1　本時の目標を理解する

○教科書 p.72の例などを基に，和語・漢語・外来語の表現を比べて，印象の違いについて考える。

Ｔ：このように，同じような意味の言葉でも受ける印象や語感が違います。今日は，和語・漢語・外来語の特徴について学びます。また，時代や世代による言葉の変化について学習します。

2　教材文を読み，和語・漢語・外来語について理解する　↓ WS

○教科書 pp.72-73の教材文を参考にして，ワークシートの語例について特徴を書き出す。

Ｔ：和語・漢語・外来語の三種類がある言葉を自分でも考えてみましょう。

ポイント　具体的に考える

　よく使われる場面や文例を想定して，具体的に考える。

3　言葉の変化について知る

○教科書 p.74の教材文を読み，「時代による言葉の変化」と「世代による言葉の変化」があることを知る。

○時代や世代によって意味や使い方が異なる語例を出し合う。

Ｔ：みなさんは「印刷機」という言葉を使いますか？　プリンターとか，「プリントアウトする」と使う人は多いですね。また，「やばい」という言葉は，以前は「危険だ，悪いことが起こりそうだ」という意味で使われていましたが，今では「この味やばい」というように，よい意味でも使います。時代や世代によって意味や使い方が異なる言葉を，他にも考えて出し合いましょう。

4　相手に合わせて言葉を選ぶ

○三～四人のグループで，話す相手を自由に設定し，p.75上段の文章を書き換える。

Ｔ：例えば，おじいちゃん相手に話すときは，どの言葉をどう変えればよいでしょうか。和語・漢語・外来語の使い分けに注意して考えましょう。辞典を使っていろいろな言葉を調べましょう。

和語・漢語・外来語　語彙を豊かに

時代や世代による言葉の変化

本時の目標
和語・漢語・外来語の特徴を理解して、相手や場に適した使い分けをする

【和語】もともと日本で使われていた語
ひらがな、漢字の訓読み、柔らかい語感、聞いて分かりやすい、子ども向けに適している。

【漢語】漢字の音読みが使われる語
硬い語感、抽象的な言葉、漢字から意味を類推できる、短く表現できる、新聞、論文などに適している、専門用語に多い。

【外来語】漢語以外の外国語から取り入れられた語
輸入された物・概念、ネット用語
新鮮、軽快な感じを与える

1 言葉の変化
・時代によって意味や形が変化した言葉
・世代による言葉の変化
[必要に応じて語例をメモする]

2 相手に合わせて、言葉を選ぼう

振り返り
今日の学習で分かったこと、気づいたこと

生徒の発言例

Ｓ：「スタジアム」を「競技場」に変えられるかな？

Ｓ：ライブは「コンサート」で分かるかな？

Ｓ：「コンサート」は「演奏会」じゃない？　辞書だとライブは「生演奏」とあるよ。

ポイント　辞書で類義語を調べる

　辞書やタブレット等で語義を確かめたり，類義語を調べたりして，語彙を増やすように指導する。

○各グループで考えた表現を発表し合う。

Ｔ：各グループで話し合った表現を発表しましょう。「設定した相手」と「注意したこと」なども報告してください。

Ｔ：今度は一人一人，書き換えの課題に取り組みましょう。（ワークシート）前半で学習した和語・漢語・外来語を意識しましょう。一語を別の一語に置き換えるだけでは分かりにくい場合もあります。具体的にかみ砕いて表現するなどの工夫をしましょう。

○「高瀬舟」の一文を小学生向けに書き換える。

○タブレットのマニュアルをおばあちゃんに説明する。

発展

　漢語が多用されている新聞記事や，外来語が多用されている歌詞など，言い換える課題の文章を生徒自身に用意させてもよい。

5　学習を振り返り，分かったことや気付いたことをまとめる

○学習の振り返りを自分の言葉で書き，何人かに発表させる。

Ｔ：相手の世代によって理解しやすい言葉が異なることに配慮するのは大切です。ただし，「分かりやすさ」と「正確さ」は反する場合もあります。専門用語などは，その言葉でなければ表せない意味もあるので，注意しましょう。

情報×SDGs

実用的な文章を読もう／報道文を比較して読もう／情報整理のレッスン　情報の信頼性　（3時間）

1　単元の目標・評価規準

・話や文章の種類とその特徴について理解を深めることができる。　　　〔知識及び技能〕(1)ウ
・具体と抽象など情報と情報との関係について理解を深めることができる。

〔知識及び技能〕(2)ア

・情報の信頼性の確かめ方を理解し使うことができる。　　　　　　　〔知識及び技能〕(2)イ
・文章の種類を踏まえて，論理の展開の仕方などを捉えることができる。

〔思考力，判断力，表現力等〕C(1)ア

・文章を批判的に読みながら，文章に表れているものの見方や考え方について考えることができる。　　　　　　　　　　　　　　　　〔思考力，判断力，表現力等〕C(1)イ
・目的や意図に応じて，社会生活の中から題材を決め，集めた材料の客観性や信頼性を確認し，伝えたいことを明確にすることができる。　〔思考力，判断力，表現力等〕B(1)ア
・言葉がもつ価値を認識するとともに，読書を通して自己を向上させ，我が国の言語文化に関わり，思いや考えを伝え合おうとする。　　　　　　〔学びに向かう力，人間性等〕

知識・技能	話や文章の種類とその特徴について理解を深めている。 ((1)ウ) 具体と抽象など情報と情報との関係について理解を深めている。 ((2)ア) 情報の信頼性の確かめ方を理解し使っている。 ((2)イ)
思考・判断・表現	「読むこと」において，文章の種類を踏まえて，論理の展開の仕方などを捉えている。 (C(1)ア) 「読むこと」において，文章を批判的に読みながら，文章に表れているものの見方や考え方について考えている。 (C(1)イ) 「書くこと」において，目的や意図に応じて，社会生活の中から題材を決め，集めた材料の客観性や信頼性を確認し，伝えたいことを明確にしている。 (B(1)ア)
主体的に学習に取り組む態度	情報の信頼性の確かめ方を積極的に使って読み，学習したことを踏まえて実生活への生かし方について自分の考えをまとめ，表現しようとしている。

2　単元の特色

教材の特徴

　本単元は，「実用的な文章を読もう」，「報道文を比較して読もう」，「情報整理のレッスン

情報の信頼性」の三部構成になっていて，日常生活で接するウェブページ，新聞，SNS 等の情報の活用方法等について学ぶ。「実用的な文章を読もう」では，「資源の分別に関するウェブページ」と「分別に関するポスター」の二つの資料から，必要な情報を適切に読み取る方法を学ぶ。また，「報道文を比較して読もう」では，同じ話題に関する新聞記事でも，取り上げる内容や書き方で読み手の印象が大きく異なることを体験的に学習する。さらに，「情報整理のレッスン　情報の信頼性」で，実生活における様々な情報の信頼性を確かめる方法を学び，自身の日常生活に生かす資質・能力を身に付けさせることができる教材である。

身に付けさせたい資質・能力

　ごみの分別という身近な話題で生徒の興味・関心を高めた上で，必要な情報を整理し，日常生活に生かす資質・能力を身に付けさせる。次に，二つの報道文を読み比べ，文章に表れている書き手のものの見方や考え方について考えさせる。「情報の信頼性」では，情報に対する裏づけの根拠や発信者の立場等を確認することで，その信頼性を考えたり確かめたりする力を身に付けさせる。

3　学習指導計画（全3時間）

次	時	○主な学習活動	☆指導上の留意点　◆評価規準
一	1	○ pp.76-77の実用的な文章を読み，必要な情報の読み取り方を確認する。 ○学校内にある学校だよりや広告，取扱説明書，イベントパンフレット等の中から実用的な文章を一つ選んで，表現の特徴や情報と情報の関連性，文章の論理の展開の仕方を考えながら読む。	☆実用的な文章に目を向けさせ，生活に生かす読み取り方を考えさせる。 ◆実用的な文章の表現の特徴を理解している。【知・技】 ◆複数の異なる情報が書かれた資料を読み，情報と情報との関係を理解している。【知・技】 ◆実用的な文章の論理の展開の仕方を捉えている。【思・判・表】
二	2	○ pp.78-81の二つの新聞記事を読み，気付いたことをグループで交流する。 ○二つの新聞記事を読んだり気付いたことを交流したりする中で考えたことを踏まえ，報道文を読む際の留意点をまとめる。	☆書き手が最も伝えたいことに着目させる。 ◆新聞記事を批判的に読みながら，書き手のものの見方・考え方を考えている。【思・判・表】 ◆二つの新聞記事それぞれが伝えたい主張とそれを支える根拠を整理し，報道文を読む際の留意点を明確にしている。【思・判・表】
	3	○ pp.84-85の問題1，2に取り組み，情報の信頼性及び客観性について確認する。 ○今後の総合的な学習の時間におけるレポート作成の際に活用できる「○年○組情報収集の手引き」を作成し，教室に掲示する。	☆情報の信頼性及び客観性を意識させ，日常生活における情報との付き合い方を考えさせる。 ◆情報の信頼性を吟味するポイントを理解している。【知・技】 ◆情報と接する際の信頼性や客観性について学んだことを「○年○組情報収集の手引き」の作成を通して表現しようとしている。【主】

実用的な文章を読もう

指導の重点
・文章の種類とその特徴について理解を深めさせる。
・具体と抽象など情報と情報との関係について理解を深めさせる。
・文章の種類を踏まえて，論理の展開の仕方などを捉えさせる。

本時の展開に即した主な評価規準例（Bと認められる生徒の姿の例）
・実用的な文章の表現の特徴を理解している。【知・技】
・複数の異なる情報が書かれた資料を読み，情報と情報の関係を理解している。【知・技】
・実用的な文章の論理の展開の仕方を捉えている。【思・判・表】

生徒に示す本時の目標
　実用的な文章を読み，必要な情報を読み取るとともに，その特徴を捉えよう

1　本単元及び本時の目標を確認する
○本単元は，日常生活や社会生活で目にする実用的な文章から必要な情報を読み取る力を高めるとともに，情報の信頼性について確かめる方法を身に付けるための学習であることを理解させる。その上で本時は，ウェブページとポスターの文章を読み，それぞれの表現の特徴やその関係性を理解することが目標であることを確認する。

2　実用的な文章の目的や意図を考える
○身の回りにある実用的な文章を想起させる。
○その文章が書かれた目的や意図を考えさせる。
Ｔ：パンフレットや取扱説明書は，誰に，何を伝えたくて書かれたものか，考えよう。

ポイント　身の回りの実用的な文章に目を向けさせる
　実用的な文章は様々な目的や意図をもち，相手意識・目的意識を踏まえた文章であることに気付かせるため，学校内にある実用的な

文章を授業者が複数用意し，具体物を生徒に読み比べさせてもよい。

3　複数の実用的な文章を読み，必要な情報を読み取る
○ pp.76-77の「やってみよう①」に取り組ませる。
Ｔ：「捨てるもの」の資源とごみの分け方，出し方について，その部分が分かる箇所に印を付けながら読み取ろう。

ポイント　資料と資料の関係性に気付かせる
　資料Aのウェブページと資料Bのポスターを読み比べ，情報と情報の関係性や，それぞれの資料に書かれた情報の違いに気付かせる。その上で，それぞれの資料の役割を理解させ，想定される読み手も併せて考えさせる。

Ｔ：ウェブページとポスターについて，その情報が置かれる場所や読む相手，表現の特徴にどのような違いがあるのかを考えながら読み比べましょう。

4　それぞれの資料の文章の表現の特徴及び情報

実用的な文章を読もう

本時の目標
実用的な文章を読み、必要な情報を読み取るとともに、その特徴を捉えよう

○実用的な文章とは
・取扱説明書　・大会の実施要項
・パンフレット　・入試試験の実施要項
・行事のお知らせ

○実用的な文章の意図
例・機器の使い方を教える
・大会の開催を教える
　　相手・目的　が存在する。

○ウェブページ（資料A）と
ポスター（資料B）の文章について
表現の特徴を比較しよう
・図示　・下線　・フォント　・字の色
・小見出し　・箇条書き
・大きなルール→小さなルール

○資料Aと資料Bの関係
B「最低限知ってほしい情報」
↔
A「より詳しく知りたい人に向けた情報」

まとめ
①誰に伝えるか　②何を伝えるか
③どのように伝えるか

と情報の関係を整理する

○資料A「ポスター」と資料B「ウェブページ」の表現の特徴についてワークシートにまとめ，発表させる。 :arrow_down: WS

○資料A「ポスター」と資料B「ウェブページ」の情報について，誰に向けて，何のために文章が書かれているのか，ワークシートにまとめ，発表させる。

○資料Aと資料Bの文章を比較し，情報と情報の関係について，気付いたことを書かせる。

〈生徒の解答の例〉

・ポスターは誰にでも分かるよう，字の色やフォントを変えたり，下線を引いたりしている。

・ポスターは基本的な資源とごみの分け方・出し方が書かれていて，ウェブページは詳しい分別の方法について書かれている。

・ウェブページはある目的をもった読み手を想定しているため，より詳しい情報が書かれている。

○グループで気付いたことを共有し，ポスターとウェブページの情報の量や内容，想定されている読み手の違いについて全員に理解させる。

発展

新聞や雑誌とウェブページの情報量や情報

の種類及び想定される文章の読み手について考えさせることを通して，実用的な文章ではその目的や意図，想定される読み手によって情報量や情報の内容，表現の特徴が異なることに気付かせる。

○授業の最初に想起した，身の回りの実用的な文章について，「やってみよう②」を参考に，情報の内容と書き手の意図，想定される読み手について考えさせる。

5　実用的な文章を読んだり書いたりするときに留意することについてまとめる

○実用的な文章は，その文章の目的や意図を捉えた上で読むことで，情報を適切に生活に生かすことができることを理解させる。

○実用的な文章は，特定の読み手を意識して書かれた文章と，不特定多数の人に向けて書かれた文章に大別できることに気付かせる。

6　次時の学習の見通しをもつ

○次時の学習の準備として，最近の社会の出来事や時事問題について書かれた新聞記事やインターネット上のニュース記事を，タブレット等に保存しておくよう指示する。

② 3時間　報道文を比較して読もう

指導の重点

・文章を批判的に読み，文章に表れているものの見方や考え方について考えさせる。
・目的や意図に応じて，社会生活の中から題材を決め，集めた材料の客観性や信頼性を確認し，伝えたいことを明確にさせる。

本時の展開に即した主な評価規準例（Bと認められる生徒の姿の例）

・新聞記事を批判的に読みながら，書き手のものの見方・考え方を考えている。【思・判・表】
・二つの新聞記事それぞれが伝えたい主張とそれを支える根拠を整理し，報道文を読む際の留意点を明確にしている。【思・判・表】

生徒に示す本時の目標
　報道文を読み比べ，最も伝えたいこととそれを支える根拠の違いを捉えよう

1　本時の目標を確認する
○世界自然遺産登録から一年後の地域の状況について報じた二つの新聞記事を読み比べ，記事が最も伝えたいことと，それを支える根拠を捉えることで，話題は同じでも取り上げる事例や資料により読み手の受ける印象が異なることを理解する学習であることを理解させる。

2　二つの新聞記事の情報を整理する
○記事の話題について，中心となる主張や主張を支える根拠をワークシートに整理させる。

ポイント　小見出しから内容の主旨を捉えさせる
　小見出しを読み，書き手の立場を予想した上で文章を読むことで，記事の内容や書き手の見方・考え方を想定しながら読み進められることを生徒に理解させる。

3　新聞記事を批判的に読む
○観光客数の増減とアマミノクロウサギの交通事故死件数について，二つの新聞記事による「数値」の取り上げ方の違いに注目させ，読み手に与える印象の違いを考えさせる。

Ｔ：二つの記事について，①観光客数は増えているのか減っているのか，②アマミノクロウサギの交通事故死件数の違いの原因は何か，の2点を考えることで，読み手に与える印象の違いを分析しよう。

○①観光客数の増減について，「いつの時点」の数値を取り上げ，増えている若しくは減っていると主張しているか確認する。
　〈生徒の考えの例〉
　・記事Ａ…2020年（コロナ禍）「落ち込んだ」
　・記事Ｂ…2009〜2014年と2022年「急増／回復」

○②記事Ａと記事Ｂにおける，アマミノクロウサギの交通事故死件数の違いの原因は何かを考え，ワークシートにまとめさせる。
　〈生徒の考えの例〉
　・記事Ａ…「死んでいるのが見つかった」件数

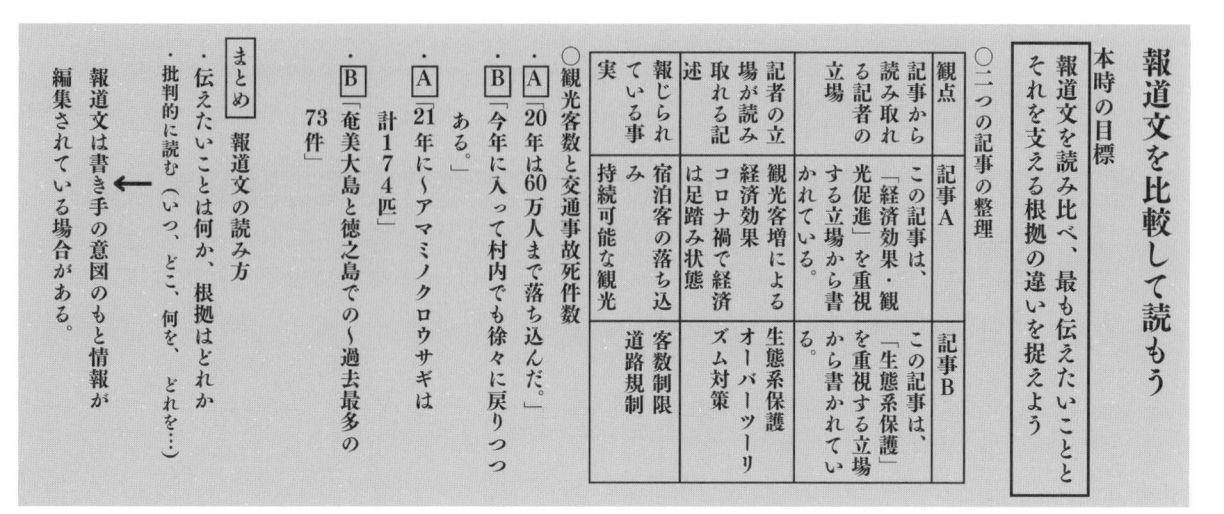

報道文を比較して読もう

本時の目標
報道文を読み比べ、最も伝えたいことと
それを支える根拠の違いを捉えよう

○二つの記事の整理

観点	記事A	記事B
記事から読み取れる記者の立場	この記事は、「経済効果・観光促進」を重視する記者の立場から書かれている。	この記事は、「生態系保護」を重視する立場から書かれている。
記者の立場が読み取れる記述	観光客増による経済効果 コロナ禍で経済は足踏み状態	生態系保護 オーバーツーリズム対策
報じられている事実	宿泊客の落ち込み 持続可能な観光	客数制限 道路規制

○観光客数と交通事故死件数

A 「20年は60万人まで落ち込んだ。」

B 「今年に入って村内でも徐々に戻りつつある。」

B 「奄美大島と徳之島での～過去最多の73件」

A 「21年に～アマミノクロウサギは計174匹」

【まとめ】報道文の読み方
・伝えたいことは何か、根拠はどれか
・批判的に読む（いつ、どこ、何を、どれを…）
・報道文は書き手の意図のもと情報が編集されている場合がある。←

として「計174匹で過去最多」と表現
・記事B…奄美大島と徳之島におけるアマミノクロウサギの交通事故死件数を「過去最多の73件」と表現

4 読み手に与える印象の違いについて分かったことを文章にまとめる

○観光客数とアマミノクロウサギの交通事故死件数のどちらかの事例を一つ取り上げ、「数値」、「読み手」、「印象」という三つのキーワードを使って、本時で学習したことをワークシートに200字程度でまとめる。

〈生徒の考えの例〉

・観光客数は、記事Aのように新型コロナウイルス禍で最も観光客数が減った2020年の数値を取り上げ、観光客が減ったことを読み手に印象付けている。一方、記事Bは2009〜2014年に急激に観光客数が増えたことを取り上げ、さらにコロナ禍で一時減ったが、2022年にまた観光客が増えてきている数値を取り上げ、観光客は増え続けているような印象を与えている。報道文では、伝えたいことを強調するために効果的な数値を選んでいることに気付いた。（200字）

5 本時のまとめ

○読み手に記事や文章の内容をより強く印象付けるため、自分たちの伝えたいことを最も効果的に見せられる数値を取り上げる等、報道文は書き手の意図のもと情報が編集されている場合があることを確認させる。

$\dfrac{3}{3時間}$

情報整理のレッスン　情報の信頼性

指導の重点
・情報の信頼性の確かめ方を理解させ使わせる。

本時の展開に即した主な評価規準例（Bと認められる生徒の姿の例）
・情報の信頼性を吟味するポイントを理解している。【知・技】
・情報と接する際の信頼性や客観性について学んだことを「○年○組情報収集の手引き」の作成を通して表現しようとしている。【主】

生徒に示す本時の目標
　情報の信頼性を確かめる方法を知り，「○年○組情報収集の手引き」を作成しよう

1　本時の目標を確認する
○社会生活の中には様々な情報があふれていることを確認した上で，その客観性や信頼性を確認する方法を理解させる。更に学んだことを生かして，二学期以降の総合的な学習の時間の際に情報収集の場面で活用できる「○年○組情報収集の手引き」を作成することを通して学んだことを表現することが目標であることを理解させる。

2　情報を得る方法を想起する
○本単元の既習事項を想起させ，日常生活又は社会生活において情報を得る方法を考えさせる。
○ホームページ，新聞，書籍，雑誌，テレビ等，それぞれの情報の特徴について，グループ活動によるブレインストーミング手法を活用しながら具体的にイメージさせる。
〈生徒の考えの例〉
・ホームページ：新しい情報と古い情報が混在している，最新の情報を得ることができる，誰が発信したのか分からない場合が多い，個

人的な見解を中心とした情報が多い　など
・書籍や新聞：発信者や著者が明確であるため信頼できる情報が多い，ホームページに比べ情報が古い，一度に得られる情報に限りがある，筆者（記者）・編集者や新聞社などの考えで情報が偏ったり一部を切り取っていたりすることがある　など

3　情報を得る際の確認ポイントを知る
○教科書 p.84問題１に取り組み，「いつ」「誰が」「何のために」書かれた情報であるか，確認させる。
〈生徒の考えの例〉
・「いつ」…発信日時から情報の新旧を判断できる。
・「誰が」…個人が発信している情報であり，また花火大会が中止だという情報も友達から聞いたものであるため，信頼性は低い。
・「何のために」…SNS という誰もが発信できる媒体の情報であるため，不特定多数の人に確かな情報を届けるために発信されたものではない。
○信頼性の高い情報を得るためには，公的機関や花火大会の主催者が運営するホームページで確認する必要があることを理解させる。

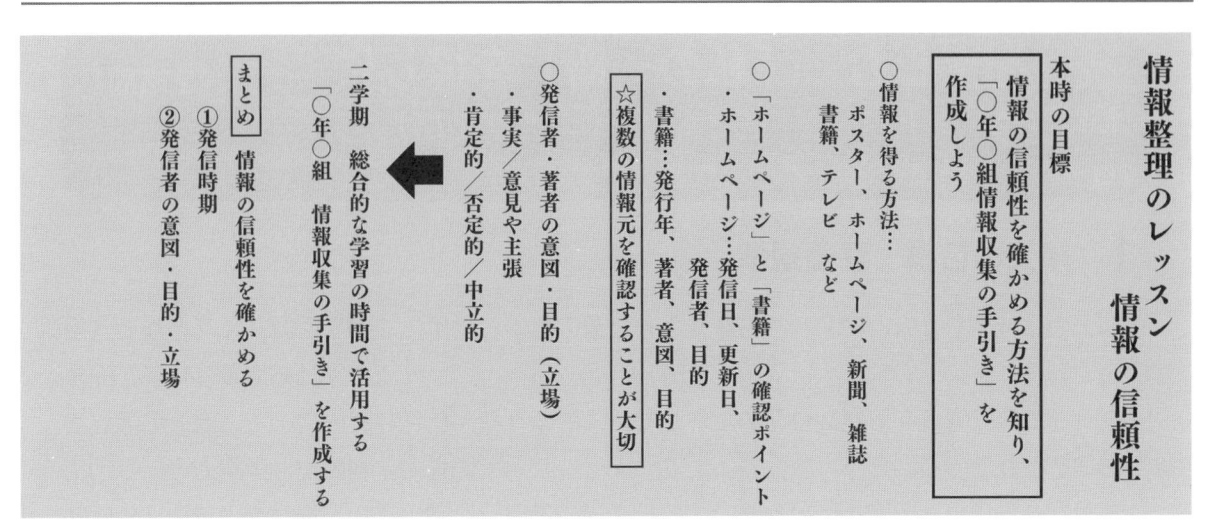

板書例：

情報整理のレッスン　情報の信頼性

本時の目標
情報の信頼性を確かめる方法を知り、「○年○組情報収集の手引き」を作成しよう

○情報を得る方法…
ポスター、ホームページ、新聞、雑誌
書籍、テレビ など

○「ホームページ」と「書籍」の確認ポイント
・ホームページ…発信日、更新日、発信者、目的
・書籍…発行年、著者、意図、目的

☆複数の情報元を確認することが大切

○発信者・著者の意図・目的（立場）
・事実／意見や主張
・肯定的／否定的／中立的

二学期　総合的な学習の時間で活用する「○年○組　情報収集の手引き」を作成する

〔まとめ〕
情報の信頼性を確かめる
①発信時期
②発信者の意図・目的・立場

○情報は，「いつ」，「誰が」，「何のために」の三つの観点を用いて確認することで信頼性や客観性を吟味できることを理解させる。

4　情報の発信者の意図・目的を考える

○教科書 p.85 上段のA及びBの文章を基に，客観的事実と思われる出来事を抽出する。
〈生徒の考えの例〉
・○○選手は記者会見中，言葉を発しなかった。
・○○選手は会見終了後，笑顔でお辞儀した。
・○○選手は時間を置かず会場を出た。

○A及びBの文章を書いた記者は，それぞれどのような意図をもって情報を伝えているか，根拠となる表現に沿って分析し，記入する。
〈生徒の考えの例〉
・Aは「平然と」，「無視」，「終わるやいなや」，「笑いながら頭を下げ」，「逃げるように」といった表現から，○○選手を否定的に捉えているように感じる。非難しているように感じる。
・Bは「固く沈黙を守った」，「トレードマークの笑顔」，「一礼」，「さっそうと」，「後にした」といった表現から，○○選手に肯定的である印象を受ける。

5　「○年○組情報収集の手引き」を作成する

○総合的な学習の時間の情報収集の際に活用できる「○年○組情報収集の手引き」に掲載する項目を，タブレット等の情報共有ソフト（付箋アプリや掲示板アプリ，チャット機能等）を活用して考えを表現させる。

○①書籍やウェブページを参照する際に確認すること（いつ，誰が，何のために），②発信者の立場，目的，意図を考えること，の2点について学んだことを書くよう指示をする。

○共有画面に一覧表示された意見を全員で確認し，「○年○組情報収集の手引き」に掲載する事項を話合いで決定させる。

○決定した「○年○組情報収集の手引き」は，後日掲示物として作成し教室内に掲示及び全員に配布すること，二学期以降の総合的な学習の時間での情報収集の場面では手引きを活用し，信頼性，客観性の確かな情報を収集することに役立てることを確認し，学習のまとめとする。

読書を楽しむ／「私の一冊」を探しにいこう　羊と鋼の森／読書案内　本の世界を広げよう／コラム　ためになるってどんなこと？ （2時間）

1　単元の目標・評価規準

・自分の生き方や社会との関わり方を支える読書の意義と効用について理解することができる。
〔知識及び技能〕(3)オ

・文章を読んで考えを広げたり深めたりして，人間，社会，自然などについて，自分の意見をもつことができる。 〔思考力，判断力，表現力等〕C(1)エ

・言葉がもつ価値を認識するとともに，読書を通して自己を向上させ，我が国の言語文化に関わり，思いや考えを伝え合おうとする。 「学びに向かう力，人間性等」

知識・技能	自分の生き方や社会との関わり方を支える読書の意義と効用について理解している。((3)オ)
思考・判断・表現	「読むこと」において，文章を読んで考えを広げたり深めたりして，人間，社会，自然などについて，自分の意見をもっている。 (C(1)エ)
主体的に学習に取り組む態度	学習課題に沿って進んで本を読み，本の紹介活動を通して自分が読みたい本を積極的に探そうとしている。

2　単元の特色

教材の特徴

　教科書には本の紹介やブックレビュー，読書記録の振り返り活動など読書を楽しむための様々な手立てが掲載されている。さらにポップや書評の例が続き，著者のコラムや小説の冒頭部も載っており，興味関心を引いて本を手に取りやすくする工夫がなされている。これらをもとに多様な授業展開が考えられ，本好きの生徒はもちろん，普段はあまり本に馴染みのない生徒にも読書の機会を作ることができる絶好の単元である。ここでは教科書の順序と前後するが，はじめに選書の方法を理解してから本を紹介する流れを選択する。

身に付けさせたい資質・能力

　本単元では生徒が読書を楽しみ，次に読みたくなる一冊と出会えるような学習活動を提案する。読書の意義と効用は多岐にわたるが，今回は読書活動そのものを楽しむことと本や読書に対して積極的に向き合う態度を育てることがねらいである。いわば前述した単元の目標にある

「読書を通して自己を向上させるため」に必要とされる基盤を強固にすることを目的としている。

　読書活動を中心とする本単元は生徒の主体性を活かしやすいものであるが、一方で中学生が知り得る本の情報は所属しているコミュニティで人気があるシリーズ作品だったり、個人の嗜好に合わせた SNS 発信のものであったりと限定的なものであることが少なくない。本を探すための方法を授業の中で改めて提示しながら、生徒の視野に広がりをもたせ新たな価値観を知る契機にさせる。本の探し方を理解し、膨大な情報を取捨選択して自分が求めている本を見つけることは今後の読書生活をより充実したものにする一助となるため、この機会に身に付けさせたい力である。

　また、「各自で具体的な場面を設定する」という条件を加えたことで、その本を紹介する意図がより明確になり本の内容に対する解像度をあげることができると考えた。その後にクラスメイト同士で紹介し合う活動はお互いの読書意欲の向上にもつながるといえる。

　さらに学校図書館を活用することで日常的な貸し出しをはじめとした今後の利用を促し、読書活動を奨励するとともに生徒が本を今まで以上に身近なものとして感じられるようにする。

3　学習指導計画（全2時間）

次	時	○主な学習活動	☆指導上の留意点　◆評価規準
一	1	○単元の目標を確認する。 ○本の探し方を知り、実際に本を選んで読む。 ○これまでに読んだ本の中からクラスメイトに紹介する本を決定し、どのような場面（とき）に読んでほしい本なのかを考える。 ○構成メモを作り、自分の考えが聞き手に伝わる紹介になるよう準備する。	☆事前に学校図書館司書や司書教諭と連携して蔵書の確認をしておく。 ◆読書の目的を理解し、学習課題に沿って紹介する本を選んでいる。【知・技】 ☆場面をある程度具体的に設定させ、伝える内容や自分の考えが明確になっているか確認させる。 ◆意欲的に本を探し、読書を楽しもうとしている。【主】 ☆時間が足りない場合は家庭学習時に補う。
二	2	○本時の目標と活動を確認する。 ○発表者側と聞き手側のグループにわかれ、本の紹介を行う。 ○（聞き手側は）ワークシートに本の情報やコメントを記入し評価する。 ○グループを入れ替えて活動を行う。 ○学習を振り返り、今後の読書について考える。	☆本時の学習活動で重視する観点を示し、相互評価のときの参考にするよう伝える。 ◆適切な場面設定をし、伝えたい内容を明確にして本を紹介している。【思・判・表】 ◆学習課題に沿って進んで本を読み、本の紹介活動を通して自分が読みたい本を積極的に探そうとしている。【主】

読書を楽しむ／「私の一冊」を探しにいこう

1/2時間

羊と鋼の森／読書案内　本の世界を広げよう／
コラム　ためになるってどんなこと？

指導の重点

・本を探す多様な方法を知り，読書の目的を理解して紹介する本を選ばせる。

本時の展開に即した主な評価規準例（Bと認められる生徒の姿の例）

・読書の目的を理解し，学習課題に沿って紹介する本を選んでいる。【知・技】
・意欲的に本を探し，読書を楽しもうとしている。【主】

生徒に示す本時の目標

　本を探す多様な方法を知り，読書の目的を理解して紹介する本を選ぼう

1　目標を確認し学習の見通しを立てる

○単元と本時の学習目標を確認し，学習の見通しをもつ。

2　本を探す方法を知る

○これまで自分がどのように本を選んできたのか振り返る。

　【予想される生徒の回答例：読んだことのある本のシリーズ，好きな作者の本，家族や友人から薦められた本，課題図書，映画やアニメの原作本など】

Ｔ：それでは本の探し方を考えましょう。特に読みたい本が具体的に決まっていないとき（調べたいことがあるときや「おもしろい本が読みたい」など，必要性はあるのに何を読んだらよいか分からないとき）にはどのような方法が有効でしょうか。

○本を探すときの方法をクラス全体で共有し，必要に応じた選択ができるようにする。

　【例：学校図書館や公共図書館のレファレンスサービスや蔵書検索を活用する，書店に行き表紙やあらすじと帯を読んで決める，インターネットで検索しブックレビューやランキングを見る，パンフレットやブックガイドの本を読む，ポップや書評を参考にするなど】

発展　映像資料の活用

　本を紹介しているテレビ番組やブックレビューの映像などを見せ，選書に迷ったときの選択肢の一つになり得ることを提示する。
参考：NHK　「理想的本箱　君だけのブックガイド」

3　実際に本を選んで読む

○学校図書館で本を選び，実際に読む。

ポイント　展示や資料の工夫

　テーマ展示や新刊案内など，事前に図書館司書や司書教諭と相談して生徒の興味関心が高まるような配置にしておく。またブックガイド本や出版社作成のパンフレットを用意したり，ポップや書評を掲示したりする。知識がすぐ活用できるよう学習環境を整えておく。

準備物：ワークシート，ブックガイドの書籍，書評，パンフレット，ポップなどの資料（貸し出し用意などを含めて学校図書館が利用できる環境にしておく）

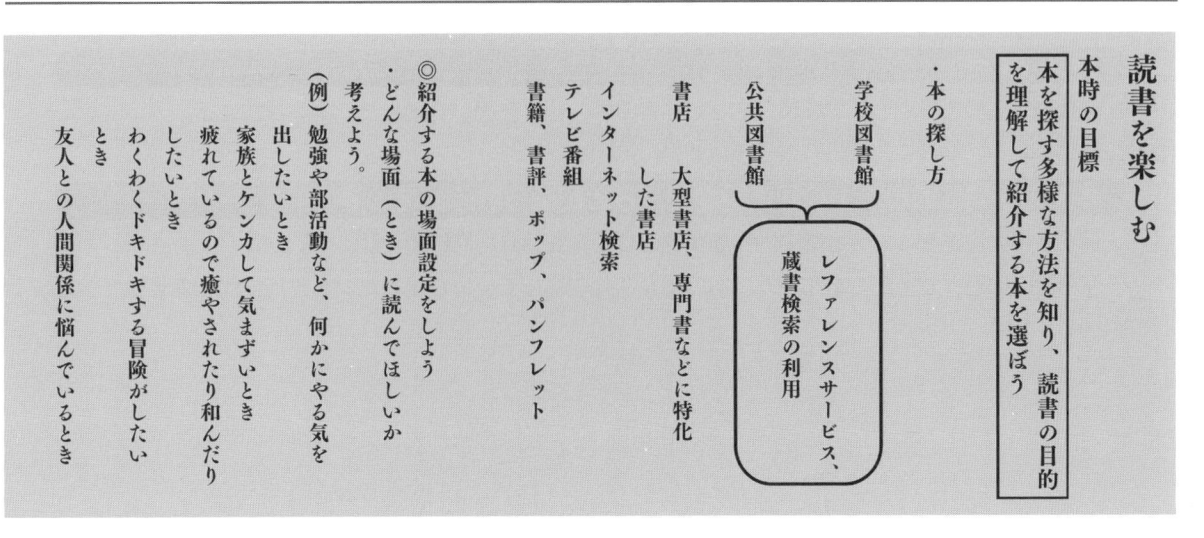

読書を楽しむ

本時の目標
本を探す多様な方法を知り、読書の目的を理解して紹介する本を選ぼう

・本の探し方

学校図書館

公共図書館 ─┐
書店　大型書店、専門書などに特化した書店　├─ レファレンスサービス、蔵書検索の利用
　　　　　　　┘

インターネット検索
テレビ番組
書籍、書評、ポップ、パンフレット

◎紹介する本の場面設定をしよう
・どんな場面（とき）に読んでほしいか考えよう。

（例）勉強や部活動など、何かにやる気を出したいとき
家族とケンカして気まずいとき
疲れているので癒やされたり和んだりしたいとき
わくわくドキドキする冒険がしたいとき
友人との人間関係に悩んでいるとき

4　紹介する本を決め，場面を設定する

○読んでいる本はもとより，これまで読んだ本の中から今回の学習課題に見合った本を選ぶ。

WS1

T：これまでに読んだ本の中から，今回の「推し本」としてクラスメイトに紹介する一冊を選びましょう。

○選んだ本をどのような場面（とき）に読んでほしいか具体的に設定する。

T：本が決まったらどのような場面で読んでほしいかを考えましょう。

> **ポイント　相手・目的・場面を意識させる**
> 　「クラスメイト」に「本を紹介する」という学習活動を行うが，加えて「どのような場面に，もしくはどのような気持ちのときに」読んでほしいかを考えて設定させる。その際，適度な具体性をもたせる。（例：悩んでいるとき→友人との人間関係に悩んでいるとき）自分の考えをもちやすくするとともに，聞き手が本を選ぶときにどのような気持ちのときが多いか想像して紹介の活動に生かす。

5　紹介の実演を聞き，自分の発表を想定する

○授業者や図書館司書の本の紹介を聞き，構成や内容などを参考に自分の発表に役立てる。いくつかの例を知るためにタブレット等を活用するのもよい。

6　構成メモを作る

○どのような内容や構成で紹介すれば本の魅力が伝わるか考えながらメモを作る。

7　本時の振り返り

○本時の目標が達成できたかどうか自己評価し，学習の記録を書く。

読書を楽しむ／「私の一冊」を探しにいこう
羊と鋼の森／読書案内　本の世界を広げよう／
コラム　ためになるってどんなこと？

2/2時間

指導の重点
・具体的な場面を設定して本を紹介させ，他者の本の紹介を聞いて読みたい本を探させる。

本時の展開に即した主な評価規準例（Bと認められる生徒の姿の例）
・適切な場面設定をし，伝えたい内容を明確にして本を紹介している。【思・判・表】
・学習課題に沿って進んで本を読み，本の紹介活動を通して自分が読みたい本を積極的に探そうとしている。【主】

生徒に示す本時の目標
　具体的な場面を設定して本を紹介し，他者の本の紹介を聞いて読みたい本を探そう

1　目標を確認し学習の見通しを立てる
○本時の学習目標を確認し，学習の見通しをもつ。

2　本を紹介し合うときのポイントを確認する
○「発表者」側と「聞き手」側でそれぞれ今回の授業の目標（評価）につながる項目を確認する。
Ｔ：本を紹介する発表者になるとき，聞き手になるときにそれぞれ気をつける点を確認しましょう。本の魅力を伝えるために，今回は特に「場面の設定が適切であるか，本の内容が伝わる構成になっているか」という点がポイントとなります。

ポイント　相互評価する項目の提示と整理
　本を紹介し合って相互評価する活動のため，発表者側の評価項目はもちろん，聞き手側が評価するときに注意する点を確認する。内容と発表技術は分けて評価すること，重視するのは場面設定などの内容であることをクラス全体で共通理解させる。

3　グループに分かれて本を紹介する
○発表者側と聞き手側のグループに分かれ，本の紹介を行う。　⬇ **WS2**
○一人３分程度の持ち時間とする。その後に質疑応答の時間をとるなど，学習集団に応じて適切な時間配分で行う。
○構成メモはあくまで補助として使用する。
○聞き手側は観点に沿って評価し，簡単にコメントを記入して後半の学習に活用する。
○タブレット等を活用して自分の発表を映像で記録しておき，自己評価に役立てる。
○授業者は計時しながら，紹介活動が円滑に進むよう支援する。

発展　ブックフェア形式の学習形態
　紹介する本のテーマや分野ごとにグループを分け，ブックフェアのようにブースを設ける。聞き手側は興味のあるテーマのブースに行って紹介を聞く形式をとる。個々の興味関心に合わせて選択することができるため，より主体的な学習になると考える。また，プレゼンテーションの単元と組み合わせてスライドを活用した発表にするのも一案である。

読書を楽しむ

本時の目標
具体的な場面を設定して本を紹介し、他者の本の紹介を聞いて読みたい本を探そう

◎私の「推し本」を紹介しよう
〈発表者〉の確認事項
□場面設定、内容、構成
・姿勢、声の大きさ、話す速度、間の取り方などの技術
・「推し本」の魅力を伝える熱意

〈聞き手〉の確認事項
□場面設定、内容、構成の評価

（前述した二項目にもつながる重要なポイント！）

・内容の理解が深まるような質問
・聞き手としての肯定的な態度

◎学習を振り返り、今後の読書について考えよう
・発表の自己評価
・読みたくなった本への投票
・今後の読書について

・楽しみ方など今後の読書生活についての展望

4　グループを入れ替えて活動を行う

○できるだけたくさんの本の紹介が聞けるようにグループのメンバーを入れ替えるなどして学習形態を工夫する。

5　本時の学習を振り返る

○目標が達成できたかどうかを中心に自分の発表について自己評価する。よかった点や改善した方がよい点などを記録する。録画した映像を見て客観的な視点で考えるのもよい。

○紹介を聞いて特に読みたくなった本とその理由をワークシートに簡単にまとめる。（可能であればタブレット等を利用してアンケート形式で投票する。）

Ｔ：紹介された本の中で読みたいと思った本の題名とその理由を簡単に書きましょう。一冊に決められないときは複数書いても構いません。

6　単元の学習全体を振り返り、今後の読書について考え、意見を交流する

○これからの読書生活について考え、自分なりの展望をもつ。

Ｔ：授業を通して新しい本との出会いがありましたね。これからの自分の読書生活について考えてみましょう。

○読書生活という言葉になじみがない生徒に対しては、次の視点を参考に考えさせる。

【考える視点】
・これからどのような本を読みたいか
・読書への向き合い方（楽しみ方）
・自分の理想的な読書（自分の希望を含める）

○授業者は生徒を数名指名し、読書生活についての考えを発表させ、クラス全体で交流する。ペアワークや三～四人の学習班で交流してもよい。

ポイント　学習のフィードバック

次回の学習までに本のアンケート結果や読書生活に対する生徒の考えを整理し、口頭やワークシートで生徒に還元する。読書活動の学習後は本に関する興味関心が高まるので、紹介された本の一覧を掲示したり、本を一時的に学校図書館内に別置したりして意欲が継続するよう後押しする。

季節のしおり　夏

教材の特徴

　俳句二句と百人一首でなじみ深い短歌一首，気象にまつわる言葉三語を並べた教材である。「虹」「夏の夜」「滝」「雲の峰」「驟雨」「星涼し」の言葉は夏を表す言葉でありながら，「涼」を感じさせる言葉でもある。今も昔も，夏に「涼」を求め，それを言葉にしていたことが分かる。時代とともに「涼」の求め方も変わってきた。また，夏休みもあることから，行事や催しも多く生徒たちにとって夏の風物詩として思いつくことは多い。ここでは，今を生きる中学生たちが感じる夏を彼らの言葉で生き生きと表現する学習活動を展開する。

生徒に示す本時の目標
　あなたの夏を言葉にして伝えよう

1　学習課題の提示，本時の目標を確認する

○既習事項を振り返り，学習意欲を高める。

Ｔ：前回の「季節のしおり　春」では皆さんの思いを，春を表す言葉とともに伝えました。今回も同じように皆さんの思いを文学作品にして他の人に伝えます。本時の目標は「あなたの夏を言葉にして伝えよう」です。楽しんで創作してください。

○「季節のしおり　夏」の学習課題を提示する。

Ｔ：今回も自分の思いを作品にします。夏ということで皆さんも「夏と言えば？」で思いつく言葉が数多く思いつくかと思います。

　　今回はその思いついた言葉を使って皆さんが思う夏を俳句や短歌その他の文学作品で表現します。初めに教科書に載っている俳句や短歌を理解し，昔の人のものの見方を感じ，新しい言葉を身に付けてほしいと思います。

2　それぞれの作品の夏を表す言葉を確認し，意味を理解する

Ｔ：教科書の作品を読んで，夏を表す言葉を抜き出してみましょう。（夏の気象にまつわる言葉

も含めて板書する。）

○それぞれの作品の意味を理解し，思いを想像する。（現代語訳などの資料を通して理解する。）

Ｔ：資料を通してそれぞれの作品の意味をつかみ，そこから伝わってくる思いや夏を感じてみましょう。

> **発展**
>
> 　高浜虚子の句は「虹消えて忽ち君の無きが如し」と対になっている。清原深養父の短歌は百人一首の歌である。二つの俳句を比べたり，百人一首にある夏の歌や季節の歌についてタブレット等や書物を活用した探究学習を行い，ものの見方や考え方を広げたり，深めたりしながら作品について鑑賞したり，自分の考えをもつ授業も考えられる。
>
> 　また，p.62「俳句の可能性」p.66「俳句の創作教室」p.68「俳句を味わう」と関連付けて俳句を中心に扱うこともできる。

○授業者の読みを伝え，ものの見方を広げる。

Ｔ：夏を表す言葉を抜き出しましたが，私はこれらの言葉から昔の人も暑い夏に涼しさを求めていたのではないかと思いました。虹は夕立の後の涼しさ，夏の夜はようやく涼しくなった時間

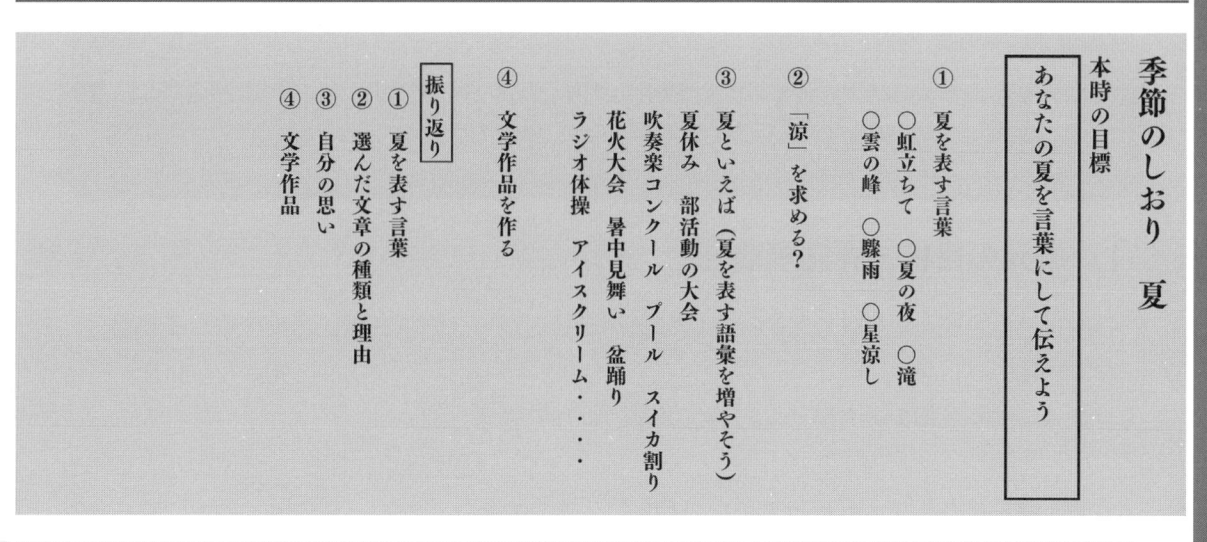

季節のしおり　夏

本時の目標

あなたの夏を言葉にして伝えよう

① 夏を表す言葉
　○虹立ちて　○夏の夜　○滝
　○雲の峰　○驟雨　○星涼し

② 「涼」を求める？

③ 夏といえば（夏を表す語彙を増やそう）
　夏休み　部活動の大会
　吹奏楽コンクール　プール　スイカ割り
　花火大会　暑中見舞い　盆踊り
　ラジオ体操　アイスクリーム・・・・

④ 文学作品を作る

【振り返り】
① 夏を表す言葉
② 選んだ文章の種類と理由
③ 自分の思い
④ 文学作品

〜（それぞれの言葉についてその理由を説明する。）皆さんはいかがですか。

3　夏を表す言葉を使い，文学作品を創作する

○夏と言えば思いつく風物詩や言葉を書き出す。
○歳時記やタブレット等を使って夏に関係する言葉や詩歌を検索し，語彙を増やす。

T：皆さんも作者になって短歌や俳句を作りましょう。夏と言えば思いつく行事や言葉が数多くあると思います。夏休みの思い出なども思い浮かぶでしょう。教科書のように「涼しさ」を届けるような言葉もあります。思いつく言葉を書き出してみましょう。ある程度書き出したら，今度は資料やタブレットを使って新しい言葉や作品に触れてみましょう。その中で，使いたい言葉があればメモしておきましょう。

4　夏を表す言葉とともに伝えたい自分の思いを考え，詩歌や文章を創作する

○2の学習を参考に自分が詩歌に込める思いを考えながら作品を創作する。

T：夏を表す言葉をたくさん調べてもらいました。夏と言えば思い出すことも多くありますね。「暑中見舞い」という夏の風物詩もあります。短歌や俳句でもよいですが，誰かに暑中見舞い

を書いてもよいです。皆さんが楽しく文学作品や文章を作ることが目的です。字数を数えながら短歌や俳句を作ったり，相手を思って暑中見舞いを書いたり，涼しさを届けたりしてみましょう。

5　振り返りをする

○振り返りのポイント
　①印象に残った夏の言葉と理由
　②選んだ文章の種類とその理由
　　（何のために，誰に読ませたいかなども）
　③自分の思いを季節の言葉とともに表現することの達成度。その際，苦労したところや工夫したところ
　④文学作品を作ることの楽しさ，難しさ

ポイント

　夏は行事や催しが多く，子どもの頃から様々な思い出があるはずである。夏を表す言葉を一つ一つ確認することで思い出の引き出しを開け，一枚の写真のような文学作品を期待した。また，暑中見舞い，残暑見舞いという日本の伝統文化がある。日本の文化の継承としても計画，展開できる。

挨拶─原爆の写真によせて　　　　　　　　　　　　　　　（2時間）

1　単元の目標・評価規準

・理解したり表現したりするために必要な語句の量を増し，語感を磨き語彙を豊かにすることができる。　　　　　　　　　　　　　　　　　　　〔知識及び技能〕(1)イ

・文章の構成や表現の仕方について評価することができる。

〔思考力，判断力，表現力等〕C(1)ウ

・文章を読んで考えを広げたり深めたりして，人間，社会，自然などについて自分の意見をもつことができる。　　　　　　　　　　　　〔思考力，判断力，表現力等〕C(1)エ

・言葉がもつ価値を認識するとともに，読書を通して自己を向上させ，我が国の言語文化に関わり，思いや考えを伝え合おうとする。　　　　　　　　「学びに向かう力，人間性等」

知識・技能	理解したり表現したりするために必要な語句の量を増し，語感を磨き語彙を豊かにしている。　　　　　　　　　　　　　　　　　　　　　　　　　((1)イ)
思考・判断・表現	「読むこと」において，文章の構成や表現の仕方について評価している。（C(1)ウ）「読むこと」において，文章を読んで考えを広げたり深めたりして，人間，社会，自然などについて自分の意見をもっている。　　　　　　　（C(1)エ）
主体的に学習に取り組む態度	詩の構成や表現の仕方について自らの学習を調整しながら評価し，詩を読んで考えを広げたり深めたりして，人間，社会，自然などについて自分の意見を伝え合おうとしている。

2　単元の特色

教材の特徴

　本教材は，世界が決して忘れてはならない原爆を題材とした詩である。この詩の特色は，危険が私たちの何気ない日常の中に潜んでいる，と感じさせるところだ。作者が市民の視点から書いた詩ということで，哀悼や鎮魂というテーマからさらに一歩現実味を帯びており，今後の私たちの生活に警鐘を鳴らす詩となっている。当時と現在を照らし合わせて人間と社会の在り方について自分の意見をもてるように指導していく。

身に付けさせたい資質・能力

　本単元では，C読むこと(1)ウ「文章の構成や表現の仕方について評価する」力と(1)エ「文章

を読んで考えを広げたり深めたりして、人間、社会、自然などについて自分の意見をもつ力の育成に重点を置く。この資質・能力を身に付けさせるため、[詩を読んで人間と社会の在り方について考えたことを交流する]活動を設定する。一つ一つの言葉や表現に注目した際、どのような印象を受け、どのような気持ちが胸に残ったのかを交流することで、詩の理解を深める。さらに、これまでの戦争に対する各自の捉え方とこの詩と出会った後の自分のそれとを比べである。そして、人間と社会の在り方について考えをもち、互いに伝え合い、考えを広げられるよう指導する。

この活動を行う際は、[知識及び技能] (1)イ [理解したり表現したりするために必要な語句の量を増し、語感を磨き語彙を豊かにすること]と関連付けて指導する。この詩は、「顔」を「ひとつ」「もの」と表現する効果や、「とどめぬ」「えり分ける」などの豊かな語彙や、[地球が一所懸命に～歩く]という擬人法など、工夫ある表現が多くある。この詩から感じたことを言葉にこだわって適切に表せるよう指導し、語彙を磨き、語感を豊かにする。

3 学習指導計画（全2時間）

次	時	○主な学習活動	☆指導上の留意点 ◆評価規準
一	1	○本単元の学習課題「人間と社会の在り方について考えを広げる」を知り、学習の見通しをもつ。 ○戦争についての基本的知識を確認する。 ○戦争についての思いや考えを書く。 ○本時の目標「詩を音読に着目して読み味わおう」を知り、学習の見通しをもつ。 ○教材を通読する。 ○連を確認する。 ○連と連の内容の確認をする。 ○「顔」が誰の顔か考える。 ○気づいたことや考えたこと、疑問をまとめる。	◆比喩や抽象的な表現に着目し、文脈の中での意味を捉えている。[知・技] ☆分からない語句の意味調べを宿題にする。 ☆第三連の「顔」は、作者と友だけでなく、わたしたち読者の「顔」も含まれていることに「気づか」せる。 ☆「顔」以外にも詩全体の表現の工夫点等から気づいたことをまとめることをまとめさせる。
二	2	○前時の目標を確認しさらに解釈を深めてから、本時の学習課題へ移行するという学習の見通しをもつ。 ○各班で五つのテーマに分けて解釈したり表現の効果や印象について考えたりする。 ①擬人法の ②反語 ③数値 ④題名 ④「友」から「あなた」に変わる表現 ○各班の考えたことを発表する。 ○この詩を読む前後の自分の変容を踏まえて、「人間と社会の在り方」について考えを書く。 ○他の生徒の発表を聞く。	◆詩の構成や表現の仕方について評価している。[思・判・表] ☆前時で提出した「気づいたこと・考えたこと」をもとに班のグループ分けを行う。 ☆解釈の過程や考えの広がり、他の語句と語句のつながりを含めて解釈するよう助言する。 ◆考えを広げたり深めたりして、人間、社会について自分の意見をもっている。[思・判・表] ◆詩の構成や表現の仕方について自らの学習を調整しながら評価し、詩を読んで考えを広げたり深めたりして、人間、社会、自然などについて自分の意見をどについて考えようとしている。[主]

指導の重点

・詩を読んで，語感を磨き語彙を豊かにさせる。

本時の展開に即した主な評価規準例（Bと認められる生徒の姿の例）

・比喩や抽象的な表現に着目し，文脈の中での意味を捉えている。【知・技】

生徒に示す本時の目標

詩を言葉に着目して読み味わおう

1 本単元の学習課題を把握する

○戦争についての知識を確認する。
○戦争についての思いや考えを書かせる。

> **ポイント**
>
> 　他の作品や祖父母の体験，見聞なども踏まえて書くように指導する。何人かの生徒に発表させる。現段階では，「戦争自体が怖い，二度と繰り返してはいけない，私たちは忘れてはいけない」という意見が多く出ることが予想される。単元終了後，詩を学ぶ前の自分は，いかに現実の生活と戦争がリンクしていなかったのか実感としてとらえられるようにし，自分事として人間と社会の在り方を考えるための伏線をここで敷いておく。

○代表を選び，数名が発表する。
○本時の目標「詩を言葉に着目して読み味わおう」を知り学習の見通しをもたせる。

2 連と連の内容を理解する

○連の構成を確認する。

○一連ずつ内容を全体で発言させて確認する。
例）・一，二連…写真に写る原爆被害者
　　　　　　　　死人　焼けただれ
　・三連…友とは？
　　　　　死人のこと？
　　　　　友が原爆で死んだのか？
　　　　　<u>すこやか，すがすがしいという表現が合わないのではないか</u>
　・四連…その顔でりつぜんとするということは，焼けただれているから？
　　　　　亡くなってしまっているため，もう明日は命がないから？
　・五連…あなた？
　　　　　死体として魂が安らかに眠る様子が美しい？
　　　　　戦争の恐ろしさ
　　　　　<u>本来，安らかであったり，美しかったりするのはいけない，という意味では？</u>
　・六連…気づかぬうちに戦争の恐怖は近づいている
　　　　　自分たちで見極めて，えり分けないとまた繰り返す
　・七連…あなただけでなく，作者も含めたみんなが油断していた（警告）

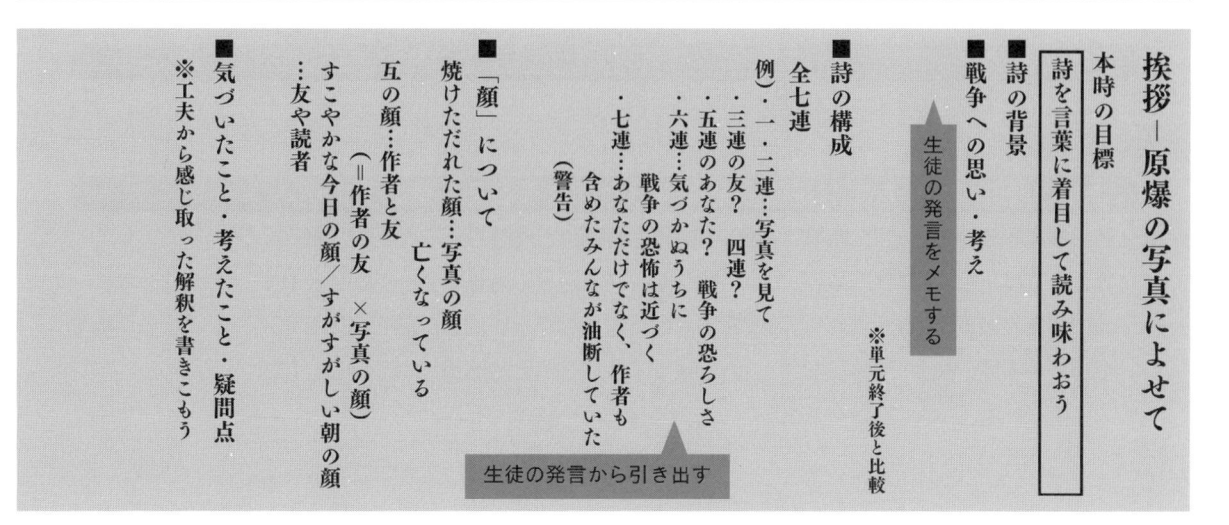

板書例（縦書き）

> 挨拶―原爆の写真によせて
>
> 本時の目標
> 詩を言葉に着目して読み味わおう
>
> ■詩の背景
> ■戦争への思い・考え
>
> 生徒の発言をメモする
>
> ※単元終了後と比較
>
> ■詩の構成
> 全七連
> 例・一・二連…写真を見て
> ・三連の友？　四連？
> ・五連のあなた？
> ・六連…気づかぬうちに　戦争の恐ろしさ
> 戦争の恐怖は近づく
> ・七連…あなただけでなく、作者も　含めたみんなが油断していた
> （警告）
>
> 生徒の発言から引き出す
>
> ■「顔」について
> 焼けただれた顔…写真の顔
> 亡くなっている
> 互の顔…作者と友
> （＝作者の友　×写真の顔）
> すこやかな今日の顔／すがすがしい朝の顔
> …友や読者
>
> ■気づいたこと・考えたこと・疑問点
> ※工夫から感じ取った解釈を書きこもう

3　「顔」が誰の顔か考える

Ｔ：一連から五連までに出てくる，「顔」「友」「あなた」が誰を指すのでしょう。これが理解できれば，詩の内容が整理されて，解釈を深められそうですね。三連や五連での違和感をヒントにして，三連の「友」「すこやかな今日の顔」／すがすがしい朝の顔」や四連の「その顔」，五連の「あなた」が誰か考えましょう。

ポイント

第三連の「顔」は，作者と友だけでなく，私たち読者の「顔」も含まれていることに気づかせる。気づかない生徒には，「あなた」という二人称の表現に着目させたり，そのあなたへ「なぜ～か」という語りかけをしていたり，第七連の「いま在る」に着目させたりする。

○第三連からは，作者の友や，私たち読者を指し示していることを全体で確認する。

4　詩の中の言葉に着目して気づいたこと・考えたこと，疑問点を考える

Ｔ：次回，みなさんがこれから書く気づいたこと・考えたこと，疑問点をもとに，詩について考えをまとめます。詩の構成や使われている言葉から感じたこと，気づいたこと，考えたこと，疑問点等をたくさん書き込みましょう。

発展

タブレット等に本文を掲載し，自宅でも解釈が書き入れられるようにする。

○意味調べを宿題として出す。

挨拶—原爆の写真によせて

2 / 2時間

指導の重点

・詩を読んで人間と社会について自分の意見をもたせる。

本時の展開に即した主な評価規準例（Bと認められる生徒の姿の例）

・詩の構成や表現の仕方について評価している。【思・判・表】
・考えを広げたり深めたりして，人間，社会について自分の意見をもっている。【思・判・表】
・詩の構成や表現の仕方について自らの学習を調整しながら評価し，詩を読んで考えを広げたり深めたりして，人間，社会，自然などについて自分の意見を伝え合おうとしている。【主】

生徒に示す本時の目標

詩を読んで人間と社会について自分の意見をもとう

1 五つのテーマ別に班ごと解釈を深める

○本時の目標を示し学習の見通しをもたせる。
○前時で提出した「気づいたこと・考えたこと・疑問点」をもとに教師がテーマを決め，班を五〜六つにグループ分けする。※学級の人数や習熟度に応じて ⬇ **WS2**

例）擬人法の効果

反語の効果「なぜ〜か」「何かが〜か」

数値の効果「一九四五年」「二五万」「二五万人」「八時一五分」

題名「挨拶」から感じること

「友」「あなた」と表現した効果

ひらがなが与える印象「すこやか」「すがすがしい」「しずかに」「やすらか」

第六連の対句「見きわめなければならないもの」「えり分けなければならないもの」とは

連と連の関連性　一連と七連の数値
　　　　　　　　一連と三連の顔

五連と七連の「やすらか」と「美し」

句読点の効果　「あ，」「油断していた。」

ポイント

内容や連を超えた語句と語句のつながりを含めて，最初に考えたことが変化してもよいことを助言する。

発展

短時間で意見をまとめるために，ワークシートだけでなく，タブレット等を活用する。それぞれの考えたことや感じたことを同時に入力し，生徒同士の考えがつながりをもって発展していけるようにする。

2 各班の解釈を発表する

○班毎に，誰がどの部分を担当して発表するかを決める。タブレット等に書き込んだ内容を口頭でさらに具体的に発表する。

ワークシートを使用した班は，自分たちの班のワークシートをプロジェクターに映し出して口頭で補助的な内容を加えて発表する。

○聞き手は，タブレット等や自身のワークシートに発表内容を書き込み，メモを取る。

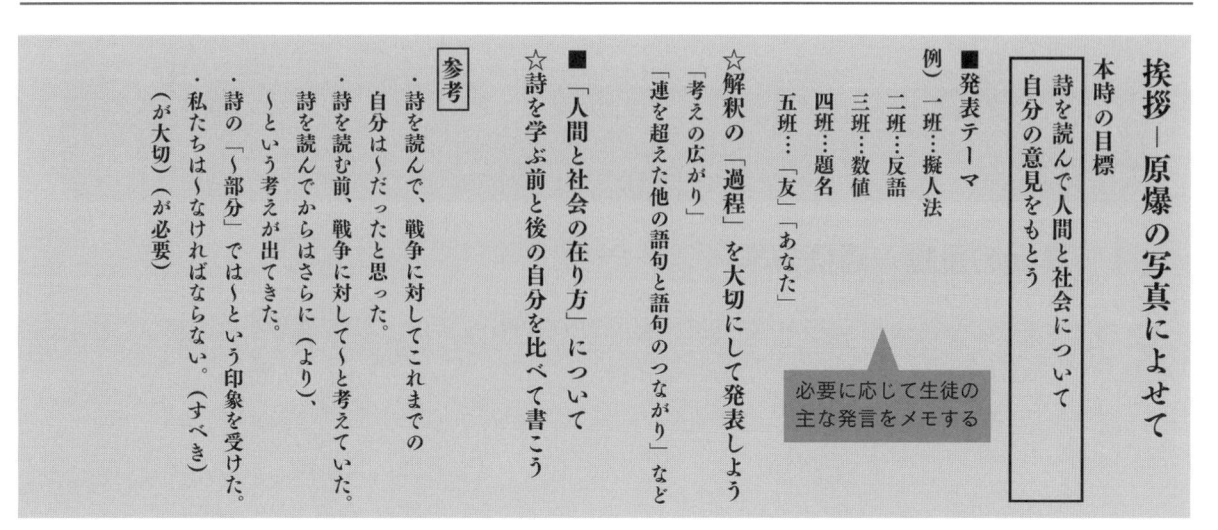

挨拶―原爆の写真によせて

本時の目標
詩を読んで人間と社会について
自分の意見をもとう

必要に応じて生徒の
主な発言をメモする

■発表テーマ
例）一班…擬人法
　　二班…反語
　　三班…数値
　　四班…題名
　　五班…「友」「あなた」

☆解釈の「過程」を大切にして発表しよう
　「考えの広がり」
　「連を超えた他の語句と語句のつながり」など

■「人間と社会の在り方」について
☆詩を学ぶ前と後の自分を比べて書こう

参考
・詩を読んで、戦争に対してこれまでの
　自分は〜だったと思った。
・詩を読む前、戦争に対して〜と考えていた。
　詩を読んでからはさらに（より）、
　〜という考えが出てきた。
・詩の「〜部分」では〜という印象を受けた。
・私たちは〜なければならない。（すべき）
　（が大切）（が必要）

3　詩を読む前と後の自分を比べて変容したことを踏まえた上で，「人間と社会」についての考えを書く

T：前時で書いた「戦争についての考え」では，多くの人が，「戦争自体の恐ろしさ・悲惨さ」「人が亡くなる悲しさ」や，「忘れてはならない」「語り継ぐ」などの未来について書いていました。今回，この詩を解釈した後，「やすらかに美しく油断していたあなた（読者）」は改めて戦争をどう考えますか。自身の変容を踏まえた上で，「人間と社会」について考えを深めていきましょう。

ポイント
　習熟度の低い生徒には，型を示す。
　「詩を読んで，戦争に対してこれまでの自分は〜だったと思った。」「詩を読む前，戦争に対して〜と考えていた。詩を読んでからはさらに（より），〜という考えが出てきた。」
　「詩の「〜部分」では〜という印象を受けた。」
　「私たちは〜なければならない。（すべき）（が大切）（が必要）」

4　他の生徒の発表を聞き，考えを広げる

○代表者を選び，数名発表する。
　生徒の意見の例
　　「海外の文化や歴史を尊重する心をもつ」「若者である自分自身がこれから海外の人と交流することを恐れず，親切にする」「朝8時15分を意識してみる」「戦争について今の政治がどう向き合っているのか調べる」「選挙に行き，憲法や自衛隊について自分の考えに合う人をしっかり探す」「日頃の生活の中で，友人に対しても広い心・尊重する心をもてるように心がける」「戦争や災害に対しての危機感や助け合いの精神をもつ」「大人に，社会に，政治家に，〜をしてほしいではなく，自分に何ができるのか考える」
　　自分事として捉えられている生徒を選出するとよい。

発展
　時間に余裕があれば，班や列で回し読みをして，できるだけ多くの意見を生徒が読めるようにする。

故郷

（5時間）

1　単元の目標・評価規準

・自分の生き方や社会との関わり方を支える読書の意義と効用について理解することができる。

〔知識及び技能〕(3)オ

・文章を批判的に読みながら，文章に表れているものの見方や考え方について考えることができる。
〔思考力，判断力，表現力等〕C(1)イ

・文章を読んで考えを広げたり深めたりして，人間，社会，自然などについて，自分の意見をもつことができる。
〔思考力，判断力，表現力等〕C(1)エ

・言葉がもつ価値を認識するとともに，読書を通して自己を向上させ，我が国の言語文化に関わり，思いや考えを伝え合おうとする。
「学びに向かう力，人間性等」

知識・技能	自分の生き方や社会との関わり方を支える読書の意義と効用について理解している。((3)オ)
思考・判断・表現	「読むこと」において，文章を批判的に読みながら，文章に表れているものの見方や考え方について考えている。（C(1)イ） 「読むこと」において，文章を読んで考えを広げたり深めたりして，人間，社会，自然などについて，自分の意見をもっている。（C(1)エ）
主体的に学習に取り組む態度	今までの学習を生かして，文章の構成や論理の展開の仕方などを捉え，積極的に評価しようとしている。

2　単元の特色

教材の特徴

　本教材は，中学校3年間の文学的な文章の学習の総まとめとして，これまでの学習で身に付けてきた力を総括して読むにふさわしい作品である。20年ぶりに帰郷した「私」が，故郷に暮らし続ける人たちと再会し，過去と現在を対比しながら語る小説であり，語られている人物や情景の描写の変化に着目し，その効果や意味を捉えることで作品への理解を深めることができる。社会と人間との関わりについて読み進めていくことで，国や時代が異なっても共通した人間の生き方について考えていくことのできる，文学の普遍的な価値を生徒に気付かせることができる作品である。

身に付けさせたい資質・能力

　これまでの文学的な文章の学習で学んできた「場面の展開」「登場人物の相互関係」「心情の変化」などについて描写をもとに捉えながら，本教材を批判的に読み，文章に表れているものの見方や考え方について自分の考えをまとめさせる。その際には，具体的な叙述を読み深め，抽象化し，普遍性をもたせて自分の考えを述べることができるように留意させる。

3　学習指導計画（全5時間）

次	時	○主な学習活動	☆指導上の留意点　◆評価規準
一	1	○単元及び本時の目標を確認し，学習の見通しをもつ。 ○作品の時代背景を確認する。 ○文章を通読し，初発の感想を書く。 ○初発の感想を交流する。	☆単元のまとめの課題につながるよう，初発の感想で登場人物について感じたことを書くよう助言する。 ◆作品の読解，鑑賞を通して，社会の中の人間の生き方について考えるという目標を理解し，登場人物の生き方や疑問点について理由を示しながら具体的に記述している。【知・技】
二	2	○「私」が帰郷した理由とその時の心情を確認する。 ○「私」とルントウの関係を捉える。 ○「私」にとっての「故郷」とはどのようなものか考える。	☆「私」の一族が経済的に没落していく様子も暗示している点に気付かせる。 ◆描写や象徴的な表現に注意しながら，叙述をもとに「私」にとっての故郷はどのようなものかを考え，自分の言葉でまとめている。【思・判・表】
三	3	○ヤンおばさんの変化を捉える。 ○ルントウの変化を捉える。 ○何がヤンおばさんとルントウを変えたのかを変わった理由と共に考える。 ○「私」の変化について考える。	☆二人に加え，「私」の変化について考えさせ，単元のまとめの課題につなげていく。 ◆人物を表す言葉や行動描写に着目しながら，登場人物の変化の理由について社会との関わりを捉えながら考え，自分の意見をもっている。【思・判・表】
四	4	○離郷の場面の「私」の心情について考える。 ○「私」が抱く「希望」とは何を示しているのか考える。 ○「希望」は実現し得るものなのか，考えを深める。	☆「私」とルントウ，ホンルとシュイションの関係性に留意させる。 ◆象徴的な語句や表現の意味に着目しながら，「私」の抱く「希望」が何を示すのかについて，自分の考えをもっている。【思・判・表】
五	5	○登場人物の変化について考えを再構築する。 ○時代や社会の中で生きる人間の姿について考えたことを書く。 ○単元全体の振り返りをする。	◆作品の内容を踏まえ，厳しい社会状況の中で人を支えるものについて自分の考えをもち，表現している。【思・判・表】 ◆故郷の人々の変化した部分，変わらずにある部分を進んで叙述から読み取り，人間と社会の関わりについて考えを深めようとしている。【主】

故郷

指導の重点

・作品を読んで自分なりの課題を設定させる。

本時の展開に即した主な評価規準例（Bと認められる生徒の姿の例）

・作品の読解，鑑賞を通して，社会の中の人間の生き方について考えるという目標を理解し，登場人物の生き方や疑問点について理由を示しながら具体的に記述している。【知・技】

生徒に示す本時の目標

作品を読んで疑問なこと，考えてみたいことを設定する

1　単元及び本時の目標を確認し，学習の見通しをもつ

○義務教育最終学年として，これまで学んできた読書に関する知識や身に付けた力を生かして文章を読み深めることを伝える。

2　作品の時代背景を確認する

○社会科の歴史分野で学んだことなどを問いかけながら，作品の時代背景について簡単に確認する。

○作者については他の作品などにも触れながら簡単に紹介する。

○時代背景や作者については，登場人物の名前や用いられる語句について基礎的知識が必要であるため，簡単に取り上げる。

○舞台となる国や時代も現在とは異なる作品を読むことの意義について，本時の目標と関連させて確認する。

3　文章を通読し，初発の感想を書く

○文章中の新出漢字と注意語句の意味の確認につ

いては事前課題とし，作品を読みながら文脈の中で理解させていく。

○作品を通読する。

○登場人物について感じたことや疑問点などをロイロノート（ワークシート）に記入する。

📥 WS1

ポイント

「時代や社会の中で生きる人間の姿について考える」ことを単元のまとめの課題として設定しているため，初発の感想で登場人物について感じたことを記録しておくと，単元の初めと終わりで考えの変容を自覚することができる。教師も「主体的に学習に取り組む態度」の評価に生かすことができる。

○初発の感想を記入させる際は，感じたことと疑問に思ったことなどを分けて記入させたり，人物に関することは分けて記入させたりすると，交流がスムーズにできる。

4　初発の感想を交流する

○登場人物について感じたことを発言させる。

○疑問点として記入したものの中から，クラス全体で考えていくべき課題かどうかを考えさせ，

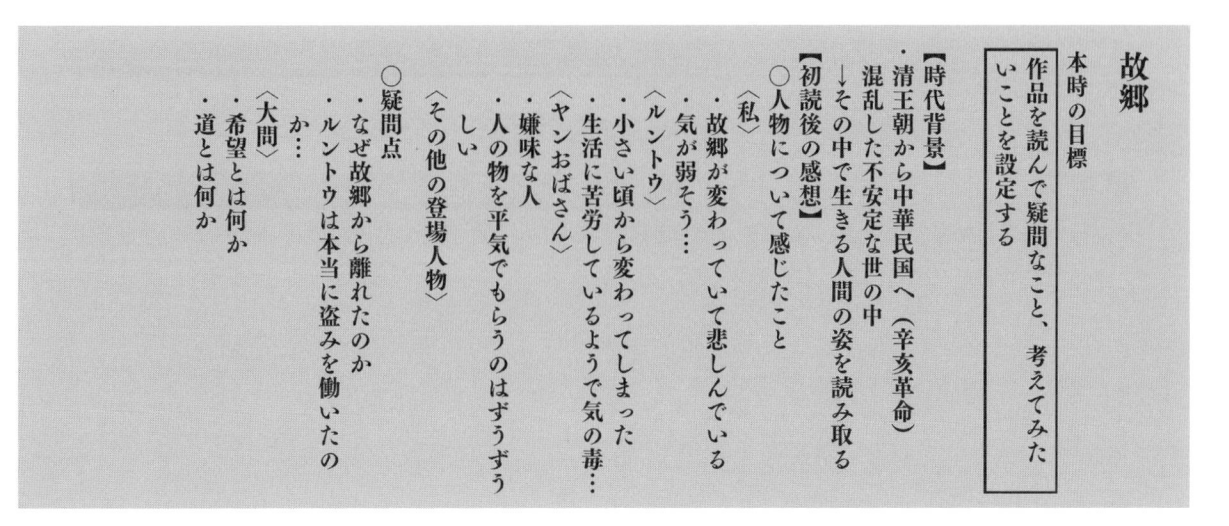

故郷

本時の目標
作品を読んで疑問なこと、考えてみたいことを設定する

【時代背景】
・清王朝から中華民国へ（辛亥革命）
混乱した不安定な世の中
　→その中で生きる人間の姿を読み取る

【初読後の感想】
○人物について感じたこと

〈私〉
・故郷が変わっていて悲しんでいる
・気が弱そう…

〈ルントウ〉
・小さい頃から変わってしまった
・生活に苦労しているようで気の毒…

〈ヤンおばさん〉
・嫌味な人
・人の物を平気でもらうのはずうずうしい

〈その他の登場人物〉

○疑問点
・なぜ故郷から離れたのか
・ルントウは本当に盗みを働いたのか…

〈大問〉
・希望とは何か
・道とは何か

各自で一つから二つを選ばせる。
〈生徒から挙げられることが予想される問い〉
・なぜ，故郷から離れたのか。
・チャーとはどんな生き物か。
・ヤンおばさんはなぜ変わってしまったのか。
・「私」とルントウはなぜ大人になって変わってしまったのか。
・なぜルントウはものをあげると言われたときに持ち帰らず，灰の中に椀や皿を隠したのか。
・ルントウは本当に盗みを働いたのか。
・新しい生活とはどんな生活か。
・偶像崇拝とは何か。
・希望とは何か。
・道とは何か。
○自分で全体の課題にしたいと思った疑問点について発言させ，ロイロノートで提示しながら全体で共有する。
Ｔ：今，発言があったものは，これからの学習内容に大きく関わります。自分の感想の中に入っていないものがあったら，書き留めておきましょう。また，記入した疑問点は毎時間，自分で確認し，疑問を解決するために文章を繰り返し読みましょう。

ポイント
「故郷」は本文が長いため，通読にも時間がかかる。初読後の感想交流を充実させる場合には，もう１時間必要となる可能性がある。初読後の感想を回収し，整理してプリントを配布する手だても考えられる。

5　本時の振り返りを記入させる
○登場人物の生き方や疑問点について理由を示しながら具体的に記述することができたか確認する。

故郷

指導の重点

・「私」にとって故郷がどのようなものか考えさせる。

本時の展開に即した主な評価規準例（Bと認められる生徒の姿の例）

・描写や象徴的な表現に注意しながら，叙述をもとに「私」にとっての故郷はどのようなものかを考え，自分の言葉でまとめている。【思・判・表】

生徒に示す本時の目標

「私」にとっての故郷とはどのようなものか考える

1　本時の目標を確認し，学習の見通しをもつ

Ｔ：今日は，作品前半の帰郷の場面と回想場面について学習します。前回記入した疑問点を確認しておきましょう。

○初発の感想の中で，前半部分に関わるものを選んでおき，ロイロノートで共有する。

2　「私」が帰郷した理由とその時の心情を確認する

○引っ越しの理由とその時の「私」の心情が分かる部分に線を引かせ，確認する。　⬇ WS2

○故郷に別れを告げに来た点，引っ越しのため，家族を迎えにきた点，帰郷が楽しいものではないという心情を押さえる。また，家の描写などから，一族が経済的に没落していく様子も暗示している点に気付かせる。

3　「私」とルントウの関係を捉える

○「ルントウね。あれが，いつも家へ来たびに，おまえのうわさをしては，しきりに会いたがっていましたよ。」という母の言葉から分かること

を考える。

○ルントウが最近よく家に来ていたこと，年月がたっても「私」の話をしていたことを押さえる。また，何のためにルントウは家に来ていたのかを考えさせる。

→手伝いに来ていた？　家財道具などをもらいに来ていた？　餞別に来ていた？　など，後にルントウの生き方について考える際の布石にする。

○回想場面から「私」とルントウの考えが分かる部分に線を引かせ，確認する。

○地主と使用人の子の関係でありながら身分の差を感じさせず，「私」がルントウに憧れていたことを確認する。「おいら」「おまえ」という呼称，「神秘の宝庫」等の表現を押さえる。

○この後の活動につなげるため，回想場面で普段の「私」を表している比喩表現「高い塀～四角な空を眺めているだけ」を押さえる。

4　「私」にとっての「故郷」とはどのようなものなのか考える

○現在と回想場面を比較しながら「故郷」が私にとってどのようなものとして描かれているか考える。

Ｔ：「故郷」は題名にもなっている言葉です。こ

準備物：ワークシート

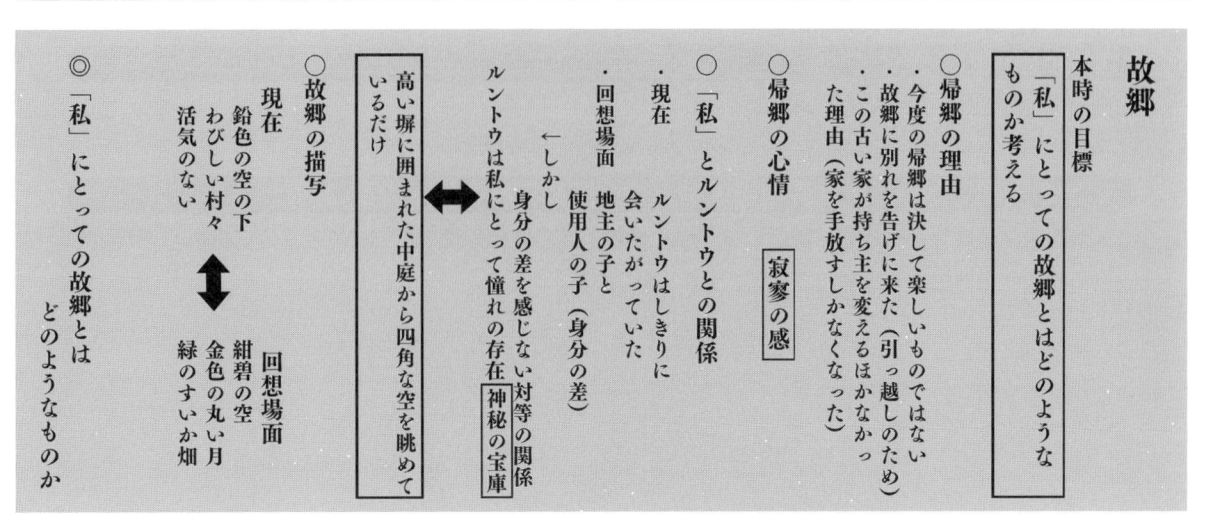

故郷

本時の目標

「私」にとっての故郷とはどのようなものか考える

○「私」にとっての故郷とはどのような　ものか考える

○帰郷の心情　　　寂寥の感

○「私」とルントウとの関係
　・現在
　　　　　ルントウはしきりに
　　　　　会いたがっていた
　・回想場面
　　　地主の子と
　　　使用人の子と（身分の差）
　　　　　←しかし
　　　　身分の差を感じない　対等の関係
　　ルントウは私にとって憧れの存在　神秘の宝庫

　高い塀に囲まれた中庭から四角な空を眺めて　　いるだけ　　←→

○帰郷の理由
　・今度の帰郷は決して楽しいものではない
　・故郷に別れを告げに来た（引っ越しのため）
　・この古い家が持ち主を変えるほかなかった理由（家を手放すしかなくなった）

○故郷の描写
　　現在
　　　鉛色の空の下
　　　わびしい村々
　　　活気のない
　　　　　　↕
　　　　　　　　　回想場面
　　　　　　　紺碧の空
　　　　　　　金色の丸い月
　　　　　　　緑のすいか畑

◎「私」にとっての故郷とは　どのようなものか

れまで文学的な文章を読む際に学んできたことを活用し，各自ワークシートにまとめましょう。

○個人で取り組んだ後，グループで話し合い，グループごとに話し合ったことをロイロノートにまとめる。

○グループで話し合った内容を，理由も含めて発表させる。

Ｔ：今の意見以外に別の視点から考えた班はありますか。

○発表で出てくると予想される，故郷の場面の情景描写と回想場面の「紺碧の空に，金色の丸い月〜銀の首輪をつるし，鉄の刺叉を手にして立っている」の比較については，色彩の対比やその象徴性も含めて全体で共有する。また，「美しい故郷」という語句についても押さえる。

ポイント

「私」にとって「故郷」は，本来，「美しい」ものであり，心の原風景であり，美しい記憶として残っていてほしいという願望があった。しかし，年月や心境の変化により「故郷」は異なる姿として描かれる。語り手による主観的な故郷の描写を，読者である生徒が様々な観点から客観的に捉え直す活動とさせる。

5　本時の振り返りを記入させる

○「私」にとっての故郷がどのようなものか，自分なりの考えがもてたかを確認する。

③/5時間 故郷

指導の重点
・登場人物の変化について考えさせる。

本時の展開に即した主な評価規準例（Bと認められる生徒の姿の例）
・人物を表す言葉や行動描写に着目しながら，登場人物の変化の理由について社会との関わりを捉えながら考え，自分の意見をもっている。【思・判・表】

生徒に示す本時の目標
登場人物の変化と変化した理由について考える

1　本時の目標を確認し，学習の見通しをもつ
○本時の目標は「登場人物の変化と変化した理由について考えよう」である。
Ｔ：今日は，故郷の人々との再会の場面について学習します。初回に記入した疑問点を確認しておきましょう。
○初発の感想の中で，ヤンおばさんかルントウに関わるものを選んで，共有しておく。

2　ヤンおばさんの変化を捉える　⬇ WS3
○ヤンおばさんの変化が分かる描写に線を引かせる。
　（現在）甲高い声，頬骨の出た，唇の薄い，五十がらみの女，両手を腰にあてがい，スカートをはかないズボン姿，製図用の脚の細いコンパスそっくり，蔑むような表情，嘲る，冷笑を浮かべながら
　（昔）豆腐屋小町，おしろいを塗っていた，頬骨も出ていない，唇も薄くはない
○ヤンおばさんの内面は昔と現在でどのように変化したか，叙述をもとにして考える。
　　複数の表現から，昔のプライドが捨てきれな

い，嫌みでひがみっぽい人間像を読み取らせる。また，平気で盗みを働く点についても押さえる。

3　ルントウの変化を捉える
○ルントウの変化が分かる描写に線を引かせ，回想場面のルントウと比較する。
　（現在）黄ばんだ色，深いしわ，目の周りが赤く腫れている，古ぼけた毛織りの帽子，薄手の綿入れ一枚，全身震えている，松の幹のような手，うやうやしい態度，「旦那様！」，「御隠居様」，「めっそうな」，しばらくためらった後，まるで石像のように，しわは動かなかった，苦しみを言い表すすべがなく沈黙，でくのぼうみたいな人間

4　何がヤンおばさんとルントウを変えたのかを考える
○昔と現在を対比させ，二人が変化した理由について自分の考えをワークシートにまとめる。
Ｔ：本文に書かれていることから，二人の境遇や心情などを想像しながら考えましょう。
○ルントウの「とてもとても。今では～」という言葉や，子だくさん，凶作，重い税金，兵隊，匪賊，役人，地主という表現に注目させる。
○グループで話し合い，ロイロノートにまとめさ

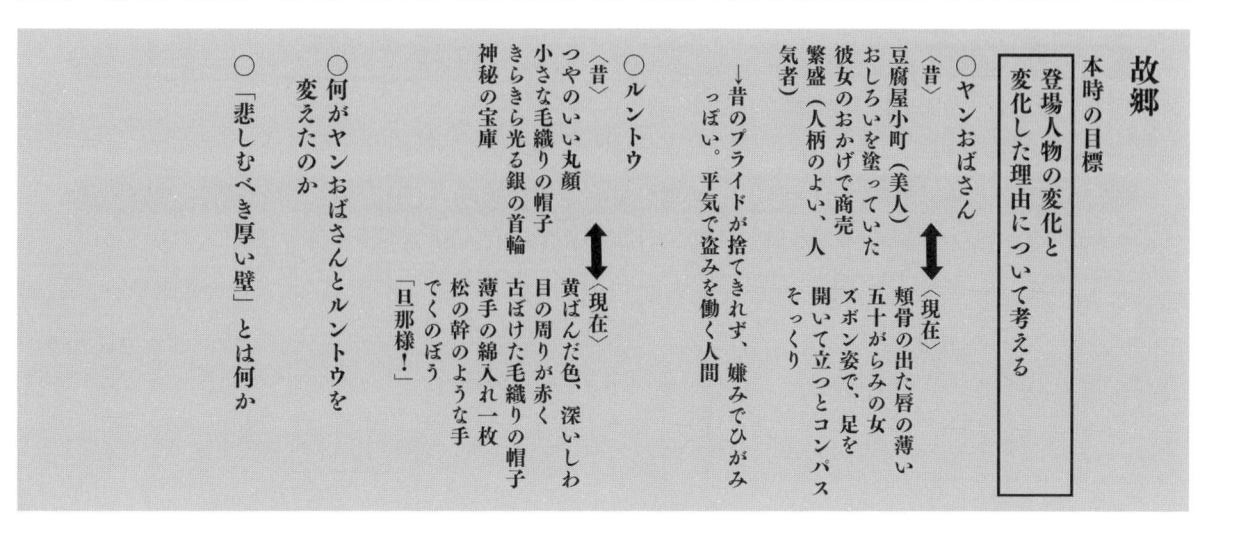

故郷

本時の目標
登場人物の変化と
変化した理由について考える

○ヤンおばさん

〈昔〉
豆腐屋小町（美人）
おしろいを塗っていた
彼女のおかげで商売
繁盛（人柄のよい、人
気者）

↕

〈現在〉
頬骨の出た唇の薄い
五十がらみの女
ズボン姿で、足を
開いて立つとコンパス
そっくり

→昔のプライドが捨てきれず、嫌みでひがみ
っぽい。平気で盗みを働く人間

○ルントウ

〈昔〉
つやのいい丸顔
小さな毛織りの帽子
きらきら光る銀の首輪
神秘の宝庫

↕

〈現在〉
黄ばんだ色、深いしわ
目の周りが赤く
古ぼけた毛織りの帽子
薄手の綿入れ一枚
松の幹のような手
でくのぼう
「旦那様！」

○何がヤンおばさんとルントウを
変えたのか

○「悲しむべき厚い壁」とは何か

た後，話し合った内容を発表させる。

T：最初に○班，考えたことを発表してください。

〈予想される生徒の発表内容〉

　子だくさん，凶作，重税など，みんな寄ってたかってルントウをいじめて，でくのぼうみたいな人間にしてしまったとあるので，厳しい社会状況が彼らを変えてしまったのだと思います。

T：でくのぼうという言葉が出ましたが，ヤンおばさんはでくのぼうですか。ヤンおばさんの変化について発表してくれる班はありますか。

ポイント

　発表内容に対して問いかけを繰り返しながら，考えを深めさせていく。また，二人は本当に変化したのか，「私」の変化についてはどうだろうかという，新たな問いへとつなげ，単元のまとめの課題につなげていく。

5　「私」の変化について考える

○現在の「私」とルントウの関係が，回想場面から大きく変わったことを表現する箇所に線を引かせる。

○「悲しむべき厚い壁」とは何か，考えさせる。

ポイント

　ルントウの「旦那様！」という言葉に身震いをし，「悲しむべき厚い壁」と感じたのは「私」であることに留意させる。

○二人の間に大きな隔絶が生まれてしまったと感じているのは「私」であることを押さえる。

6　本時の振り返りを記入させる

○ルントウとヤンおばさん，「私」の変化について，考えが深まったかを確認させる。

④/5時間 故郷

指導の重点
・「私」の言う「希望」について考えさせる。

本時の展開に即した主な評価規準例（Bと認められる生徒の姿の例）
・象徴的な語句や表現の意味に着目しながら，「私」の抱く「希望」が何を示すのかについて，自分の考えをもっている。【思・判・表】

生徒に示す本時の目標
「私」の言う「希望」が何を示すかを考える

1 本時の目標を確認し，学習の見通しをもつ
Ｔ：今日の授業で考える「希望」は，初読の感想でも多くの人から疑問点として出されていました。「希望」が何を意味しているのか，また，「私」は「希望」についてどのように考えているのかを考えます。そのために，まず，離郷の場面について確認していきます。

2 離郷の場面の「私」の心情について考える
○離郷の場面の情景描写について考える。
Ｔ：本文の前半部分で帰郷の場面と回想場面の故郷の情景描写について比較しました。では，離郷の場面に描かれている情景描写に線を引いてください。 ↓ WS4
○「両岸の緑の山々〜薄墨色に変わり」，「古い家は〜ますます遠くなり」，「すいか畑の銀の首輪」〜急にぼんやり」など，故郷が色彩を失い遠ざかる様子，最後の場面では再び「美しい故郷」の情景が浮かんでくることを押さえる。
Ｔ：なぜ，離郷の場面では故郷が色彩を失い，遠ざかる様子が描かれているのでしょう。
○ルントウの盗みについてもここで触れ，「私」の心が故郷から離れてしまっていくことを確認する。
○ホンルの言葉に「はっと胸をつかれた」時の「私」の心情を考えさせる。
Ｔ：ルントウの盗みを思い出すきっかけとなった「はっと胸をつかれた」時，「私」はどんな思いだったのでしょう。
○私とルントウ，ホンルとシュイションの関係性に留意させる。
○ホンルとシュイションの関係についてルントウがどう思っていたかを，叙述をもとに考えさせる。

ポイント
　二人が仲良くすることについて肯定的か否定的か，それはどの叙述から読み取ることができるかを問いかける。

3 「私」が抱く「希望」とは何を示しているのか考える
○「私」が抱く「故郷」とはどのようなものか，個人で考え，考えたことをワークシートに記入する。
Ｔ：故郷の人々の変わりゆく姿を見て，「私」の

準備物：ワークシート，プロジェクター

故郷

本時の目標

> 「私」の言う「希望」が何を示すかを考える

○ 「私」の言う「希望」が何を示すかを考える

故郷との決別

○ 離郷の場面
・両岸の緑の〜薄墨色〜船尾に消えた
・古い家，故郷の山や水〜遠くなる
・すいか畑の銀の首輪の小英雄〜急にぼんやり
・海辺の広い緑の砂地〜月が懸かっている
（ 自分と故郷の間に距離を感じる
↓
→故郷に別れを告げている ）

○ 「私」の心情
・ホンルの言葉に「はっと胸をつかれた」
・昔の「私」とルントウの関係を思い出し、ホンルとシュイションも自分たちのように隔てられるのではないかと胸を痛める。

○ ルントウの心情
・旅立ちの日にシュイションを連れずに来た
→ホンルとシュイションの関係を「私」よりも前から気にしていた。

◎ 「私」の抱く「希望」とは何か
・「希望」は実現し得るものか

心が故郷から離れていくことを離郷の場面から読み取りました。しかし，そんな中，「私」の中に「希望」という考えが浮かんできます。本文に書かれていることをもとにして「希望」とはどのようなものか，まずは個人で考え，ワークシートにまとめてください。その後，グループで話し合います。

○各自でまとめた内容をもとにグループで話し合い，ロイロノートにまとめる。

Ｔ：ロイロノートには，「希望」が何を示しているのか，また，なぜそう考えたのか，分かるようにまとめてください。書き終わった班は提出してください。

○まとめた内容をプロジェクターに映し出しながら，グループごとに考えたことを発表させる。

ポイント

ロイロノートに「希望」を考える上で着目した表現が記入されていない場合は，教師側で取り上げる。

なお，「手製の偶像」等については，記述がなければ，これらの表現が何を意味しているかを全体で確認する。

4 「希望」は実現し得るものなのか，考えを深める

○「私」が望む社会は実現可能なのか，各自の考えをワークシートにまとめる。

○「平等な社会」が実現可能なのかということを考える生徒が多いと思われるが，作品から離れた主観的な意見を書くのではなく，これまでの学習を踏まえ，作品に寄り添って自分の考えを再構築していくことを指示する。

5 本時の振り返りをする

○グループでの交流後に「希望」についての考えが深められたかを確認する。

5 / 5時間　故郷

指導の重点

・厳しい社会状況の中で人を支えるものについて自分の考えをもたせる。

本時の展開に即した主な評価規準例（Bと認められる生徒の姿の例）

・作品の内容を踏まえ，厳しい社会状況の中で人を支えるものについて自分の考えをもち，表現している。【思・判・表】
・故郷の人々の変化した部分，変わらずにある部分を進んで叙述から読み取り，人間と社会の関わりについて考えを深めようとしている。【主】

生徒に示す本時の目標

　厳しい社会状況の中で人を支えるものについて自分の考えをもつ

1　本時の目標を確認し，学習の見通しをもつ

2　登場人物の変化について考えを再構築する
○「私」「ルントウ」「ヤンおばさん」の変化した部分，変わらずにある部分について個人で考えをまとめた後，グループで交流する。
○生徒に「私」グループ，「ルントウ」グループ，「ヤンおばさん」グループの三つから一つ選ばせて考えさせる。
Ｔ：3時間目にルントウとヤンおばさん，「私」の変化について考えましたが，三人は本当に変わってしまったのでしょうか。本文の内容を参考にしながら，書かれていない20年間についても想像し，考えを深めていきましょう。
○個人でワークシートに考えをまとめさせる。
⤓ WS5
○グループで考えを交流させる。
○自分の分担した人物について考えを発表させる。
Ｔ：これから三人の登場人物について意見を発表してもらいますが，自分の担当ではない人物については，発表内容をワークシートにメモして

おきましょう。また，自分の担当した人物についても，付け加えられる部分があれば，メモしておきましょう。
○生徒の多様な考えを交流する。
〈予想される生徒の考え〉
「私」
・美しい思い出ばかり考えて，現在の社会状況の中で故郷をよくしようという考えがない。相手の外見の変化を内面の変化と思い込み，故郷が変わってしまったと思うようになった。
・ホンルとシュイションのことを思って胸を痛めているので，本当はルントウと昔のような関係でありたかったという思いがあるが，それを実行しようとはしない。
・子供の時も気の弱い坊ちゃんだったが，今もいろいろなことに悩んで気が弱ってしまうところは変わっていない。
「ルントウ」
・シュイションがホンルに会わないようにするなど，現在の状況に絶望しているものの，この状況の中でよりよい方法を考えて選択しようとしていることから，内面は変わっていないと思う。
・青豆の干したのを「私」の家にお土産に持ってくるところは，昔と同じで苦しい生活の中

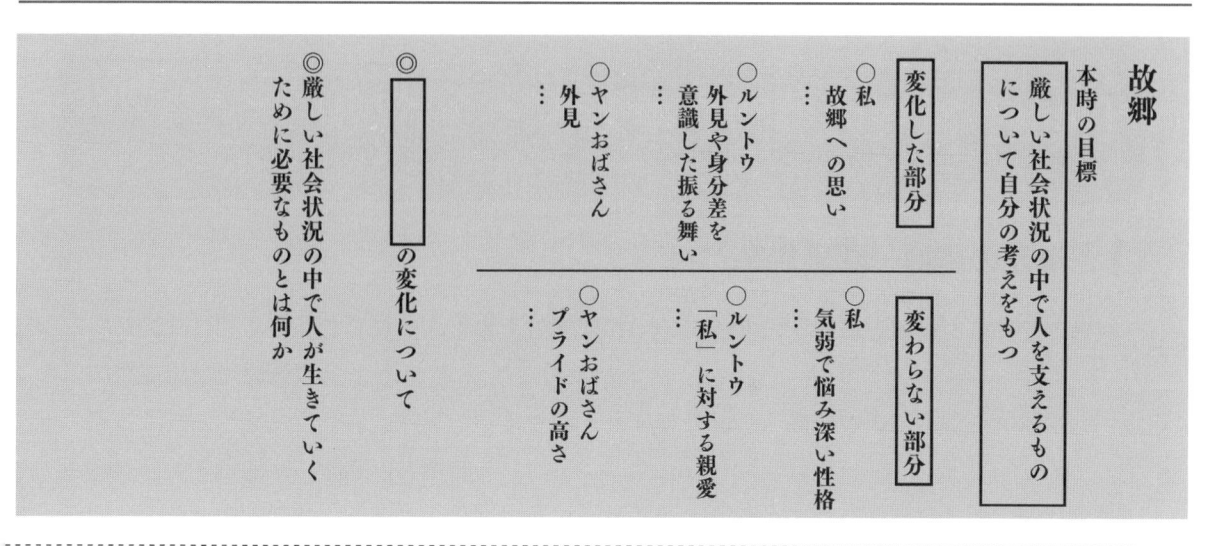

でも人のよさが表れている。
・好きなものをくれると言われたのに，椀や皿を隠しておいて後で持っていこうとしたのは，そんな小さなものまでもらうのを恥ずかしいと思う気持ちがあるからで，そこにプライドがあるように感じる。

「ヤンおばさん」
・豆腐屋小町と呼ばれていた美しい外見だったから，昔はプライドをもっていたのかもしれない。
・「私」のことを「知事様」とか呼びながらも，「蔑む」ような表情をしていたので今もプライドは高いのだと思う。

3 時代や社会の中で生きる人間の姿について考えたことを書く

○厳しい社会状況の中で人間が生きていくために必要なことはどのようなことか，作品から学んだことをもとにして自分の考えを書く。

ポイント

単元のまとめの課題として，厳しい社会状況の中で生きていくために必要なことは何かを考えさせるとき，単純に「希望をもつこと」と書くだけでは内容が浅い。三人の登場人物についての考えの中で人が生きる姿を様々な視点から捉え，深い思考へ結び付けていくことが大切である。

○書いた文章については，後日，国語通信などで共有する。

4 単元全体を振り返る

○文学作品を批評することについて，教科書p.119「学びのカギ　文学作品を批評する」を確認させ，単元の目標である「作品を批判的に読み，時代や社会の中で生きる人間の姿について考える」ことができたかを考えさせる。

WS6

［推敲］論理の展開を整える　　（2時間）

1　単元の目標・評価規準

・具体と抽象など情報と情報との関係について理解を深めることができる。

〔知識及び技能〕(2)ア

・目的や意図に応じた表現になっているかなどを確かめて，文章全体を整えることができる。

〔思考力，判断力，表現力等〕B(1)エ

・言葉がもつ価値を認識するとともに，読書を通して自己を向上させ，我が国の言語文化に関わり，思いや考えを伝え合おうとする。　　　「学びに向かう力，人間性等」

知識・技能	具体と抽象など情報と情報との関係について理解を深めている。　　　((2)ア)
思考・判断・表現	「書くこと」において，目的や意図に応じた表現になっているかなどを確かめて，文章全体を整えている。　　　（B(1)エ）
主体的に学習に取り組む態度	今までの学習を生かして，文章の構成や論理の展開の仕方などを捉え，積極的に評価しようとしている。

2　単元の特色

教材の特徴

　本教材は，「書くこと」（推敲）において，文章全体を整える力をつけるために設定されている。本単元の推敲で用いられた文章の種類は，「方言を守る意義」を主張する意見文である。物語文など様々な文章の種類がある中で，意見文は社会に出た時に目に触れる機会，自身が書いて推敲する機会が多い。主張（意見）と根拠（事実）が明確に書かれているほど，読み手にとって理解しやすく，説得力が増す意見文になる。事実と意見を整理して書く他にも，これまで学習した推敲の観点を生かし，相手の立場に立った客観的な視点で，文章全体を整える力をつける。推敲の観点としては，1学年での「表記や語句の用法，叙述の仕方」や2学年での「表現の効果」に加え，3学年で学習した「集めた材料の客観性や信頼性の明確化」，「文章の構成」「表現の仕方」「資料の引用」のすべてを踏まえる。既習事項の確認から入り，最終的には相手や目的に合った内容になるよう，自身の考えを書き加えることで，意見文の質を高めた推敲を目指す。完成した作品の交流・助言を通して，さらなる推敲が必要な点や，自身の工夫した点を見つめ直す機会とし，推敲のできる力を育むことにつなげる。

身に付けさせたい資質・能力

　本単元では，Ｂ　書くこと(1)エを育成することに重点を置く。この資質・能力を身に付けさせるために実際に「推敲する」活動を設定する。推敲においては，相手や目的を意識した述べ方，簡潔な述べ方と詳細な述べ方，断定的な述べ方と婉曲的な述べ方，中心的な部分と付加的な部分の関係，事実と意見の関係等について考えて推敲する必要がある。なぜこの部分を省略したのか，なぜこの一文を二文に分けたのか，なぜこの意見を書き加えたのか，など理由を含めて説明できるように指導する。

　また，この活動を行う際は，〔知識及び技能〕(2)アと関連付けて指導する。必ずしもすべての意見文で，意見と事実が明確に書かれているわけではない。考えを表す文と事実を表す文が混在していて，文末表現だけでは判断できないこともある。意見と事実を読み分けられるように，具体と抽象の関係を指導する。一文の中で，意見と事実が混在した文章を読み，相手の立場に立って書く際には，意見と事実を明確化したり，具体と抽象の関係を明確化したりする必要があることを学ぶ。

3　学習指導計画（全2時間）

時	○主な学習活動	☆指導上の留意点　◆評価規準
1	○本単元の学習課題「読み手の立場と目的を意識した『推敲の観点』を理解し，文章を書き直そう」を知り，学習の見通しをもつ。 ○教科書の上段を読み，相手意識と目的意識をそれぞれ確認する。 ○タブレット等（ワークシート）で既習事項を確認し，教科書下段 ①③⑥②⑤ に取り組む。 ○全体で解答を共有したのち，②① に取り組む。 ○②④ が必要な理由を全体で共有する。 ○想定される反論と意見をタブレット端末に入力する。（ワークシートに書く） ○数名選ばれた生徒は加筆内容を発表する。 ○②Ａ に取り組み，なぜその一文が不必要なのか，理由を入力する。（ワークシートに書く）	☆相手を説得するためには，文末表現の工夫だけでなく，反論にも対応する強い主張や，根拠の信頼性，相手への理解のしやすさも重要な視点になることを助言しておく。 ☆タブレット等に教科書本文を入力し，推敲の加筆訂正は，文字に色つけさせる。 ◆具体と抽象など情報と情報との関係について理解を深めている。【知・技】 ◆目的や意図に応じた表現になっているかなどを確かめて，文章全体を整えている。【思・判・表】 ◆目的や意図に応じた表現になっているかなどを確かめて，具体と抽象など情報と情報との関係についての知識を生かし，粘り強く文章全体を整えようとしている。【主】 ☆教科書本文にある「物事を生き生きと表現する」「結束力・団結力が生まれる」以外の魅力を考えさせる。今回は反論を踏まえる，という推敲の方法があることを学ぶことが目的なので，習熟度の低い生徒は方言の魅力について調べてもよいこととする。
2	○②⑦ に取り組む。 ○交流を通して，自分の工夫点，友達の推敲の工夫点，改善点を考え，ワークシートに学習の振り返りとしてまとめる。	◆具体と抽象など情報と情報との関係について理解を深めている。【知・技】 ◆目的や意図に応じた表現になっているかなどを確かめて，文章全体を整えている。【思・判・表】 ◆目的や意図に応じた表現になっているかなどを確かめて，具体と抽象など情報と情報との関係についての知識を生かし，粘り強く文章全体を整えようとしている。【主】

① ──── ［推敲］論理の展開を整える
②時間

指導の重点
・読み手の立場と目的を意識した推敲をさせる。

本時の展開に即した主な評価規準例（Bと認められる生徒の姿の例）
・具体と抽象など情報と情報との関係について理解を深めている。【知・技】
・目的や意図に応じた表現になっているかなどを確かめて，文章全体を整えている。【思・判・表】
・目的や意図に応じた表現になっているかなどを確かめて，具体と抽象など情報と情報との関係についての知識を生かし，粘り強く文章全体を整えようとしている。【主】

生徒に示す本時の目標
　読み手の立場と目的を意識した「推敲の観点」を理解しよう

1　本単元の学習内容を把握する ⬇ **WS1**
○本単元の学習内容「相手の立場に立って，目的や意図に応じた表現になっているか確かめる」を知り学習の見通しをもたせる。
○教科書の上段の文章を読み，相手意識と目的意識をそれぞれ確認する。
　・相手：方言の必要性を感じていない人
　・目的：方言を守る意義を説明することで方言が必要であることを理解させる

2　教科書の問いに取り組む
○タブレット等（ワークシート）で既習事項を確認し，教科書下段①（③⑥②⑤）の問いに取り組む。

> **ポイント　①に取り組んだ後，既習事項の確認をする。**
> 例）なるべく一文は短くする。
> 　　主語と述語の関係を一致させる。
> 　　効果的な段落の順序にする。
> 　　一文の中で適切な場所に修飾語・被修飾

語や副詞が置かれている。
意見・根拠（＝事実）・理由の関係に矛盾がない。
意見なのか根拠なのかが分かるよう文末表現を工夫する。
文章の構成（双括型など）を明確にする。

○全体で①の解答を共有したのち，②の一つ目の問い（①）に取り組む。

> **発展**
> 　意見と事実が一文の中で混在した他の文章を例題として示し，読ませる。

3　反論と意見を考える
○②の二つ目の問い（④）が推敲するにあたって必要な理由を全体で共有する。
　例）方言の必要性を感じていない人の意見も踏まえた上で，その反論を述べることで説得力が増すから。
Ｔ：相手を説得するためには，表現の工夫だけでなく，反論に対応する強い主張や，根拠の信頼性，相手への理解のしやすさも重要な推敲の視点になるので，自分の考えをもって内容面でも

［推敲］論理の展開を整える

本時の目標
読み手の立場と目的を意識した「推敲の観点」を理解しよう

■相手・目的意識
相手：方言の必要性を感じていない人
目的：方言を守る意義を説明することで、必要だと説得するため

■既習事項の確認
③・⑥・②・⑤

■①　※考えと事実を明確にしよう。

■説得するために…
反論に対する意見を入れよう。
※反論以外の魅力を考え
反論の考え方　本文以外の魅力を考え
→反論を考える
反論例）他県民と言葉が通じなければ、心を通わせ合うこともできない。民族意識が強すぎると、外部を受け入れがたくなる。

発表者が反論を書くにあたって「工夫した点」「意識した点」も発表させ、板書する

■Aにこの一文が不必要な理由
発表者が「削除した理由」を発表させ、板書する

深めていけるように意識しましょう。
○想定される反論と意見をタブレット等に入力する。（ワークシートに書く）

ポイント　反論や意見が書きづらい生徒はタブレット等で方言の魅力を調べる

教科書本文にある「物事を生き生きと表現する」「人々をつなぐ力がある」以外の方言の魅力（＝意見）を考えさせる。習熟度の低い生徒は方言の魅力について調べてもよい。今回は「反論を踏まえるという推敲の方法があることを学ぶことが目的」なので、意見を書くことよりも、反論を書けるよう指導の重点を置く。

○数名選ばれた生徒は発表する。

4　論理の展開について考える

○②の三つ目の問い（Aから削除する一文）に取り組み、なぜその一文が不必要なのか、理由を入力する。（ワークシートに書く）
　例）①３段落では東北の人の気持ちに着目して具体例を述べているのに、「北海道でも使われている」と具体例にない地域まで広げると、その地域ならではの結束感が薄れるから。
　　　②「方言を使ったスローガンがいっぱい（多く）」というのは、東北地域の多くの人の心がつながったという意味であって、東北や北海道などの多くの地域で使われているという意味ではないから。

5　本時のまとめと次回の予告を知る

○語句の表現や叙述の仕方、さらには、目的や相手に応じて文章の加筆・削除が必要なことを再度確認する。
○次回は、相手に伝えるだけでなく、説得力をもって伝わるようにするための結論の示し方を考えることを知る。

[推敲] 論理の展開を整える

2/2時間

指導の重点

・相手と目的を意識した推敲をさせる。

本時の展開に即した主な評価規準例（Bと認められる生徒の姿の例）

・具体と抽象など情報と情報との関係について理解を深めている。【知・技】
・目的や意図に応じた表現になっているかなどを確かめて，文章全体を整えている。【思・判・表】
・目的や意図に応じた表現になっているかなどを確かめて，具体と抽象など情報と情報との関係についての知識を生かし，粘り強く文章全体を整えようとしている。【主】

生徒に示す本時の目標

　読み手の立場と目的を意識した「推敲の観点」を生かして文章を書き直そう

1　学習課題を把握する

○相手の立場に立って，目的や意図に応じた表現になっているか確かめる推敲をすることを確認する。

T：前時の予告通り，本時では，相手に「伝える」だけでなく，説得力をもって「伝わる」ように推敲する意識をもちましょう。そのためにも，文章の要となる結論の示し方を考えていきます。

2　相手と目的を意識した文章の構成について考える

○文章の構成は，双括型であることを復習して，全体で確認する。

○②の四つ目の問い（⑦）に取り組む。

⬇ WS2

ポイント

　内容に深まりを出すために，一文ではなく，三文以上で書くよう指示をする。また，習熟度の低い生徒には，第一の理由（第二段落）と第二の理由（第三段階）の内容を，自分の考えや思いを加えてもう一度書くよう助言する。

3　交流をする

○自分の推敲と友達の推敲を比べて，工夫した点や改善した点を具体的にワークシートに記入する。

　例）第一と第二の理由を再確認するだけでなく，「方言を守ることは，自分たちの文化や心を守り，受け継ぐことにつながる」という文から強い決意を感じ，説得力が最終段落で増していた。

ポイント

　習熟度の低い生徒に対しては，記入例を示した上で，「どの記述から分かる」「どのような工夫により，どのような効果が得られていたか」「どの記述を，どのように改善すると，どのような効果が得られるか」を押さえるように助言する。

○交流を通して，自身の工夫した点やさらに推敲

［推敲］論理の展開を整える

■本時の目標
読み手の立場と目的を意識した「推敲の観点」を生かして文章を書き直そう

■説得するために…
双括型の最後のまとめ（考え）が大切。

発表者が「推敲した結論の文章」を発表する他に自分の「工夫した点」「意識した点」も発表させ、板書する

■助言や工夫点　※友達の推敲に対して

■推敲する上で大切なこと
他者と自分や学習前と後の推敲を比較して考えよう。

が必要な点を知る。
○数名指名し生徒に発表させる。

> **発展**
>
> 　教科書で扱われている「方言」の意見文ではなく、過去に学習した単元の中で書いた意見文（例…「作られた『物語』を超えて」について書いた文章）を推敲する。
>
> 　留意点として、教師側が、相手意識と目的意識を示して、全体で共通認識をもたせる。
>
> 　特に、今回学習した「語句・表現・叙述の仕方」や、「事実と意見の整理」、「考えを支える根拠の適正さ」、「結論の示し方」に重点を置いて推敲するように指示を出す。
>
> 　推敲の観点を意識せるために、ワークシート1の表を活用させる。
>
> 　推敲前と後を比較するために、推敲前の文章は残しておく。
>
> 　例に挙げた「作られた『物語』を超えて」の意見文を推敲する場合の相手意識と目的意識は、
> 相手意識…この文章を読んだことのある人
> 目的意識…筆者の「さまざまな文化や社会で暮らす人々が国境を越えて行き交う時代で〜作られた『物語』を超えて、その向こうにあ

る真実を知ろうとすることが、新しい世界と出会うための鍵」という考えに対する理解を深め、広げるため　とするとよい。

> 　推敲する文章が「優先席の必要性」や「スマートフォンとの付き合い方」など、その物事に対する価値の有無となると、教科書に提示されている「方言の必要性」と同等の学習レベルになってしまうため、発展的な内容として上記を挙げる。

4　振り返りを書く

○自身の工夫した点や、推敲がさらに必要と思われる点を知り、推敲する上で大切なことは何かを整理する。そして、ワークシートに学習の振り返りとしてのまとめを書く。

4　状況の中で

言葉3　慣用句・ことわざ・故事成語　（1時間）

1　単元の目標・評価規準

・理解したり表現したりするために必要な語句の量を増し，慣用句などについて理解を深め，話や文章の中で使うとともに，語感を磨き語彙を豊かにすることができる。

〔知識及び技能〕(1)イ

・言葉がもつ価値を認識するとともに，読書を通して自己を向上させ，我が国の言語文化に関わり，思いや考えを伝え合おうとする。　「学びに向かう力，人間性等」

知識・技能	理解したり表現したりするために必要な語句の量を増し，慣用句などについて理解を深め，話や文章の中で使うとともに，語感を磨き語彙を豊かにしている。((1)イ)
主体的に学習に取り組む態度	積極的に慣用句やことわざ，故事成語を理解し，今までの学習を生かして言葉を調べたり，短文を作ったりしようとしている。

2　単元の特色

教材の特徴

　この教材は，古来より言いならわされてきた慣用句やことわざ，故事成語などについて知り，適切に使うことを通して，日本語表現を豊かにすることをねらいとしている。

　慣用句は，二つ以上の言葉が結び付いて，もともとの言葉の意味とは別の意味を表す表現である。「腕を上げる」が「技術が上達する」のように比喩的な意味で使われるが，創作された比喩とは違い，一般に共通認識された意味を表しているものである。

　ことわざは，印象に残るような比喩表現やリズムある表現を用いて，生活の知恵や人生の教訓を言い得た表現として広く人々に知られているものである。

　故事成語は，中国の古典に由来し，歴史的な事実や言い伝えなどを基に作られた言葉である。故事成語は中学1年生で漢文の入り口として「矛盾」や「蛇足」を学習している。他の故事成語についても意味調べなどをしたであろう。

　また，これらは小学校中学年での既習事項である。

　こうした伝統的な表現を使うことで，相手の共感を得たり，説得力を増したりする効果がある。ただし，慣用句やことわざ，故事成語の中には，その言葉が生まれた時代の社会制度などを反映して，現代では不快感を与える表現や差別的な表現を含むものもあることに注意するよ

う指導する。

身に付けさせたい資質・能力

　慣用句・ことわざ・故事成語といった昔から言いならわされた表現についての理解を深め、日本語表現の豊かさに気づくとともに、日常の言語生活に生かして、語感を磨き語彙を豊かにすることを目指している。

　言語活動としては、知っている慣用句を出し合うゲーム、間違えやすい慣用句やことわざを使ってクイズにするなど、生徒の知的好奇心を引き出す活動を考えた。

　また、言葉と意味を暗記するだけの学習ではなく、相手や目的を想定した具体的な場面を設定させ、効果的に使用する短文作りを通して、日常生活に生かそうとする態度を育てる。また、慣用句やことわざを使う際に、時代や世代によって意味が揺れている言葉があることにも留意させる。

3　学習指導計画（全1時間）

時	○主な学習活動	☆指導上の留意点　◆評価規準
1	○慣用句、ことわざ、故事成語など、伝統的な言い回しについて、その語義を理解する。 ○慣用句、ことわざ、故事成語などを使うことによって、どのような表現の効果が得られるか考える。 ○具体的な使用場面を想定して、適切な慣用句やことわざ、故事成語を用いて短文を作る。	☆言葉と意味を暗記するような活動ではなく、具体的な場面での言い回しに触れることを通して、日常生活に生かせる語彙を豊かにさせる。 ◆慣用句を使って短文を作ったり、ことわざや故事成語を用いる効果について考えたりしている。【知・技】 ◆慣用句やことわざ、故事成語の意味や使い方について積極的に調べて理解し、今までの学習を生かして短文を作ろうとしている。【主】

言葉3　慣用句・ことわざ・故事成語

指導の重点

・慣用句，ことわざ，故事成語などについて理解を深め，文章の中で使わせる。
・慣用句やことわざ，故事成語の意味や使い方について調べ，短文を作らせる。

本時の展開に即した主な評価規準例（Bと認められる生徒の姿の例）

・慣用句を使って短文を作ったり，ことわざや故事成語を用いる効果について考えたりしている。【知・技】
・慣用句やことわざ，故事成語の意味や使い方について積極的に調べて理解し，今までの学習を生かして短文を作ろうとしている。【主】

生徒に示す本時の目標

　慣用句・ことわざ・故事成語を効果的に使って表現しよう

1　慣用句いくつ知っているかなゲーム

○四人程度のグループで，知っている慣用句をできるだけ多く出し合う
Ｔ：教科書 p.122にある「腕を上げる」「腕を磨く」「腕が鳴る」のように古くから一まとまりで決まった言い回しがありますね。これらは慣用句といい，本来の言葉の意味から離れて，別の意味を表しています。
Ｔ：こうした表現をたくさん挙げてみましょう。グループごとにお題のカード（「目」「耳」「鼻」「手」「腹」「胸」「心」など）を引いてください。制限時間は1分間です。
Ｔ：いくつ書き出せましたか？　今度は，さらに1分間で教科書 p.247「語彙ブック」や国語便覧，慣用句辞典などを調べてみましょう。

ポイント　ゲームやクイズで興味をもたせる

・ゲーム形式で生徒の興味関心を引き出す。
・ミニホワイトボードやタブレット等のツールなどを活用して短時間で共有できるように工夫する。

2　知らない言葉は調べよう

○辞典やタブレット等で意味や用例を調べる。
Ｔ：みんなが挙げた言葉や教科書にある言葉で，自分が知らなかった言葉，意味が曖昧な言葉を一つ選んで辞書で調べてみましょう。

3　慣用句・ことわざ・故事成語の特徴を理解し，効果・注意点について考える 🔽 WS

○教材文を読んで，慣用句・ことわざ・故事成語の特徴や性質について理解する。（板書，または教科書に線を引いて確認するだけでもよい。）

Ｔ：このような古くから広く使われてきた言い回しを表現に使うと，どのような効果が期待できるでしょうか。考えてみましょう。（個人またはグループで考えさせ，発言させる。）
生徒の発言例
Ｓ：みんなが知っている言葉を使えば，短い言葉で分かりやすく伝えることができる。
Ｓ：ことわざや故事成語を使うとかっこいい。
Ｓ：だらだら説明するよりもインパクトがある。
Ｓ：昔から言っていることだから，説得力がある。
Ｔ：慣用句やことわざ，故事成語は先人の知恵であり，日本語の豊かさといえるでしょう。こうした表現を適切に使うことによって，表現の幅

準備物：ワークシート，慣用句ゲームのためのカード，「意味が揺れる言葉クイズ」，国語便覧，慣用句辞典，国語辞典

慣用句・ことわざ・故事成語

本時の目標
慣用句・ことわざ・故事成語を効果的に使って表現しよう

〈慣用句〉二つ以上の言葉が結びついて、もともとの意味とは別の意味を表す成句
（例）　頭が下がる　心に刻む　すずめの涙

〈ことわざ〉古くから世間で言いならわされてきた、生活上の知恵や教訓がこめられた言葉
（例）　猿も木から落ちる　急がば回れ

〈故事成語〉中国の古典に由来する言葉
（例）　矛盾　背水の陣　温故知新

◎どんな効果があるか？
（例）　・短い言葉で分かりやすい
　　　　・印象に残る　・かっこいい
　　　　・説得力が増す

◎相手・目的を想定して、慣用句・ことわざ・故事成語を使った効果的な表現を考えよう
（例）　学年集会で、修学旅行に行く3年生に宿をきれいに使うことを呼びかける
　　　→「立つ鳥跡を濁さず」

┌─────────┐
│まとめ│　〜言いならわされた表現を使うことについて
└─────────┘
　①慣用句・ことわざ・故事成語のよさ
　②注意したいこと

が広がったり，説得力が増したりします。

Ｔ：しかし，時代とともに，本来の意味とは異なる解釈がされることもあるので注意が必要です。

Ｔ：文化庁が毎年「国語に関する世論調査」を行っていて，本来の意味とは異なる新しい用法が多数派になっている言葉を紹介しています。あなたはどちらの意味だと思いますか。

○「意味が揺れる言葉クイズ」を試す。（スライドやフラッシュカードなどを準備するとよい。）

Ｔ：このように意味が揺れている言葉もあることを知ったうえで，誤解が生じないように注意することが大切です。

┌─────────────────────────┐
│ **発展**
│　文化庁ウェブサイト「言葉のＱ＆Ａ」では「国語に関する世論調査」の結果について解説している。それを参考にして，生徒にクイズを作らせるのもよい。
└─────────────────────────┘

4　具体的な場面での使い方を考える

Ｔ：伝える相手・場面・目的などを具体的に設定して，慣用句・ことわざ・故事成語のどれかを効果的に使った短文を作りましょう。題して「こんな時にこんな言葉（慣用句・ことわざ・

故事成語用例集）」。

Ｔ：例えば，学年集会で修学旅行実行委員が3年生に対して，宿泊所を丁寧に清掃するよう呼びかけるときに使えることわざは……そう，「立つ鳥跡を濁さず」ですね。ちなみに「飛ぶ鳥跡を濁さず」ということもあります。「立つ鳥跡を汚さず」というのは誤りだそうです。慣用句・ことわざ辞典などで調べて，「使用上の注意」も書き添えるといいですね。

┌─────────────────────────┐
│ **ポイント　できるだけ具体的に設定させる**
│　・相手・場面・目的などをできるだけ具体的に設定するよう指導する。
│　・使う表現が妥当かどうか，グループ内でアドバイスし合うようにする。
└─────────────────────────┘

○作った用例はワークシートを掲示したり，タブレット等に提出したりして共有する。

5　学習の振り返り

○本時の学習を振り返って，分かったこと，今後に生かしたいことを自分の言葉で書く。

4　状況の中で

聞き上手になろう　質問で相手の思いに迫る　　（1時間）

1　単元の目標・評価規準

・敬語などの相手や場に応じた言葉遣いを理解し，適切に使うことができる。

〔知識及び技能〕(1)エ

・話の展開を予測しながら聞き，聞き取った内容や表現の仕方を評価して，自分の考えを広げ
たり深めたりすることができる。　　　　　　　〔思考力，判断力，表現力等〕A(1)エ

・言葉がもつ価値を認識するとともに，読書を通して自己を向上させ，我が国の言語文化に関
わり，思いや考えを伝え合おうとする。　　　　　　　　　「学びに向かう力，人間性等」

知識・技能	敬語などの相手や場に応じた言葉遣いを理解し，適切に使っている。　　　((1)エ)
思考・判断・表現	「話すこと・聞くこと」において，話の展開を予測しながら聞き，聞き取った内容や表現の仕方を評価して，自分の考えを広げたり深めたりしている。　　（A(1)エ）
主体的に学習に取り組む態度	自らの学習を調整しながら，話の展開を予測しながら聞き，聞き取った内容や表現の仕方を評価して，自分の考えを広げたり深めたりしようとしている。

2　単元の特色

教材の特徴

　本単元は，「話すこと・聞くこと」の「聞くこと」において，3年間の集大成となる学習である。二人で行う会話形式には，「対談」や「インタビュー」があるが，それぞれで「聞き手」と「話し手」の二人の関係性は異なる。「インタビュー」の場合，主役はあくまでも話し手だが，「対談」は自分の感想や考えを交え，双方が語り合うという活動になる。相手の思いに迫るために，聞き手は話の展開を予測して質問を考えたり，聞き取った内容から自分の体験や思いと比較して語ったりすることが必要とされる。相手の話にいかに自分が入り込めるかによって，相手の思いに迫ることができるかどうかが変わってくるだろう。

　話し手が気持ちよく話せるように，これまで学んできた学習を生かして，聞き手である質問者が，自身の表情や声色，あいづちなどの反応を意識することはもちろん，話し手となる相手を肯定的に受けとめたり，共感したりすることを意識していく。「対談」という形式だからこそ，時には自分と相手を比較して自分の体験と共に考えや思いを話すことで，話し手の話題を引き出すことができる。また，想像したり予測したことを伝えたり，相手の話の長所を交えて

質問したりすることで，話し手が生き生きと話したくなる力を学ぶことができる。

　このように本単元では，話の展開を予測しながら聞き，聞き取った内容や表現の仕方を評価して聞く力，話し手の新たな一面を引き出す力を育てる。

身に付けさせたい資質・能力

　本単元では，Ａ　話すこと・聞くこと(1)エ「話の展開を予測しながら聞き，聞き取った内容や表現の仕方を評価して，自分の考えを広げたり深めたりする」力を育成することに重点を置く。この資質・能力を身に付けさせるため「自分の考えを話したり，それらを聞いて質問したり評価したりする活動」として「対談」を設定する。相手の思いに迫るには，一方的に質問を投げるのではなく，相手と自分の共通点や相違点を探しながら，自分の思いや考えを述べる力を身に付けさせる。また，話の展開を予測しながら聞き，相手が生き生きと自分の考えを話せる質問の仕方を考えさせる。

　この活動を行う際は，〔知識及び技能〕(1)エ「敬語などの相手や場に応じた言葉遣いを理解し，適切に使うこと」と関連付けて指導する。対談の活動では，話し手と聞き手の他に聴衆を置く。聴衆が聞いていて，話し手の新たな一面を知り，対談の内容に引き込まれるようにするためには，場に応じた適切な表現が必要である。仲のよい生徒同士だけが分かる言葉遣いや内容ではなく，万人が理解できる内容や応答，適切な言葉の選択等をするように指導する。

3　学習指導計画（全1時間）

時	○主な学習活動	☆指導上の留意点　◆評価規準
1	○本単元の学習課題「対談を通して質問で相手の思いに迫ろう」を知り，学習の見通しをもつ。 ○対談を行うにあたっての相手意識と目的意識をそれぞれ確認する。 ○対談例の動画を見せる。 ○聴衆役の生徒は，声や表情，あいづちなどの工夫点と質問内容の工夫点について考える。 ○上記と同時進行で，宿題で作成したメモをもとに，話し手と聞き手役は話す対談のテーマを決める。 ○工夫点について全体で共有する。 ○テーマに基づいて3分間対談する。 ○ローテーションする。 ○録画を見返し，聞き手として，自分の体験談を交えたり，自分と比較して評価したり，共感したりする質問の内容の工夫を意識できていたか，振り返る。	☆前時に三〜四人一組を作り，話し手・聞き手・聴衆の役割を決めて，生徒に告知しておく。 　聞き手には相手の話を理解し「尊敬・憧れを抱くこと」を考えメモを作成させておく。（宿題） ☆動画を見る前に，質問内容の工夫について考えるよう指示を出す。 ☆タブレット等にも動画を配信したり，文字起こししたプリントを配布したりする。 ◆敬語などの相手や場に応じた言葉遣いを理解し，適切に使っている。【知・技】 ◆話の展開を予測しながら聞き，聞き取った内容や表現の仕方を評価して，自分の考えを広げたり深めたりしている。【思・判・表】 ◆自らの学習を調整しながら，話の展開を予測しながら聞き，聞き取った内容や表現の仕方を評価して，自分の考えを広げたり深めたりしようとしている。【主】

聞き上手になろう　質問で相手の思いに迫る

指導の重点

・敬語などの相手や場に応じた言葉遣いを理解し，適切に使わせる。
・話の展開を予測しながら聞き，聞き取った内容や表現の仕方を評価して，自分の考えを広げたり深めたりさせる。

本時の展開に即した主な評価規準例（Bと認められる生徒の姿の例）

・敬語などの相手や場に応じた言葉遣いを理解し，適切に使っている。【知・技】
・話の展開を予測しながら聞き，聞き取った内容や表現の仕方を評価して，自分の考えを広げたり深めたりしている。【思・判・表】
・自らの学習を調整しながら，話の展開を予測しながら聞き，聞き取った内容や表現の仕方を評価して，自分の考えを広げたり深めたりしようとしている。【主】

生徒に示す本時の目標

　相手の思いに迫るために必要な質問を考え，実践しよう

1　本単元の学習課題を把握する

○前時に三〜四人一組を作り，話し手・聞き手・聴衆の役割を決めて，生徒に告知しておく。聞き手として，話し手について「出来事や事実」，「話し手がアピールしたい点」等を考え，ワークシートに書き込ませておく。（宿題）

⬇ WS

○本時の目標を伝え学習の見通しをもたせる。
○対談を行うにあたっての相手意識と目的意識をそれぞれ確認する。
　・相手：クラスメイト（聴衆）
　・目的：クラスメイトに話し手の新たなよい一面を知ってもらう

2　質問内容を考える

○対談動画を見るにあたって，質問内容と声・表情・相槌などの表現上の工夫について考えるよう指示を出しておく。
Ｔ：話し手の思いに迫る質問には，どのような工夫が必要でしょうか。質問内容の他に声や表情，相槌などの工夫も考えてみましょう。

○対談例となる動画を見せる。
〈生徒の回答の予想〉
　・相手の名前を入れる
　・相手を褒めるポイントを言ってから質問
　・相手の言ったことを反復して共感する
　・自分との共通点を探して共感する
　・「もしかして〜」「もし〜」など想像したことを交えて質問する
　・「〜しないのは，どうして？」など話し手と反対の言動を取り上げた質問をする
　・きっかけや具体的な体験を掘り下げるような5W1Hを意識した質問をする
　・最初は，可否で答えられる答えやすい質問をする
　・中盤は，答えに幅の生まれる質問をする
　・後半は，体験の思いや考えなど話し手の思いに迫る質問をする
　等，必要に応じて板書する。

3　話し手と聞き手で対談テーマを決める

○宿題で作成したメモをもとに，話し手と聞き手で話す対談のテーマを決める。
　例）話し手：サッカー部
　　　聞き手：帰宅部，趣味は推し活
　　　→対談テーマ「夢中になる」とは？

準備物：ワークシート

聞き上手になろう　質問で相手の思いに迫る

本時の目標

相手の思いに迫るために必要な質問を考え、実践しよう

相手意識…クラスメイト
目的意識…聴衆にクラスメイトの新たな一面を知ってもらう

■テーマを決める
話し手と聞き手が対談したいテーマを考える

■形式（声／表情／相槌など）※動画
・内容

■質問の工夫点を見つける

例）・相手の名前を入れる
・相手の褒めポイントを言ってから質問
・相手の言ったことを反復して共感する
・自分との共通点を探して共感する
・「もしかして〜」「もし〜」など想像したことを交えて質問する
・「〜しないのは、どうして？」など話し手と反対の言動をあえて取り上げて質問
・きっかけや具体的な体験を掘り下げるような5W1Hを意識した質問をする
・最初ははい／いいえで答えられるような答えやすい質問にする
・半ばほどのように、質問にする
・後半で、その体験の思いや考えなど話し手の思いに迫る質問する

■対談3分
聴衆を意識した言葉遣いと声量で

4　聴衆は質問の工夫点について考えを書く

T：聴衆役の生徒は，話し手と聞き手がテーマ決めをしている間に，質問の工夫点を考えましょう。動画を参考にしたり，普段の実生活から考えたりして，どのような質問をして掘り下げていくと，相手の思いに迫れるのか考えてください。

ポイント　動画の内容を見返せるようにする。

個人のタブレット等にも動画を配信して見返せるようにしたり，文字起こししたプリントを配布したりする。

3と4をローテーションで繰り返す。

ポイント　目的意識を再確認する

最終的に，最初に決めた対談テーマから発展していった話題になっても，対談の目的である「話し手の新たなよい一面を知ってもらう」ことからはずれていなければ，構わないことを伝える。

5　質問で工夫する点を全体共有する

○質問で工夫する点を，板書もしくはタブレット等で全体共有する。

6　対談を行う

○再度，生徒から出た意見をもとに，自分の体験談を交えたり，自分と比較したり相手に共感したりする等，工夫したやりとりをするよう指示を出す。

○聴衆の存在があることを意識し，場に応じた適切な言葉遣いをするように指示を出す。

○タブレット等を使って，録画させておく。

○メモは適宜個人の判断で取らせる。

○3分間の対談でローテーションさせる。

7　振り返りを書く

○ワークシートを使い，対談の中で工夫した点を書かせる。また，自己の変容についても書くことで，思いに迫る質問をする上で大切なことを再度理解させる。

○振り返りで記述した部分を数人の生徒に発表させる。

漢字2　漢字の造語力 （1時間）

1　単元の目標・評価規準

・第2学年までに学習した常用漢字に加え，その他の常用漢字の大体を読むことができる。また，学年別配当表に示されている漢字について，文や文章の中で使い慣れることができる。

〔知識及び技能〕(1)ア

・言葉がもつ価値を認識するとともに，読書を通して自己を向上させ，我が国の言語文化に関わり，思いや考えを伝え合おうとする。　　　　　　　　　「学びに向かう力，人間性等」

知識・技能	第2学年までに学習した常用漢字に加え，その他の常用漢字の大体を読んでいる。また，学年別配当表に示されている漢字について，文や文章の中で使い慣れている。　　　　　　　　　　　　　　　　　　　　　　　　　　　　((1)ア)
主体的に学習に取り組む態度	学習課題に沿って，積極的に新しい語を創作しようとしている。

2　単元の特色

教材の特徴

　本教材は年間五回ある漢字に特化した「漢字に親しもう」とは別に設定された単元であり，「翻訳語」や「新しい語」を考え出していく「漢字の造語力」に焦点を当てたものである。

　生徒にとっても「新しい語」は身近に感じやすいものであり，「漢字」に主体的に向き合うきっかけを掴みやすい教材である。

　そこで，更に身近に感じられるように「新語」を自分達で編み出していく活動を通じて，生徒自身に「漢字の造語力」に気付かせる学習活動を展開する。

身に付けさせたい資質・能力

　翻訳語も新しい語も日本人が新しい考えや事柄を「漢字」を活用して創り出してきた言葉である。生徒にとって身近な言葉も，かつては日本には存在しないものや新しい概念を，従来からある言葉や漢字を組み合わせることで表した言葉であることを知り，それにより，自分達が「言葉」を扱う主役であることに気付かせていく。そこで，「新語」を自分達で編み出し，その編み出した言葉をコンクール等に出品する活動を通して，主体的に漢字に向き合う姿勢を養っ

ていく。

3 学習指導計画（全1時間）

時	○主な学習活動	☆指導上の留意点 ◆評価規準
1	○本単元の目標を確認し，学習の見通しをもつ。 ○事前課題として取り組んできた pp.127-128の練習問題に対する答え合わせを行う。 ○教科書 pp.126- p.127に掲載されている，「翻訳語」，「新しい語」について理解する。 ○「新しい語」のその他の例について答える。 　（例）地球沸騰化，蛙化 ○「新しい語」の創作についての条件を提示し，それぞれが「新しい語」を創作する。 【条件】 ・漢字を組み合わせたり，すでにある熟語を組み合わせたりしたものであること。 ・意味が明確であること。 ・存在しないことが確認できていること。 ・ひらがなやカタカナは使わず，あくまで漢字のみで成り立っていること。 ○創作した熟語をグループで共有し，意見を交換した上で，完成品とする。 ○学習を振り返る。	☆事前に教科書の問題に取り組ませる。 ☆正解を配布し採点は自分達で実施させる。 ☆教科書の内容を説明するだけでなく，その他の例を確認する。 ☆条件に基づいて新しい語とその説明を自分のワークシートに記入させる。 ☆机間指導を行い難しく感じている生徒に対しては助言を行う。 ☆ワークシート裏面に「ヒントページ」を用意して難しい生徒はそちらを参照するように指導を行う。 ☆創作したものが，存在するかどうか辞書やインターネット等で確認する。 ☆グループで共有した上で，必ず助言を行うことを指示する。 ◆教材に示された漢字や調べた漢字の大体を読んでいる。【知・技】 ◆学習課題に沿って，積極的に新しい語を創作している。【思・判・表】

漢字2　漢字の造語力

1/1時間

指導の重点
・示された漢字や熟語を読ませる。
・学習課題に沿って，積極的に新しい語を創作させる。

本時の展開に即した主な評価規準例（Bと認められる生徒の姿の例）
・教材に示された漢字や調べた漢字の大体を読んでいる。【知・技】
・学習課題に沿って，積極的に新しい語を創作している。【思・判・表】

生徒に示す本時の目標

　漢字や熟語を活用して「新しい語」を創作する

1　本時の目標を確認し，本時の流れについて説明する
○本時の事前課題として出していた教科書pp.127-128の練習問題の答え合わせを行う。

⬇ WS

T：今日は「翻訳語」「新しい語」について考え，自分で「新しい語」の創作を行います。
○本時は漢字に親しむための手立てとして，「新しい語」を創作することを確認する。

2　教科書 pp.126-127に掲載されている，「翻訳語」，「新しい語」について理解する
T：漢字の「造語力」ということで，造られた語について考えます。
○教科書に掲載されている「翻訳語」について説明し，翻訳語の例を確認する。
○教科書に掲載されている，「新しい語」について説明し，新しい語の例を確認する。
T：「新しい語」について，その他の例を考えてみましょう。
○地球沸騰化，蛙化の例を出し，それ以外の例について生徒に確認する。

ポイント　新しい語のイメージの具現化
　身近にある事例を提示することで「新しい語」を自分達で創れるのだということを実感させる。

3　条件に基づいて「新しい語」を創作する
T：次の条件に基づいて「新しい語」を創作します。何個作ってもいいですが，必ず，「新しい語」とその「意味」も明示してください。
【条件】
・漢字を組み合わせたり，すでにある熟語を組み合わせたりしたものであること。
・意味が明確であること。
・現在は存在しないことが確認できていること。
・ひらがなやカタカナは使わず，あくまで漢字のみで成り立っていること。
○創作が難しい，思いつかないという生徒向けにワークシートの「裏面」のヒントページを参照するように伝える。
①身近な出来事を思い浮かべてみる
②①の事柄や現象を表す漢字や熟語を書き出す
③異なる視点を加えてみる
④①～③を組み合わせたり，順番を変えたりし

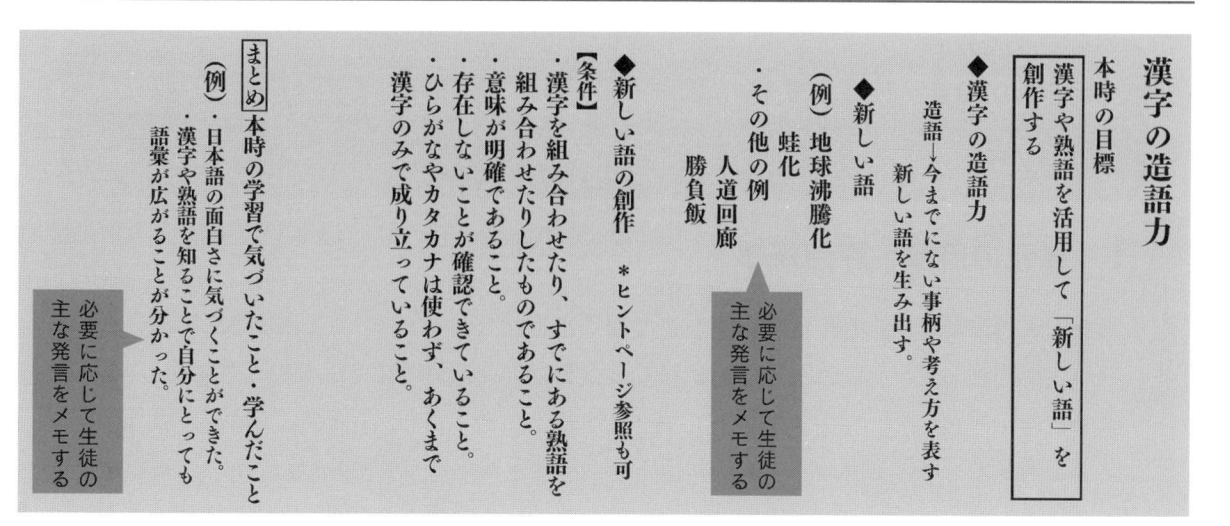

板書：

漢字の造語力

◆本時の目標
漢字や熟語を活用して「新しい語」を創作する

◆漢字の造語力
造語→今までにない事柄や考え方を表す
新しい語を生み出す。

◆新しい語
（例）
・地球沸騰化
・蛙化
・その他の例
　人道回廊
　勝負飯

> 必要に応じて生徒の主な発言をメモする

◆新しい語の創作　＊ヒントページ参照も可
【条件】
・漢字を組み合わせたり、すでにある熟語を組み合わせたりしたものであること。
・意味が明確であること。
・存在しないことが確認できていること。
・ひらがなやカタカナは使わず、あくまで漢字のみで成り立っていること。

まとめ　本時の学習で気づいたこと・学んだこと
（例）・日本語の面白さに気づくことができた。
　　　・漢字や熟語を知ることで自分にとっても語彙が広がることが分かった。

> 必要に応じて生徒の主な発言をメモする

てみる
○生徒が創作したものが，実際にすでに存在するかどうかの確認を辞書，インターネット等を活用して行う。

4　創作した「新しい語」をグループで共有し，意見交換する

Ｔ：創作した「新しい語」をグループで共有し，お互いに意見を伝え合います。

○グループ内でお互いの「新しい語」を披露したあとに，感想や意見を伝え合う。

○意見交換の視点として，「新しいかどうか」「共感できるかどうか」「漢字の読みそのものに誤りがないか」などを提示して，お互いの意見交換が活発になるようにする。

○様々な「新語」に関する情報を提供し，自分達の創作の視点に加えられる視点がないかを確認する。

Ｔ：作った新しい語はあくまで遊びです。多くの人に定着しないと言葉とは認められないので注意してください。

5　学習を振り返る

○学習を振り返り，気づいたこと，感じたことについてまとめさせる。

○単純な感想にならないように，創作することで気づいたこと，という視点で語るように伝える。

> **発展**
> ・タブレット等を活用して，常に他者の創作を見られる状態にすることで，困難さを感じる可能性がある生徒への手立てとして活用もできる。
> ・コンテスト等に応募することを前提とするなどを設定することで，目的意識や達成意欲を高めることもできる。

複数の意見を読んで，考えよう （3時間）
―正解が一つに決まらない課題と向き合う

1 単元の目標・評価規準

・情報の信頼性の確かめ方を理解し使うことができる。 〔知識及び技能〕(2)イ
・文章を批判的に読みながら，文章に表れているものの見方や考え方について考えることができる。 〔思考力，判断力，表現力等〕C(1)イ
・文章の構成や論理の展開，表現の仕方について評価することができる。 〔思考力，判断力，表現力等〕C(1)ウ
・言葉がもつ価値を認識するとともに，読書を通して自己を向上させ，我が国の言語文化に関わり，思いや考えを伝え合おうとする。 「学びに向かう力，人間性等」

知識・技能	情報の信頼性の確かめ方を理解し使っている。 ((2)イ)
思考・判断・表現	「読むこと」において，文章を批判的に読みながら，文章に表れているものの見方や考え方について考えている。 (C(1)イ) 「読むこと」において，文章の構成や論理の展開，表現の仕方について評価している。 (C(1)ウ)
主体的に学習に取り組む態度	これまでの学習を生かして，積極的に文章を批判的に読むとともに，情報の信頼性の確かめ方について理解を深め，自分の考えを文章にまとめようとしている。

2 単元の特色

教材の特徴

　本教材は，観点を決めて三つの文章を読み比べることで，文章を批判的に読む力を身に付けさせることをねらいとしている。文章を「批判的に読む」ということは，必ずしもその文章の内容に反対することではなく，その文章の内容や展開の仕方について，吟味したり検討したりしながら読むことである。今回扱っている三つの文章は，「環境問題を解決するために，今，何が必要か」という同じテーマで立場が異なる三者の文章を取り扱っているため，上記の点において観点を決めて比較しやすい。また，テーマが「環境問題」という現代的な課題の一つであり，且つ生徒にとってもイメージしやすい題材であることから，生徒のもっている知識や経験が吟味の際の一助にもなりうるものである。三つの文章を比較検討する中で，「環境問題を解決するために，今，何が必要か」という課題に対する自分の考えを広げたり深めたりできる

よう，文章を視覚的に捉えさせるような工夫をしながら指導していく。

身に付けさせたい資質・能力

　本単元では，学習指導要領Ｃ⑴イ「文章を批判的に読みながら，文章に表れているものの見方や考え方について考える」とウ「文章の構成や論理の展開，表現の仕方について評価する」力を育成することに重点を置く。この資質・能力を身に付けさせるための言語活動として⑵ア「論説や報道などの文章を比較するなどして読み，理解したことや考えたことについて討論したり文章にまとめたりする」活動を設定する。複数の文章を比較するには，どのような根拠をもとに主張しているのか等を吟味していく必要がある。吟味する際には，主張の内容や論理の展開の仕方を比較して説明できるように指導する。

　また，この活動を行う際は，〔知識及び技能〕⑴イ「情報の信頼性の確かめ方を理解し使うこと」と関連付けて指導する。文章を吟味する時に，そこに示されている情報の信頼性を多角的に確認するよう指導する。そうすることで，取り扱う情報に信頼性があることが理解できた上で，自分の考えに取り入れられるようにする。

3　学習指導計画（全３時間）

次	時	○主な学習活動	☆指導上の留意点　◆評価規準
一	1	○本単元の学習課題「『環境問題を解決するために，今，何が必要か』について書かれた三つの文章を読み比べて，自分の意見をまとめよう」を知り，学習の見通しをもつ。 ○学習課題を解決するために必要なことを捉える。 ○三つの文章の要旨を捉える。	☆三つの文章を比較する際に，「環境問題を解決するために，今，何が必要か」について書かれた三者の提言を捉える必要があることを押さえさせる。 ◆三つの文章を比べて読み，それぞれの筆者の提言とその根拠の関係を捉えている。【知・技】
二	2	○三つの文章を観点ごとに比較検討する。 ○各自が比較検討したものをもとに，三つの提言について評価する。 ○各自が評価したものをもとに，三つの提言についてグループ討論する。	☆表を活用することで，三つの文章を一つのワークシートにまとめ，可視化して理解できるようにする。 ◆三つの文章を，表を活用することで比較し，内容や論の展開の仕方について評価している。【知・技】
	3	○提言に対する評価をもとに，自分の考えをまとめる。 ○単元の学習を振り返る。	◆三つの提言を参考にしながら，「環境問題を解決するために，今，何が必要か」ということについて自分の考えをまとめようとしている。【主】

複数の意見を読んで，考えよう
—正解が一つに決まらない課題と向き合う

1 / 3時間

指導の重点

・三つの文章を読み比べさせ，筆者の提言とその根拠を捉えさせる。

本時の展開に即した主な評価規準例（Bと認められる生徒の姿の例）

・三つの文章を比べて読み，それぞれの筆者の提言とその根拠の関係を捉えている。【知・技】

生徒に示す本時の目標

「環境問題を解決するために，今必要なこと」について，三つの文章を読み比べ，それぞれの提言と根拠について捉えよう

1 本単元の学習課題を把握する

Ｔ：何かの題材について自分の考えをまとめる時に，どのようなことをしますか。

○生徒の発言の中から「その題材について情報を集める」「その題材について他の人の考えを知る」といった意見を取り上げ，学習課題につなげる。

Ｔ：この単元では，「環境問題を解決するために，今，何が必要か」ということについて三人の論説文を読み，皆さんが参考にしたい考えをもとにしながら自分の意見をまとめる活動を行います。

2 テーマとなる題材について考える

○「環境問題」についてイメージを膨らませる。

Ｔ：「環境問題」という言葉から，どのような問題が思い浮かびますか。簡単にメモしましょう。

○2分程度時間をとる。

ポイント 課題に対するイメージを膨らませる

すぐに教材を読むのではなく，まず既習事項としてどの程度「環境問題」に関心や理解があるのかを把握するとともに，全体で情報を共有する。

3 課題を解決するための見通しをもつ

○三つの文章を読み比べ，それぞれの提言と根拠を捉えるために必要なことを確認する。

Ｔ：では，これから「環境問題を解決するために，今，必要なこと」について書かれた三人の論説文を読んでいきます。同じテーマで書かれた複数の文章を比べる作業に取り組む際に，解決するための見通しをもちましょう。この課題を解決するときに，どのようなことを意識しておく必要がありますか。

○2分程度時間をとり，課題解決の見通しをもたせる。

課題を解決するためには，意識しておく必要があることについて考えさせ，課題解決に向けた学習の見通しをもたせるようにする。

○生徒を指名して発言させながら，文章中の提言

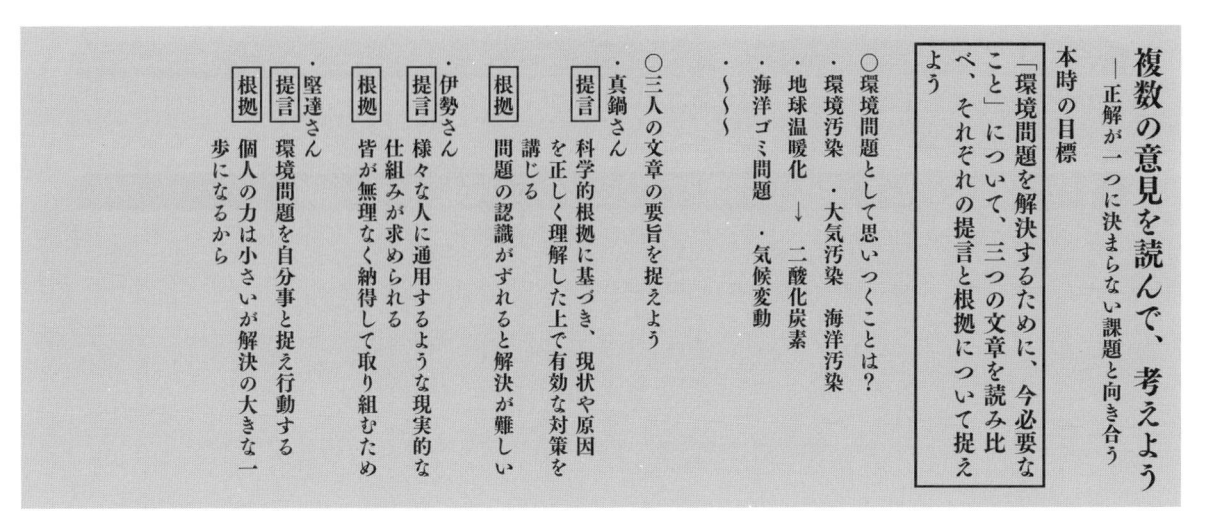

複数の意見を読んで、考えよう
　——正解が一つに決まらない課題と向き合う

本時の目標
「環境問題を解決するために、今必要なこと」について、三つの文章を読み比べ、それぞれの提言と根拠について捉えよう

○環境問題として思いつくことは？
・環境汚染　・大気汚染　海洋汚染
・地球温暖化　→　二酸化炭素
・海洋ゴミ問題　・気候変動
・〜〜〜

○三人の文章の要旨を捉えよう

・真鍋さん
提言：科学的根拠に基づき、現状や原因を正しく理解した上で有効な対策を講じる
根拠：問題の認識がずれると解決が難しい

・伊勢さん
提言：様々な人に通用するような現実的な仕組みが求められる
根拠：皆が無理なく納得して取り組むため

・堅達さん
提言：環境問題を自分事と捉え行動する
根拠：個人の力は小さいが解決の大きな一歩になるから

と根拠にあたる部分に線の種類やマーカーの色分けを使って区別することを確認する。

4　三つの文章の要旨を捉える

○教材を通読する。

Ｔ：それでは，これから三つの文章を読んでいきます。先程言ったように，それぞれの文章を読みながら，提言（意見）と根拠の部分に色や線を工夫して印をつけはっきりと分かるようにしていきましょう。

○10分程度時間をとり，各自で読みながら印をつけさせる。

○個人で印をつけさせた後にグループやペアで協力して取り組ませて，印をつけた部分を互いに確認させる。

5　捉えた要旨を全体で確認する

○全体で，三つの文章の要旨を確認する。

Ｔ：では，三つの文章の要旨を確認していきましょう。それぞれ印をつけたところをもとに，「提言」と「根拠」について発表してください。

　生徒の発言をまとめながら，「科学的根拠に基づいて現状や原因を正しく理解した上で，有効な対策を講じること」「環境保全に熱意をもって活動に取り組む人々だけでなく，それ以外の様々な人にも通用する現実的な仕組みを考える」「一人でも多くの人が，環境問題を自分のこととして捉え，今すぐ行動を起こす」といった意見に整理していく。また，意見を支える根拠についても同様に確認していく。それらを，板書したり，まとめたりしながら，全体で確認していく。

6　次時の見通しをもつ

Ｔ：次回は，観点を決めて文章を分析することで，課題を解決することができるようにしていきましょう。

複数の意見を読んで，考えよう
―正解が一つに決まらない課題と向き合う

2 / 3時間

生徒に示す本時の目標
　三つの文章を表で比較して評価したことをもとに，グループで討論しよう

1　本単元の学習課題を把握する
Ｔ：今回は，三つの文章について前回より細かく分析します。その上で，「環境問題を解決するために，今，必要なこと」として，より評価の高いものを選ぶ活動を行います。さて，文章をより細かく分析するための観点にはどのようなものがありますか。

○生徒の発言を取り上げながら「提言」「根拠の述べ方」「論の展開の仕方」「問題に対する立場」「取り上げている事例」といった観点を整理し学習課題につなげる。

2　観点に沿って三つの文章を分析する
📥 **WS1**

○表を使い，観点に沿って三つの文章を分析する。
Ｔ：先程出てきた観点に沿って，表を使って三つの文章を分析しましょう。
○15分程度時間をとる。
○気づいたことは，ワークシートの表に記入させる。
○時間内に教科書の分析が終わった人は，二次元

コードから読み取れる資料（グラフや動画）についても調べるように助言する。
〈予想される生徒の意見〉
・真鍋さんは「地球温暖化」と水の循環の事例をもとに被害の大きさについてデータを使って論理的に述べている。また，この問題に対しての向き合い方の違いの事例からも，正しい問題把握の必要性を説いている。
・伊勢さんは個人の良心や自己犠牲に依存する社会では地球環境は守れないから，社会全体での解決策が必要だとしている。その中に，「インセンティブ」という考え方を紹介しながら，社会的な仕組み作りの必要性を訴えている。
・堅達さんは番組制作者の立場で経験したことをもとに，マイバッグや店舗電力のエネルギー転換，包装の削減など事例を挙げながら一人一人の行動を起こすことの大切さを説いている。

ポイント　観点別に表にまとめる
　観点別に表にまとめることで，三つの文章が同じワークシートの中で可視化できる。これによって，文章同士の比較検討がしやすくなる。

複数の意見を読んで、考えよう
——正解が一つに決まらない課題と向き合う

本時の目標
三つの文章を表で比較して評価したこと
をもとに、グループで討論しよう

○比較の観点
・提言（主張・意見）
・根拠の述べ方 ・論の展開の仕方
・環境問題の解決に対する立場
・取り上げている事例

	真鍋さん	伊勢さん	堅達さん
提言			
根拠の述べ方			
展開の仕方			
立場			
事例			

3　表を比較しながら，三つの文章を評価する

○表を比較しながら，「環境問題を解決するために，今，何が必要か」を考えるにあたってより評価が高いものを選ぶ。

Ｔ：では，「環境問題を解決するために，今，何が必要か」ということについて書かれた三人の論説文を比較検討して，より評価の高いものを，理由を明らかにして選びましょう。

○5分程度時間をとる。

〈予想される生徒の意見〉

・科学的なデータという根拠をもとに現状を正確に把握することが必要だ。正確なデータ把握ができていないと間違った行動につながる可能性があるからだ。

・社会的な仕組み作りは必要だ。個人の犠牲や良心によるのは変動が大きく確実性に難がある。それよりも，仕組みとして機能するのであれば，周りを巻き込みやすくできるメリットがあるのではないか。

・過剰包装を見直して包装の簡易化に努めることなど社会的に消費の世界で変化していることは，一人一人の力が集まってできたことである。一人だけがやっても微々たるものだが，その声に気づき賛同する人が増えれば社会を動かすことができる。それが，環境問題につ

ながれば一石二鳥だ。

4　各自の評価をもとにグループ討論する

○三つの文章について各自が評価したことをもとに，グループ討議する。

Ｔ：では，それぞれが三つの文章を評価したことをもとに，グループごとに討論しましょう。

○四人班程度の少数のグループにすることで，一人の発言時間を確保する。

○発言をする際には，その提言を一番高く評価した理由を明確に伝えることを意識させる。また，聞き手には自分の考えと比較しながら聞き取らせるために，簡単なメモをさせる。

5　次時の見通しをもつ

Ｔ：次回は，提言に対する評価をもとに自分の考えがまとめられるようにしていきましょう。

複数の意見を読んで，考えよう
③ ／ 3時間 —正解が一つに決まらない課題と向き合う

指導の重点
・提言を参考に，「環境問題を解決するために，今，何が必要か」ということについて自分の考えをまとめさせる。

本時の展開に即した主な評価規準例（Bと認められる生徒の姿の例）
・三つの提言を参考にしながら，「環境問題を解決するために，今，何が必要か」ということについて自分の考えをまとめようとしている。【主】

生徒に示す本時の目標

　三つの提言を参考にしながら，「環境問題を解決するために，今，何が必要か」ということについて，自分の考えをまとめよう

1　本単元の学習課題を把握する

T：前回は，三つの提言に対して様々な角度から分析した上で評価し，それをもとにグループ討議をしてもらいました。討議中も，グループの中で様々な意見が出たのではないでしょうか。

T：さて，今回は，皆さんが評価したり，グループ討論で出し合ったりした意見をもとに，「環境問題を解決するために，今，何が必要か」ということについて，自分の考えをまとめてもらいます。その際，どのようなことが必要になりますか。

○生徒の発言の中から「課題に正対した自分の考えがある」「自分の考えを具体的に述べているか」「考えを支える根拠が述べられているか」「根拠を補強する事例があるか」といった意見を取り上げ，学習課題につなげる。

2　提言を参考にしながら，自分の考えをまとめる　⬇ WS2

○前時の分析・評価やグループ討論で出し合った

意見をもとに，自分の考えをまとめる。

T：では，先程確認した点を意識しながら，「環境問題を解決するために，今，何が必要か」について自分の考えを400字程度でまとめましょう。

○20分程度時間をとる。

○時間内に書き終わった生徒は，自分の文章を読み返して，伝えたい内容が読み手に伝わるように書けているのかを確認する。

3　書いた文章を読み，助言をし合う

○1で確認した視点で，書かれた文章を読み合う。

T：では，今書いた文章を三人組で読んで，よかったところやここをこうすればさらによくなるという助言をメモ欄に書きましょう。

○3分×二回で設定した時間の中で，互いに作品を読み，助言をメモする。

> **ポイント　具体的な感想・助言メモを書く**
> 　書かれた文章のよかったところや改善した方がよい点を具体的に書くことで，最後に自分の文章を読み返す時の視点が明確になるようにする。
> 〈予想される生徒の意見〉
> ・環境問題を解決するために今必要なことが

複数の意見を読んで、考えよう
―正解が一つに決まらない課題と向き合う

本時の目標

三つの提言を参考にしながら、「環境問題を解決するために、今、何が必要か」ということについて、自分の考えをまとめよう

○自分の考えをまとめる観点
・「環境問題を解決するために、今、何が必要か」という課題に正対した自分の考えがあるか
・自分の考えを具体的に述べているか
・考えを支えるための根拠が述べられているか
・根拠を補強する事例があげられているか

必要に応じて生徒の主な発言をメモする

○書いた文章を読み、感想を伝え合う。

書かれていた。その理由が具体的だったので，説得力があった。
・環境問題を解決するために今必要なことが書かれているが，その根拠が分かりにくかった。具体的な事例をあげる等，根拠を支える部分を足した方がより説得力が出てくる。

4　感想メモを読み，自分の書いた文章を推敲する

Ｔ：各グループで交流した時にもらった感想メモをもとに，先程書いた文章を，読み手により伝わりやすくなるよう推敲しましょう。推敲する時には，シャーペン以外を使ってください。
○10分程度時間をとる。

〈生徒の作品例〉
　環境問題を解決するために今必要なことは，一人一人の行動だと考える。これは，堅達さんの考えによるものだが，それは三人の考え方で一番納得ができたからだ。確かに，社会的な仕組み作りの大切さやデータ分析による確かな現状分析から対策を考える重要性にも一理ある。しかし，それ以上に，一人一人がまず行動を起こすことが大切なのではないだろうか。
　例えば，エコバッグだ。1970年代にドイツで始まったとも日本の生協で同時代に始まったとも言われているが，共通するのはポリ袋を削減することによる二酸化炭素の削減という環境問題への取り組みという点だ。これは，後に過剰包装の簡略化にも繋がっていく。エコバッグは主婦達一人一人の取り組みかもしれないが，それが社会的に広まると，百貨店の包装文化を変える程の力をもつことになった。
　一人の力は小さくても，一人の力を合わせることで大きな変化に繋げることが大切なのだ。

5　単元のふり返りをする

Ｔ：今回の単元は，「環境問題を解決するために，今，何ができるか」ということに対する三つの提言を分析・評価する中で，自分の考えをまとめました。どのような点に着目して分析評価したのか，それを自分の考えにどのようにいかしたのかをふり返って，気づいた点をふり返り欄に記入しましょう。

考えを効果的に伝えよう （5時間）
多角的に分析して批評文を書く

1　単元の目標・評価規準

・具体と抽象など情報と情報との関係について理解を深めることができる。

〔知識及び技能〕(2)ア

・表現の仕方を考えたり資料を適切に引用したりするなど，自分の考えが分かりやすく伝わる
　文章になるように工夫することができる。　　　　　〔思考力，判断力，表現力等〕B(1)ウ

・論理の展開などについて，読み手からの助言などを踏まえ，自分の文章のよい点や改善点を
　見いだすことができる。　　　　　　　　　　　　　〔思考力，判断力，表現力等〕B(1)オ

・言葉がもつ価値を認識するとともに，読書を通して自己を向上させ，我が国の言語文化に関
　わり，思いや考えを伝え合おうとする。　　　　　　　　　　　「学びに向かう力，人間性等」

知識・技能	具体と抽象など情報と情報との関係について理解を深めている。　　　　　((2)ア)
思考・判断・表現	「書くこと」において，表現の仕方を考えたり資料を適切に引用したりするなど，自分の考えが分かりやすく伝わる文章になるように工夫している。　　　　（B(1)ウ） 「書くこと」において，論理の展開などについて，読み手からの助言などを踏まえ，自分の文章のよい点や改善点を見いだしている。　　　　　　（B(1)オ）
主体的に学習に取り組む態度	自分の考えが分かりやすく伝わる文章になるように，粘り強く工夫し，学習の見通しをもって批評文を書こうとしている。

2　単元の特色

教材の特徴

　本単元では，対象を多角的に分析し，自分の考えを効果的に伝える批評文を書くことをねら
いとしている。批評文を書くためには，対象を分析する際の観点と，観点ごとに問いを立てて
批評することが重要となってくる。今回は，観点ごとに問いを立て，それに対する自分の意見
とその根拠，意見と根拠をつなぐ理由付けを明確にすることで，論理の展開を工夫できるよう
な学習活動とする。今回の批評の題材としては，「読書週間の標語」をテーマにし，自らの読
書生活を振り返りながら，批評文を書く活動を設定した。

　本単元では，自分の考えを効果的に伝えるために，論理の展開や表現のしかたを工夫することができる力を身に付けさせる。そのために，批評の観点，観点ごとの問いとそれに対する自分の意見，構成をもとに書いた批評文を，ポイントをおさえて互いに評価したり助言したりする活動を設けた。そして，活動を通してどのように工夫すればよいか自分の考えを深めたり，新たな気付きが生まれるようにする。

3　学習指導計画（全5時間）

次	時	○主な学習活動	☆指導上の留意点　◆評価規準
一	1	○〔集める・整理する〕題材を選ぶ。 ・批評とは何かを知り，観点を立てて広告を分析する。 ・批評文の例を読み，批評文の型を確認する。 ・「中学生の読書」というテーマで，情報を集める。	☆どのような根拠をあげているか，教科書にある批評文の例を活用する。 ◆具体と抽象など情報と情報との関係について理解を深め，多角的に対象を分析している。【知・技】
二	2	○〔組み立てる〕観点を決めて分析する。 ・読書週間の標語を比較しながら分析する。 ・観点ごとに問いを立てて考えを深めていく。	☆観点を立てて評価するために，比較対象を用いて批評を行わせる。 ◆具体と抽象など情報と情報との関係について理解を深め，多角的に対象を分析している。【知・技】
	3	○〔組み立てる〕構成を考える。 ・論理の展開や表現を工夫するためにはどうすればよいかを教科書 p.137で確認する。 ・分析した結果をもとに，必要な項目や必要な情報を調べる。 ・論理の展開を工夫して構成を練る。	☆論理の展開や表現をどう工夫すればよいか，構成を互いに助言し合い，推敲させる。 ◆具体と抽象など情報と情報との関係について理解を深め，構成を考えている。【知・技】 ◆表現の仕方を考えたり資料を適切に引用したりするなど，自分の考えが分かりやすく伝わる文章になるように工夫している。【思・判・表】
	4	○〔表現する〕批評文を書く。 ・批評するときに使う言葉や表現を確認する。 ・批評文を600字から800字以内で書く。 ・完成した作品をクラウド上にアップロードする。	☆批評するときに使う表現や言葉を提示し，生徒が使えるようにする。 ◆論理の展開や表現を工夫して，批評文を書こうとしている。【主】
	5	○〔共有する〕友達と文章を読み合う。 ○自分の考えを効果的に工夫するためにはどうしたらよいかを振り返る。	☆クラウド上で互いの批評文を読み合い，コメントし合えるようにする。 ◆論理の展開などについて，読み手からの助言などを踏まえ，自分の批評文のよい点や改善点を見いだしている。【思・判・表】

考えを効果的に伝えよう　多角的に分析して批評文を書く

指導の重点
・具体と抽象など情報と情報との関係について理解を深め，多角的に対象を分析させる。

本時の展開に即した主な評価規準例（Bと認められる生徒の姿の例）
・具体と抽象など情報と情報との関係について理解を深め，多角的に対象を分析している。【知・技】

生徒に示す本時の目標
　批評文を書くために大切なことは何かを確認し，広告を批評してみよう

1　本時の目標を確認し，学習の見通しをもつ
○教科書 p.136の説明より，批評文とは「対象とする事柄の特性や価値などについて，根拠をもって論じたり，評価したりした文章」であることを確認する。

T：今回は，批評文の書き方を学習します。日常生活の中で，私たちは様々な物事に価値づけをしています。例えば，本や映画などのおもしろさ，食べ物などのおいしさ，ポスターなどの写真など見やすさ美しさなど，様々です。ここでは，自分の見方だけにとらわれるのでなく，客観的に対象を分析して，みんなとその価値を共有することを目指し，自分の考えを効果的に伝える批評文の書き方を学んでいきます。

2　観点を立てて，広告を分析する
○今回は，練習として広告を批評することを伝え，教科書 p.138の広告を見せる。
○教科書の広告を，プロジェクターを用いて，投影する。

ポイント　広告の表示
　教科書にある広告を直接見せるのではなく，プロジェクターを用いて，全体に一斉に見えるように提示するか，生徒一人一人のタブレット等に広告のみ大きく表示させる。

T：「助けてくれたのは，知らない人。だけど，知ってくれていた人。」の広告を見て，何を感じましたか。どのような観点を立てて広告を見ていくとよいか，考えてみましょう。
○観点の例として「キャッチコピー」「写真の構図」「広告のねらい」「目的」「色使い」「文字」「掲示場所」などがあげられる。

3　観点ごとに，問いとそれに対する答えを考えながら，広告を分析する
○教科書 p.138にある問いの例を参考にし，観点ごとに問いを書き出していく。
○問いについては，次のような内容が考えられる。
（例）
　・「知らない人」とは，どのような人か。
　・製作者の一番伝えたかったことは，どのようなことだろう。
　・全体的に白黒で，ヘルプマークだけ色がつい

準備物：プロジェクター

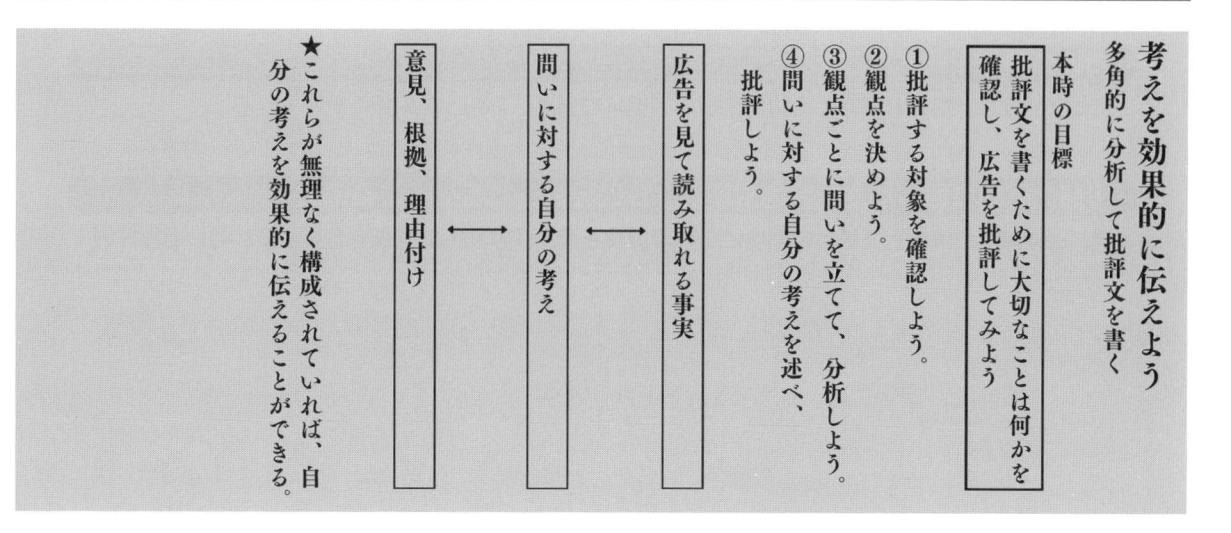

板書：

考えを効果的に伝えよう
多角的に分析して批評文を書く

本時の目標
批評文を書くために大切なことは何かを確認し、広告を批評してみよう

① 批評する対象を確認しよう。
② 観点を決めよう。
③ 観点ごとに問いを立てて、分析しよう。
④ 問いに対する自分の考えを述べ、批評しよう。

広告を見て読み取れる事実 ↔ 問いに対する自分の考え ↔ 意見、根拠、理由付け

★これらが無理なく構成されていれば、自分の考えを効果的に伝えることができる。

ているのは，なぜだろう。

○問いに対する自分の考えを書き出す。

4 問いに対する自分の考えについて，その「根拠」と「理由づけ」を考えて，分析しながら批評する

○第2学年で学習した「適切な根拠を選んで書こう」の内容を振り返る。

> **ポイント 意見と根拠**
> 考えを効果的に伝えるために，「自分の考え」とその「根拠」，これらを無理なく結び付ける「理由付け」が示されているかが重要である。

○ここでの「根拠」は，「広告を見て読み取れる事実」である。

○「問いに対する自分の考え」「広告を見て読み取れる事実」「意見と根拠を結びつける理由付け」，この三つが無理なく構成されている妥当性があれば，論理の展開として自分の考えを効果的に伝えることができる。

○批評した内容をクラウド上で共有し，互いの分析結果を見て，論理が組み立てられているかを確認する。

5 批評文の例を読む

○教科書にある批評文の例を読み，批評文の基本的な型を確認する。

○自分が行った分析結果をもとに，自分だったらどう批評文を書くか，イメージをもたせる。

6 「中学生の読書」という題材で情報を集める

Ｔ：今回は，「中学生の読書」を題材とし，批評文を書きます。事前に情報を集めておきましょう。

○集めた情報を記録する。

○必ず情報発信者・出典を明記しておく。

考えを効果的に伝えよう　多角的に分析して批評文を書く

2／5時間

指導の重点
・具体と抽象など情報と情報との関係について理解を深め，多角的に対象を分析させる。

本時の展開に即した主な評価規準例（Bと認められる生徒の姿の例）
・具体と抽象など情報と情報との関係について理解を深め，多角的に対象を分析している。【知・技】

生徒に示す本時の目標
　読書週間の標語を比較して，分析しよう

1　本時の目標を確認し，学習の見通しをもつ
Ｔ：今回は，読書週間の標語を比較して分析し，批評文を書きます。

> **ポイント　批評の対象**
> 　今回は，「鑑賞」するではなく「批評」するために比較対象を用いる。
> 〔読書週間の標語〕
> 　Ａ：「ラストページまで駆け抜けて」
> 　Ｂ：「私のペースでしおりは進む」
> （公益社団法人「読書推進運動協議会」主催，読書週間における標語より）

○今回は，読書とのよりよい付き合い方を伝えるには，二つの標語それぞれどのようなよさがあるかを批評することを確認する。

2　観点を立てて，広告を分析する
○前時で学習した内容を振り返り，観点を決めて考える。
○観点の例として，「作者の意図」「印象」「言葉の使い方」「表現の工夫」などが挙げられる。

○どのような観点で対象を分析していくか，個人で考えた後に，全体で共有する。
○ワークシートに観点を記入し，分析する表を作成する。　📥 **WS**

3　観点ごとに，問いとそれに対する答えを考えながら，広告を分析する
○観点ごとに問いを立てていく。
○言葉の一つ一つや表現に着目して，個人で粘り強く考える時間を十分に確保する。
○個人で考えた後に，グループで共有し，互いの見方や考え方を交流する。
○問いに対する自分の考えを書く。

4　問いに対する自分の考えについて，その「根拠」と「理由づけ」を考えて，分析しながら批評する
○前時で調べた情報などを使って，自分の考えについての根拠と理由付けを述べていく。

> **ポイント　意見と根拠**
> 　「標語を見て読み取れる事実」「意見と根拠を結びつける理由付け」「問いに対する自分の考え」の三つのつながりが明確になるようにワークシートに記入させる。

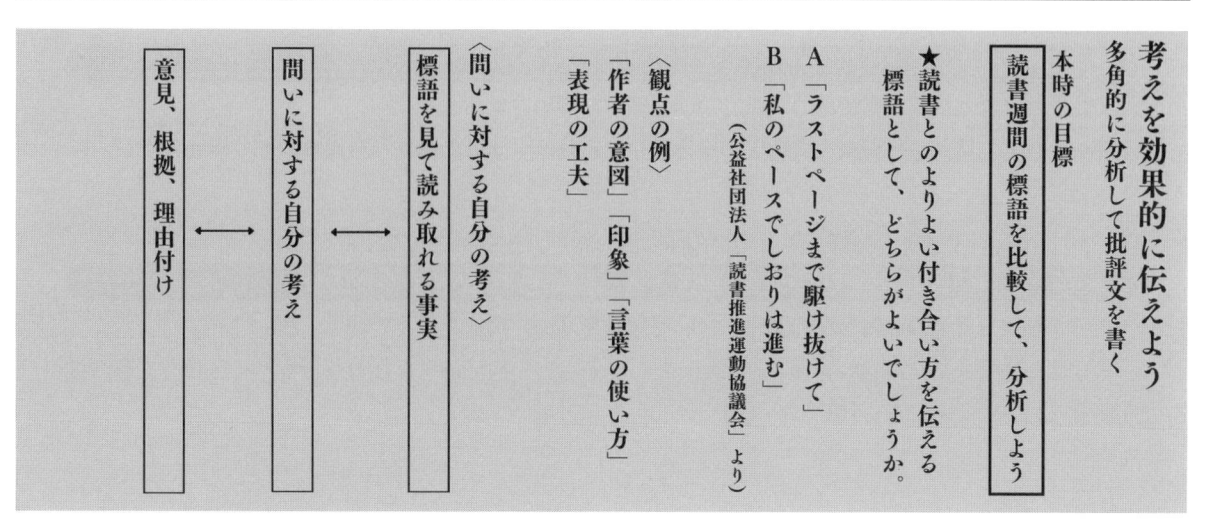

○分析した結果を表にすることで，自分の考えを可視化させる。

○記号などを用いて，自分の意見と根拠のつながりを一目で分かるようにする。

○必要に応じて，タブレット等を使用し，クラウド上で互いに閲覧できるようにする。

でしょうか。これまで書いてきた文章の書き方を思い出しておきましょう。

○比較しながら分析し，批評した結果，どちらの標語がよかったか，感想を交流する。

○次回は，分析して批評したものをもとに，構成を練ることを伝える。

5　分析しながら批評したものについて，客観性を確かめる

○分析した結果を，三人から四人班で，互いに読み合う。

○客観性があるかどうかを判断し，助言し合う。

○標語の見方が独りよがりになっていないか，客観的な事実をもとに考えているか，専門家の意見や当事者の声を使っているかなど，互いの意見，根拠，理由付けに着目する。

○助言をもとに，再度，標語を分析し，必要に応じて修正したり，書き加えたりする。

○友達と交流させることで，さらに客観性が高まるとよい。

6　本時の内容を振り返り，次時の確認を行う

Ｔ：次回は，批評文の構成を考えていきます。構成や表現を工夫するためには，どうすればよい

考えを効果的に伝えよう　多角的に分析して批評文を書く

指導の重点

・具体と抽象など情報と情報との関係について理解を深めさせる。

・表現の仕方を考えたり資料を適切に引用したりするなど，自分の考えが分かりやすく伝わる文章になるように工夫させる。

本時の展開に即した主な評価規準例（Bと認められる生徒の姿の例）

・具体と抽象など情報と情報との関係について理解を深め，構成を考えている。【知・技】

・表現の仕方を考えたり資料を適切に引用したりするなど，自分の考えが分かりやすく伝わる文章になるように工夫している。【思・判・表】

生徒に示す本時の目標

　論理の展開や表現の仕方を工夫して，構成を考えよう

1　本時の目標を確認し，学習の見通しをもつ

T：前回分析して批評したものをもとに，今日は構成を考えていきます。今回の目標は，論理の展開を工夫することです。構成の工夫のしかたを学び，自分の考えを効果的に伝える技術を身に付けましょう。

○前時に分析や批評を書いたワークシートを用意する。

○内容を確認し，どちらの標語がよいか，自分の考えをもつ。

2　論理の展開や表現の仕方の工夫について確認する

○教科書 p.137にある学びのカギ「論理の展開や表現を工夫する」を確認する。

○【論理の展開】と【表現の仕方】と分けて確認し，自分が構成を考えるときに生かしていく。

ポイント　論理の展開や表現の工夫

【論理の展開の工夫】

①意見と根拠のつながりの妥当性

「意見」を述べ，それを裏付ける事実を「根拠」として示す。

②具体的事実による意見の一般化

　具体的事実から一般化し，意見の妥当性へと結びつける。

【表現の仕方の工夫】

①言葉

　文末表現，語句，表現技法などについて検討する。

※批評に使う言葉の例や文型を示し，生徒が思考しながら使えるようにする。

②資料の引用

　統計やアンケート結果など客観的な数値や専門家の言葉などの知見に基づいた視点，新聞や雑誌のインタビューなどによる当事者の声など，インターネット等を使用し，目的に応じて，資料を引用する。

※引用する資料については，出典や情報の発信者を必ず明記するようにする。

3　構成を考える

○分析し批評した結果のワークシートを見て，どの内容を批評文に使うかを考える。

○論理の展開や表現の工夫のポイントをふまえて

考えを効果的に伝えよう
多角的に分析して批評文を書く

本時の目標
論理の展開や表現の仕方を工夫して、構成を考えよう

本時の目標
論理の展開や表現の仕方を工夫して、構成を考えよう

★論理の展開や表現の工夫

【論理の展開の工夫】

① 意見と根拠のつながりの妥当性
「意見」を述べ、それを裏付ける事実を「根拠」として示す。

② 具体的事実による意見の一般化
具体的事実から一般化し、意見の妥当性へと結びつける。

【表現の仕方の工夫】

① 言葉
文末表現、語句、表現技法などについて検討する。

② 資料の引用
統計やアンケート結果など客観的な数値や専門家の言葉などの知見に基づいた視点、新聞や雑誌のインタビューなどによる当事者の声など、インターネット等を使用し、目的に応じて、資料を引用する。

考えるよう指示する。

○教科書 p.137の【論理の展開】を見て、論理の展開のイメージをもたせる。

○序論では、標語に対する自分の考えを記入する。序論で述べた妥当性を示すために、本論では、具体的な事実を述べるようにする。

○構成シートに、工夫するポイントをふまえて記入する。

4　考えた構成を互いに読み合い、助言し合う

○完成した構成シートを、三人から四人班で互いに読み合う。

○構成で自分の工夫した点を説明できるようにしておく。

○論理の展開の工夫と表現の仕方の工夫に分けて、互いの構成をチェックし合う。

○改善すべき点など、必ず一つは助言ができるようにする。

○構成シートを見直し、必要に応じて、修正したり、付け加えたりする。

○最終的に完成した構成シートについて、論理の展開と表現のどこを工夫したのかをワークシートに記入する。

5　本時の内容を振り返り、次時の確認を行う

○論理の展開や表現を工夫するためには、どうしたらよいかを確認する。

○次回は、批評文を書くことを伝える。

4 / 5時間　考えを効果的に伝えよう　多角的に分析して批評文を書く

指導の重点
・表現の仕方や論理の展開を工夫して批評文を書かせる。

本時の展開に即した主な評価規準例（Bと認められる生徒の姿の例）
・論理の展開や表現を工夫して，批評文を書こうとしている。【主】

生徒に示す本時の目標
　論理の展開や表現の仕方を工夫して，批評文を書こう

1　本時の目標を確認し，学習の見通しをもつ
○前時に書いた構成シートの内容を確認する。
○教科書 p.139にある［批評文の例］を読んで，批評文を書く見通しをもたせる。
○構成シートをもとに批評文を書く。タブレット等を用いて，入力する。手書きの場合は，原稿用紙を用意する。

2　論理の展開や表現の工夫の仕方を確認する
○「論理の展開の工夫」と「表現の仕方の工夫」について，再度，確認する。

> **ポイント　論理の展開と表現の仕方の工夫**
> 【論理の展開の工夫】
> ①意見と根拠のつながりの妥当性
> 　「意見」を述べ，それを裏付ける事実を「根拠」として示す。
> ②具体的事実による意見の一般化
> 　具体的事実から一般化し，意見の妥当性へと結びつける。

> 【表現の仕方の工夫】
> ①言葉
> 　文末表現，語句，表現技法などについて検討する。
> ②資料の引用
> 　統計やアンケート結果など客観的な数値や専門家の言葉などの知見に基づいた視点，新聞や雑誌のインタビューなどによる当事者の声など，インターネット等を使用し，目的に応じて，資料を引用する。

3　批評文を書く
○「表現の仕方」について，批評するときによく使う言葉や表現を例を挙げて確認する。

> **ポイント　批評に使う言葉・表現**
> 批評するときによく使う言葉
> 【特徴を評価する】
> 　型破り・独特・類を見ない・比類ない・非凡・斬新・凡庸・陳腐・ありきたり・一般的・典型的
> 【完成度を評価する】
> 　会心の出来・妥当・粗削り・完璧・満点・文句なし・抜群・圧倒的・未熟・中途半

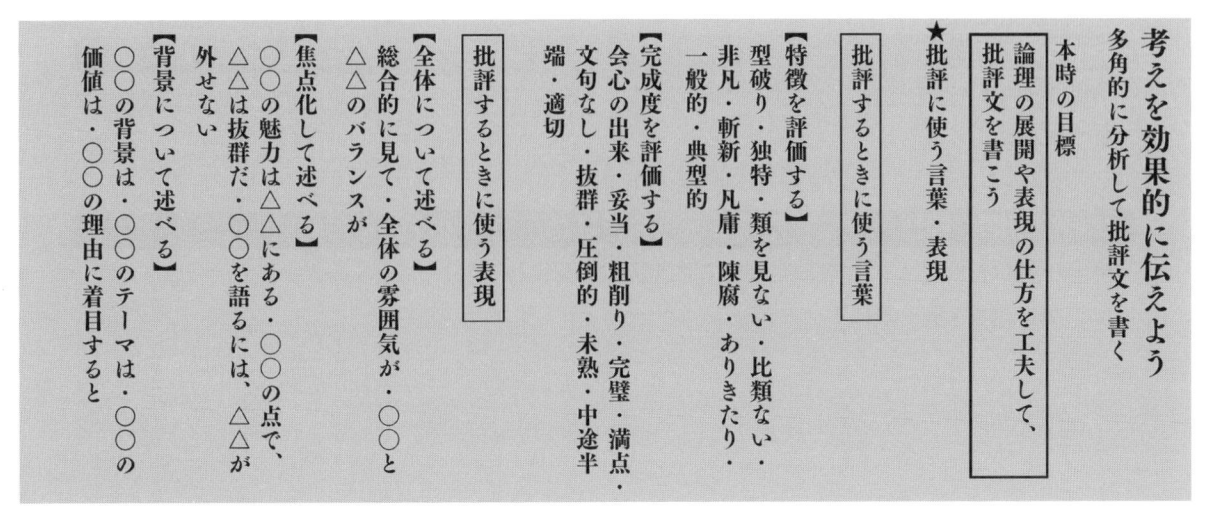

考えを効果的に伝えよう
多角的に分析して批評文を書く

本時の目標
論理の展開や表現の仕方を工夫して、批評文を書く

★批評に使う言葉・表現

批評に使う言葉

【特徴を評価する】
型破り・独特・類を見ない・比類ない・
非凡・斬新・凡庸・陳腐・ありきたり・
一般的・典型的

【完成度を評価する】
会心の出来・妥当・粗削り・完璧・満点・
文句なし・抜群・圧倒的・未熟・中途半
端・適切

批評するときに使う表現

【全体について述べる】
総合的に見て・全体の雰囲気が・○○と
△△のバランスが

【焦点化して述べる】
○○の魅力は△△にある・○○の点で、
△△は抜群だ・○○を語るには、△△が
外せない

【背景について述べる】
○○の背景は・○○のテーマは・○○の
価値は・○○の理由に着目すると

端・適切

批評するときによく使う表現

【全体について述べる】

・総合的に見て

・全体の雰囲気が

・○○と△△のバランスが

【焦点化して述べる】

・○○の魅力は△△にある

・○○の点で，△△は抜群だ

・○○を語るには，△△が外せない

【背景について述べる】

・○○の背景は

・○○のテーマは

・○○の価値は

・○○の理由に着目すると

○今回使用しなくても，今後，批評する際に使え
　るように，複数紹介しておく。

○適宜，表現の使い方や言葉の意味について辞書
　を用いて調べるようにする。

○言葉や表現の例は多めに挙げるとよい。

4　批評文を推敲する

○書き終えた批評文を読み直す。

○自分の意見が伝わる文章となっているかを振り

　返る。

○標語について客観性をもって論じられているか
　どうかを確認する。

○クラウド上にアップロードし，批評文のデータ
　を全体で共有できるようにする。

5　本時の内容を振り返り，次時の確認を行う

○自分の批評文において【論理の展開の工夫】と
　【表現の仕方の工夫】について，どのようなこ
　とを工夫したかを明確にする。

○今回学んだ批評文の書き方について振り返る。

5 / 5時間　考えを効果的に伝えよう　多角的に分析して批評文を書く

指導の重点
・論理の展開や表現の仕方について，読み手からの助言などを踏まえ，自分の文章のよい点や改善点に気づかせる。

本時の展開に即した主な評価規準例（Bと認められる生徒の姿の例）
・論理の展開などについて，読み手からの助言などを踏まえ，自分の批評文のよい点や改善点を見いだしている。【思・判・表】

生徒に示す本時の目標

　考えを効果的に伝えるために，論理の展開や表現をどのように工夫すればよいかを振り返ってまとめよう

1　本時の目標を確認し，学習の見通しをもつ
Ｔ：本時は，互いの批評文を読み合い，互いの批評文のよい点や改善点を見つけ，論理の展開の工夫と表現のしかたの工夫について考えていきましょう。
○前時に書いた批評文を確認する。
○タブレット等を用意し，クラウド上で，全体で確認できるようにする。

2　互いの批評文を読み合い，評価する
○評価のポイントを明確にして，互いの批評文を読み合う。
○タブレット等を使用する場合は，コメント機能などを活用し，感想や助言を入力できるようにする。原稿用紙の場合は，評価シートを用意し，手書きで記入する。

ポイント　評価のポイント
【論理の展開の工夫】
①意見と根拠のつながりの妥当性があるかど

うか。
②具体的事実によって意見が一般化されているかどうか。
【表現の仕方の工夫】
①文末表現，語句，表現技法などが批評文として適切に使用されているかどうか。
②客観的な数値や専門家の言葉，新聞や雑誌のインタビューなどによる当事者の声など，資料を適切に引用しているかどうか。

3　自分の批評文に対する感想や助言をふまえ，再度，自分の批評文を読み直す
○自分の批評文への感想や助言を読み，よかった点や足りなかった点を確認する。
○自分なりに工夫した論理の展開や表現のしかたについて振り返る。
○他者の見方や考え方から新たに気付いたことや，加筆したり修正したりしたいことがあれば，赤字で加筆・修正する。
○再度，クラウド上にアップロードし，完成したものを全体で共有できるようにする。

4　本単元の学習を振り返る
○教科書 p.139の「振り返る」の内容をもとに，

考えを効果的に伝えよう
多角的に分析して批評文を書く

本時の目標

考えを効果的に伝えるために、論理の展開や表現をどのように工夫すればよいかを振り返ってまとめよう

★批評文の評価のポイント

【論理の展開の工夫】
① 意見と根拠のつながりの妥当性があるかどうか。
② 具体的事実によって意見が一般化されているかどうか。

【表現の仕方の工夫】
① 文末表現、語句、表現技法などが批評文として適切に使用され、工夫されているかどうか。
② 客観的な数値や専門家の言葉、新聞や雑誌のインタビューなどによる当事者の声など、資料を適切に引用しているかどうか。

★学習を振り返ろう。
□ 自分の考えを分かりやすく伝える工夫はできたか。
□ 意見と根拠の結び付きはできたか。
□ 今後、批評するときに参考にしたい観点や表現の工夫が理解できたか。

本単元を通して学んだことを振り返る。
○ワークシートに、本単元を通して学んだことを記入する。

5 どのような具体例を挙げたかを振り返る

○今回自分が挙げた具体例と、他者が挙げた具体例を比較する。
○客観性があり、説得力があるのは、どのようなものかを振り返る。
○意見と根拠を無理なく結び付けることができているかどうか、再度、「理由付け」が適切かどうかを確認する。

6 自分の批評文の工夫について考える

○完成した批評文と他者の批評文を比較し、どのような点が工夫されているか、「論理の展開」と「表現の仕方」に分けて考える。
○自分なりの工夫によって、自分の意見が効果的に伝わっているかどうかについて、友達に意見を求める。
○今回学んだ論理の展開や表現の仕方の工夫について、他者と交流し効果的に考えが伝わる方法について整理する。

7 批評文の書き方を学び，今後，どのように生かしていくかを考える

○今回は，広告や標語を批評したが，他にどのようなものを批評できるか考える。
○例として，身近な文房具，生活用品，お菓子などの食べ物，スポーツのルールなど，生徒から出た意見を全体で共有する。

発展

　時間があれば，生徒から出た批評するものについて観点を立ててみるのもよい。
　他にも批評を生かせることとして，俳句や短歌などの文学作品や，説明的な文章に引用された図表等も考えられる。

漢字に親しもう3

教材の特徴

　本教材は年間五回ある漢字に特化した「漢字に親しもう」の第三回である。漢字の読みでは様子や気持ちを表す漢字が出題され，新しく習う音訓では都道府県の名称に関する漢字も出題されている。それらは生徒がよく目にするものと言える。

　また同音異義語も扱われており，間違えやすい漢字の出題もある。そこで，漢字を用いた文を実際に作成することを通じ生徒が漢字に主体的に向き合う学習活動とする。

生徒に示す本時の目標

　間違えやすい漢字の読みを使用した文を作成し，使い方を解説しよう

1　本時の目標を確認し，本時の流れについて説明する

Ｔ：今日は漢字の読みについてのいくつかの問題に取り組んだ後に，同音異義語に注目して「間違えやすい漢字の「読み」を使った文の作成をして，それを解説します。

> **ポイント　同音意義語の復習**
> ・第2学年で学習した同音異義語とはどのようなものかを確認する。
> ・間違えやすい同音異義語とはどのようなものかを確認する。その際，熟語にはこだわらない。

2　同音異義語の「誤った使い方」をされている問題を出題する

Ｔ：では，いくつかの同音異義語の「間違った使い方をしている問題」を出題します。どこがどのように間違っているか答えてください。
○「間違った使い方をしている問題」に答える。

○「間違っている部分」を指摘するだけではなく，どのように違うのかも答えるように促す。

3　教科書 p.140の問題に取り組む

Ｔ：教科書 p.140に掲載されている四つの問題に取り組みます。まずは問題の2を実施し，その上で他の問題を解きます。
○問題の2を優先して実施した上で，残りの問題を解く。
○問題に取り組んだ後に答え合わせを行う。
○教科書に掲載されている問題の答え合わせは解答を配布するなどして時間をかけない。

4　間違えやすい漢字の「読み」を活用した文を作成する

Ｔ：教科書 p.140に掲載されている「同音異義語」を基にした問題を参考にして，間違えやすい漢字を使った文を作成します。
Ｔ：文を作成し，同音異義語の部分を指摘しどの部分がどのように間違えやすいのかについて解説も書きましょう。
○各個人で同音異義語を調べ，同音異義語を用いた文を作成する。その上で，どの部分がどのように間違えやすいのかについての解説を作成す

準備物：なし

本時の目標
間違えやすい漢字の読みを使用した文を作成し、使い方を解説しよう

《同音異義語とは》
・発音が同じで意味の異なる語のこと

（例）せいかく　　正確・性格
　　　いし　　　　意志・医師
　　　きく　　　　聴く・聞く・菊

◎間違えやすい漢字の読み（同音異義語）を活用した文を作成しよう。

（例）彼の志望校に合格したいという意思は固い。
　　　→意志が正解。
　　　＊意思と意志の違いの解説を行う。

まとめ　本時の学習で気づいたこと学んだこと
・同じ音の間違えやすい言葉はきちんと意味まで理解しておくことが必要。

る。
○問題作成が難しい生徒には間違えやすい同音異義語の候補を「カタカナ」で示し、その言葉を調べた上で作成させる。

ポイント　熟語にこだわらず訓読みの同訓異義語も扱う
・教科書に掲載されているものは熟語の同音異義語であるが、文の作成の場合は、熟語にこだわらないことを指示する。
・机間指導を行い、作成されている文や漢字の使い方に間違いがないかを確認する。

発展
・タブレット等を活用して調べたり問題を配信したりすることもできる。
・同音異義語だけに焦点を当てるのではなく、都道府県の名称に使われている漢字を使った熟語を探す活動を通して漢字の読みに親しませることも考えられる。

5　作成した文を基に交流を行う
Ｔ：作成した文を基に、お互いに出題して交流します。
Ｔ：交流の際には、作成した文と解説両方を説明します。
○個人が作成した文と解説を示し、グループ内で交流を行う。

6　学習を振り返る
○学習を振り返り、気づいたこと、感じたことについてまとめさせる。

文法への扉2　「ない」の違いがわからない？ （1時間）

1　単元の目標・評価規準

・単語の類別，単語の活用，助詞や助動詞などの働きについて理解することができる。
　　　　　　　　　　〔第1学年　知識及び技能〕(1)エ，〔第2学年　知識及び技能〕(1)オ

・言葉がもつ価値を認識するとともに，読書を通して自己を向上させ，我が国の言語文化に関わり，思いや考えを伝え合おうとする。　　　　　　　　「学びに向かう力，人間性等」

知識・技能	単語の類別，単語の活用，助詞や助動詞などの働きについて理解している。 （第1学年：(1)エ，第2学年：(1)オ）
主体的に学習に取り組む態度	進んで単語の類別，単語の活用，助詞や助動詞などの働きについて理解し，今までの学習を生かして考えたことを説明しようとしている。

2　単元の特色

教材の特徴

　本教材は，文法的な観点から表現や読みを見直す単元「文法への扉1『走って』いるのは誰？」をふまえて，品詞の識別など，文法の知識を用いた学習への導入として位置づけられている。1年生では「文法への扉」の単元で，「言葉の単位（単語から文章まで）」，「文の組み立て（文節同士の関係）」，「単語の分類（品詞の分類）」を，2年生では「自立語」「用言の活用」「付属語」を学習した。ここでは既習事項を受けてまとまった文法学習に取り組む。「ない」という同一形態の言葉であっても品詞や機能が異なることを例を挙げて示している。文法の知識を使って品詞を識別するというねらいを達成するために，事前に教科書の練習問題を家庭学習として取り組ませる。本時においては識別問題の作成を課題として設定し，その過程をグループで共有する。本教材では，今まで学んだ文法の知識を活用して文章を読んだり書いたりする力が向上するように取り組ませたい。

身に付けさせたい資質・能力

　本単元では，中学校学習指導要領〔第1学年〕2〔知識及び技能〕(1)エ，〔第2学年〕2〔知識及び技能〕(1)オに関連して，品詞の識別などの文法の知識を活用することができる資質・能力を育てる。こうした資質・能力を身に付けさせるために教科書の練習問題を家庭学習

で取り組ませた後に，本時で識別の問題を作成する活動を行わせる。その後，小グループ内で共有させ，問題作成のポイントについて説明する言語活動に取り組ませる。その際，生徒は既習事項である単語の類別，単語の活用，助詞や助動詞などの働きなどをふまえて説明できるようにさせる。教師は活動前に教科書の文法の既習事項や家庭学習での練習問題（pp.233-236）に再度触れるなどして文法の知識の確認をする。その後，個人で問題作成の過程を振り返らせる。このような言語活動を通して進んで単語の類別，単語の活用，助詞や助動詞などの働きについて深く理解し，文法の知識を活用できる資質・能力を身に付けさせる。

3　学習指導計画（全1時間）

時	○主な学習活動	☆指導上の留意点　◆評価規準
1	○単元（本時）の目標を確認する。 ・「文法の知識を活用できる力を身に付ける」を確認する。 ・教科書 p.141を読む。 ○課題を設定する。 ・文法の知識を使って練習問題を解く上で分かっていないと困ることは何か考える。 ・練習問題の答えを確認する。 ・品詞の識別には活用表などを参考にして文法の知識を活用することが求められる。練習問題に取り組んだ振り返りを課題設定につなげる。 ・課題「識別問題の作成にチャレンジしよう」を設定する。 ○課題解決の見通しをもって解決に取り組む。 ・個人で識別の問題を作成する。 ・小グループで互いの問題を解き，問題の作成過程で困ったことや不明な点を共有する。 ・数名の生徒が共有したことや解決に取り組んだことを発表し，さらにクラスで共有する。 ・個人で問題作成の過程を振り返る。 ・数名の生徒が発表し，全体で共有する。 ○まとめ ・品詞の識別など文法の知識を活用するには活用表などを有効に利用するのがよい。	☆ pp.233-236の練習問題を家庭学習で事前に取り組ませる（タブレット等を使用）。 ☆教師が範読する。 ☆練習問題への取組の振り返り，例えば解く上で迷ったことは何か，解法のポイントや解く工夫は何か，解く上でどのような力が必要だと感じたかなどについて事前にまとめておくように伝えておく。 ・生徒からの意見として p.238「口語助動詞活用表」などの使い方がよく分からないという意見が出ることが予想される。 ☆教科書の文法の説明と国語辞典を活用させる。 ・例をもとにワークシートに記入すると問題が作成できるフォーマットを用意しておく。 ◆文法の知識を活用して識別の問題を作成している。【知・技】 ◆今まで学習した文法の知識を活用して識別の問題を作成し，工夫したことを説明したり，作成の過程を振り返ったりしようとしている。【主】 ☆識別する力は，文法の知識を確かなものにして文章を読んだり書いたりする力につながることを確認する。

指導の重点

・単語の類別，単語の活用，助詞や助動詞などの働きについて理解させる。
・言葉がもつ価値を認識するとともに，文法の知識の大切さに気付かせる。

本時の展開に即した主な評価規準例（Bと認められる生徒の姿の例）

・文法の知識を活用して識別の問題を作成している。【知・技】
・今まで学習した文法の知識を活用して識別の問題を作成し，工夫したことを説明したり，作成の過程を振り返ったりしようとしている。【主】

生徒に示す本時の目標

　文法の知識を活用できる力を身に付けよう

1　単元の目標を確認する

Ｔ：この時間は今まで学んできた文法の知識を活用します。学んだ知識を活用するにはどうしたらよいでしょうか。めあては「文法の知識を活用できる力を身に付けよう」です。

○生徒は事前に教科書 pp.233-236の練習問題にタブレット等を使用して家庭学習で取り組み，教師が用意した解答で概ね答え合わせをしている。生徒には事前に解答する際に困ったこと，解くポイントや工夫，解くのに必要な力は何か，など気付いたことをワークシートにメモ程度に記入させている。教科書の活用表の使い方が分からないなどの意見が記入されている。

○教科書 p.141の本文を範読する。

2　課題「文法の知識を活用するために必要なことを考える

Ｔ：文法の知識を活用するとき，例えば教科書本文の「ない」という言葉の品詞を識別するときに分かっていないと困ることとしてどのようなことがあげられますか。

○練習問題を解いた際，記入したメモと同様の

「助動詞の活用表の使い方が分からない」「助詞の一覧表をどう生かすか分からない」といった意見が予想される。生徒は自立語よりも付属語を中心とした識別が難しいと考えている。p.238「口語助動詞活用表」や p.239「主な助詞」一覧表にも使い慣れていない。教師はこれらの意見を黒板に整理して視覚化する。こうした学習上の困難が課題設定につながることに気付かせる。

Ｔ：活用表の利用や助動詞・助詞の識別が難しいという意見がありました。文法の知識を活用し，識別するためには活用表などを利用することが有効です。練習として自分達で簡単な識別問題を教科書本文の短文を引用して作成します。活用表も含めて文法の知識の確認をします。

○一人一問を目標に作問する。作成のし易さから助詞または助動詞を中心に作成する。教師の作例をもとに選択肢を作成し，できあがったらグループ内で互いに解いて共有する。

ポイント　目標の達成に必要な課題を設定する

　今回は教師が学習課題の例を示したが，生徒の気持ちや気付きをもとに課題設定につなげる。生徒自らが学習の意義を見いだせるよ

「ない」の違いがわからない？

本時の目標
文法の知識を活用できる力を
身に付けよう

〈練習問題の振り返り〉

・解く上で困ったことは？（例）
　連体詞と形容詞の区別が難しい（小さい・小さな）
　活用表などの見方が難しい（助動詞）

・解法のポイント／解く工夫は？
　「ない」→「ぬ」の置き換え可→打ち消し助動詞
　「だ」→「な」置き換え可→形容動詞
　助動詞・助詞→活用表などを使う

・解く上で必要な力とは？
　活用表などを使いこなせる力

〈グループ交流「助詞・助動詞の識別」〉

・問題作成で困ったこと
　助詞「る」「らる」の自発の例があまりない
　助詞に比べて助動詞が分かりにくい

・作成で工夫したこと・気づいたこと
　助詞・助動詞の使い方が明確な文を選ぶ
　格助詞「は」は主語以外の意味もある

まとめ　識別する力→活用表などを使う力
　　　　　　　↓
　　　　文法の知識を活用する力につなげる。

う取り組ませる。

3　課題解決するための見通しをもつ

Ｔ：まず，個人でワークシートの作成例をもとに作問に必要な条件を記入してから作成します。次にグループで互いに解き合い，意見を交換します。作問の意図が伝わっているか，そのために工夫する点は何か説明します。その後，個人で設問の意図がより明確に相手に伝わるように見直します。

○ワークシートはタブレット上に用意し，生徒が記入したことも共有できるようにしておく。

4　課題を解決する　⬇ WS1 WS2

Ｔ：まず個人で取り組みます。ワークシートを見てください。例えば助詞の設問の場合，三つ程の働き・意味を拾い出し，それらと同じ働き・意味の助詞を含む文をそれぞれ教科書から探します。分かりやすくするために短い文がよいです。引用した語句の働きが設問の意図に合っているかどうか，活用表，助詞一覧表，国語辞典などで確認します。では，始めてください。

○10分程度時間をとる。

○ワークシートに教科書の説明的文章や文学的文章の一文を数例示して利用させてもよい。

発展

ペアで取り組ませるのも効果的である。設問数は１問だが，取組が早い生徒には２問以上挑戦させる。苦手な生徒には教師が助詞「の」の識別問題を作成させるなど選択肢が他品詞に拡散しないように配慮しながら支援する。

○共有・意見交換が終わったグループから順に交流したことをタブレットで発表する。

Ｔ：交流の結果を参考にして個人でワークシートに振り返りを記入してください。

○5分程度時間をとる。その後，生徒数名に記入したことを発表させ，黒板にまとめる。

5　まとめ

Ｔ：「文法の知識を活用できる力を身に付けよう」をめあてに識別問題の作成にチャレンジしました。問題づくりを通して活用表の利用方法などあらためて確認できたことがありました。これからの文法の知識活用のポイントとして今日の学習を生かしてください。

聴きひたる　**初恋** （1時間）

1　単元の目標・評価規準

・理解したり表現したりするために必要な語句の量を増し，語感を磨き語彙を豊かにすることができる。　〔知識及び技能〕(1)イ

・文章の構成や表現の仕方について評価することができる。

〔思考力，判断力，表現力等〕C(1)ウ

・言葉がもつ価値を認識するとともに，読書を通して自己を向上させ，我が国の言語文化に関わり，思いや考えを伝え合おうとする。　「学びに向かう力，人間性等」

知識・技能	理解したり表現したりするために必要な語句の量を増し，語感を磨き語彙を豊かにしている。　　　　　　　　　　　　　　　　　　　　　　　　　((1)イ)
思考・判断・表現	「読むこと」において，文章の構成や表現の仕方について評価している。（C(1)ウ）
主体的に学習に取り組む態度	進んで語感を磨き今までの学習を生かして作品を読んだり自分の考えを述べたりしようとしている。

2　単元の特色

教材の特徴

　本教材は，七五調の文語定型詩である。文語の言葉は，生徒にとって意味を捉えにくい面もあるが，七五調のリズムは百人一首などでなじみがあり，声を通して読み味わうのに適している。また「初恋」というテーマは生徒に親しみやすく，その心情は現代にも通じるものがある。

　起承転結の四連に描かれた初恋のみずみずしい情感を，優しい言葉の響きと流れるリズムを通して味わわせたい教材である。

身に付けさせたい資質・能力

　本単元では，「理解したり表現したりするために必要な語句の量を増し，語感を磨き語彙を豊かにする」力を育成することに重点を置く。この資質・能力を身に付けさせるための言語活動として「詩から読み取ったことを生かして朗読をしたり，朗読を聴いたりする」活動を設定する。詩に描かれた情景や心情を想像し，そのイメージを朗読で表現するための工夫を考えさせる。また，自分ならどう朗読するかという考えをもちながら他の朗読を聴き比べることで，

詩の言葉をより深く味わわせることを目指す。

3 学習指導計画（全1時間）

時	○主な学習活動	☆指導上の留意点　◆評価規準
1	○本単元の目標を確認し，学習の見通しをもつ。 ○詩の特徴や内容，構成を捉える。 ○好きな連を選び朗読する。 ○朗読を聴き合う。 ○異なる朗読の動画を聴き比べ，自分のイメージに合うものを選ぶ。	☆この詩が文語定型詩で七五調であることを確認させる。 ☆詩の情景や人物の心情など，読み取ったことを生かした朗読をさせる。 ◆詩の中の語が示す情景や心情を捉え，言葉の響きやリズムを味わいながら詩に親しんでいる。【知・技】 ☆自分ならこの詩をどのように読むかを考えながら，動画の朗読を聴き比べさせる。 ◆詩の構成，展開や表現の特徴を理解したことを生かして朗読を聴いている。【思・判・表】 ◆詩の中に描かれた世界を味わい，進んで作品を読んだり朗読を聴いたりしようとしている。【主】

1/1時間　聴きひたる　初恋

指導の重点
・理解したり表現したりするために必要な語句の量を増し，語感を磨き語彙を豊かにさせる。
・詩の構成や表現の仕方について評価させる。

本時の展開に即した主な評価規準例（Bと認められる生徒の姿の例）
・詩の中の語が示す情景や心情を捉え，言葉の響きやリズムを味わいながら詩に親しんでいる。【知・技】
・詩の構成，展開や表現の特徴を理解したことを生かして朗読を聴いている。【思・判・表】
・詩の中に描かれた世界を味わい，進んで作品を読んだり朗読を聴いたりしようとしている。【主】

生徒に示す本時の目標
　詩から読み取ったことや感じたことをイメージしながら朗読を聴こう

1　学習の目標を確認する
○本時の学習では，詩に描かれた情景や心情を読み取り，読み取ったことをイメージしながら言葉の響きやリズムを味わうことを確認する。

2　詩の内容や構成を捉える
○詩「初恋」を読む。教師の範読を聴き，詩のイメージや感想を発表する。自分の言葉で自由に発言させる。
　〈予想される生徒の発言〉
　・七五調の整ったリズムがよい
　・恋心は昔も今も同じ
　・林檎の甘酸っぱいイメージが初恋に合う
　・「われ」と「君」は両想いなのか
　・明るく爽やかなイメージ
　・何となく物悲しい　　　　など
○詩の特徴や内容を捉える。
　詩の特徴
　・文語定型詩，七五調のリズム
　・文語特有の響きや和語の優しい響き
　詩の内容

第一連
　少女との出会い
　林檎の樹の下にいる花櫛をさした少女
第二連
　恋心の芽生え
　少女から林檎を受け取る
第三連
　恋の成就
　自分のため息が少女にかかるほど距離が縮まる
第四連
　恋心の高まり
　時の経過と一途な恋心
○詩の構成を確認する
　四つの連の内容が起承転結になっており，「われ」と「君」の距離がだんだん縮まって，恋が進展していく様子が細やかに描かれていることを確認する。

> **発展**
> 　NHK for School 10min.「初恋」を視聴し，短時間で詩の理解を促す方法もある。

準備物：ワークシート，朗読動画（三種類以上）

初恋

本時の目標

詩から読み取ったことや感じたことを
イメージしながら朗読を聴こう

詩の特徴や内容を捉える

● 文語定型詩
● 第一連　少女との出会い…花櫛をさした君
● 第二連　恋心の芽生え…林檎をもらった
　　　　　　　　　　　　　ときの思い
● 第三連　恋の成就…近づく二人の距離
● 第四連　恋心の高まり…時間の経過と
　　　　　　　　　　　　　つのる思い

　　　起承転結
　　　　　↑

好きな連を選び朗読する
● 詩のイメージに合う朗読を工夫する

いろいろな朗読を聴く
● 三種類の朗読を聴いて
　　　　　↑
　自分ならどう思うか
　自分のイメージに近い朗読はどれか

3　好きな連を選んで朗読する

Ｔ：連を追うごとに恋が進展し，一つのストーリーのようになっていますね。この四つの連から一つの連を選び，詩のイメージに合うように朗読してみましょう。

○詩の内容を踏まえ，どんな工夫をして読めばよいか考えさせ，工夫の観点を発表させる。
・声の強弱，高低
・間の取り方，速さ
・リズム，抑揚　　　　など

○好きな連を選び，朗読の練習をする。

○グループで朗読を聴き合う。朗読の前に，その連を選んだ理由と，どのように工夫したかを発表する。朗読を聴いた感想をお互いに発表する。

4　動画の朗読を聴く

○「初恋」の朗読動画を三〜四種類聴き比べる。

Ｔ：これから「初恋」の朗読をいくつか聴いてみます。それぞれに違った趣があると思いますが，自分のイメージに最も近い朗読を選びましょう。

📥 **WS**

ポイント　自分のイメージと朗読を比較する
・詩から読み取った情景や人物の心情を想像し，自分ならどう読むか考えさせる。

・自分のイメージに合う朗読はどれか考えさせる。

○選んだ朗読について意見を交流する。
○選んだ朗読のどのような点が自分のイメージに合っているのかを説明する。

5　本時の学習を振り返る

○詩から読み取ったことを生かして朗読を聴くことができたか振り返る。

季節のしおり　秋

教材の特徴

　俳句二句と百人一首に掲載されている短歌一首，気象にまつわる言葉三語が並んでいる。俳句と短歌は，作者の見た秋の情景が体言止めや切れ字，係り結びなどの表現技法を使うことで，より印象的に表現されており，そこには情景だけでなく人の生き方も垣間見える。生徒たちはこれまで文学的文章における様々な表現技法や情景描写の効果などを学習してきた。ここでは，これまで学習してきたことを整理しながら，それらの使い手として自身の感じる秋を印象深く表現する学習活動を展開する。

生徒に示す本時の目標
　言葉の業師になろう
　〜表現技法を使って，秋を印象深く伝えよう〜

1　学習課題の提示，本時の目標を確認する
○既習事項を振り返り，学習意欲を高める。
○「季節のしおり　秋」の目標を提示する。
Ｔ：これまで「季節のしおり　春」では皆さんの
　思いを，春を表す言葉とともに伝え，「季節の
　しおり　夏」では，「夏と言えば」で思い出す
　風物詩やでき事を作品にしてきました。今回は
　皆さんがこれまで学んできた様々な表現技法や
　描写の工夫を活用しながら皆さんの感じる秋を
　文学作品にして他の人に伝えてもらいます。目
　標は「言葉の業師になろう〜表現技法を使って，
　秋を印象深く伝えよう〜」です。今回も楽しん
　で創作してください。

2　それぞれの作品の秋を表す言葉と気象にまつわる言葉を確認し，意味を理解する
○教科書を読み，資料やタブレット等を通してそ
　れぞれの作品と秋にまつわる言葉を理解する。
Ｔ：教科書の作品と秋にまつわる言葉を読み，資
　料やタブレットを活用して意味を捉えましょう。

> **発展**
> 　山口誓子の句は「突き抜けるような青い空」と「曼珠沙華が天を突き抜けている」という二つの解釈がある。「秋たつや」で始まる有名な句は他にも複数ある。「秋の風」にまつわる短歌も多い。創作ではなく，それらを比べて読み，鑑賞したり自分の考えをもったりする授業も考えられる。
> 　また，短歌については，教科書の他の単元に関連付けることができる。

3　表現技法を確認し，活用できるようにする
○表現技法を確認しその効果を理解し，創作で使
　えるようにする。
Ｔ：初めに作品に使われている表現技法をまとめ
　てみましょう。どのようなものがありますか。
○教科書の作品の表現技法について，その効果を
　実感させる。（気付かない表現技法については
　授業者から提示し，説明を加える）
Ｔ：たくさんの表現技法を出してもらいました。
　それぞれが文章や作品の中でどのような効果を
　あげているのか確認しましょう。（教師による
　説明ではなくタブレット等や辞書による探究学

季節のしおり　秋

本時の目標

言葉の業師になろう
～表現技法を使って、秋を印象深く伝えよう～

① 表現技法
　○体言止め　○省略
　○切れ字　○係り結び
　○倒置法　○比喩　○擬人法　○対句
　○押韻　○反復　○本歌取り　・・・
　　・・・

② 情景描写による表現の工夫
　○色の対比　○心情　・・・

③ 文学作品を作る
　俳句　短歌　詩　随筆　その他

振り返り
① 選んだ文章の種類と理由
② 選んだ表現技法と理由
③ 自分が感じた秋の思い
④ 文学作品

習も考えられる。時間や生徒の実態に応じて決める）
○情景描写の表現についても確認する。
Ｔ：文学作品には情景描写で何かを印象付けたり，心情や思いを暗示したりするという技法もあります。確認しましょう。
○「色の対比」や「心情の暗示」等を考える。

4　表現技法を活用しながら，自分が感じる秋を詩歌や文章で創作する

○マッピングなどの思考ツールや辞書，歳時記，タブレット等を活用しながら自分が感じる秋を表現できるようにする。
○文章の種類を選ぶ
○表現技法を一つは活用する。
Ｔ：それでは，皆さんは作者になって文学作品を作ります。今回は今まで学習してきた表現技法を使って，皆さんが感じる秋を印象深く伝えます。表現技法を使って何を印象深くしたかを後で説明できるようにしておきましょう。また，難しい人は昔から使われている句や歌を引用して，自分の秋を印象深く表現してもよいです。例えば「秋たつや」を最初の句にして残りの二句を作るということです。
　気象にまつわる言葉を季語などにして作って

もよいです。
　また，初めに表現技法を使わずに創作して，後から表現技法を使って印象深くする方法もあります。自分が取り組みやすい文章や方法を見つけましょう。

5　交流する

○ノート等を回し読みしたりタブレット等を使って感想を交流する。

6　振り返りをする

○振り返りのポイント
①　選んだ文章の種類とその理由
②　選んだ表現技法とその理由
③　自分の感じる秋を言葉で表現することや表現技法を使うことの達成度。その際，苦労したところや工夫したところ
④　文学作品を作ることの楽しさ，難しさ

ポイント

　小学生のころから多くの表現技法を学んできた。それらをより身近なものとして捉え，生活や趣味の中でさりげなく使えるようにさせたい。

和歌の世界／
音読を楽しむ　**古今和歌集　仮名序**　　　　　　　　（1時間）

1　単元の目標・評価規準

・歴史的背景などに注意して古典を読むことを通して，その世界に親しむことができる。

〔知識及び技能〕(3)ア

・言葉がもつ価値を認識するとともに，読書を通して自己を向上させ，我が国の言語文化に関わり，思いや考えを伝え合おうとする。　　　　　　「学びに向かう力，人間性等」

知識・技能	歴史的背景などに注意して古典を読むことを通して，その世界に親しんでいる。 ((3)ア)
主体的に学習に取り組む態度	学習課題に沿って三大歌集の比較をし，進んで「仮名序」の音読をすることで，「和歌のもつ力」を考えようとしている。

2　単元の特色

教材の特徴

　1年時の「いろは歌」，2年時の「平家物語」に続く，音読を楽しむ教材として「古今和歌集　仮名序」が提示されている。ここには「歌には人の心を動かす力がある」ことが書かれている。そのメッセージを現代にも通じるものとして，生徒に実感させていく。また「和歌の世界」では時代の異なる三大歌集の特徴を学ぶ。まとめて俯瞰することで，この後に学ぶ「万葉集」「古今和歌集」「新古今和歌集」の学習に生かす。

身に付けさせたい資質・能力

　ここでは，三大歌集についての基礎的知識を身に付けさせること，また「古今和歌集　仮名序」を繰り返し音読することで，古文の響きを味わい親しむことを目標とする。

　導入で小学校で習った歌や覚えている歌を思い出させる。それを「古今和歌集　仮名序」の歌のもつ力とつなげることで，親しみをもたせていく。

　また，三大歌集の違いを確認することで，次の単元の「君待つと―万葉・古今・新古今」への導入となるようにする。

3 学習指導計画（全1時間）

時	○主な学習活動	☆指導上の留意点　◆評価規準
1	○既習の歌で好きな歌を思い出す。 ○三大歌集についての比較をワークシートに書く。 ・教科書 p.146，資料集を参考にする。 ○「古今和歌集　仮名序」を音読し，内容を理解する。 ・「和歌とはどのようなものか」「和歌のもつ力」を確認する。 ○最初に書いた好きな歌の理由と，「和歌のもつ力」について考える。 ○「和歌のもつ力」について考えながら，音読する。	☆教科書や資料集を参考にさせる。 ◆三大歌集を比較し，その特徴を理解している。【知・技】 ☆植物に例えていることを理解させる。 ◆「和歌のもつ力」について考えながら音読し，和歌に親しもうとしている。【主】

1 1時間 和歌の世界／音読を楽しむ　古今和歌集　仮名序

指導の重点

・三大歌集を比較してそれぞれの特色を理解させる。

本時の展開に即した主な評価規準例（Bと認められる生徒の姿の例）

・三大歌集を比較し，その特徴を理解している。【知・技】
・「和歌のもつ力」について考えながら音読し，和歌に親しもうとしている。【主】

生徒に示す本時の目標

・三大歌集を比較してそれぞれの特色を理解する
・「和歌のもつ力」を考えながら音読する

1　学習課題の把握

T：小学校で勉強した和歌を覚えていますか。百人一首を暗記した人もいたかと思います。その中で好きだった歌を教えてください。

○生徒は，「元気が出るから。」「自分の悲しい気持ちに共感してくれるから。」などの理由で好きな和歌を挙げると考えられる。そこから本時の目標である「和歌のもつ力」につなげていく。

T：そうですね。和歌は，私たちを元気にしてくれたり，寄り添ってくれたりします。そんな「和歌のもつ力」について，考えていきます。

ポイント　生徒の好きな和歌から，古典学習へとつなげる

生徒に親しみをもたせるため，好きな和歌を挙げさせ古典学習の導入とする。古典がかたくるしいものではなく，現代にも通じる心情を描いていることを意識させる学習活動とする。

2　三大歌集の比較　WS

T：昔の人も歌が好きでした。今，みんながSNS 等で話していることや好きな人への告白等も和歌で表現していました。今日は，三つの歌集について学んでいきます。社会科で学習した歌集にはどのようなものがありましたか。（生徒の答え）そうですね。今日はその中でも「万葉集」「古今和歌集」「新古今和歌集」の特徴をまず学びます。教科書のp.146を参考に，ワークシートを埋めてみましょう。

○5分ほど，時間を取って記入させる。あるいは，教師がp.146を範読し，生徒に線を引かせながら考えさせてもよい。

○成立，編者，収録詠数，特徴を書いて比較する。また，歴史的価値を確認する。

3　古今和歌集　仮名序を音読し，「和歌のもつ力」を考える

T：古今和歌集には仮名で書かれた序文があります。まずは音読しましょう。

○範読し，読めないところにはふりがなをつけさせる。

○全体，ペア，個人で音読する。

T：「仮名序」は「和歌のもつ力」について書かれています。それを探してみましょう。

和歌の世界　音読を楽しむ　古今和歌集　仮名序

本時の目標

三大歌集を比較してそれぞれの特色を理解する

「和歌のもつ力」を考えながら音読する

○三大歌集の比較

	万葉集	古今和歌集	新古今和歌集
成立	奈良時代	平安時代	鎌倉時代
編者	大伴家持	紀貫之他	藤原定家他
歌数	20巻4500首	20巻1100首	20巻1980首
特徴	最古の歌集 広い階層 素朴 力強い	勅撰和歌集 天皇・貴族 理知的 優美	勅撰和歌集 天皇・貴族 多様な技巧

まとめ
・植物に例えている
・和歌のもつ力→四つ

振り返り
現代との共通点・相違点

T：まず訳文を読みますから，みなさんは古文を指でなぞりましょう。そこから，和歌がたとえられているもの，「和歌のもつ力」を考えましょう。

○下に書かれた訳文を読む。

T：1行目の「やまとうたは人の心を種としてよろづの言の葉とぞなれりける」に着目してください。やまとうたとは，和歌のことです。心が種となり，そこから生まれる様々な思いが葉，つまり言葉になったと言っています。「種」と「葉」，何に例えているか分かりますね。（生徒の答え）そう，「植物」になぞらえています。

○時間があれば，「やまとうた」とは何かと問いかけながら，和歌を指すことを確認するとよい。

T：「和歌のもつ力」とされていることを抜き出し線を引きましょう。

○デジタル教科書などを使い，四か所に線を引く。

ポイント　植物にたとえられていることを理解し，「和歌のもつ力」を捉えさせる

「種」「葉」に着目させる。また，「和歌のもつ力」が四つあることを見つけさせ，線を引かせる。

T：線を引いた四か所をまとめると，心を動かす

力があるということです。みなさんも日常，歌を聞きますよね。みなさんの好きな歌の歌詞と比べてみて，どうですか。

4　まとめと振り返りをする

T：本時のまとめを行います。和歌は，何に例えられていましたか。（生徒の答え）「和歌のもつ力」，四つは何ですか。（生徒の答え）では，もう一度，全員で音読しましょう。

○時間がない場合には，家での課題とする。また，暗唱させてもよい。

T：本日の振り返りを行います。仮名序が伝えている「和歌のもつ力」とみんなが好きな歌の歌詞とを比べて，共通点や相異点を書いてみましょう。

○古典で書かれているものが，現代にも共通することを意識させる。

T：次の単元では，三大歌集に載っている和歌を学習します。今日，習った三つの歌集の特徴を思い出しながら，読んでいきましょう。

君待つと—万葉・古今・新古今／和歌の表現技法　（2時間）

1 単元の目標・評価規準

・歴史的背景などに注意して古典を読むことを通して，その世界に親しむことができる。
〔知識及び技能〕(3)ア

・長く親しまれている言葉や古典の一節を引用するなどして使うことができる。
〔知識及び技能〕(3)イ

・文章の構成や論理の展開，表現の仕方について評価することができる。
〔思考力，判断力，表現力等〕C(1)ウ

・言葉がもつ価値を認識するとともに，読書を通して自己を向上させ，我が国の言語文化に関わり，思いや考えを伝え合おうとする。　　「学びに向かう力，人間性等」

知識・技能	歴史的背景などに注意して古典を読むことを通して，その世界に親しんでいる。((3)ア)
	長く親しまれている言葉や古典の一節を引用するなどして使っている。　((3)イ)
思考・判断・表現	「読むこと」において，文章の構成や論理の展開，表現の仕方について評価している。(C(1)ウ)
主体的に学習に取り組む態度	今までの学習を生かして和歌を音読し，和歌から伝わってくるものとその表現の仕方について進んで評価しようとしている。

2 単元の特色

教材の特徴

　和歌は奈良時代以前より現代に至るまで，長きにわたり人々に親しまれているものであり，日本文化を語る上では欠かせないものである。それを，中学校で学習する意義は大きい。ここでは音読を通して作者の心情や情景を感じさせる学習にしていく。和歌を読み感性を磨くことで，我が国の言語文化を大切にする心を育てていく。

身に付けさせたい資質・能力

　小学校でも百人一首に触れるなど，和歌は生徒達にとってなじみのあるものである。そこで，本単元では繰り返し音読をさせ，我が国の伝統的な言語文化である和歌のリズムを味わわせる。

また，前時に学習した三大歌集の特徴を思い出しながら読むことで，和歌の世界をより深く理解させていく。

　ここでは，「表現の仕方について評価」することを課題としていく。そのために，自分の好きな和歌を選び，そこから伝わってくるものを捉えていく。「伝わってくるもの」を一言で表現し，それが和歌のどの言葉，表現から伝わるのか考えることで，表現の仕方について考えていく。

3　学習指導計画（全2時間）

次	時	○主な学習活動	☆指導上の留意点　◆評価規準
一	1	○和歌の音読をする。 ・全体で読むことで，読み方の確認をする。 ・ペアでの音読を通して，和歌のリズムに親しむ。 ○和歌の情景や心情を想像する。 ・現代語訳や脚注を参考に，和歌に詠まれた情景や心情を想像する。 ○三大歌集の特徴（教科書 p.146　または前時）を参考に音読をする。 ・表現技法や三大歌集の比較を参考にしながら，それぞれの特徴を理解する。	☆二次元コードを活用させる。 ☆教科書 p.155の「和歌の表現技法」，資料集を活用することで，表現技法を確認させる。 ◆三大歌集の特徴を参考に，音読することで，和歌に親しんでいる。【知・技】
二	2	○自分の好きな和歌を選び，表現の仕方について考える。 ・自分の好きな和歌を一つ選び，そこから何が伝わってくるか，一言で表現する。 ・和歌のどの部分，言葉，表現技法からそれが伝わったか，考えてまとめる。 ・グループで交流する。 ○交流後，自分が選んだ和歌を再構築し，表現の仕方について考える。 ○自分がその和歌を選んだ理由をまとめ，それを生かして音読する。	☆選んだ和歌の表現が，どのような印象を与えているか考えさせる。 ◆選んだ和歌から伝わることを一言で表現し，それを印象づける表現の特色について考えている。【思・判・表】 ◆今までの学習を生かして和歌を音読し，その和歌から伝わるもの，表現の仕方について考えようとしている。【主】 ◆選んだ和歌を一言で表現し，好きな理由についてまとめている。【知・技】

君待つと―万葉・古今・新古今／和歌の表現技法

指導の重点

・音読を通して和歌に親しませる。

本時の展開に即した主な評価規準例（Bと認められる生徒の姿の例）

・三大歌集の特徴を参考に，繰り返し音読することで，和歌に親しんでいる。【知・技】

生徒に示す本時の目標

　三大歌集の特徴を参考に，繰り返し音読することで，和歌に親しむ

1　和歌を音読する

Ｔ：前の単元では，三大歌集の特徴を比較して学びました。今日からは，実際に和歌を読んでいきます。まず読み方を確認していきましょう。

○和歌十五首を読む。

Ｔ：では，ペアで音読しましょう。

○五・七・五・七・七のリズムや音の響きを楽しませる学習活動とする。

ポイント　音読を重視する

　古典は，音読することが大切である。ペア，グループ，全体など，繰り返し音読をさせる。また，二次元コードも活用し，家での課題とする。暗唱させるのもよい。

2　和歌から伝わる心情や情景を想像しながら読む

○脚注や口語訳を参考に，和歌を読む。その際，次時につなげるために，和歌から何が伝わってくるか，考えさせる。

Ｔ：読み方が確認できたら，和歌を鑑賞していきましょう。和歌には口語訳がついています。でもそれを読むだけではなく，前単元で学習した「歌のもつ力」を参考にして味わいます。使われている言葉やリズムから何が伝わってくるでしょうか。伝わってくるものを，一言で表現してみましょう。情景や心情を想像しながら，和歌を楽しみます。すべての和歌を読まなくても構いません。最初の音読で気になった和歌，好きだと思った和歌から考えていきましょう。

○10分程度時間を取る。自分の好きな和歌，気になる和歌から楽しく読ませたい。また，苦手な生徒には素朴な万葉集の和歌を読ませるのもよい。

○最初の和歌「春過ぎて〜」を参考歌として，学習の仕方を教示するのもよい。

3　グループで読み合う

Ｔ：それでは，できたところまでグループで共有しましょう。友達の感じたことも参考にしながら読みましょう。

○時間的に厳しい場合は，グループで，「万葉集」担当，「古今和歌集」担当，「新古今和歌集」担当と決めてもよい。四人グループなら，和歌数の多い「万葉集」を二人にするとよい。

君待つと──万葉・古今・新古今

本時の目標

三大歌集の特徴を参考に、繰り返し音読することで、和歌に親しむ

○音読しよう

○情景や心情を想像しながら読み、和歌から伝わってくるものを書いてみよう

○三大歌集の特徴

万葉集	古今和歌集	新古今和歌集
・最古の歌集	・勅撰和歌集	・勅撰和歌集
・広い階層	・春夏秋冬	・貴族文化復興
・素朴	・技巧	・多様な技巧
・ますらをぶり	・たおやめぶり	・物語的美
（力強さ）	（優美）	・繊細な感情

まとめ　歌風や表現技法に即して音読しよう

4　三大歌集の特徴や表現技法を参考に和歌を読む

○黒板に三大歌集を示す。

Ｔ：前の単元で学習した三大歌集の特徴を思い出しましょう。p.155の「和歌の表現技法」を参考にしながら、和歌を読み味わいましょう。

> **ポイント　歌集の特徴、表現技法に即して読む**
>
> 　板書（スライドや拡大コピーでも可）を見ながら、資料集なども見つつ、前の単元で学習した三大歌集の特徴を振り返る。「万葉集」なら素朴さ、つまり率直に思いを歌っている、また、「枕詞」が使われているなど、表現に即して読ませていく。

Ｔ：どのような表現技法が使われているか、その歌集の特徴が表れているか、考えてみましょう。具体的に見つけることができたら、線を引いておきましょう。

○「自分が好きだと思う和歌」「各歌集から一つずつ」など、すべてでなくてよいので、いくつかの和歌について特徴や表現技法を考えさせ、味わわせる。

5　振り返り

Ｔ：それぞれの和歌から伝わってきたものがありましたか。和歌から伝わってきたもの、情景や心情、特徴や表現技法など、本日学習したことを意識しながら、すべての和歌を音読しましょう。

○自分のペースで、すべての和歌をもう一度音読させる。最初に読み方を確認したときより、より深く表現を理解したことを生かし、音読できるとよい。

Ｔ：次時は、好きな和歌を一首選んで、そこから伝わってくるもの、どこから伝わってくるのか、それを表現技法に即して考えていきます。

2／2時間　君待つと―万葉・古今・新古今／和歌の表現技法

指導の重点
・選んだ和歌から伝わることを考え，それぞれを印象づける表現について考えさせる。

本時の展開に即した主な評価規準例（Bと認められる生徒の姿の例）
・選んだ和歌から伝わることを一言で表現し，それを印象づける表現の特色について考えている。【思・判・表】
・今までの学習を生かして和歌を音読し，その和歌から伝わるもの，表現の仕方について考えようとしている。【主】
・選んだ和歌を一言で表現し，好きな理由についてまとめている。【知・技】

生徒に示す本時の目標
　選んだ和歌から伝わることを一言で表現し，それを印象づける表現の特色について考える

1　好きな和歌を選び，何が伝わってくるか考える
Ｔ：前時は，歌風や表現技法を参考に，和歌から伝わるものについて考えました。今日はその中の一首を選び，表現の仕方について考えていきます。和歌から伝わってきたものを，一言で表現するとどうなりますか。歌のタイトルを付けるような気持ちで考えてみましょう。
○前時に時間が足りなくて，書けていない場合はここで時間を取る。

2　和歌を印象づける表現の仕方について考える
Ｔ：自分が一言で表現したものは，和歌のどこから伝わってきたものでしょうか。具体的にどの表現から伝わってきたのかを書きましょう。

📥 WS

○最初の和歌「春過ぎて〜」を使って，学習の仕方を例示するのもよい。
○和歌「春過ぎて夏来るらし白たへの衣干したり天の香具山」
　伝わってきたもの「夏の訪れ」

表現・「夏来るらし」という直接的な表現
　　　・「白たへの」という枕詞を使うことで，真っ白な衣＝夏を表現している
○本時の中心となる学習なので，しっかりと時間を確保する。
○早く終わった生徒には，「万葉集」「古今和歌集」「新古今和歌集」の三つから，一首ずつ選んで書かせるとよい。

ポイント　歌風や表現技法を具体的に書かせる
　具体的な表現や歌風を和歌から指摘させることで，表現に即した読みができるように指導していく。また，そのためにも，伝わってくるものを表現することが大切である。

3　交流する
Ｔ：まず，同じ和歌を選んだ人たちで交流しましょう。もし，同じ和歌を選んだ人がいなければ，同じ歌集を選んだ人たちで交流しましょう。
○5分程度時間を取る。
Ｔ：次は，同じ歌集を選んだ人たちで交流してみましょう。できるだけたくさんの人と交流しましょう。

準備物：ワークシート

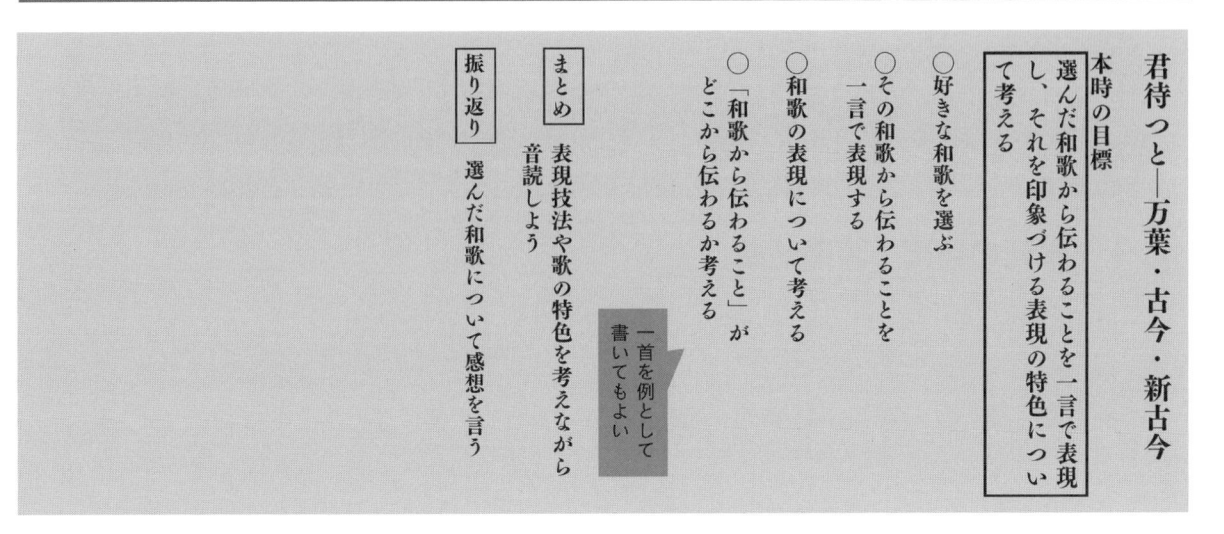

君待つと―万葉・古今・新古今

本時の目標

選んだ和歌から伝わることを一言で表現し、それを印象づける表現の特色について考える

○好きな和歌を選ぶ

○その和歌から伝わることを一言で表現する

○和歌の表現について考える

○「和歌から伝わること」がどこから伝わるか考える

一首を例として書いてもよい

まとめ 表現技法や歌の特色を考えながら音読しよう

振り返り 選んだ和歌について感想を言う

○5分程度時間を取る。

Ｔ：最後に，違う歌，歌集を選んだ人たちで交流してみましょう。できるだけたくさんの人と交流しましょう。

○5分程度時間を取る。

○同じ和歌を選んでも，感じ方が人によって違う場合がある。また，同じ歌集を選んだ人たちで交流すると，歌集の特徴が表れやすくなる。最後に様々な和歌とその表現に触れさせるように指導する。

4　再構築

○自分が選んだ和歌のよい点，友達と交流したことを参考にして再検討させる。表現の仕方を評価するように，文章としてまとめる。

Ｔ：友達の意見を参考に，自分が伝わってきたもの，どの表現から伝わったのか，表現技法や歌風に即してまとめましょう。

5　まとめと振り返り

Ｔ：自分がまとめたものをあらためて見ましょう。そして作者の心情や情景を想像しながら，和歌を音読しましょう。自分が選んだものだけでなく，友達が選んだものなども読んでみましょう。

○時間を区切って，できるだけ多くの和歌を音読

させる。

Ｔ：最後に，振り返りをしましょう。自分の選んだ和歌について感想を言いましょう。それをグループの仲間で共有して，本日の授業を終わりにします。

夏草―「おくのほそ道」から／俳句と俳諧／つながる古典／古典名作選 （4時間）

1　単元の目標・評価規準

・歴史的背景などに注意して古典を読むことを通して，その世界に親しむことができる。
〔知識及び技能〕(3)ア

・長く親しまれている言葉や古典の一節を引用するなどして使うことができる。
〔知識及び技能〕(3)イ

・文章の種類を選択し，読み手を説得できるように論理の展開などを考えて，文章の構成を工夫できる。
〔思考力，判断力，表現力等〕B(1)イ

・文章を読んで考えを広げたり深めたりして，人間，社会，自然などについて，自分の意見をもつことができる。
〔思考力，判断力，表現力等〕C(1)エ

・言葉がもつ価値を認識するとともに，読書を通して自己を向上させ，我が国の言語文化に関わり，思いや考えを伝え合おうとする。
「学びに向かう力，人間性等」

知識・技能	歴史的背景などに注意して古典を読むことを通して，その世界に親しんでいる。 ((3)ア)
	長く親しまれている言葉や古典の一節を引用するなどして使っている。 ((3)イ)
思考・判断・表現	「書くこと」において，文章の種類を選択し，読み手を説得できるように論理の展開などを考えて，文章の構成を工夫している。 (B(1)イ)
	「読むこと」において，文章を読んで考えを広げたり深めたりして，人間，社会，自然などについて，自分の意見をもっている。 (C(1)エ)
主体的に学習に取り組む態度	学習課題に沿って「おくのほそ道」を読み，粘り強く芭蕉の思いを捉えようとしている。
	今までの学習を生かして古典の紹介文を作成し，進んで紹介しようとしている。

2　単元の特色

教材の特徴

　松尾芭蕉の代表作「おくのほそ道」は，今までの古典の学習を踏まえて学ぶにふさわしい作品である。漢語を多く用いた漢文調の文章。対句が多用された文。格調高い名文。それらを音読を通して十分に味わわせる学習活動を行う。

　省略の多い冒頭は，現代語訳を参照しながら，「平泉」の場面は脚注を参考にしながら読ん

でいく。難解な箇所もあるが，「『おくのほそ道』俳句地図」や資料集の地図なども参考にしながら読み進める。芭蕉の旅への思い，「高館」「光堂」での思いなども，歴史的背景をもとに読み深めていく。

身に付けさせたい資質・能力

作者や作品についての興味をもち，文章が書かれた背景に着目し，こめられた作者の思いを想像して鑑賞する。紀行文として，俳句だけでなく地の文にも様々な表現技法が使われ，現代語訳にはおさまらない芸術性の高い作品でもある。だからこそ，注釈も参考にしてその世界に親しむ態度を養っていく。一言一句現代語訳するのではなく，大まかな意味を捉えた上で，旅への芭蕉の思いを味わわせていく。

また，古典を学習し始める小学校5年生への紹介文を書くことで，その内容を深く学ばせていく。小学校5年生に説明するためには，作品の直訳を読み上げるだけでは理解させられない。そのため，自分の言葉で説明することが必要になり，表現技法なども理解しておく必要がある。そうした言語活動を通して，より深い学びとしていく。

3 学習指導計画（全4時間）

次	時	○主な学習活動	☆指導上の留意点　◆評価規準
一	1・2	○本文1を音読する。 ○本文2を音読する。 ・口語訳を聞きながら，本文を追っていく。 ・ペア，グループで繰り返し音読する。 ・脚注や資料集を読みながら，大まかな内容を捉える。 ○ NHK for School（「おくのほそ道」）を鑑賞する。 ○芭蕉の旅への思いを考える。 ・現代の旅への思いと比べて考える。 ○「高館」「光堂」で，芭蕉が感じたことを考える。 ・歴史的背景も参考にしながら考える。	☆二次元コードを活用させる。 ◆繰り返し音読しながら本文を捉え，芭蕉の思いを想像しようとしている。【主】 ☆自分の旅行と比較させて考えさせる。 ◆芭蕉の「旅」についての思いを読み取り，現代の「旅」がもつ意味と比較している。【思・判・表】 ☆「春望」や脚注を参考にさせる。
二	3	○俳句を味わい，心に響く一句を選ぶ。 ・「おくのほそ道」俳句地図を参考に，俳句を読む。 ○学習を振り返る。	◆「おくのほそ道」の俳句を読み，粘り強く芭蕉の思いを捉えようとしている。【主】
三	4	○小学生に紹介する文を作る。 ・今まで学習した「万葉集」「古今和歌集」「新古今和歌集」「おくのほそ道」から好きなものを選ぶ。 ○自分がその作品を選んだ理由をまとめる。	☆小学校5年生に紹介することを考えさせ，分かりやすい説明を考えさせる。 ◆小学5年生にふさわしい文章の種類を選び，構成を工夫して文章を書いている。【思・判・表】 ◆今までの学習を生かして，古典の紹介文を5年生にも分かるように作成しようとしている。【主】

夏草―「おくのほそ道」から／
俳句と俳諧／つながる古典／古典名作選

1・2
4時間

指導の重点

・音読を通して芭蕉の思いを想像させる。

本時の展開に即した主な評価規準例（Bと認められる生徒の姿の例）

・繰り返し音読しながら本文を捉え、芭蕉の思いを想像しようとしている。【主】
・芭蕉の「旅」についての思いを読み取り、現代の「旅」がもつ意味と比較している。【思・判・表】

生徒に示す本時の目標

　繰り返し音読しながら本文を捉え、芭蕉の思い
を想像しよう

1　学習課題の把握

○学習課題を提示し、「おくのほそ道」の概略を
　把握させる。
○教科書 p.164や資料集を使って、作者と作品に
　ついて理解させる。
Ｔ：今日からは松尾芭蕉の「おくのほそ道」につ
　いての学習を行います。この作品や、松尾芭蕉
　について知っていることを挙げてください。
　（生徒の発言）
　　教科書 p.164や資料集を見て、当時の様子や
　芭蕉がどのような人だったかを理解しましょう。
　また、この作品は紀行文ですが、みなさんは
　「旅行」と聞くとどのようなイメージがありま
　すか。（何人かに答えさせる）そんなイメージ
　と、芭蕉の旅への思いとを比較してみましょう。

2　音読する

Ｔ：まず冒頭の読み方を確認していきましょう。
　歴史的仮名遣いだけでなく、どこで切れるか、
　また漢語や対句なども使われているので注意し
　ながら読めるとよいですね。

○教師の範読。あるいは、二次元コードの朗読を
　確認させる。
Ｔ：では、全員で音読していきましょう。（全員
　での音読）次に、グループで音読しましょう。
○漢文調の文章や対句など、今までの学習を想起
　させながら、音読を楽しむことができる学習活
　動とする。
Ｔ：次に p.162　2の部分の読み方を確認してい
　きましょう。こちらも、対句などに着目しなが
　ら読んでいきましょう。

ポイント　音読を重視する

　ペア、グループ、全体など、繰り返し音読
させながら、漢文調の文章のリズムを味わわ
せたい。また、二次元コードも活用し、家で
の課題としたり、暗唱させたりするのもよい。

3　芭蕉の思いを捉える

Ｔ：次に内容を捉えていきましょう。まず、冒頭
　部分です。現代語訳を参考にしながら、話の内
　容を理解し、芭蕉の旅への思いを考えていきま
　す。では、現代語訳を読みながら、内容がよく
　分からないところに線を引きましょう。辞書や
　タブレットで調べたり、資料集を読んだりしな

準備物：資料集，辞書

【板書】

夏草――「おくのほそ道」から

本時の目標
繰り返し音読しながら本文を捉え、
芭蕉の思いを想像しよう

○音読しよう
　漢文調、リズム、対句が多い
○芭蕉の思いを捉えよう
　・旅への思い

・「高館」「平泉」で芭蕉が感じたこと

振り返り
　音読をする
　・すらすら読めたか
　・芭蕉の思いを想像しながら
　　読めたか

がら内容を捉えてください。

○10分程度時間を取り，個人で調べさせ，分からないところに線を引かせる。

Ｔ：グループで分からないところを話し合いながら，考えてみましょう。

Ｔ：内容を把握できたでしょうか。ここで「おくのほそ道」についての映像を見ましょう。

○NHK for School や，デジタル教科書などの映像で内容を把握する。

Ｔ：芭蕉の旅への思いを考えましょう。芭蕉の旅への気持ちが読み取れる部分に線を引きましょう。

○「古人も多く旅に死せるあり」「白川の関越えむと」「住めるかたは人に譲りて」などに着目させる。また，既習の西行法師の和歌や漢詩などを想起させる。

Ｔ：授業の最初に「旅行」についてのイメージを聞きました。芭蕉の旅は現代とはずいぶん違いますね。

Ｔ：今度は2の平泉の場面です。ここは，現代語訳はありません。注釈を読んだり，地図を見たり，辞書やタブレットで調べたり，資料集を読んだりしながら，内容を把握していきましょう。芭蕉が「高館」や「光堂」で感じたことは，ど

のようなことでしょう。

○漢詩「春望」，「涙を落としはべりぬ」「しばらく千歳の記念とはなれり」などに着目させる。

ポイント　歴史的背景を踏まえる
　旅に対する古人の生き方への憧れ，「春望」に見る人間の営みのはかなさと自然の悠久さ，残り続けている「光堂」など，芭蕉の感動を歴史的背景を踏まえた上で考えさせていく。

4　本時のまとめ

Ｔ：芭蕉の思いを考えながら，最後にもう一度音読をしましょう。

　次回は，芭蕉の俳句を読み，心に響く俳句を探しましょう。

夏草—「おくのほそ道」から／
俳句と俳諧／つながる古典／古典名作選

③ 4時間

指導の重点
・俳句を読んで作者の思いを捉えさせる。

本時の展開に即した主な評価規準例（Bと認められる生徒の姿の例）
・「おくのほそ道」の俳句を読み，粘り強く芭蕉の思いを捉えようとしている。【主】

生徒に示す本時の目標
　「おくのほそ道」の俳句を読み，芭蕉の思いを捉えよう

1　俳句の音読
○冒頭の1にある「草の戸も〜」，2にある「夏草や〜」など紀行文中の俳句，「『おくのほそ道』俳句地図」にある俳句を音読する。
Ｔ：今日は，芭蕉の俳句に焦点を当てて，芭蕉の思いを捉えていきます。前回，地の文の中から捉えた芭蕉の思いも，俳句を読むことでより強く理解できると思います。その中で，自分の一番好きな俳句を選んでいきましょう。
○範読後，全体，ペア，個人で俳句を音読する。

2　本文中の俳句を確認する
○すでに前時までに捉えた芭蕉の思いを，俳句があることで，より鮮明になることを理解させる。
Ｔ：まずは，紀行文中の俳句に焦点を当てます。「おくのほそ道」は，旅をしたその場で書かれたものではありません。長い年月をかけて，推敲に推敲を重ねた上で，格調高い文章に仕上げています。そんな俳句から，芭蕉の思いを，より鮮明にしていきましょう。

ポイント　推敲を重ねた俳句
　芭蕉は幾度も俳句を推敲して完成させた。デジタル教科書にも，重ね張りが分かる映像がある。そういう資料を活用しながら，極限までに考え抜かれた十七音であることを意識させる。

○「草の戸も〜」地の文に書かれた旅立ちへの思いと重ねて読ませる。
○「夏草や〜」「春望」の引用を踏まえた上で，藤原氏の栄華と人生の無常，自然と人工，力強さとはかなさなどを考えさせる。
○「五月雨の〜」「夏草や〜」とは対照的に人工的に守られ「千歳の記念」となった光堂への感動を読み取らせる。

発展
　「五月雨の降り残してや光堂」や「閑かさや岩にしみ入る蝉の声」の推敲過程をデジタル教科書等で示し，自分の受ける印象がどのように変わるのか，考えさせる授業もできる。

夏草─「おくのほそ道」から

本時の目標
「おくのほそ道」の俳句を読み、芭蕉の思いを捉えよう

○ 俳句の音読
○ 本文中の俳句
・「草の戸も住み替はる代ぞ雛の家」
・旅立ちへの思い
・「草の戸」=「雛の家」…対比
「夏草や兵どもが夢の跡」
・「夏草」「兵」「夢の跡」
・自然と人工、はかなさ
「五月雨の降り残してや光堂」
・千歳の記念→人工
○「俳句地図」→芭蕉の思い

まとめ
① ナンバー1俳句と理由
② 芭蕉の思い→どこから
   伝わるか
③ 文章だけと比べて

振り返り
・学んだこと
   和歌との違い

---

3 「『おくのほそ道』俳句地図」の俳句を捉える

Ｔ：では、俳句地図にある俳句を見ていきましょう。季語と切れ字を確認します。（季語、切れ字等の確認。）

○句の季語や切れ字を旅程に沿って確認していく。「蛤の～」の句では、「ふたみ」の掛詞についても触れる。また「蛤」が、対になる貝殻がぴったりと重なる二枚貝であるため、ひな祭りのお吸い物などに縁起物として使われることなども教えたり、調べさせたりするとよい。そうすることで、二人の別れをより深く理解させることができる。

Ｔ：タブレットや資料集を使い、地の文も読みながら、芭蕉の思いを想像していきましょう。

○時間省略のため、用意した資料を提示したり、タブレット等で配布してもよい。

Ｔ：それらの俳句の中で、みなさんが印象に残ったものはどれですか。

4 まとめと振り返り

Ｔ：本日のまとめに入ります。まず、自分の一番好きな俳句を選んで、選んだ理由と共に記入しましょう。次に、そこから想像される芭蕉の思いを書きます。特に、どのような言葉から、その思いが伝わったか書きましょう。最後に、俳

句があることで、地の文章だけと比べてどのように印象が変わるのか、考えて書いてみましょう。

○この記述を、主体的に学習に取り組む態度の評価材料とする。粘り強さを測るために、俳句があることでどのように印象が変わるのかを、書かせる。

Ｔ：グループで交流して、他の人がどのように捉えたか、見てみましょう。また、地の文だけと比べてどのように印象が変わるか、話し合ってみましょう。

Ｔ：最後に振り返りです。今回の俳句で学んだこと、特に和歌との違いなどに触れて書いてみましょう。

○形式だけでなく、和歌との違いを書かせることで、次時につなげていく。

和歌……俳句より字数が多い分、表現技法が多く使われる。また、心情が読まれている歌が多い。

俳句……十七音と短いため、言い尽くせない思いを切れ字で補う。（「俳句の可能性」との関連。）季語があり、情景が歌われることが多い。恋の俳句は、現代になるまで少ない。

4 （4時間）　夏草—「おくのほそ道」から／
俳句と俳諧／つながる古典／古典名作選

指導の重点

・和歌や俳句の紹介文を書かせる。

本時の展開に即した主な評価規準例（Bと認められる生徒の姿の例）

・小学5年生にふさわしい文章の種類を選び，構成を工夫して文章を書いている。【思・判・表】
・今までの学習を生かして，古典の紹介文を5年生にも分かるように作成しようとしている。【主】

生徒に示す本時の目標

　小学5年生にも分かりやすい古典の紹介文を書こう

1　学習課題の把握

○今までの学習を生かして，小学校5年生にも分かるように古典を紹介する文章を書くことを目標とする。初めて古典を習う小学5年生に伝えることを意識して書かせたい。　⬇ WS

T：今日は古典のまとめの授業となります。今まで，三つの和歌集と「おくのほそ道」の学習をしてきました。また，和歌や俳句など韻文についても学習してきました。この中から，初めて古典を勉強する小学5年生が，暗唱するとしたら，どの和歌・俳句がいいでしょうか。その和歌や俳句についての説明，それを選んだ理由，また，それらが収められている歌集や作品についての紹介もしましょう。

ポイント　小学5年生に暗唱させる

　小学5年生という，初めて古典に触れる児童にどう紹介するか。また，暗唱するために，と考えることがポイントとなる。文章は相手意識，目的意識をもたせた上で書かせる。そこで，今までの音読の学習や古典の学習を生

かすよう指導する。

2　暗唱させたい韻文を選ぶ

T：では，小学5年生に暗唱させたい和歌や俳句を選びましょう。なぜ，それを選んだかが大切です。また，その和歌や俳句が載っている歌集や文章にも触れて，説明しましょう。

○選んだ「和歌」「俳句」と，その理由を書く。音読にふさわしいものを，自分の言葉で考えさせたい。（「憶良らは〜」…「らむ」の繰り返しでリズミカルである。小学生も楽しんで読めるだろう。など）

○相手が小学5年生であることを意識して，歌や俳句，歌集や「おくのほそ道」の説明を考えさせたい。

○できた作品は，連携の小学校等に実際に渡せるとよい。「初めての古典—暗唱するなら」などとしてまとめ，小学校のクラスに一〜二冊ずつ置いてもらうのもいいだろう。

3　交流する

T：誤字脱字や，主語述語のねじれがないか，など基本的な推敲は自分でしましょう。

準備物：ワークシート

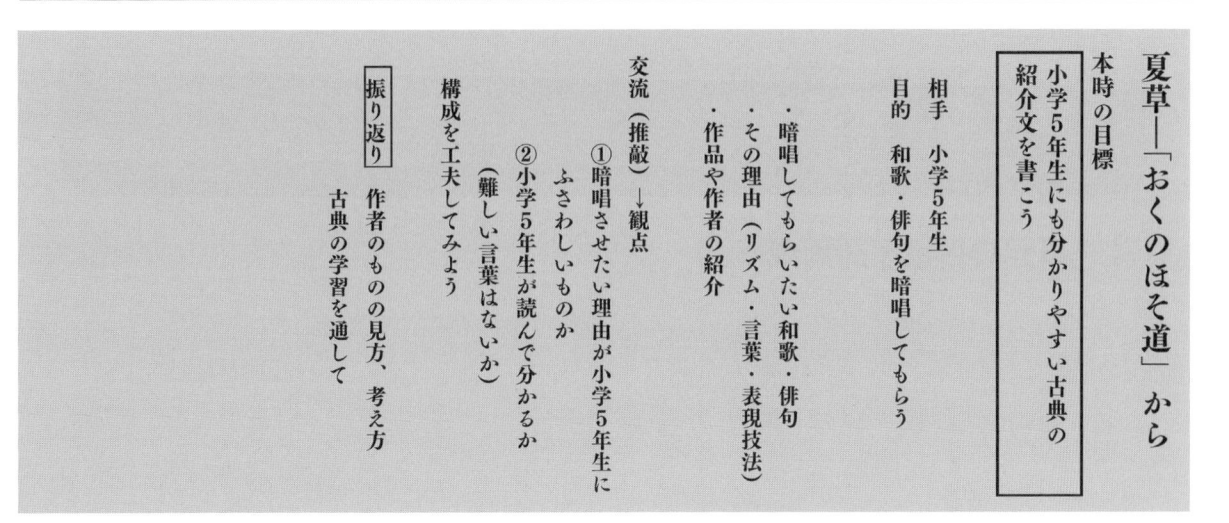

夏草―「おくのほそ道」から

本時の目標
小学5年生にも分かりやすい古典の紹介文を書こう

相手　小学5年生
目的　和歌・俳句を暗唱してもらう

・暗唱してもらいたい和歌・俳句
・その理由（リズム・言葉・表現技法）
・作品や作者の紹介

交流（推敲）→観点
①暗唱させたい理由が小学5年生にふさわしいものか
②小学5年生が読んで分かるか（難しい言葉はないか）
構成を工夫してみよう

振り返り　作者のものの見方、考え方
古典の学習を通して

○次に四人グループで紹介文を読み合い，小学5年生に分かりやすい文章になっているか。今までの音読の学習を生かして，小学5年生が暗唱したいものになっているかを確認し合う。

T：それでは，自分たちが書いたものを読み合って，よりよいものになるよう，お互いにアドバイスしましょう。推敲の観点は次の二つです。

　1　暗唱させたい理由が小学5年生にふさわしいものになっているか。

　2　小学5年生が読んで分かる文章になっているか。（難しい言葉の説明はないか。）

4　交流を参考に再構築する

T：アドバイスをし合ったら，それをもとに再度構成や表現を工夫してみましょう。和歌や俳句の説明をどこにもっていくのか，歌集や作品の説明は最初がいいのか，後がいいのか，問いかけや比喩などの工夫をするか，分かりやすいように接続詞が使われているか，などを考えて，よりよい文章にしてみましょう。

○交流でもらったアドバイスをもとに，構成や表現の工夫を考えて，再構築する。

5　振り返り

○最後に古典全体を通した振り返りを行う。

T：単元の振り返りを行います。「おくのほそ道」を読んで，作者のものの見方，考え方について自分が考えたことを書きましょう。また，古典の学習を通して，どのようなことを学びましたか。現代の私たちや，自分の経験と比較しながら振り返りをしていきましょう。

それでも，言葉を　　　　　　　　　　（4時間）

1　単元の目標・評価規準

・具体と抽象など情報と情報との関係について理解を深めることができる。

〔知識及び技能〕(2)ア

・文章を批判的に読みながら，文章に表れているものの見方や考え方について考えることができる。　　　　　　　　　　〔思考力，判断力，表現力等〕C(1)イ

・文章を読んで考えを広げたり深めたりして，人間，社会などについて，自分の意見をもつことができる。　　　　　　　　　　〔思考力，判断力，表現力等〕C(1)エ

・言葉がもつ価値を認識するとともに，読書を通して自己を向上させ，我が国の言語文化に関わり，思いや考えを伝え合おうとする。　　　　「学びに向かう力，人間性等」

知識・技能	具体と抽象など情報と情報との関係について理解を深めている。　　　((2)ア)
思考・判断・表現	「読むこと」において，文章を批判的に読みながら，文章に表れているものの見方や考え方について考えている。　　　　　　　　　　　　　　　　　(C(1)イ) 「読むこと」において，文章を読んで考えを広げたり深めたりして，人間，社会などについて，自分の意見をもっている。　　　　　　　　　　　(C(1)エ)
主体的に学習に取り組む態度	言葉や社会，人間などについて進んで自分の意見をもち，今までの学習を生かして理解したことや考えたことについて交流したり文章にまとめたりしようとしている。

2　単元の特色

教材の特徴

　言葉の無力さや攻撃性などの「惨状」に接しながらも，言葉の可能性を信じている筆者の考えに触れることを通して，社会を生き抜いていく中学生が，言葉との向き合い方について考えを深めることができる教材である。筆者の考えを批判的に読み，これをきっかけに自身の言葉との接し方を振り返り，またメディア等における言葉の現状に改めて目を向けることで，言葉の重みや価値を自覚させることができると考える。筆者の考えに対する自分の意見をもたせ，他者との意見交流を複数回位置付けることで，文章に対する見方・考え方を広げたり深めたりすることをねらいとし，本単元を設定する。

身に付けさせたい資質・能力

筆者の言葉に対する見方・考え方とそれを支える具体的な事例等をまとめることにより、情報を整理し、抽象的な概念への理解を深めさせる。また、自分自身の生活における言葉との向き合い方を振り返らせることで、筆者のものの見方や考え方について自分の考えをもたせる。さらに、他者と意見を交流し、自分の考えを広げたり深めたりできる資質・能力を育成する。

3 学習指導計画（全4時間）

次	時	○主な学習活動	☆指導上の留意点　◆評価規準
一	1	○題名から作品の内容を想像する。 ○言葉について日頃から気になっていることをワークシートに書き出し、ペアで確認する。 ○作品を通読し、論の展開に沿って筆者の考えを捉え、納得や共感もしくは疑問点や文意が分からないところを明らかにする。 ○通読前と通読後のワークシートの記述を振り返り、自身の言葉への向き合い方や日頃感じていることを意識化する。	☆題名に続く言葉を想像し、学習に期待をもたせるようにする。 ☆書き出せない生徒には、SNSや学習用タブレット等使用時に気を付けていることや、他者とのやり取りで感じていることを想起させる。 ◆文章を批判的に読みながら、筆者のものの見方や考え方について理解を深めている。【思・判・表】 ◆言葉について進んで自分の考えをもち、考えたことを文章にまとめようとしている。【主】
二	2	○文章中の表現について、自分の言葉で置き換えたり具体的な事例を挙げたりしながら、筆者の言葉に対する見方・考え方・感想を深める。	☆具体的な文章中の表現を取り上げ、筆者の表現の意味を自分の言葉で置き換えるなどして、理解の深化を促す。 ◆筆者の抽象的な表現を身の回りの具体的な事象に置き換えて考える等の活動を通して、筆者の考えについて理解を深めている。【知・技】 ◆言葉との向き合い方を照らし合わせながら自分の考えと筆者の考えを照らし合わせながら、筆者のものの見方や考え方について考えている。【思・判・表】
	3	○新聞記者になったつもりで、新聞や書籍、雑誌やインターネットサイト等、自分の身の回りから紹介したい言葉の一節を取り上げて「言葉のコラム」を書き、タブレット等を活用して読み合う。	☆自分が選択した言葉の一節を読んで考えを広げたり深めたりして、人間、社会などについて、自分の意見を「言葉のコラム」に表している。【思・判・表】 ◆言葉や社会、人間などについて進んで自分の意見をもち、今までの学習を生かして理解したことや考えたことについて「言葉のコラム」にまとめようとしている。【主】
	4	○「言葉のコラム」を読み合い、感想を書く。 ○学習の振り返りをする。	☆他者が取り上げた言葉の一節とそれに対する見方・考え方を読み合い、感想を書かせることで、言葉に対する見方・考え方を広げる機会とする。 ◆言葉や社会、人間などについて進んで自分の意見をもち、今までの学習を生かして理解したり考えたことについて交流したりした文章にまとめようとしている。【主】

指導の重点

・文章を批判的に読んで，筆者のものの見方や考え方について考えさせる。

本時の展開に即した主な評価規準例（Bと認められる生徒の姿の例）

・文章を批判的に読みながら，筆者のものの見方や考え方について理解を深めている。【思・判・表】
・言葉について進んで自分の考えをもち，考えたことを文章にまとめようとしている。【主】

生徒に示す本時の目標

　文章を読んで，筆者のものの見方や考え方を捉えよう

1　題名から作品の内容を想像する

○「それでも，言葉を」に続く言葉を考えることで，文章の内容に興味と期待をもたせる。
　〈生徒の考えの例〉
　・使いたい・信じたい・大切にする・知りたい・つないでいく　等

2　本単元及び本時の目標を確認する

○本単元は，哲学者である筆者の言葉に対する見方・考え方について，自分の身の回りの生活や経験に置き換えて内容を捉えることで筆者の主張や考えを理解すると共に，それに対する自分の意見や考えをもつ力を身に付けるための学習であることを理解させる。

3　言葉について日頃から気になっていることを書き出す

○日常生活の中で，気になっている言葉のやり取りや，インターネットやテレビ等のメディアで気になっていることをワークシートに書き出させる。　⬇ WS

○SNS等のやり取りやインターネット上の書き込みなど具体的な内容を想起させる。必要があればタブレット等を活用し，実際のウェブページのコメント等を閲覧させる。

> **ポイント　自分事として捉える**
>
> 　これまでの日常生活における友人や家族等との言葉によるやり取りの中で，人を傷つける言葉，人を楽しませる言葉，他人に不快な思いを抱かせる言葉等，自分の経験を想起させ，ワークシートにまとめさせる。

4　筆者の主張に対する「共感」と「疑問」をまとめる

○本文を通読する。生徒には，筆者の考えに納得したり共感したりしたところには直線のサイドラインを，疑問に思ったり分からなかったりしたところには波線のサイドラインを引きながら読ませる。

Ｔ：本文を通読しながら，筆者の考えに納得したり共感したりしたところには直線のサイドラインを，筆者の考えに対し疑問に思ったり分からなかったりしたところには波線のサイドラインをそれぞれ書き込みながら読みましょう。

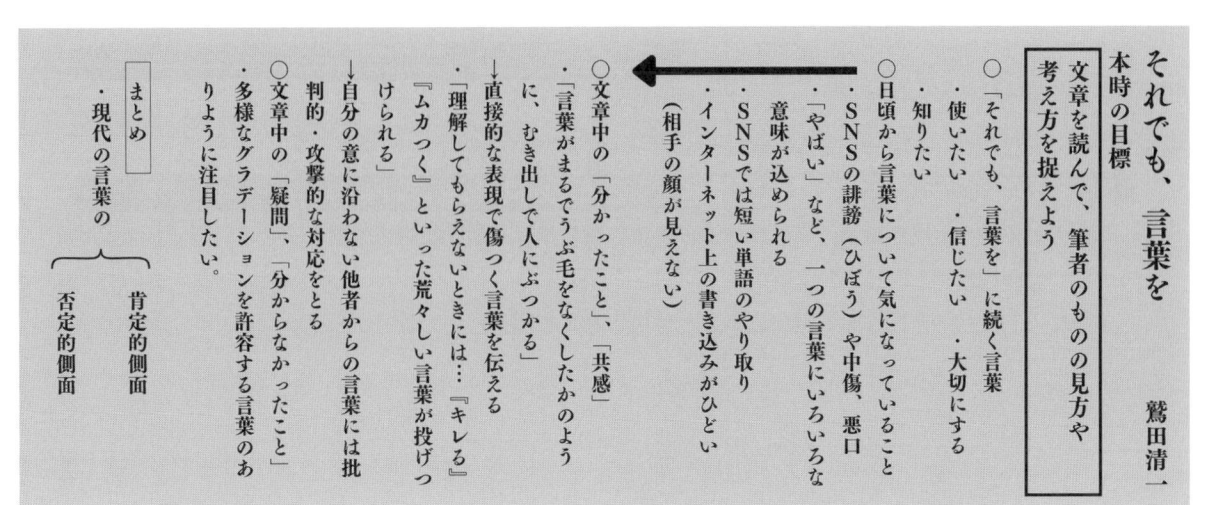

〇四人組のグループになり，サイドラインを引いた箇所について発表し合い，それぞれの意見に対する考えを話し合うことで，一人一人の見方・考え方を広めさせる。

〈生徒の考えの例：納得や共感した箇所〉

・「言葉がまるでうぶ毛をなくしたかのように，むき出しで人にぶつかる」
　→直接的な表現で傷つく言葉を伝える　など

・「声を上げたところで何も変わらない」
　→少数派の言葉が受け入れられない事実など

・「漠然とした不安のためか，絶えずしゃべりまくる，書き込みをしまくる」
　→インターネット上の情報に批判的な書き込みをする　など

・「理解してもらえないときには…『キレる』『ムカつく』といった荒々しい言葉が投げつけられる」
　→自分の意に沿わない他者からの言葉には批判的・攻撃的な対応をとること　など

〈生徒の考えの例：疑問に思った箇所等〉

・「『言葉の肌理』となって現れる」

・「言葉の制圧に対して，高度な当てこすりやアクロバティックな手法で抵抗してきたのも言葉だった」

・「触れるか触れないかのあわいで探り合う言葉」

ポイント　自分の言葉や体験に置き換える

　文章中の表現を，自分の言葉で言い換えて友達に説明したり，具体的な事柄を挙げて話し合ったりする中で，筆者の考えや主張について理解を深める。

5　本時の振り返り

〇通読前と通読後のワークシートの記述を比較し，学習前の自身の言葉に対する向き合い方と，筆者の言葉に対する向き合い方について共通点や相違点を確認する。

〇次時は，波線のサイドラインを引いた表現を中心に学習を深めることを予告する。

② それでも，言葉を

2 / 4時間

指導の重点

・文章を読んで，文章に表れているものの見方や考え方について考えさせる。

本時の展開に即した主な評価規準例（Bと認められる生徒の姿の例）

・筆者の抽象的な表現を身の回りの具体的な事象に置き換えて考える等の活動を通して，筆者の考えについて理解を深めている。【知・技】

・言葉との向き合い方について自分の考えと筆者の考えを照らし合わせながら，筆者のものの見方や考え方について考えている。【思・判・表】

生徒に示す本時の目標
　筆者の考えや主張を読み取り，分かったことや考えたことを自分の言葉で説明しよう

1　学習課題の把握
○前時に波線のサイドラインを引いた箇所を中心に筆者特有の表現を取り上げ，自分の言葉に置き換えたり具体例を用いたりしながら筆者の見方・考え方を理解する学習であることを理解させる。

2　筆者の見方・考え方の理解
○前時に波線のサイドラインを引いた表現をワークシートに書き出し，具体的な事例を挙げたり自分の言葉に置き換えたりしながら，筆者の言葉に対する見方・考え方を捉えさせる。

Ｔ：波線でサイドラインを引いた箇所の中で，掘り下げて考えたい部分を三つ取り上げ，ワークシートに書き抜き，自分の言葉や具体的な事例に置き換えて考えてみましょう。

〈生徒の考えの例〉
　・p.174「わからないものに，わからないまま向き合い続けるその知的耐性がない。」

　→分かるまで考えてみる，分かるまで見守ってみるという我慢強さがないということ。

・p.175「言葉の制圧に対して，高度な当てこすりやアクロバティックな手法で抵抗してきたのも言葉だった。」

　→社会情勢等への批判を，それと分からないよう皮肉めいた遠回しの表現をしたり，一見しただけでは本意が伝わりにくい表現方法を用いたりしたこと。

ポイント　抽象的な概念の理解
　筆者の見方・考え方が表れている重要な言葉として以下が考えられる。
・言葉の「惨状」（p.172）
・言葉の「暴力と無力」，「横暴と喪失」（p.173）
・「言葉の肌理」（p.174）
・多様なグラデーションを許容する言葉（p.175）
・言葉の「贈り物」，「支え」（p.176）
　この場で生徒が取り上げない場合は，授業者が導くことが必要になる。
〈生徒の考えの例〉
・「惨状」…露骨な差別や捨てぜりふ，居直り，言い逃れやごまかしのような暴力的な

準備物：前時のワークシート

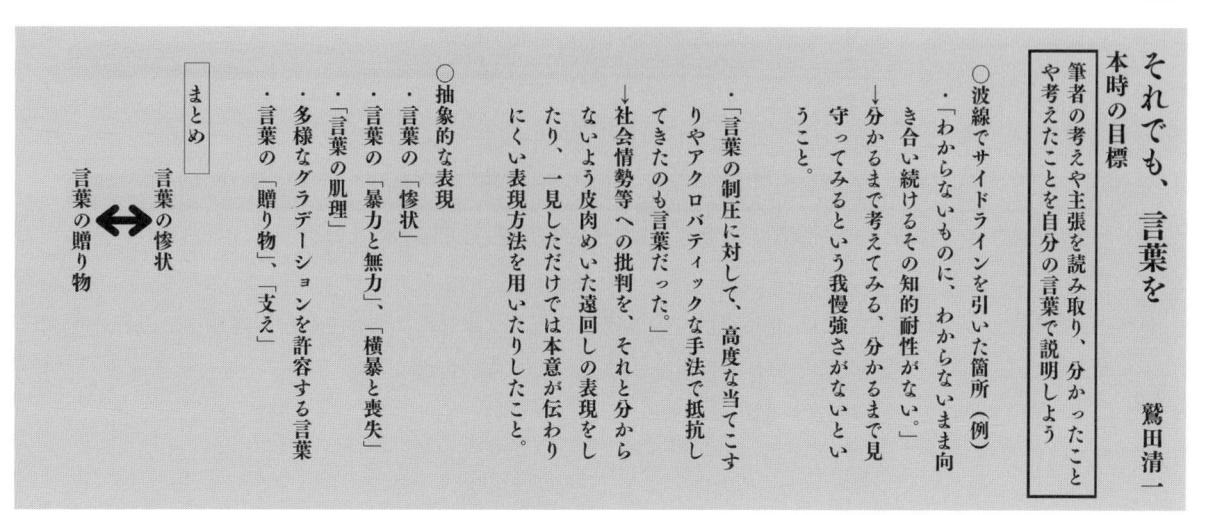

板書例（縦書き）の内容：

それでも、言葉を　　鷲田清一

本時の目標
筆者の考えや主張を読み取り、分かったことや考えたことを自分の言葉で説明しよう

○波線でサイドラインを引いた箇所（例）
・「わからないものに、わからないまま向き合い続けるその知的耐性がない。」
→分かるまで考えてみる、分かるまで見守ってみるという我慢強さがないということ。
・「言葉の制圧に対して、高度な当てこすりやアクロバティックな手法で抵抗してきたのも言葉だった。」
→社会情勢等への批判を、それと分からないよう皮肉めいた遠回しの表現をしたり、一見しただけでは本意が伝わりにくい表現方法を用いたりしたこと。

○抽象的な表現
・言葉の「惨状」
・言葉の「暴力と無力」「横暴と喪失」
・「言葉の肌理」
・多様なグラデーションを許容する言葉
・言葉の「贈り物」、「支え」

まとめ
言葉の惨状 ↔ 言葉の贈り物

言葉，何を言っても聞いてもらえない少数意見，ダメなことをダメと言えない社会，見て見ぬふりをして言葉を発しない状況などの言葉の無力さを，日常生活や報道で頻繁に目にすること。
・「多様なグラデーション～」…直接的な表現を避けたり，白黒の明言を避けたり，言葉の間を大切にしたりと，言葉のあいまいさや多義性が認められる社会のこと。
○生徒により理解度が大きく異なる学習であることも予想されるため，机間指導及び個別指導を多めに行うことにより，全く学習に参加できない生徒が出ないように支援する必要がある。

の期待などについての筆者の考えが書かれており，そこには，言葉に対する肯定的な見方・考え方が表れていることに気付かせる。

4　本時のまとめ
○自分が疑問に思ったこと，さらに深めたいと思ったこと，また，文章中の抽象的な表現について，具体的な事例に置き換えて考えてみたり自分の言葉に言い換えて表現したりする活動を通して，筆者の言葉に対する見方・考え方を読み取ることができたことを確認させる。
○筆者は言葉の現状について否定的に見ていると共に，言葉に対する期待や希望などについても言及していることに気付かせる。

3　考えの共有
○四人組のグループになり，ワークシートの記述を発表し合わせる。取り上げなかった表現についてメモを取りながら共有させる。
○各グループの代表者に話し合ったことを簡潔に発表させ，全体に共有させる。自分のグループで出なかった意見はワークシートに書き足すよう指示する。
○p.175以降は，言葉のこれまでの功績や今後へ

それでも，言葉を

指導の重点

・言葉についてのコラムを書かせる。

本時の展開に即した主な評価規準例（Bと認められる生徒の姿の例）

・自分が選択した言葉の一節を読んで考えを広げたり深めたりして，人間，社会などについて，自分の意見を「言葉のコラム」に表している。【思・判・表】
・言葉や社会，人間などについて進んで自分の意見をもち，今までの学習を生かして理解したことや考えたことについて「言葉のコラム」にまとめようとしている。【主】

生徒に示す本時の目標

　自分が同級生に紹介したい言葉の一節を取り上げ，「言葉のコラム」を書こう

1　学習課題の把握

○言葉の価値や可能性，言葉を吟味したり熟考したりする楽しさを他の学級や他学年の生徒に広めるため，新聞や書籍，雑誌やインターネットサイト等，自分の身の回りから，ぜひ同級生に紹介したい言葉の一節を取り上げて，新聞記者になったつもりで「言葉のコラム」を書き，最終的に「○○中学校　言葉のコラム集」としてまとめることを理解させる。

Ｔ：p.177を見てください。新聞に掲載されているコラムの一部です。コラムには，筆者が書籍等で出合った誰かの言葉の一節を引用し，筆者の見方・考え方を添える形で書かれています。これを参考に，みなさんも新聞記事や書籍，インターネットサイトから，同級生にぜひ知ってもらいたい言葉の一節を引用し，自分の見方・考え方を添えて「言葉のコラム」を書いてみましょう。最終的には皆さんのコラムを一冊の冊子にまとめ，「○○中学校　言葉のコラム集」として他の学級はもちろん，他の学年や先生たちにも見てもらおうと思います。心に留まった一節を探し，自分の考えを発信しましょう。

2　言葉の一節を探す

○学校図書館や学校にある新聞や書籍，又は生徒が持参した新聞・書籍，タブレット等を活用し，取り上げる言葉の一節を決定させる。
○生徒は，本文中で取り上げられた，言葉の「惨状」又は言葉の「贈り物」どちらかの観点で言葉の一節を取り上げてくると予想される。今回の「言葉のコラム」は，そのどちらでもよいこととする。

ポイント　言葉の一節に対する肯定的・否定的視点

　生徒は，取り上げた言葉の一節が，自分の見方・考え方に照らし，肯定的・否定的のどちらかで捉えることが予想される。教科書に掲載されている筆者のコラムは，筆者が肯定的に捉えた言葉の一節を紹介している。しかし，生徒の中にはインターネットサイトから言葉の「暴力」，「無力」等を思わせる一節を取り上げ，それを「他人を傷つけて自分を守りたいという思考が働くのだろう。人に優しい社会でありたい。」等の自分の見方・考え方を書き記す生徒がいることが予想される。

それでも、言葉を　鷲田清一

本時の目標

自分が同級生に紹介したい言葉の一節を取り上げ、「言葉のコラム」を書こう

○○中学校　言葉のコラム集
←
同級生に紹介したい言葉の一節
（新聞、書籍、インターネットなど）

○取り上げる言葉の例
・スポーツ選手のインタビューやコメント
・著名人のインタビュー、コラム、エッセイ
・新聞記事の社説、連載記事、読者投稿記事

○「言葉のコラム」文例

○○○（情報媒体）で発言していた○○○
（発信者の情報）の言葉。
「○○○○○○○○○○（紹介したい言葉の一節）」
○○○○○○○○○○○○○○○○○○
○○○ではないか（自分の解釈や問題意識）。
○○○○○○○○○○○○○○○○○○
だろう（自分の見方・考え方）。
○○○○○○○○○したい（読者に伝えたいこと）。

〈まとめ〉
自分の言葉に対する見方・考え方を広める

今回は，自分の見方・考え方に照らし，肯定的・否定的立場のどちらでもよいこととする。

〈予想される生徒の反応（言葉の引用元）〉
・スポーツ選手のインタビューやコメント
・著名人のインタビュー，コラム，エッセイ
・新聞記事の社説，連載記事，読者投稿記事

3　「言葉のコラム」を書く

○出典を明らかにさせる。
○筆者のコラムや授業者によるコラム例等を参考にさせる。
○生徒の実態によっては，下欄のような〈「言葉のコラム」の文例〉を示すなど，生徒が課題に取り組めるような支援をする。

〈「言葉のコラム」の文例〉
○○○（情報媒体）で発言していた○○○（発信者の情報）の言葉。
「○○○○○○○○○○○○○○○○○○○○○○○○○○○（紹介したい言葉の一節）」
○○○○○○○○○○○○○○○○○○○○○○○○ではないか（自分の解釈や問題意識）。
○○○○○○○○○○○○○○○○○○○だろう（自分の見方・考え方）。

○○○○○○○したい（読者に伝えたいこと）。
○なぜその言葉を同級生に知ってもらいたいと考えたのか，その理由を簡潔に書く。

4　本時のまとめと次時の見通し

○本時は，自分が紹介したい言葉の一節を取り上げ，「言葉のコラム」を書く活動を通じて，自分の言葉に対する見方・考え方を広める活動につながったかどうかを振り返らせる。
○次時が始まる前までに，授業者が用意したインターネットクラウド上のフォルダに書いた「言葉のコラム」を保存しておくことを指示する。

$\frac{4}{4時間}$　それでも，言葉を

指導の重点

・コラムを読み合い，感想を書かせる。

本時の展開に即した主な評価規準例（Bと認められる生徒の姿の例）

・言葉や社会，人間などについて進んで自分の意見をもち，今までの学習を生かして理解したことや考えたことについて交流したり文章にまとめたりしようとしている。【主】

生徒に示す本時の目標

「言葉のコラム」を読み合い，感想を書くことで，自分の言葉に対する見方・考え方を広げよう

1　学習課題の把握

○インターネットクラウド上のフォルダにある「言葉のコラム」を，選んだ言葉の一節に対する書き手の見方・考え方が伝わるかという視点で読み合い，コメント機能を活用して感想を書かせる。

Ｔ：前回までの学習で，自分が同級生に紹介したいと思った言葉の一節を取り上げ，各自でコラム記事を書きました。本時は，インターネットクラウド上のフォルダに保存されている「言葉のコラム」を読み合い，コメント機能を使って感想を伝え合いましょう。今日までに仕上げた「言葉のコラム」は，冊子にまとめて職員室や学校図書館，他学年の各クラスに置いて，皆さんに読んでもらおうと思います。ぜひ，言葉の奥深さ，魅力を伝えられるように最後の仕上げをしましょう。

2　「言葉のコラム」を読み合う

○クラス全員で読み合い，コメント機能等を利用して感想を書かせる。

○時間や学級規模等に応じて，グループ等を活用した読み合いの活動にしてもよい。

> **ポイント　視点をもたせる**
>
> 感想を書く際は，次の二つの視点をもつように指示する。
> ①選んだ言葉の一節を読み手が目にしたとき，その言葉の背景や，言葉を発信した人物像等を想像したりするものになっているか。
> ②コラムの書き手の，言葉に対する見方・考え方（肯定的か，否定的か）が伝わるか。

3　感想の共有

○自身の「言葉のコラム」に書き加えられた他者からの感想を読ませる。

○他者からのアドバイスにより，修正すべき点が見つかればこの場で修正するように指示する。

○時間があれば，著作権に配慮したイラスト等をインターネット上から探し，自分の「言葉のコラム」に添える活動を加えてもよい。

4　単元の振り返り

○全体を通して「筆者の言葉に対する見方・考え方を踏まえ，自分の意見をもつことができた

準備物：なし

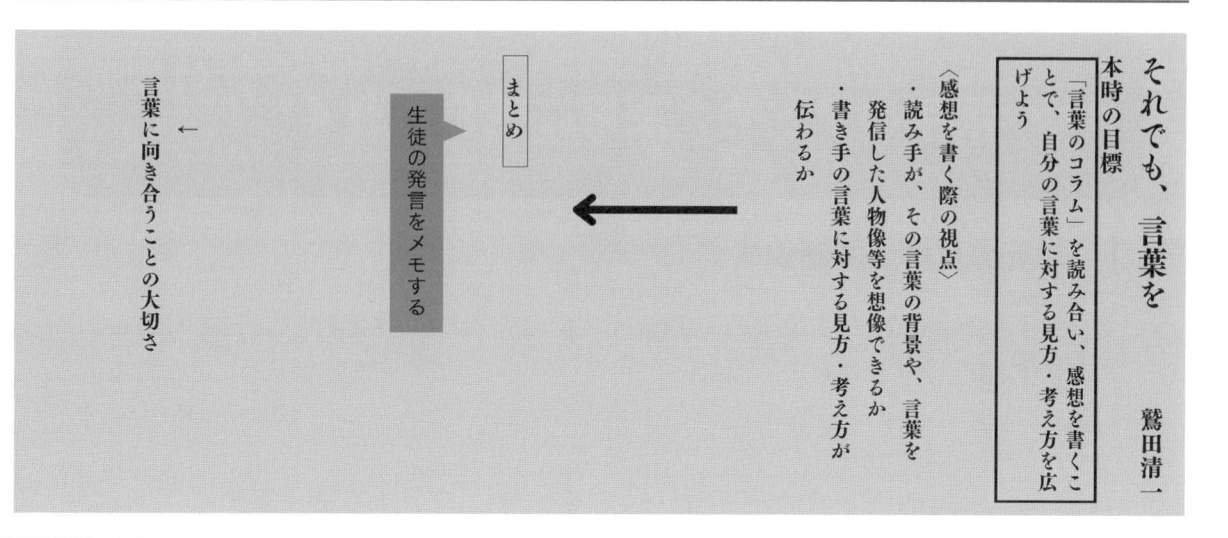

か。」ということについて振り返らせ，200字程度で書かせる。

○振り返りを書く際には，①言葉についての自分の意見，②そのように考えた背景やエピソード，の2点を踏まえて書くよう指示をする。

〈予想される生徒の考え〉

・他人の言葉やその一節について，これほどよく考えたことがなかったけれど，言葉の価値や無力さ，言葉の可能性等について考えると，言葉は大事に使う必要があると感じた。特に書き言葉は，「言葉の肌理」が相手に伝わりにくいと思う。したがって自分が伝えたい気持ちを正確に表すことができる言葉を選び，相手に届けることが必要になる。自分が使える言葉を増やし，自分の気持ちをより正確に表わせる言葉を選べるよう，しっかり学んでいきたい。（206字）

・筆者の主張のとおり，最近，乱暴な言葉を使う大人が多いと感じる。例えば，駅の中を歩いていると，年配の人が乱暴な言葉を発している人をよく見かける。思い付いた「むき出しの言葉」を発しているのだと思う。聞いた相手がどれほど悲しむか，嫌な思いをするか，想像ができないのだと考える。私は，腹が立

っている場面でも，言葉をいったん飲み込んで一呼吸おき，言葉を吟味できる大人になりたい。（184字）

・私は SNS を使うとき，正しく伝えたいことが伝わるか，いつもよく考えている。必ず読み返し，正しく伝わらないなと思ったら言葉や文章を修正することもたくさんある。より正確に伝わるような言葉を選ばないと，相手に誤解させたり，いやな気持にさせたりと，トラブルになってしまうからだ。筆者も本文で述べていたとおり，新聞や書籍をたくさん読んで，筆者の言う「言葉の森をうろつく」体験をたくさんしたいと思っている。（197字）

○何人かの生徒を指名し，振り返りの文章を読ませる。

○今後も言葉を大切にする人であってほしいという期待を伝え，単元の終わりとする。

漢字3　漢字のまとめ／漢字に親しもう４　（1時間）

1　単元の目標・評価規準

・第2学年までに学習した常用漢字に加え，その他の常用漢字の大体を読むことができる。また，学年別配当表に示されている漢字について，文や文章の中で使い慣れることができる。
〔知識及び技能〕(1)ア

・言葉がもつ価値を認識するとともに，読書を通して自己を向上させ，我が国の言語文化に関わり，思いや考えを伝え合おうとする。　「学びに向かう力，人間性等」

知識・技能	第2学年までに学習した常用漢字に加え，その他の常用漢字の大体を読んでいる。また，学年別配当表に示されている漢字について，文や文章の中で使い慣れている。((1)ア)
主体的に学習に取り組む態度	学習課題に沿って，積極的に「漢字のまとめ」問題集を創作しようとしている。

2　単元の特色

教材の特徴

　本教材は年間五回ある漢字に特化した「漢字に親しもう」の第四回と「漢字のまとめ」が組み合わされた単元であり，1年生から3年生に至るまでに漢字の学習として学んできた内容を網羅した問題が掲載されている。

　生徒にとっては総復習の意味をもつ単元ではあるが，復習だけにとどまらず，主体的に漢字に親しむ態度を養うことを目的とする。

身に付けさせたい資質・能力

　本教材では，ただ漢字の復習に取り組むのではなく，「漢字の学習を生かす」活動を行うことで，漢字に主体的かつ意欲的に取り組む姿勢を育む。

　まず，復習問題は事前課題とし，授業で答え合わせを行いながら，三年間での学習について振り返る。そして，今までに学習した内容を生かして，「総復習問題」を自ら作成していくことで，主体的に学びに向かい考える力の育成を目指す。

3 学習指導計画（全1時間）

時	○主な学習活動	☆指導上の留意点　◆評価規準
1	○本単元の目標を確認し，学習の見通しをもつ。 ○事前課題として取り組んできた pp.180-182の練習問題に対する答え合わせを行う。 ○練習問題に掲載されている学習を振り返り，それらを生かした「問題集」を創作することを確認する。 ○グループ毎に学習項目ごとの担当を決定する。 【学習項目】 ・漢字の組み立てと部首 ・漢字の成り立ち ・熟語の構成 ・漢字の音訓，同音同訓 ・送り仮名 ・熟語の読み方（重箱，湯桶，熟字訓） ・漢字の造語力 ・慣用句，ことわざ，故事成語 【条件】 ・一人あたり5問以上を創作し，答えと解説も含めて創作する。 ○創作した問題をグループで共有し，相互に実際に解き合い，難易度を調整した上で，完成品とする。 ○学習を振り返る。	☆事前に教科書の問題に取り組ませる。 ☆正解を配布し自分で採点させる。 ☆教科書の内容を説明するだけでなく，その他の例を確認する。 ☆条件に基づいて問題を創作し，解答と説明を自分のワークシートに記入させる。 ☆机間指導を行い難しく感じている生徒に対しては助言を行う。 ☆グループで共有した上で，互いに助言することを指示する。 ◆常用漢字の大体を読んでいる。また，今までの学習を活用して漢字に関する問題集を作成している。【知・技】 ◆学習課題に沿って，積極的に「漢字のまとめ」問題集を作成しようとしている。【主】

漢字3　漢字のまとめ／漢字に親しもう4

指導の重点

・常用漢字を読ませる。また，今までの学習成果を活用して漢字に関する問題集を作成できる。

本時の展開に即した主な評価規準例（Bと認められる生徒の姿の例）

・常用漢字の大体を読んでいる。また，今までの学習を活用して漢字に関する問題集を作成している。【知・技】
・学習課題に沿って，積極的に「漢字のまとめ」問題集を作成しようとしている。【主】

生徒に示す本時の目標

　今までの学習を生かした「漢字のまとめ問題集」を作成しよう

1　本時の目標を確認し，本時の流れについて説明する　📥 WS

○本時の事前課題として出していた教科書pp.180-182の練習問題の答え合わせを行う。

T：今日は今までの学習を生かした「漢字のまとめ問題集」の作成を行います。今までの学習を思い出してください。

○本時は1年生から3年生に至るまでに学習してきたことを生かして，「漢字のまとめ問題集」を作成することを確認する。

○答え合わせは各自が行い，詳しい解説等は行わずに効率よく行う。

2　教科書 pp.180-182に掲載されている，問題を参考にし，どのような内容を学習したのかを確認する

T：1年生から3年生になるまでにどのような「漢字」の学習を行ったのかについて確認しましょう。

○教科書に掲載されている学習内容の項目について簡単に振り返る。

○どのような内容を学習したのかについて，簡単に全体で共有することで，何を学んだのかを想起させる。

　従来の学習内容が分かる資料などを事前に展開しておくと更によい。

3　「漢字のまとめ問題集」を作成する

T：みんなで手分けして「漢字のまとめ問題集」を作成します。今回作成する「問題集」は，次年度以降の後輩に提供したり，進路対策用として皆さん自身が活用したりできるものとすることを目的に作成します。

　問題だけでなく，正しい答えと間違えやすい問題についての解説も合わせて作成します。

○以下の学習項目と条件を提示し，グループごとに担当範囲を決め，グループの中で担当項目を決める。

【学習項目】
　・漢字の組み立てと部首
　・漢字の成り立ち
　・熟語の構成
　・漢字の音訓，同音同訓
　・送り仮名
　・熟語の読み方（重箱，湯桶，熟字訓）
　・漢字の造語力

漢字のまとめ・漢字に親しもう4

本時の目標

今までの学習を生かした
「漢字のまとめ問題集」を作成しよう

◆今までに学習してきた内容

【学習事項】
・漢字の組み立てと部首
・漢字の成り立ち
・熟語の構成
・漢字の音訓、同音同訓
・送り仮名
・熟語の読み方（重箱、湯桶、熟字訓）
・漢字の造語力
・慣用句、ことわざ、故事成語

【条件】
・漢字のまとめ問題集
・グループごとに範囲を決め、その範囲内で
 グループ内で役割分担を行う。
・一人あたり五問以上を作成し、答えと
 間違えやすい問題の解説も含めてまとめる。

まとめ・本時の学習で気づいたこと・学んだこと
・様々な種類の問題に触れることで学ん
 だことが自分の力になってきた。
・自分が問題や解説を作ることで理解が
 深まった。

・慣用句，ことわざ，故事成語
【条件】
・一人あたり５問以上を作成し，答えと間違え
 やすい問題の解説も含めて作成する。

ポイント　問題の点検

・生徒の作成したものに，誤りがあったり，
 解説に不十分な部分があったりしないよう
 に適宜確認して指導する。
・進捗にばらつきが出ないように，役割分担
 の際にグループ内で負担を調整する。

**4　作成した「問題集」をグループで共有し，お
互いに解き合ってみる**

Ｔ：作成した「問題集」をグループ内で解いてみ
て，適切かどうかを確認してください。
○グループ内でお互いの「問題」と「解説」を披
露し，適切かどうかを確認する。

ポイント　適切さの確認

生徒間だけでなく，教員も適切かどうかを
確認し，判断する。

5　学習を振り返る

○学習を振り返り，気づいたこと，感じたことに
ついてまとめさせる。
○単純な感想にならないように，問題を作成する
ことで気づいたことについて振り返らせる。

発展

タブレット等を活用して，常にお互いの問
題を見られる状態にし，アドバイスし合うこ
とで，困難さを感じる生徒への支援とするこ
ともできる。

7　価値を生み出す

［話し合い（進行）］ （1時間）
話し合いを効果的に進めよう

1　単元の目標・評価規準

・情報と情報との関係について理解を深めることができる。　　　　〔知識及び技能〕(2)ア

・進行の仕方を工夫したり互いの発言を生かしたりしながら話し合い，合意形成に向けて考え
　を広げたり深めたりすることができる。　　　　　〔思考力，判断力，表現力等〕A(1)オ

・言葉がもつ価値を認識するとともに，読書を通して自己を向上させ，我が国の言語文化に関
　わり，思いや考えを伝え合おうとする。　　　　　　　　　　「学びに向かう力，人間性等」

知識・技能	情報と情報との関係について理解を深めている。 （(2)ア）
思考・判断・表現	「話すこと・聞くこと」において，進行の仕方を工夫したり互いの発言を生かしたりしながら話し合い，合意形成に向けて考えを広げたり深めたりしている。 （A(1)オ）
主体的に学習に取り組む態度	積極的に進行の仕方を工夫し，学習したことを生かして効果的な話し合いについて考えようとしている。

2　単元の特色

教材の特徴

　本単元は，この単元より後に学習する「合意形成に向けて話し合おう」につながる教材とし
て位置付けられる。「話し合いを効果的に進め，合意形成するために，どのようなことを意識
していけばよいのか」について考えることで，主体的に話し合い活動に関わろうとする態度を
養う。

　1年時には，「情報の整理・話の構成」「相手・目的意識」，「話題や展開」，2年時には，「目
的・場面意識」「根拠の適切さ・論理の展開」「資料や機器の活用」等について学習をしてきた。
これらを生かした学習とする。

　「効果的な話し合い」を進めるためには，「話し合いの目的や方向」「進行や制限時間」等を
踏まえ，「話し合いの展望」をもつことが重要である。また，「話し合いの方法」を吟味するこ
とも必要となる。次の単元において，それらの視点を意識した話し合い活動のスキルの習得を
目指すために，本単元においては，生徒の間に「話し合いを効果的に進めるためには，どのよ
うなことを意識すればよいのか」という問題意識が生まれることもねらいとする。

身に付けさせたい資質・能力

　「授業の前半」では，「ロイロノート」等で，事前にアンケートをとった「話し合い活動についての意識調査」の結果の分析から，自分たちが「話し合い活動」について，どのような課題意識をもっているのかについて意見交流を行う。そして，その結果を踏まえながら，実際に「ブレーンストーミンク」を行い，拡散型の「話し合い」を実施する。

　「授業の後半」では，自分たちが実際に行った「話し合い」と，教科書本文に書かれている「話し合い」を比較し，「効果的な話し合いの仕方」という観点で，班で協議する。協働的な学習活動を通じて得た話し合い活動を効果的に進めるための視点が，実際の話し合いの中で，どのように作用するのか検証を行う。

　話し合いの参加者が，話し合いの目的や方向，進み具合を共通に認識し，展望をもって話し合いを方向付けていくことが肝要であることに気づかせる。さらに，班での交流を通して，「話し合い活動を効果的に行うための視点」について，考えを深めていくことをねらいとする。

3　学習指導計画（全1時間）

時	○主な学習活動	☆指導上の留意点　◆評価規準
1	○事前に行った「話し合い活動についての意識調査」の結果を分析し，その結果を示すことで，「話し合い活動の課題」について考える。 ○「効果的な話し合い」とは，どのような話し合いなのかについて，結果をもとに，班・クラス全体で意見交流を行う。 ○「卒業式に向けての黒板アート」について，5分間の話し合い活動を，班で行う。 ○教科書 p.184「卒業式に向けての黒板アート」についての「話し合いの様子」を読んだ上で，自分たちの話し合い活動と比較し，「効果的な話し合い」について，班で意見交流を行う。 ○司会を決めるなど，進行の仕方を工夫し，「皆が積極的に意見を述べるためには」「効果的な話し合い」等について，意見交流を行う。 ○前半の「話し合い」と後半の「話し合い」の結果を合わせ，班で，さらに「効果的な話し合い」について，意見交流を行う。 ○班の意見のまとめをミニホワイトボードにまとめ，全体の前で提示する。 ○班ごとに代表者が全体の前で発表する。 ○本時のまとめと次時の見通しをもつ。	☆「ロイロノート」等で，事前にアンケートを実施し，担当クラスの生徒の話し合いの仕方についての意識について共通理解をもたせる。 ☆「効果的な話し合い」を行うために「意識する点・改善点」について，クラス全体で意見交流を行わせる。 ☆「話し合いの展望」「論点の整理」「話し合い内容の可視化」「進行等のルール」等についての視点が明確になるように支援する。 ☆話し合いの様子はタブレット等で録画させる。 ☆前半の「話し合いについてのクラスの意見」を整理し，教科書の「話し合いの様子」と比較することで，「意見・考えの変化」「話し合い活動の課題」等についてまとめさせる。 ☆班内の意見のまとめをミニホワイトボード等にまとめ，全体で共有させる。 ◆話し合いにおいて合意形成に役立つ発言の仕方を理解している。【知・技】 ◆合意形成に向けた話し合いの工夫について自分の考えをもっている。【思・判・表】 ◆進行の仕方や互いの発言の生かし方について，進んでノート等にまとめようとしている。【主】

［話し合い（進行）］話し合いを効果的に進めよう

指導の重点

・情報と情報との関係について理解を深めさせる。
・進行の仕方を工夫したり互いの発言を生かしたりしながら，合意形成に向け考えを広げたり深めたりさせる。
・積極的に進行の仕方を工夫し，学習したことを生かして効果的な話し合いについて考えようとさせる。

本時の展開に即した主な評価規準例（Bと認められる生徒の姿の例）

・話し合いにおいて合意形成に役立つ発言の仕方を理解している。【知・技】
・合意形成に向けた話し合いの工夫について自分の考えをもっている。【思・判・表】
・進行の仕方や互いの発言の生かし方について，進んでノート等にまとめようとしている。【主】

生徒に示す本時の目標

　お互いの意見を尊重しながら「効果的な話し合いの仕方」についてまとめよう

1　本時の目標を確認し，学習の見通しをもつ

○事前にロイロノート等で「効果的な話し合い」についての意識調査を実施する。
○本時の目標は，「お互いの意見を尊重しながら，『効果的な話し合いの仕方』についてまとめよう」であることを確認する。
○「効果的な話し合い」とはどのような話し合いか考える。
Ｔ：「効果的な話し合いの仕方」についての意識調査からどのようなことを考えますか。
○意識調査の結果について，クラスで意見交流をする。次の班での話し合いを踏まえ，拡散型の意見でよい。

2　実際に話し合い活動を行い，「効果的な話し合い」とは何かを検証する 📥 WS

○「卒業式に向けての黒板アート」というテーマで，5分間の話し合いを行う。
○時間を設定した上で，意識調査の結果を参考にして，班で話し合いを行うよう指示をする。
○司会等の指示はせず，自由に意見を述べさせる

ことで，拡散型の話し合いを体験させる。
Ｔ：今回の話し合いを通して「効果的な話し合い」について改めて意見交流をしましょう。

> **ポイント　実際の話し合いを通して**
> 　拡散型の話し合いが，「効果的な話し合い」でないわけではない。今回の話し合いのよかった点や課題等を，挙げられるよう指導する。

3　教科書本文の学習課題に沿って「効果的な話し合い」について考える

○教科書 pp.183-184 ［話し合い（進行）］「話し合いを効果的に進めよう」を読む。
Ｔ：p.184「話し合いの様子」に書かれている話し合いは，「効果的な話し合い」という点で，どうだったでしょうか。先に行った自分たちの班での話し合いとも比較してください。次の班での話し合いでまとめてもらいます。

> **ポイント　自分たちの話し合いと比較する**
> 　実際に自分たちが行った話し合いと教科書に書かれている内容を比較した上で，自分たちの意見をもつ。

準備物：ワークシート，ミニホワイトボード，黒板掲示用資料

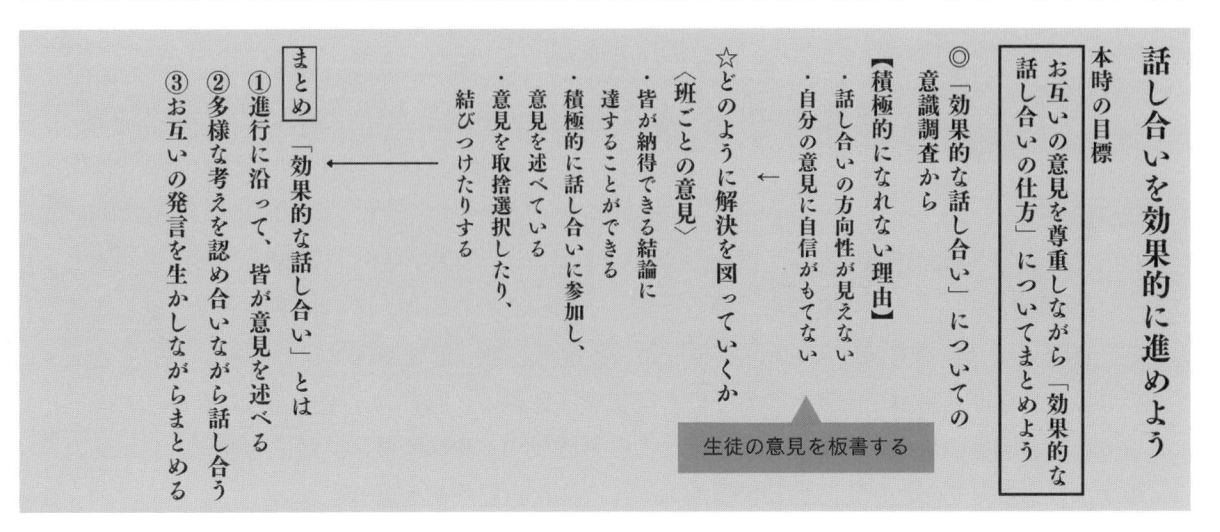

話し合いを効果的に進めよう

本時の目標
お互いの意見を尊重しながら「効果的な話し合いの仕方」についてまとめよう

◎「効果的な話し合い」についての
意識調査から
【積極的になれない理由】
・話し合いの方向性が見えない
・自分の意見に自信がもてない

☆どのように解決を図っていくか
〈班ごとの意見〉
・皆が納得できる結論に達することができる
・積極的に話し合いに参加し、意見を述べている
・意見を取捨選択したり、結びつけたりする

生徒の意見を板書する

まとめ
「効果的な話し合い」とは
①進行に沿って、皆が意見を述べる
②多様な考えを認め合いながら話し合う
③お互いの発言を生かしながらまとめる

4 「効果的な話し合い」に必要なことは何かを班で話し合う

○先の「卒業式に向けての黒板アート」の話し合いと，教科書本文の話し合いとの比較から，「効果的な話し合い」とはどのような話し合いか，「効果的な話し合い」を行うために必要なことは何か，について，班で意見交流を行う。

Ｔ：二つの話し合い活動を通して，改めて「効果的な話し合い」とは，どのような話し合いか，また，「効果的な話し合い」を進めるためには，どのような点を意識すればよいかについて，班で意見交流をしましょう。

○班には，黒板に提示することができるミニホワイトボードを配布し，まとめた意見を記入するよう指示をする。

○ミニホワイトボードを黒板に提示し，班でまとめた内容について，代表者に発表させる。

○必要に応じて，班での話し合いの経緯や意見の根拠等について質問をする。

○意見がまとまらない班については，途中経過までを発表させる。

○「効果的な話し合い」のポイントは，一つではなく，様々な視点からの意見が考えられる。班で出された意見を尊重する。

5 本時のまとめと関連する単元への見通しをもつ

○「効果的な話し合い」について，各自で意見をもつこと，「効果的な話し合い」を進めるために意識することについて考えをもつことができたことを確認する。また，今後の関連する単元で，その手立てが有効かどうかを検証していくことを確認する。

> **発展**
> 教科書を読む前ではなく，読んだ上で，5分間の「話し合い」を実施する。教科書には示されているが，実際の話し合いではどうなのかを考えて，意見交流を行う。

季節のしおり　冬

教材の特徴

　日常生活の一場面を切り取った親しみやすい「俳句」と文豪と呼ばれる作家の「詩の一節」「小説の書き出し」「冬の気象にまつわる言葉」で構成されている。ここにある言葉は厳しさより「春隣」「小春日和」などの「暖かさ」や「冬銀河」や「アンドロメダ」、「長いトンネルを抜けると」など「宇宙や未来への広がり」を想像させる。人は冬の言葉を通して厳しさの向こうに見える明るい未来を思い描いてきた。ここでは詩や小説など長い文章にも触れ、文学的文章をより身近なものとして感じる学習活動のまとめとして授業を展開する。

生徒に示す本時の目標

　冬の言葉を通して、文豪に迫ってみよう

1　学習課題の提示、本時の目標を確認する

〇既習事項を振り返り、学習意欲を高める。

〇「季節のしおり　冬」の学習課題を提示する。

Ｔ：前回の「季節のしおり」の学習では様々な表現技法や情景描写などを工夫して皆さんが感じる秋を文学作品として創作しました。いよいよ「季節のしおり」の学習も最後になります。今回の「冬」には短歌や俳句だけでなく、詩や小説の一部が掲載されています。最後の課題はこれまで通り皆さんの「冬」の思いを短歌や俳句、手紙などで表してもよいですが、折角、詩や小説の文章に触れますので、詩や小説に挑戦してもよいです。私は皆さんには文学的文章を学ぶだけでなく、趣味として考えたり、遊び心をもって読んだりしてもらいたいと考えています。三年間で身に付けた文学的文章の知識や技能を発揮しながら、今回も楽しく創作しましょう。

2　それぞれの作品と気象にまつわる言葉について意味を理解し感想をもつ

〇教科書を読み、気象にまつわる言葉を理解し、それぞれの作品の感想をもつ。

Ｔ：教科書の作品と冬にまつわる言葉を読み、言葉については意味を理解します。今回の文章は意味を捉えることが難しい文章はありませんので、意味を確認できたらそれぞれの作品について思ったことを感想として書きましょう。

> **発展**
>
> 　俳句では日常生活の一場面を切り取ったような俳句や猫に関する俳句を複数読み比べて考えを交流したり、宮沢賢治や川端康成の他作品を読んで考えたことを表現したりと、これまでと同様それぞれの作品について読みを広げたり、深めたりしながら鑑賞したり、批評したりする授業も考えられる。

3　作品の感想を共有し、特徴について理解を深め、自分のものの見方や考え方を広げたり深めたりする

〇それぞれの作品について生徒の感想を交流し、ものの見方や考え方を広げたり深めたりする。

Ｔ：グループになって作品の感想を交流し、自分の考えを広げたり深めたりしましょう。

〇各作品の特徴について考えを共有する。

〇不特定多数の読者を惹きつける文学的文章の特

準備物：辞書，歳時記

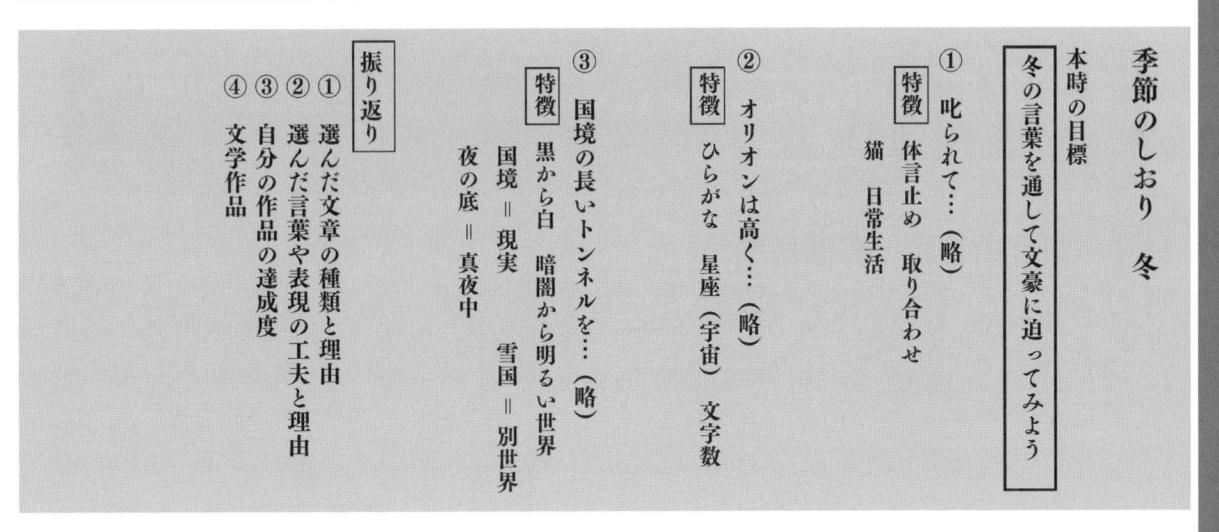

季節のしおり　冬

本時の目標
冬の言葉を通して文豪に迫ってみよう

①叱られて…（略）
特徴　体言止め　取り合わせ
　　　猫　日常生活

②オリオンは高く…（略）
特徴　ひらがな　星座（宇宙）　文字数

③国境の長いトンネルを…（略）
特徴　黒から白　暗闇から明るい世界
　　　国境＝現実　雪国＝別世界
　　　夜の底＝真夜中

振り返り
①選んだ文章の種類と理由
②選んだ言葉や表現の工夫と理由
③自分の作品の達成度
④文学作品

徴について理解を深める。

Ｔ：（板書を確認しながら）三つの作品について特徴をまとめました。これらの作品は発表されてから今まで多くの人たちに読まれ支持されています。猫の俳句のように皆が共感できる日常生活の一場面を短い言葉で表現したり，「星めぐりの歌」のように作者独特の表現で惹きつけたり，「雪国」のように最初のたった一つの文で読者をその世界に引き込んだり，文学的文章には読む人を惹きつける魅力的な言葉や書き方が表れています。

4　相手や目的を意識して自分の思いを詩歌や文章で創作する

〇相手を不特定多数，または特定少数とし，目的を「作品の世界に引き込む」「思いを伝える」と設定する。引き込む手段として共感，意外性，魅力的な言葉や表現を意識し，マッピングなどの思考ツールや辞書，歳時記，タブレット等を活用しながら自分が思う冬を文学作品として表現する。

Ｔ：それでは，作者になって文学作品を作ります。今回は読者を惹きつけることを目的とします。相手は不特定多数ですが，難しければ特定少数（春を待ちわびている友達など）でもよいです。

惹きつけるための具体的な手段として共感を得る，あっと思わせる意外性をもつ，思わず読みたくなるような魅力的な言葉や表現などを使う等，意識してください。

「秋」のときに学習した表現技法を使っても構いません。詩や小説，宮沢賢治の詩や雪国を読んでの批評文でも構いません。冬を表す言葉を使って皆さんの思いを表現してください。

5　振り返りをする

〇振り返りのポイント
①選んだ文章の種類とその理由
②選んだ言葉や表現の工夫とその理由
③自分の感じる冬を言葉で表現することや相手を惹きつけることの達成度。その際，苦労したところや工夫したところ
④文学作品を作ることの楽しさ，難しさ

ポイント
文学的文章を読むことの意義や効用などを改めて整理するとともに，春から秋と同様に詩歌を創作することを楽しむ。興味がある生徒には詩や小説の創作，批評文作成などにも時間をかけて挑戦してほしい。

合意形成に向けて話し合おう　　（4時間）
課題解決のために会議を開く

1　単元の目標・評価規準

・情報と情報との関係について理解を深めることができる。　　　　　〔知識及び技能〕(2)ア

・進行の仕方を工夫したり互いの意見を生かしたりしながら話し合い，合意形成に向けて考え
を広げたり深めたりすることができる。　　　　　〔思考力，判断力，表現力等〕A(1)オ

・言葉がもつ価値を認識するとともに，読書を通じて自己を向上させ，我が国の言語文化に関
わり，思いや考えを伝え合おうとする。　　　　　　　　　　「学びに向かう力，人間性等」

知識・技能	情報と情報との関係について理解を深めている。　　　　　　　　　((2)ア)
思考・判断・表現	「話すこと・聞くこと」において，進行の仕方を工夫したり互いの発言を生かしたりしながら話し合い，合意形成に向けて考えを広げたり深めたりしている。 （A(1)オ）
主体的に学習に取り組む態度	合意形成に向けて粘り強く考えを広げたり深めたりし，学習の見通しをもって話し合おうとしている。

2　単元の特色

教材の特徴

　本単元は，既習の「話し合いを効果的に進めよう」を受け，「話すこと・聞くこと」の領域における，義務教育九年間の総括ともいえる単元である。話し合いのゴールを合意形成とし，一つの答えを見出していく学習活動を設定する。合意形成を目指す話し合いにおいては，参加者が，話し合いの目的・意義・観点を理解することが重要であることを理解させる。また，振り返りの中で，生徒個々が，合意形成のあり方を模索することで，主体的に考え，学習に取り組もうとする態度を養う。

身に付けさせたい資質・能力

　話し合いを多く経験している3年生でも，「話し合いが苦手」と感じている生徒も多い。「どのような会議の方法なら，誰もが主体的に話し合いに参加できるのか」等，生徒たちの問題意識をもとにした授業を展開する。合意形成に向け，ブレーンストーミング，KJ法を用いた話し合いと全体会議を行う。話し合いの様子は録画し，振り返りの時間も設ける。単元終了時に，

生徒たちの話し合いに対する苦手意識が払しょくされ、今後の社会生活の中で、より主体的に話し合いに参加しようとする態度を養う。

3 学習指導計画（全4時間）

時	○主な学習活動	☆指導上の留意点　◆評価規準
1	○「合意形成」とは何かについて考える。 ○ブレーンストーミング、KJ法を用いて、「卒業する私たちが、学校のためにできること」について、班で意見をまとめる。 ○合意形成について話し合う会議の方法についても考える。 ○自己の意見の変容を確認し、合意形成に向けての意見交流を経ての振り返りを行う。	☆過去経験した会議を思い出させ、どのような形で提案が決定されていたのか振り返らせる。 ☆ブレーンストーミング、KJ法は、画用紙、付箋、タブレット等を用いて行う。 ◆ブレーンストーミングやKJ法を用いて話し合い、自他の意見を生かしている。【知・技】
2	○前時の振り返った内容について発表する。 ○教科書 p.186「合意形成に向けて話し合おう」を読む。 ○教科書の内容と前時の班での話し合いの録画を見て、改めて「卒業する私たちが、学校のためにできること」について、全体で話し合う。 ○個人→班→全体という話し合いの中で、合意形成に向けて目標は達成できたか、改善点は何かについて、個人で振り返る。（意見の変容の記録）	☆前時の班での話し合いで、拡散型でよい面があったので、そこを踏まえて、教科書内容と班での話し合いの比較を含め、意見発表させる。 ☆個→集団→個という活動の中で、「自己の意見が強固になった点」「自己の意見が変容した点」を意識させて振り返るように指示をする。 ◆録画を見て話し合いを振り返り、合意形成に向けた話し合いの工夫の仕方について考えている。【思・判・表】
3	○前時の個人の振り返りを発表する。 ○個人や班の意見の変容や合意形成に向けて全体で共通理解するべきことを確認する。 ○合意形成に向けた「効果的な話し合いのための三箇条」を考える。	☆個→集団→個での話し合いで、合意形成に向け、全体で共通理解すべきことを発表させる。 ◆合意形成における大切な点について自分の考えをもっている。【思・判・表】
4	○前時に個人でまとめた「効果的な話し合いのための三箇条」を発表し、それをもとに、クラス全体の「三箇条」を考える。 ○議題「第一回　同窓会」について、班、クラスで話し合う。 ○「三箇条」をもとに、「効果的な話し合い」を行うことができたか、意見を交流する。 ○単元全体で学んだ合意形成のための話し合いについて振り返る。	☆ノート、ワークシート、タブレット等で、話し合いの方法の選択やルール設定、目的と観点の意識などを確認させる。 ◆自らの話し合いを振り返り、進んで合意形成に必要なことを考えようとしている。【主】

指導の重点

・今まで経験した話し合いを思い出し，合意形成について考えさせる。

本時の展開に即した主な評価規準例（Bと認められる生徒の姿の例）

・ブレーンストーミングやKJ法を用いて話し合い，自他の意見を生かしている。【知・技】

生徒に示す本時の目標

今まで経験した話し合いを思い出し，合意形成について考えよう

1　これまでの話し合いを振り返って，合意形成とは何かについて考える ↓ WS1

○これまで，各自が経験してきた話し合いを思い出し，どのように決定がされていたかを振り返る。

T：これまでの話し合いを思い出してください。最終的にどのような形で結論が決められていたでしょうか。

○社会的な課題についても，多数決の方法が多く採用されていたことに気付かせる。

T：これまで経験してきた多くの話し合いが多数決によって解決されていました。改めて多数決で決めることをどう思いますか。

〈予想される生徒の反応〉

・特に意識してこなかった。

・多数決の決定に納得がいかないこともあった。

ポイント　合意形成に結びつける発問とする

合意形成の方法を学習する意義，今後の社会生活を送る上で，必要なスキルであることを確認する。

T：ここでは，合意形成に向けた話し合いのポイントを考えます。合意形成とは，どういう状態を指すのでしょうか。

○合意形成とは，「自他の意見を尊重しながら，多くの意見を生かし，お互いが納得する解決方法を見出していくこと」を確認する。

T：合意形成に向けた話し合いでは，どのようなことを意識すればよいでしょうか。

T：今回の学習では，個（自分）の意見が，全体の中で合意形成に向けてどのように作用し，どう変容したのか，「合意できた点」と「合意できなかった点」について記録しましょう。

ポイント　合意形成で意識化するポイント

多種多様な意見を多く引き出し，尊重しあう態度が大切であることを確認する。安易な多数決に頼るのではなく，「少数意見を生かす話し合いを目指すこと」を目標とする。

2　議題「卒業前に学校のためにできることを企画する」：ブレーンストーミング，KJ法を用いて，グループで提案を一つにまとめる

○課題解決のための話し合いのあり方を確認する。

○話し合いは，参加人数，目的，方法，時間を踏

合意形成に向けて話し合おう

課題解決のために会議を開く

合意形成に向けた会議のポイントを考えよう

本時の目標
今までに経験した話し合いを思い出し、合意形成について考えよう

◎「合意形成」とは何だろう
○これまでの話し合いを振り返って
・「多数決」で決める→納得できない決定もあった
・話し合いの目的を理解する
・立場や考え方の違いをお互い認め合う
・多数決ではないゴールを目指す
★自分の考えの変容を記録等で可視化する

○「合意形成」に向けた話し合いを行う
【議題】
◎卒業前に、学校のためにできることを企画する
○午前中／予算なし／校庭・体育館使用可
①ブレーンストーミング…アイデアの拡散
ルール＝「多くの意見を出す」「批判・否定なし」
②KJ法…アイデアの可視化、分類、整理、収束
・アイデアのグルーピング
・グループにしたものの並べ替え
・話し合いにより提案を絞り込む
まとめ
・本時のまとめと振り返り
・「合意形成」において大切なことは何か。
★少数意見を活かす話し合い。

まえ，適切に行うことが必要であることを確認する。

○教科書 p.267を参考に，「ブレーンストーミング」と「KJ法」による話し合いの拡散，集約，分類，整理，収束の流れを確認する。

○「ブレーンストーミング」→「KJ法」による話し合いとする。タブレット等で録画する。

【ブレーンストーミング】

・アイデアを広げるための話し合い。案を出すことが目的なので，思いついたことを自由に述べる。

〈準備〉画用紙（模造紙），付箋，ミニホワイトボード，タブレット等

〈手順〉

①時間の制限＝今回は10分間

②付箋に書き込み（3分）→画用紙に貼る

③アイデアの整理，分類，生かしたいアイデアをミニホワイトボードに記入する

〈ルール〉

・多くの意見を出すようにする。

・互いのアイデアについて批判，否定はしない。

・根拠は求めない。

【KJ法】

・アイデアを収束させるための話し合い。ブレーンストーミングで挙がった案を付箋に書き，分類，整理する。

〈準備〉画用紙（模造紙），付箋，タブレット

〈手順〉

①時間の制限＝今回は10分間

②アイデアのグルーピング

③グルーピングされたものの並べ替え，書き込み

④図解化されたアイデアをもとに話し合い→一つにまとめる。

○それぞれの話し合いの目的を理解させ，効率的な話し合いを目指す。

3 自己の意見の変容を記録し合意形成について振り返る

○本時の学習を通して，全体や班での話し合いで「合意できた点」と「合意できなかった点」，「自己の意見の変容」について記録する。

○合意形成に向けて必要なことについて，自分の考えをまとめ振り返る。

○記録を生かし「考えの変容」を意識することが，「深い学び」につながることを確認する。

② 4時間 合意形成に向けて話し合おう 課題解決のために会議を開く

指導の重点
・全体会議を通して合意形成について考えさせる。

本時の展開に即した主な評価規準例（Bと認められる生徒の姿の例）
・録画を見て話し合いを振り返り，合意形成に向けた話し合いの工夫の仕方について考えている。
【思・判・表】

生徒に示す本時の目標
全体会議を通して合意形成について考えよう

1　録画内容と教科書から意見をまとめる
○前時に話し合った様子の録画を班で確認する。
○教科書本文を読み，録画内容と比較し，意見をまとめる。　　　　　　　　　　　⬇ WS2
○録画内容と教科書本文を読んで，合意形成に向けた話し合いのために大切なことは何かについて，意見発表を行う。

> **ポイント　合意形成に必要なポイントの確認**
> 合意形成に至るまでの個人の変容と合意形成できた点，できなかった点について確認する。

Ｔ：前時の話し合いの中で，これまでの会議では，「少数派の意見が生かされている実感が薄い」という意見がありました。今回は，合意形成に向けた全体会議を行います。班の意見が全体の中でどう生かされ，展開されるのか。少数意見の役割は何なのかを考えていきましょう。また，今回も「合意できた点」と「合意できなかった点」「自己の考えの変容」について記録し，自分の意見の変容が見えるようにしましょう。

2　全体会議のためのルールを考える
Ｔ：「ブレーンストーミング」では，「たくさんの意見を出すこと」「批判や否定はしない」等のルールにより，多くのアイデアが提案されました。これから，全体会議において，班の意見を集約，分類，整理し，合意形成することに向けて，どのようなルールが必要でしょうか。
〈ルールの例〉
・提案内容は，「メリット・デメリット」の両方を述べるようにする。
・発言者は，前の発言者の意見を踏まえ，内容に触れつつ発言を行う。
・少数意見について，吟味しながら発言する。
・自分の意見の根拠を必ず述べる。
・「アイデアの組み合わせ」等，新しい提案も許容する。

> **ポイント　全体会議でのルール確認に向けて**
> 話し合いのための留意点には，「ルールとして設定するもの」「モラルとして守るもの」「技術として目指すもの」がある。本時は，「ルール」を意識化させているが，授業時には，「モラル」等にも，柔軟に対応する。

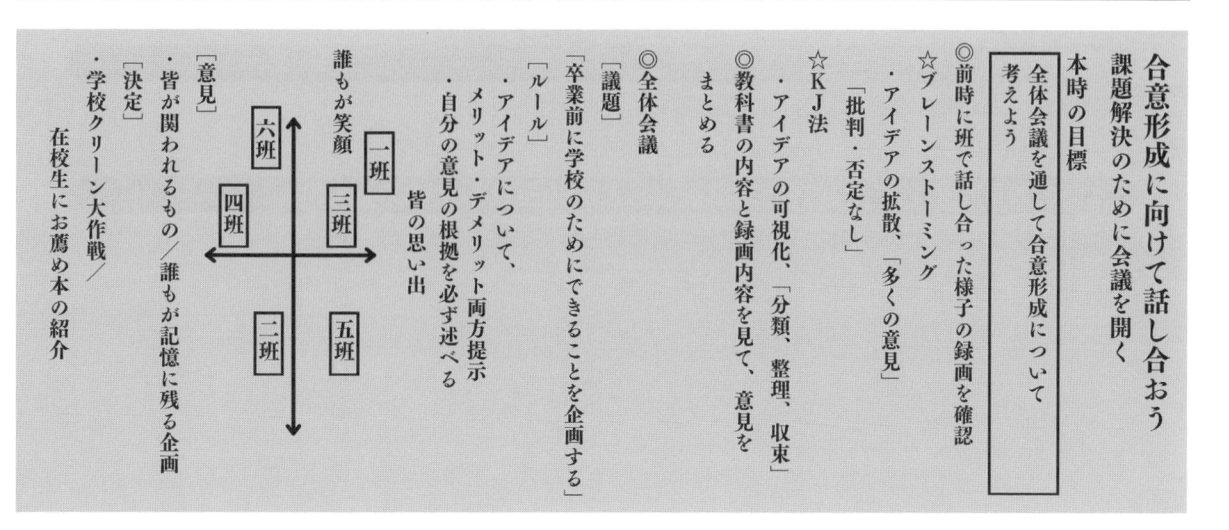

3　全体会議「卒業前に学校のためにできること を企画する」を行う

○司会・書記等を決める。

○「全体会議の進行」についてのマニュアルを用意し，必要に応じて活用する。

○各班の代表者が，班で提案されたアイデアを紹介する。事前に，アイデアをミニホワイトボードに書いたものを黒板に掲示し説明をする。発表の際には，班で意見が集約された経緯，理由等も述べる。

○各班からの提案が出そろった時点で，合意形成に向けた，方向性を決めていく。

○この全体会議は，合意形成に至らなくてもよいので，「集約，分類，整理」については，生徒に任せ，自由に行わせる。

○参加者は，タブレット，ワークシート等で，会議の記録をとる。係を決め，録画をとっておく。

4　全体会議「卒業前に学校のためにできること」を，個人で振り返る

○全体会議を振り返り，「効率的な話し合い」だったか，「前半の意見発表の内容を踏まえた話し合い」だったか，「ルール設定は生きていたか」等について個人で意見をまとめる。

○また，班の意見がどのように取り上げられたの

か，他の班との関わりの中でどう生かされたのか，その経緯と変容を記録する。

○全体会議の中で，「合意できた点」，「合意できなかった点」についても記録を残す。

○合意できた点，「合意できなかった点」を踏まえ，「改善すべき点」を提案する。

5　次時への見通しをもつ

○全体会議の振り返り，個人の意見の変容は，次時に全体で共有し，よりよい話し合いをするための視点としていくことを確認する。

○また，各自が考えた「改善点」についても共有化することを伝える。

3/4時間 合意形成に向けて話し合おう　課題解決のために会議を開く

指導の重点
・合意形成に向けた効果的な話し合いに必要なことを考えさせる。

本時の展開に即した主な評価規準例（Bと認められる生徒の姿の例）
・合意形成における大切な点について自分の考えをもっている。【思・判・表】

生徒に示す本時の目標
　合意形成に向けた効果的な話し合いに必要なことを考えよう

1　本時の学習課題を提示し，学習の見通しをもつ
○本時の目標を確認する。
○前時の「全体会議＝卒業前に学校のためにできることを企画する」について，合意形成に向けた効果的な話し合いを行うことができたかどうかについて検証していくことを確認する。

2　前時に行った「全体会議の振り返り」について発表をする ⬇ WS3
○前時に各自が振り返った全体会議のよかった点と改善すべき点について発表する。
○タブレット等を用いて，全体で視覚的に共有できる形にしてもよい。

3　「全体会議＝卒業前に学校のためにできること」の録画をダイジェスト版で振り返る
○録画を視聴して，「全体会議の振り返りの発表内容」を踏まえて，改善案に修正を加えさせる。
○録画を視聴する際の観点を以下に示す。

〈録画視聴時の観点〉
・話し合いの目的を意識して提案，意見発表を行ったか。
・異なる意見，少数意見について受容的に受け止め，柔軟に意見を述べることができたか。
・合意形成に向けて，よりよい結論を導くことができたか。
・設定したルールは，効果的な話し合いに生きていたか。
○事前に考えた改善案について，録画を視聴した上での意見を加味・修正して発表する。
○改善案は，場合によっては，さらに精査が必要になってくる。時間がとれるようであれば，改善案について，班や全体で意見交流の場を設ける。

4　「自己の考えの変容」と，全体会議の中で，「合意できた点」，「合意できなかった点」について発表する
○全体会議の中で，自己の考えがどう変容したのか，合意できた点と合意できなかった点について発表する。
○自分の考えを整理したことで，「個人の考え」と「班，全体の意見」の関わりについて考えたことを発表する。

準備物：ワークシート

合意形成に向けて話し合おう
課題解決のために会議を開く

本時の目標

合意形成に向けた効果的な話し合いに
必要なことを考えよう

◎「全体会議」を振り返って
［よかった点］（生徒の意見の例）
・多数決ではない合意形成を行うことができた。
・メリット・デメリットを述べることで、
　自分の考えを確認しやすかった。
・意見発表では、根拠を示して意見を述べていた。

［改善すべき点］
・根拠が述べられていたが、誰もが納得できる
　根拠だったかについては改善の余地があった。
・少数意見について、さらに吟味が必要。
・他の班の意見を踏まえる点が弱かった。

［改善案］
・具体的な根拠について、発表前に班で吟味する。
・少数意見をどう反映させるかを常に意識する。
・発表マニュアルに、「改善すべき点」を含めた
　文言を明記する。

◎自分の考えの変容について（例）
・自分の意見は、もともと少数派であったが、
　グルーピングをし、他の意見と比較・検討
　することで、納得のいく話し合いになった。
◎「合意形成」のための三箇条

〈予想される生徒の反応〉
・友達の意見を聞いて、自分が今まで考え付か
　なかった意見を知ることができた。
・自分と違う意見から、その人がその考えに至
　った経緯が分かり、自分の考えの変容につな
　がった。
・自分の意見は少数派であったが、他の人の意
　見と比較・検討することで、納得のいく話し
　合いになった。

ポイント　改善案の吟味について

「自己の考えの変容」を意識させる。「変
容」には、他人の意見を受け、意見が変わる
以外に、変わらなくても意見がより強固にな
ることも含むことを確認する。

5　合意形成に向けた効果的な話し合いのための三箇条を考える

Ｔ：次の時間は、テーマを決めて、本時の振り返
　りを生かして、合意形成に向けた効果的な話し
　合いを実施します。

Ｔ：そこで、これまでの学習を振り返り、合意形
　成に向けた効果的な話し合いのための三箇条を
　作成したいと思います。

ポイント　三箇条を作成する上でのポイント

・これまでの学習を生かして自由に考えさせ
　る。
・文章は端的で分かりやすいものとする。
・タブレット等を用いて、次時に共有できる
　ようにしてもよい。

6　次時の学習への見通しをもつ

○次の時間は、議題「第一回　同窓会」について
　の話し合いを行うことを確認する。

④/4時間 合意形成に向けて話し合おう　課題解決のために会議を開く

指導の重点

・合意形成に向けた効果的な話し合いを実施し，合意形成に必要なことを整理させる。

本時の展開に即した主な評価規準例（Bと認められる生徒の姿の例）

・自らの話し合いを振り返り，進んで合意形成に必要なことを考えようとしている。【主】

生徒に示す本時の目標

　合意形成に向けた効果的な話し合いを実施し，合意形成に必要なことを整理しよう

1　前時までの振り返りを行い，本時の目標を確認する

○前時の全体会議の振り返りを確認する。

○本時は，前時の改善すべき点を踏まえ，合意形成に向けた効果的な話し合いを行うことを確認する。

2　合意形成に向けた効果的な話し合いのための三箇条を発表する

○前時に個人でまとめた三箇条を発表する。

○三箇条は，三つ発表してもよいし，一つでもよい。また，すでに発表された内容でも，ニュアンスが違う場合もあるので，自分の言葉で，多くの意見を発表させる。

> **ポイント　タブレット等の活用**
>
> 　タブレット等を活用すると，クラス全員の意見をすぐに共有できる。ただし，メモ等を活用しないと，共有後，意見が流れてしまうこともあるので注意する。

○提案された三箇条をもとに，クラスの三箇条にまとめ，その三箇条を踏まえた話し合いを行うことを確認する。　⬇ **WS4**

3　議題「第一回　同窓会」についての「話し合い活動」を行う

○会議は，「班＝ブレーンストーミング，KJ法」→「全体会議」とする。

> **ポイント　既習の学習内容を生かす**
>
> ・既習の学習内容を声掛け等によって確認し，合意形成を目指す。
> ・アイデアの「拡散→集約→分類→整理」を経ての合意形成の手法を定着させる。

○会議のルール等は，前時の反省を生かし，新たに設けるものがあってもよい。

○「いつ」「どこで」「内容」について，画用紙，ミニホワイトボード等を活用する。

○タブレット等を活用して共有も可とする。

○時間は，班＝15分，全体＝20分とする。

○全体会議では，班や個人の意見がどう生かされ展開されるのか，記録をとる。また，「自己の考えの変容」についても記録する。

準備物：前時のワークシート，ワークシート，ミニホワイトボード，画用紙，黒板掲示用資料

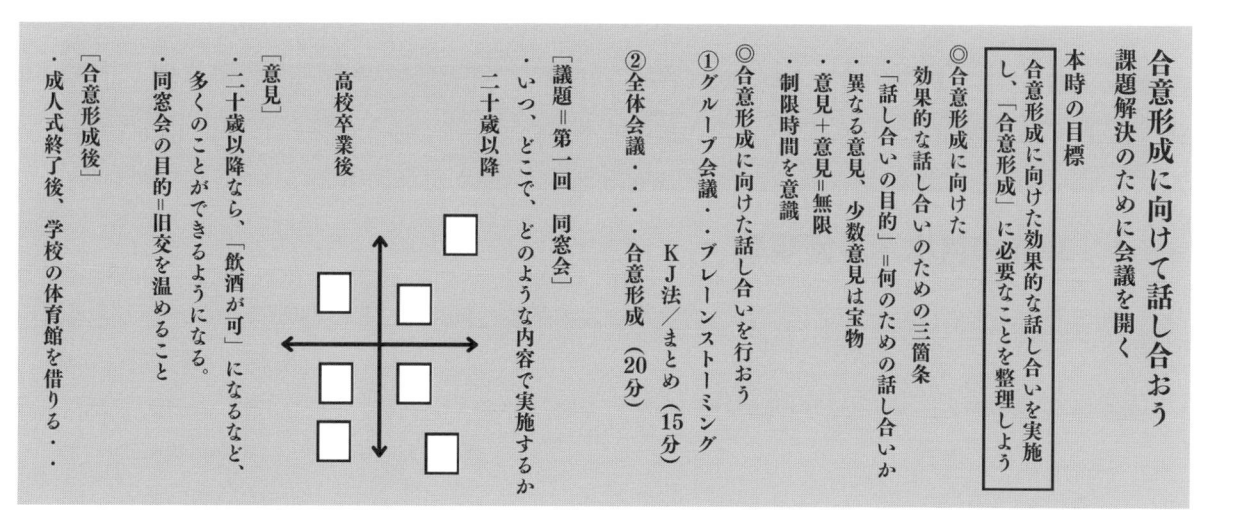

合意形成に向けて話し合おう
課題解決のために会議を開く

本時の目標
◎合意形成に向けた話し合いを実施し、「合意形成」に必要なことを整理しよう

◎合意形成に向けた効果的な話し合いのための三箇条
・「話し合いの目的」＝何のための話し合いか
・異なる意見、少数意見は宝物
・意見＋意見＝無限
・制限時間を意識

◎合意形成に向けた話し合いを行おう
①グループ会議・・ブレーンストーミング
　KJ法／まとめ（15分）
②全体会議・・・・合意形成（20分）

［議題＝第一回　同窓会］
・いつ、どこで、どのような内容で実施するか

二十歳以降

高校卒業後

［意見］
・二十歳以降なら、「飲酒が可」になるなど、多くのことができるようになる。
・同窓会の目的＝旧交を温めること

［合意形成後］
・成人式終了後、学校の体育館を借りる・・・

ポイント　常に記録することを定着させる

生徒たちは，その場では，提案された意見について考えをもつが一過性の場合が多い。次の学習に繋げるために，記録することを定着させる。

〈司会進行例〉

Ｓ：班ごとに提案をお願いします。代表者が発表する際は，「メリット，デメリット，根拠」を述べるようにしてください。

　※班ごとの発表では，「いつ」「どこで」「内容」について，画用紙，ミニホワイトボードで黒板に提示する。

Ｓ：各班の提案が終わりました。この提案を「分類，整理」していきます。まず，「いつ」「どこで」について話し合います。「いつ」を時間軸で並べ直してみます。このことについて意見がある人はいますか。挙手してください。…（略）

Ｓ：次に「内容」について話し合います。他の班への意見や質問はありますか。（略）

Ｓ：皆への連絡方法はどうしますか，「個人情報保護」のこともありますが，メール，電話，手紙等，どのように連絡をとりますか。また

幹事を決めておいた方がよいと思いますが，どうですか。意見がある人は手を挙げてください。（略）

4　話し合い活動を振り返る

○議題「第一回　同窓会」の話し合いを振り返る。合意形成に向けた効果的な話し合いを行うことができたか。クラスで決めた三箇条を意識して取り組むことができたかを，班，または時間によってはクラス全体で意見交流をする。

○班や全体での意見交流によって自己の考えの変容があったのかどうかについて，改めて個人で確認させる。

○「合意ができた点」「合意できなかった点」についても改めて確認する。

○最後に，今回の学習全体の振り返りを行う。また，今後の話し合いに臨む際に「大切にしていきたい点」と「意識すべき点」について考えをまとめさせる。タブレット等を活用して，観点を決めてまとめさせてもよい。

いつも本はそばに

本は世界への扉　天，共に在り／極夜行／ （1時間）
読書案内　本の世界を広げよう

1　単元の目標・評価規準

・自分の生き方や社会との関わり方を支える読書の意義と効用について理解することができる。

〔知識及び技能〕(3)オ

・文章を読んで考えを広げたり深めたりして，人間，社会，自然などについて，自分の意見を
もつことができる。　　　　　　　　　　　　　　〔思考力，判断力，表現力等〕C(1)エ

・言葉がもつ価値を認識するとともに，読書を通して自己を向上させ，我が国の言語文化に関
わり，思いや考えを伝え合おうとする。　　　　　　　　「学びに向かう力，人間性等」

知識·技能	自分の生き方や社会との関わり方を支える読書の意義と効用について理解している。((3)オ)
思考·判断·表現	「読むこと」において，文章を読んで考えを広げたり深めたりして，人間，社会，自然などについて，自分の意見をもっている。　　　　　　　　　　(C(1)エ)
主体的に学習に取り組む態度	学習課題に沿って進んで複数のテーマの本を読み，内容を評価して伝え合おうとしている。

2　単元の特色

教材の特徴

　単元名にあるように本はまさしく「世界につながる扉」といえる。この単元はその扉を開け
ようとする生徒の手助けとなる役割を果たしている。

　読書の意義は，目的によって異なるが，さまざまな疑似体験を可能にしてくれるという点は
大きい。実生活では得られない体験や思いが描かれている本を読むことによって貴重な知見を
得，視野が広がることも多い。

　本単元には，アフガニスタンの地に医師として赴任しながら水路開通のために尽力した中村
哲氏，極夜の北極圏を一匹の犬とともに探検した角幡唯介氏の著書の一部が掲載されている。
どちらも自分では体験することが難しい世界を垣間見ることができる文章であり，続きが気に
なって思わず読みたくなるような気持ちにさせてくれる。これに続く読書案内では「世界へ」
をはじめとする六つのテーマで複数の本が紹介されており，分野を問わず生徒が手に取りやす
いよう工夫が見られる。

生徒の普段の読書量や読書傾向に応じて，柔軟な授業展開が考えられる教材である。

身に付けさせたい資質・能力

　本単元では読書の意義とその効用について理解し，本を読んで考えを広げたり深めたりしながら，自分の意見をもつことを目的としている。自分の興味・関心が高い分野や好きな作家の本は手に取りやすく読むことも多いが，それら以外の本や文章を読む機会は授業に限られている生徒がほとんどだろう。今回は短い時間の中で幅広い分野の本を手に取り，試しに読んだ後にその印象や感じたことを記録して評価する言語活動を設定している。読書を通じて新しい発見をすることや多様な価値観に触れることは生徒自身の世界を広げることになり，知見を深めることにもつながる。また，卒業を控えた生徒たちに改めて読書の楽しさを体感させることで豊かな感性を育み，これからの生涯にわたって自らを支えてくれるものの一つに読書があるということを認識させたい。

3　学習指導計画（全1時間）

時	○主な学習活動	☆指導上の留意点　◆評価規準
1	○本時の目標を確認する。 ○読書の意義について考え，グループやクラスで意見交流をする。 ○「天，共に在り」を読む。 ○筆者の他の著書紹介を読み，文章の種類が違うことで読者に与える印象が異なることを理解する。 ○5分間ずつ複数のテーマが異なる本を読み，感想を記録する。はじめに「極夜行」を黙読し感想を記録する。 ○この時間に読んだ本を評価し，自分の「今日の一冊」を決める。 ○ペアやグループで感想を交流し合う。 ○本時の学習の振り返りをし，自己評価をする。また，中学校3年間の読書生活を思い返し，今後の読書につなげる。	☆事前に学校図書館司書や司書教諭と連携して，必要な本を計画的にそろえておく。 ☆読書の意義は多岐にわたることを共有させる。他の生徒の意見を聞き，考えに広がりをもたせる。 ◆意見交流を通し，読書の意義と効用について理解している。【知・技】 ☆自分がこれまであまり読んでこなかった分野の本も試し読みするよう助言する。朝読書の記録や読書カードがあれば活用する。 ☆感想が「おもしろかった」「すごかった」で終わらないよう例や観点を示す。 ◆本を読んで考えを広げ，内容を評価して選書している。【思・判・表】 ◆学習課題に沿って進んで複数のテーマの本を読み，内容を評価して伝え合おうとしている。【主】

本は世界への扉　天，共に在り／極夜行／
読書案内　本の世界を広げよう

1 / 1時間

指導の重点

・読書の意義について意見を交流し，複数の本を読んで考えを広げさせる。

本時の展開に即した主な評価規準例（Bと認められる生徒の姿の例）

・意見交流を通し，読書の意義と効用について理解している。【知・技】

・本を読んで考えを広げ，内容を評価して選書している。【思・判・表】

・学習課題に沿って進んで複数のテーマの本を読み，内容を評価して伝え合おうとしている。【主】

生徒に示す本時の目標

　読書の意義について意見を交流し，複数の本を読んで考えを広げよう

1　本時の目標を確認し学習の見通しをもつ

○読書の意義を再認識すること，複数のテーマの本を限られた時間の中で読み自分の考えを広げることを確認する。

2　読書の意義について考える

○読書の意義と効用について考え，意見を交流する。　⬇️ **WS**

T：「読書」という言葉からどんなことをイメージしますか。【予想される生徒の回答：本，趣味，図書館，朝読書，調べ学習，書店，勉強，役立つ，おもしろい，苦手など】

T：読書にはどのようなよさがありますか。【予想される生徒の回答：新しい発見がある，知識を得られる，リラックスできる，現実逃避ができる，本の世界に没頭できる，自分とは違う考えや価値観を知ることができるなど】

○時と場合や個人が求めるものによって，読書の意義や効用は様々であることを理解する。

3　「天，共に在り」を読む

○本文を読み感想をもつ。印象に残った本文を引用するなどし，自分の感想を簡単にまとめる。ICT機器を活用してクラス全体で共有しても広がりがあってよい。

4　著書紹介を読み選書の参考にする

○筆者の活動や生き方について知る。

○筆者の他の著書紹介を読み，本によって読者に与えるものが異なることを理解する。

T：紹介文を比べて読んだときにどのようなことに気がつきましたか。

5　テーマが異なる本を読み感想を記録する

T：今回は限られた時間の中で，少しずつたくさんの本を読みましょう。今まで自分があまり手に取らなかった分野の本にも挑戦しましょう。

○はじめに「極夜行」を読み，感想を記録する。

○自分の興味関心はもちろん，これまで読んでいなかった分野の本も試しに読んでみる。（本は最初に複数冊選んだり，グループごとに必要数をまとめておいたりなど円滑に活動できるようあらかじめ準備しておく。）

○5分間集中して読み，その後ワークシートに記入する学習活動を三〜四回繰り返し行う。

本は世界への扉

本時の目標
読書の意義について意見を交流し、複数の本を読んで考えを広げよう

○「読書」からイメージするもの
（例）・趣味、図書館、朝読書、調べ学習、書店、勉強 など

○読書をするよさ
（例）・新しい発見がある、知識を得られる、リラックスできる、現実逃避ができる、本の世界に没頭できる など

「天、共に在り」中村 哲

・当時のアフガニスタン＝大干ばつによる社会情勢の悪化
・医師である筆者がなぜ水路を引くことに尽力したのか
＝水不足の解消が現地の人々の健康と平和につながると考えたから

☆「今日の一冊」を選ぶときの観点（例）
・続きが読みたくなったもの
・内容が印象に残ったもの
・新しい発見があったもの

ポイント　テーマ別の選書の用意

学習集団の実態に応じて複数のテーマを設定し，それに合わせて選書する。教科書のテーマはもとより，図書館の十進分類法やブックガイドなども参考にしながら，生徒の興味関心を高めるような内容の本を揃えておく。場合によっては絵本や漫画なども柔軟に取り入れる。

Ｔ：本を読んだらワークシートに感想を記入し，観点別に内容を評価しましょう。（授業者は計時をしつつ適宜机間支援を行う。）

6　読んだ本を評価し「今日の一冊」を決める

○この時間に読んだ本の中から自分の「今日の一冊」を決める。

Ｔ：それではワークシートを参考にしながら，自分の「今日の一冊」を選びましょう。

○選書に迷ったときは次のような観点で考える。

【観点の例】
・続きが読みたくなったもの
・内容が印象に残ったもの
・新しい発見があったもの

7　「今日の一冊」の感想を交流する

○学習班で各自選んだ本の感想と理由を交流する。ミニブックトークのようにしたり，印象に残った部分を引用して伝えたりなど，自分が選んだ理由と併せて伝える。

8　本時の学習の振り返りと自己評価をする

○本時の目標が達成できたかどうか自己評価し，学習の記録を書く。また中学校三年間の読書生活を総括し今後の読書につなげる。

Ｔ：中学三年間の読書生活を思い返してください。自身の読書生活がどのようなものだったか，どんな傾向があるか考えてみましょう。

ポイント　これからの読書を後押しする

生徒自身に中学校三年間の読書生活や読書量の傾向を把握させ，それを踏まえこれからの読書生活の展望をもたせる。

授業者の価値観や考えに影響を与えた本，最近読んで感動した本，本に支えられた経験などを紹介し，読書から得られるものがあることを伝えるとともに，今後の読書を奨励する。

温かいスープ／アラスカとの出会い／律儀な桜／わたしを束ねないで　（6時間）

1　単元の目標・評価規準

・理解したり表現したりするために必要な語句の量を増し，語感を磨き語彙を豊かにすることができる。
〔知識及び技能〕(1)イ
・自分の生き方や社会との関わり方を支える読書の意義と効用について理解することができる。
〔知識及び技能〕(3)オ
・文章を読んで考えを広げたり深めたりして，人間，社会，自然などについて，自分の意見をもつことができる。
〔思考力，判断力，表現力等〕C(1)エ
・言葉がもつ価値を認識するとともに，読書を通して自己を向上させ，我が国の言語文化に関わり，思いや考えを伝え合おうとする。
「学びに向かう力，人間性等」

知識・技能	理解したり表現したりするために必要な語句の量を増し，語感を磨き語彙を豊かにしている。((1)イ) 自分の生き方や社会との関わり方を支える読書の意義と効用について理解している。((3)オ)
思考・判断・表現	「読むこと」において，文章を読んで考えを広げたり深めたりして，人間，社会，自然などについて，自分の意見をもっている。(C(1)エ)
主体的に学習に取り組む態度	人間，社会などについて進んで自分の意見をもち，今までの学習や経験を生かして批評したり考えを伝え合ったりしようとしている。

2　単元の特色

教材の特徴

　本単元で扱っている四作品はどれも，自分の人生を生きる上で大切にしたいことや生きていく上で避けて通ることのできない「人との関わり」を考えさせるものである。そして，それが，哲学者，写真家，作家，詩人という多様な筆者によりそれぞれの経験をもとに述べられているのが特徴である。従って，生徒はこれらの作品に描かれている筆者の経験や考えを自分のそれと比較しながら読んだり，感想を交流したりして自己理解を深められるだけでなく，自分の考えを表出する際の多様な表現方法を学ぶことができるだろう。また，個々の作品を学んだ後，四作品から伝わることを合わせて振り返ることで，自分の生き方や社会とのかかわり方について複数の観点から立体的に考えさせることもできる。本単元を学習することで，人々が生きる

上で大切にしてきた普遍的なものを見つけ，自分自身がこれからの社会で生きていくために必要なことを自分なりに言語化して書き残し，中学校国語の締めくくりとしたい。

身に付けさせたい資質・能力

　本授業では自分の生き方や社会に対する働きかけ方を考える時，読書がいかに役立つかを実感させる学習活動を設定している。このことによって，自分の生き方や社会との関わり方を支える読書の意義と効用について理解することができる（知・技(3)オ）であろう。また，四つの作品から複数の作品を選んで，伝わることの共通点や違いを整理し，そこから自分の考えを再度構築させ，人間，社会，自然などについて，自分の意見をもつ力を身に付けさせたい（思・判・表C(1)エ）。これらの学習を将来の生活にも生かし，生涯にわたって読書を大切にし，自分の考えを伝え合いながらこれからの社会をともに作っていく人々とつながり，ともに未来を語り合う力を培ってほしい。

3　学習指導計画（全6時間）

次	時	○主な学習活動	☆指導上の留意点　◆評価規準
一	1	○筆者の気持ちの変化と「国際性」についての考えとのつながりを整理する。	◆経験と主張を整理しながら感想をもち，読書が自分の生き方や社会について考えるきっかけとなることに気付いている。【知・技】
	2	○「握手」のルロイ修道士の言動と筆者の考えを比較し，理解したことをもとに自分の考えを200～300字程度でまとめる。	◆二つの文章を合わせて読み，自分の「国際性」についての考えを広げたり深めたりして，人間，社会，生き方などについて，自分の意見をもっている。【思・判・表】
二	3	○自分の経験と筆者の考えを合わせて文章を読んで考えたことをまとめる。	◆筆者の考えを踏まえて自分の経験を振り返り，自分の生き方や人とのつながりについて考えをもっている。【思・判・表】
三	4	○「変わるもの」「変わらないもの」を整理し，自分にとっての「変わらないもの」を考える。	◆既習の読み方を使って文章を読み，自分の身の回りのことに引き付けて考えようとしている。【主】
四	5	○音読を繰り返して詩を読み味わい，印象に残った詩の言葉や連を紹介しながら，自分の考えを述べる。	◆詩を繰り返し音読して，使われている言葉や各連から作者の思いを捉えている。【知・技】 ◆詩を読んで，進んで考えを広げたり深めたりし，既習の学習を生かして，作品の価値や自分の可能性について考えをまとめようとしている。【主】
五	6	○四作品から二つ以上の作品を選んで伝わってくること，自分の考えとの共通点や相違点を検討し，十年後の自分に対する手紙の形で自分の考えを書く。	◆複数の文章を合わせたり，比較したりして読んで考えを広げたり深めたりして，人間，社会，自然などについて，自分の意見をもっている。【思・判・表】 ◆今までの学習や経験を生かして考えたことを未来の自分に対して伝えようとしている。【主】

1/6時間 温かいスープ

指導の重点
・筆者の経験と主張との関係を捉えさせる。

本時の展開に即した主な評価規準例（Bと認められる生徒の姿の例）
・経験と主張を整理しながら感想をもち，読書が自分の生き方や社会について考えるきっかけとなることに気付いている。【知・技】

生徒に示す本時の目標
　筆者の経験と主張の関係を捉え，「国際性」について考えたことをまとめよう

1　導入として課題である「国際性」をどうとらえているか確認する
○「国際性とは何か」という課題に注目して文章を読んでいくことを意識させる。

Ｔ：「国際性のある人」というと，どのようなイメージがありますか。隣の人と自由に出し合ってみましょう。

ポイント　文章を読むための動機付け
　イメージを自由に出し合い，全体で共有することで普段，「国際性」という言葉を漠然と捉えていることや一面的に理解していることに気付くことができる。

2　文章を一読し，筆者の考えの背景となる状況を把握する
○一読して，疑問に思ったことを共有する。

Ｔ：文章を読みながら，当時の状況として「本当にそうなのかな？」と思ったところにサイドラインを引きましょう。

Ｔ：四人グループで分担してサイドラインを引いたところについて調べ，分かったことを共有しましょう。

ポイント　筆者の主張の背景を想像する
　タブレット等を使用し，当時の国際社会における日本や日本人の状況を調べることで，当時の筆者の心情がより具体的に理解できる。この活動を授業後半の「隣人愛」と「国際性」のつながりを考える際に活用する。

Ｔ：皆さんが調べたような状況で外国にいたらどのような気持ちで生活しているか想像して，四人グループで話し合ってみましょう。

3　筆者の論の展開（隣人愛と国際性のつながり）を整理する
○筆者の二つの経験を比較し，日本人である筆者に対する考え方の違いを明確にする。

Ｔ：下宿を断った主婦と食堂の母娘の違いを経験・心情・言動に分けてワークシートに整理しましょう。📥 **WS1**

　まず，下宿を断った主婦にはどのような経験（背景）がありましたか。その経験から，どのような考えをもっていますか。ワークシートに

準備物：ワークシート，Ａ３のホワイトボード（グループに一枚）

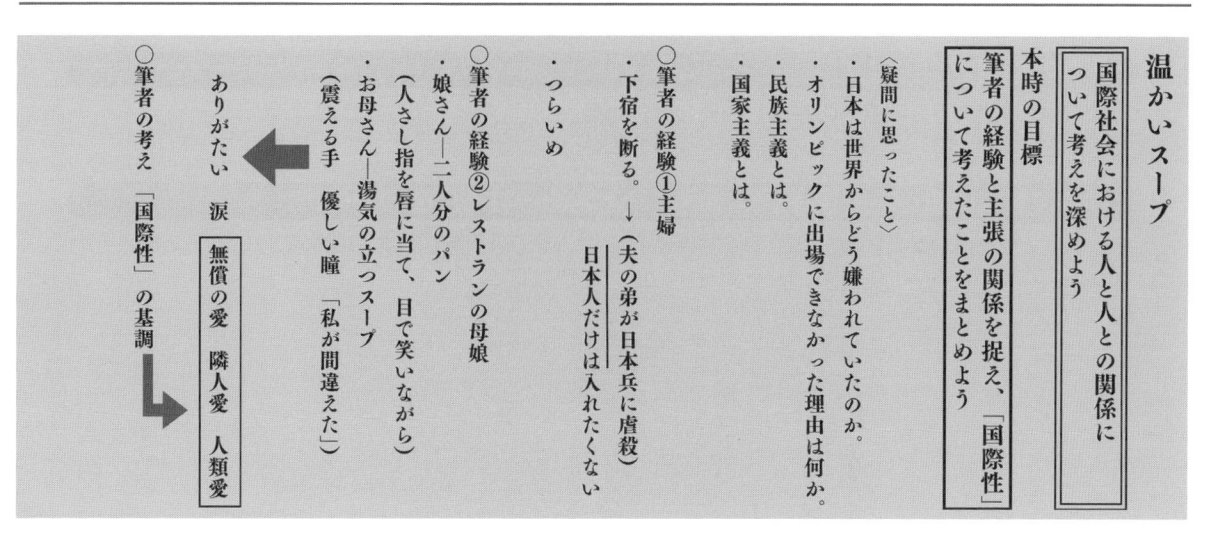

簡単な言葉で記入しましょう。

Ｔ：次に，食堂の母親と娘について考えます。「経験」は月末にオムレツだけを注文する日本人客がいる，としましょう。その客を見て母娘が感じたことを文章から想像して書いてから，行動を記入します。

○主婦の心情を想像し，その葛藤を共感的に理解する。

Ｔ：食堂の母娘と比べ，主婦の言動についてはどう感じましたか？　共感する，しない，に分かれて意見交換をしましょう。

> **発展**
>
> 　ワークシートへの記入を迅速に行わせ，主婦の言動をディベート方式で話し合わせてもよい。

Ｔ：主婦と母娘の筆者に対する考え方にはどのような違いがあるでしょうか。個人で考えてから，四人グループで話し合い，ホワイトボードに簡単に書いて発表しましょう。

○多様な捉え方を許容しながら，主婦が「日本人に対する」イメージの中に筆者を含めているのに対して，母娘は筆者を一個人として対応していることを全体で確認する。

Ｔ：食堂の母娘の言動を何と言っていますか。

○「隣人愛」「無償の愛」「人類愛」という哲学的な言葉の意味にはあまりとらわれないようにする。

4　本時の学習のまとめをする

○文章を読んで分かったこと，話し合ったことで理解した筆者の考えを自分の言葉でまとめ，感想を加えて200字程度で書く。

Ｔ：授業を振り返って，筆者が「国際性」の基調を「隣人愛としての人類愛」とする理由をリード文を使ってまとめましょう。また，そのことに対する感想は自由に書きましょう。

○「筆者は自分の経験から『国際性』の基調は『隣人愛としての人類愛』としている。私は…」というリード文に沿って授業で理解したことをまとめる。

②／6時間　温かいスープ

指導の重点
・自分の回りにある「国際性の基調」を見つけさせる。

本時の展開に即した主な評価規準例（Bと認められる生徒の姿の例）
・二つの文章を合わせて読み，自分の「国際性」についての考えを広げたり深めたりして，人間，社会，生き方などについて，自分の意見をもっている。【思・判・表】

生徒に示す本時の目標

　自分の身の回りから「国際性の基調」を見つけよう

1　前時の内容を振り返る
○「国際性」の基調は「隣人愛」「人類愛」であるという筆者の考えを確認する。

2　本時の学習の目標を知り，学習の見通しをもつ
Ｔ：筆者は，「隣人愛」「人類愛」は日常の中で試されていると言っています。皆さんの日常の生活では具体的にどのようなことがそれにあたるのか，考えてみましょう。

3　「握手」と合わせ読みをして，共通点を見つけ，「隣人愛」「人類愛」と国際性のつながりを考える　⬇ WS2
Ｔ：筆者の考えと似ていることが書かれていた作品はなんでしょう。
○「握手」のルロイ修道士の言葉を思い出させる。
Ｔ：握手」ですね。では，ルロイ修道士の言動と，筆者の考えの共通点をあげましょう。
○共通する部分に個人でサイドラインを引いてグループで確認する。

Ｔ：合わせ読みをしてわかったことを短い言葉でまとめ，グループで発表しましょう。
・国際性とは一人一人が「個人」として関わることだ。
・人と人との関わりには温かさが必要だ。
・国と個人を同じものと考えてはいけない。
・個人の言動は，その国の人全員のものと考えてはいけない。
○いくつかのグループに発表させる。

ポイント　合わせ読み
　「握手」との合わせ読みをすることで，「隣人愛」や「人類愛」に基づいた行動をより明確に理解できる。また，ルロイ修道士の「○○人といったものがあると信じてはならない」「一人一人の人間がいる，ただそれだけ」という言葉から相手の国に対する思いではなく，互いに「個人」としてするべきことを考えることが「国際性」であることに気付くことができる。
　合わせ読みから分かることはミニホワイトボードなどに書かせて発表させると時間を短縮できる。

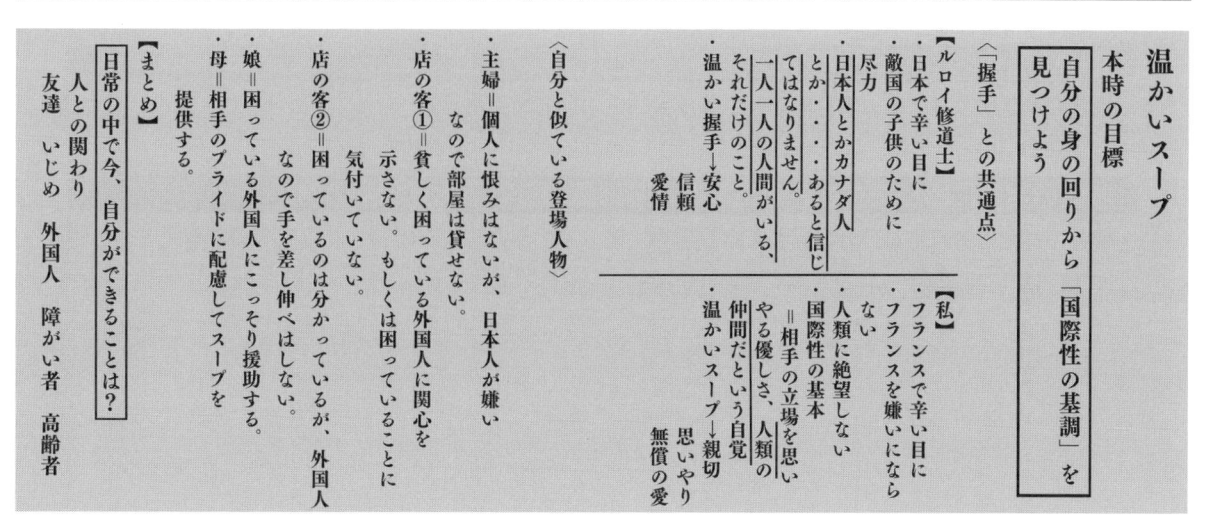

〔板書例〕

温かいスープ

本時の目標
自分の身の回りから「国際性の基調」を見つけよう

〈「握手」との共通点〉

【ルロイ修道士】
・日本で辛い目に
・敵国の子供のために
　尽力
・日本人とかカナダ人
　とか・・・あると信じ
　てはなりません。
　一人一人の人間がいる、
　それだけのこと。
・温かい握手→安心
　信頼
　愛情

【私】
・フランスで辛い目に
・フランスを嫌いになら
　ない
・人類に絶望しない
・国際性の基本
　＝相手の立場を思い
　やる優しさ、人類の
　仲間だという自覚
・温かいスープ→親切
　思いやり
　無償の愛

〈自分と似ている登場人物〉

・主婦＝個人に恨みはないが、日本人が嫌いなので部屋は貸せない。
・店の客①＝貧しく困っている外国人に関心を示さない。もしくは困っていることに気付いていない。
・店の客②＝困っているのは分かっているが、困っている外国人にこっそり援助する。
・娘＝困っている外国人を憎むが、なので手を差し伸べはしない。
・母＝相手のプライドに配慮してスープを提供する。

【まとめ】
日常の中で今、自分ができることは？

人との関わり
友達　いじめ　外国人
　　　障がい者　高齢者

4　自分の身の回りから「国際性の基調」が試されている例を探す

○今の自分は，どの登場人物と同じ行動をするか，また，その理由を考えて交流する。

Ｔ：登場人物の中から，今の自分と同じ考えの人を探して，そう考えた理由や，似たような経験についてグループで交流しましょう。

> **ポイント　登場人物の言動を自分に引き付けて考える**
>
> 　登場人物に自分自身を重ね合わせることで，人と関わることに対する自分の考えに向き合うことができる。そこから，日常の中で「個人」として相手に接することの難しさや，嬉しさの経験を思い起こさせるようにする。外国人との関わりに限らず，広く他者との関わりとして考えさせるように助言する。

5　学んだことを踏まえて，自分の考えをまとめる

Ｔ：この文章を読んで，初めに考えた「国際性」の内容はどのように変わりましたか。また，文章の内容を踏まえて，日常生活の中で「国際性」を身に付けるために今できることは何か，

というテーマで自分の考えをまとめましょう。

○200〜300字程度でまとめ，タブレット等で提出する。

○次の授業の初めに読み合う時間を取ることを知らせる。

> **発展**
>
> 　「国際性」を身に付けるために今できること，というテーマで卒業期に1分間スピーチを行うなどして，将来の自分の生き方を表明する活動につなげてもよい。

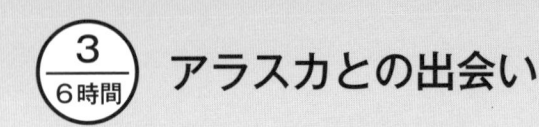

指導の重点

・筆者の考えを読みとり，自分にとっての出会いについて考えさせる。

本時の展開に即した主な評価規準例（Bと認められる生徒の姿の例）

・筆者の考えを踏まえて自分の経験を振り返り，自分の生き方や人とのつながりについて考えをもっている。【思・判・表】

生徒に示す本時の目標

筆者の考えを踏まえて，自分にとっての出会いの意味を考えよう

1 本時の目標と学習の見通しをもつ

T：教科書 p.213にあるように，筆者は写真家です。文章中の写真も筆者が撮ったものです。どのような感じがしますか？　こんな写真を撮るまでに，どのような出会いや経験があったのか一気に読んでいきましょう。

○写真家という職業があることに気付かせ，人生や生き方について考えていくことを予想させる。

2 観点をもって文章を通読する

○「偶然の出会い」とそれに関する「筆者の考え」に注目し，サイドラインを引きながら読み進める。範読 CD 等を使用し，全員が同時に読み終わるようにする。

T：サイドラインを引いたところを確認しましょう。

ポイント　目的を絞った読み方をさせる

1 時間扱いの教材なので，学習活動を絞る必要がある。今回は，「偶然の出会い」と人生について考えさせるため，文章を読むとき

の観点（偶然）を先に示す。また，後半の交流やまとめを書く時間を確保するために，ここではサイドラインを引き，筆者の考えを一覧できるようにする。

板書は発言を整理するために書き，生徒にはノートなどに書き写すことを求めない。

T：筆者は一つの偶然のきっかけから人生が動いていったと言っていました。皆さんにも同じような経験があると思います。今の自分につながっているなと思う出会いについて，ワークシートに簡単に書いてみましょう。　⬇ WS3

○交流の時間を取るために，「今の自分」「出会い」について話す際のキーワードとなるような短い言葉で記入させるにとどめる。

ポイント　筆者の考えを自分に引き付けて考えさせる

筆者の考えと自分の経験を合わせることで，これまでの自分の人生を捉えなおすことができる。「今の自分」は，「○○が好きな自分」「△△を続けている自分」「夢が◆◆な自分」など例を示すと考えやすい。また「偶然の出会い」を想起することが難しいようであれば，教師が自分の「出会い」を例にして話すなど，

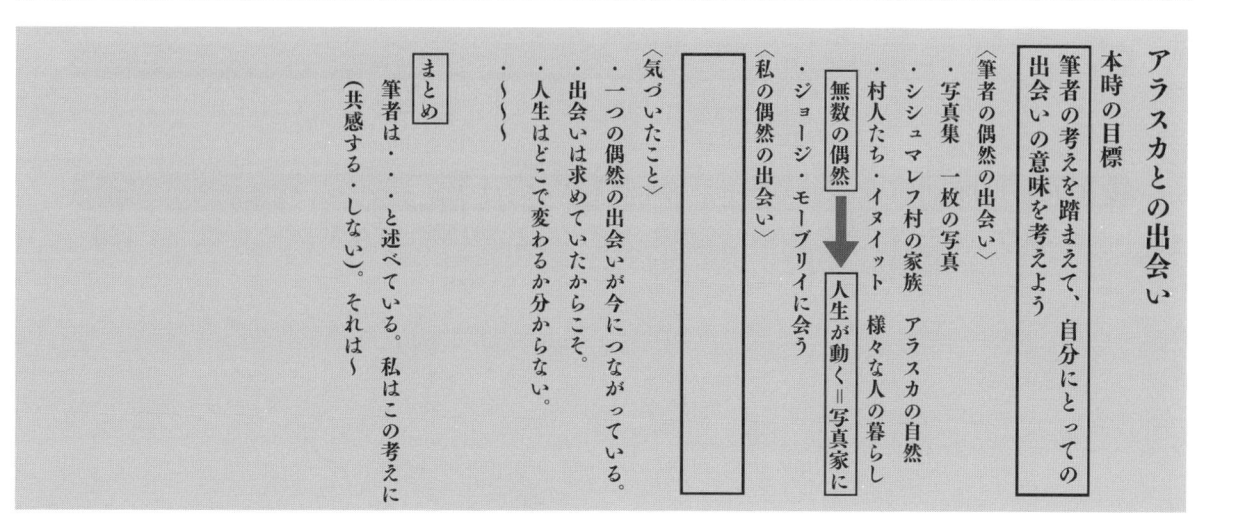

モデルを示すとよい。マイナスの経験やネガティブな感情が出てくることも考えられるので，無理に交流しなくてもよいことも伝え，生徒の様子に注意して机間指導を行う。

○「筆者は…と述べている。私はこの考えに（共感する・しない）。それは〜」というリード文を示し，表現の仕方や書き出しに時間をかけることなくまとめられるようにする。

3　自分の経験と文章を照らし合わせ，考えたことをまとめる

Ｔ：四人グループで経験を紹介し合いましょう。その後，ワークシートに偶然の出会いと人の人生について考えたこと，気づいたこと，感じたことなどを書きましょう。

○数人の生徒の考えを紹介する。可能であれば，グループで話し合い，一人にグループ内で出た考えを紹介させる。

4　筆者の考えに対する意見を書く

Ｔ：もう一度，最後の段落を読みましょう。

○教師もしくは指名した生徒が音読する。

Ｔ：「からくり」とは「仕掛けや仕込みがあること」を意味します。偶然の出会いから筆者の人生が次々に動いていったことを表しています。

　では，最後に文章を学習した上で，筆者の考えに対する自分の考えをまとめましょう。

④ / 6時間　律儀な桜

指導の重点
・本文で対比されていることに注目して読み，自分の考えをまとめさせる。

本時の展開に即した主な評価規準例（Bと認められる生徒の姿の例）
・既習の読み方を使って文章を読み，自分の身の回りのことに引き付けて考えようとしている。【主】

生徒に示す本時の目標
　対比されていることに注目して読み，自分の考えをまとめる

1　既習事項を確認し，学習の見通しをもつ
○一時間で文章に書かれていることに対する自分の考えをまとめるために，あらかじめ「批判的な読み」として学んできたことを確認し，学習の見通しをもたせる。

Ｔ：文章を読んで自分の考えをもつために，これまでやってきた学習の方法を確認しましょう。どのような道筋で行ってきましたか？

ポイント　将来的にも活用できる「批判的な読み方」を再確認する
　教科書本編で最後に扱うエッセイであることを伝え，これまでの，「文章を批判的に読み，自分の考えをもつための読み方」を再確認する。中学校で学び，身につけたことが今後の読書や学習にも役立てられることに気付かせる。
　黒板のスペースが足りない場合には，生徒のタブレット等や電子黒板に提示するなどして，本時の学習の中で一人一人が常に確認できるようにするとよい。

2　文章を一読する
○疑問に思う点や印象的な部分，気になる部分などに自由にサイドラインを引きながら，文章を一読する。

Ｔ：どんなところにラインを引きましたか？　周囲の人と紹介し合ってみましょう。理由なども質問し合ってください。

○二人組程度で，5分以内で交流する。

Ｔ：この文章の書き方の特徴として気付いたことを発表しましょう。

○発言を促し，人と自然　変わるものと変わらないものが対比的に書かれていることに気付かせる。

Ｔ：タブレット等を使用し，四人グループで協力して変わるものと変わらないものという観点で整理してみましょう。　⬇ WS4

ポイント　四人グループで協力して視覚的にも分かりやすくまとめる
　短時間で文章の内容を整理するために四人グループでタブレット等を使用して整理させる。対比は表の形式でまとめると視覚的にも分かりやすく，作者の意図をつかみやすい。また，この作業をすることで，「桜」自体は咲いたり散ったりと変化するものだが，必ず

準備物：ワークシート，ミニホワイトボード

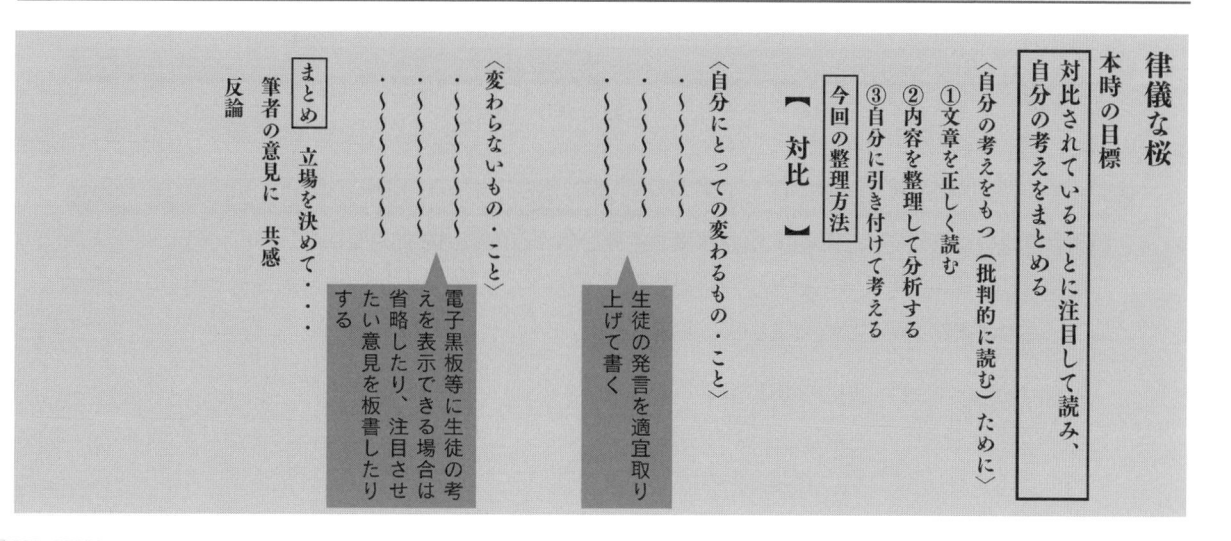

咲くという意味で変わらないものを象徴しているということに気付かせる。

3　筆者の考えに対する自分の考えをもつ

Ｔ：皆さんがこれから卒業するということを「変わるもの」とすると，「変わらないもの」はどのようなことでしょうか。同じように，今の自分にとって「変わるもの」「変わらないもの」には他にどのようなものがあるか考えてみましょう。

○個人で考えてから，意見を表示する。

○両者は友情のような目に見えない，抽象的なものでもよいことを伝える。

○ここでは考えを広げることを目的とするため，教師がそれぞれのミニホワイトボードを見て，適宜取り出しながら全体に紹介する。

4　自分にとっての「変わるもの」と「変わらないもの」をこれからの自分の生き方に結びつけて考えをまとめる

Ｔ：筆者の，「変わらないものがあるということは時に私たちを救うのではないか」という考えに対する意見を書きましょう。

○自分にとっての「変わるもの」「変わらないも

の」を例にして書くように指導する。

○筆者の考えに対する立場を明確にさせると，書きやすくなる。

> **ポイント　自分事として考えさせる**
>
> 　今後の人生において予想される変化の中で，変わらず持ち続けたいことなどを考えるよう助言する。

⑤/6時間　わたしを束ねないで

指導の重点

・詩の内容に関連させて，これからの生き方の目標を書かせる。

本時の展開に即した主な評価規準例（Bと認められる生徒の姿の例）

・詩を繰り返し音読して，使われている言葉や各連から作者の思いを捉えている。【知・技】
・詩を読んで，進んで考えを広げたり深めたりし，既習の学習を生かして，作品の価値や自分の可能性について考えをまとめようとしている。【主】

生徒に示す本時の目標

　最も共感できる連の内容と関連させて，これからの生き方の目標を書こう

1　本時の目標を知り，学習の見通しをもつ

○教科書 p.216に示された学習の目標を読み，詩を読む際の観点をもたせるようにする。

2　音読を繰り返し，表現やリズムの特徴を捉える

Ｔ：詩を理解する方法の一つに，音読がありましたね。様々な読み方で，音読しましょう。まずは，一行ずつ交代で読みます。

Ｔ：次は一連ごとに交代で，順番を変えて二回読みます。

Ｔ：連を前半と後半の二つに分けて交互に読んでみます。分けるところは，話し合って確認しましょう。（二回目の「○○ないでください」の部分）

○一連の中でも，前半と後半に述べている内容の違いを感じ取らせる。後半は，作者が思い描く自分の姿であることに気付かせる。

Ｔ：最後に一人で読んでみます。ゆっくりと内容を考えながら読みましょう。

ポイント　音読によって詩に込められた思いを捉える

　詩は音読によって気付くことが多い。従って，繰り返し読ませる際も，意図をもって読ませ方を工夫する。ここでは，読み方や言葉のまとまりを確認し合うことを目的として一行ごと，連の内容を大まかにつかむために連ごと，作者の思いを考えるために連を分けて読ませている。最後の一人読みは，あえて他者に聞かせることを意識させず，自分なりに読み取ったことを生かして気持ちを込めて読むように指示する。

3　最も共感する連を選び，描かれている生き方を想像する　⬇ WS5

Ｔ：最も共感した連を選び，伝わってくる生き方をタブレット上に，自分の言葉で書いて提出してください。

○5分程度で書ける短い言葉で表現させるようにする。

Ｔ：同じ連を選んだ人が書いた生き方を読んで，参考になる意見を保存したり自分の考えに付け加えたりして自分の考えをまとめましょう。

準備物：ワークシート

わたしを束ねないで

本時の目標

最も共感できる連の内容と関連させて、これからの生き方の目標を書こう

〈音読の仕方〉

一　交互読み
①一行ごと　②一連ごと
③連を二つに分けて

二　一人読み

〈共感した連と想像できる生き方〉

第一連　生き方＝・・・・・・

第二連　生き方＝・・・・・・

・　　　・・・・・・・・

・　　　・・・・・・・・

〈これから目標にしたい生き方〉

① 選んだ連
② 目標にしたい生き方
③ これまでの私
④ これから・・

○時間に余裕のある生徒には，ほかの連を選んだ生徒の文章も読むように助言する。

発展

クラスの事情，タブレット等のアプリの仕様によって，コメントを送り合ったり，自由に教室内を移動して，書かれたことについて質問したり，意見を交換したりしてもよい。解釈したことを他者と紹介しあったり討論したりすることの楽しさを短時間でも味わわせるように工夫する。

4　詩から読み取ったことをもとに，自分のこれからの生き方について考える

Ｔ：この詩にはいろいろな生き方が表現されていました。中学校を卒業して未来に向かって歩き出す皆さんが目標にしたい生き方はどのようなものでしょうか。詩から感じ取ったことをもとに考えてみましょう。

○選んだ連から想像できる生き方を使って文章にする。

ポイント　自分が目指したい生き方を多様な形で表現する

詩の言葉から離れすぎず，短時間で考えをまとめさせるために，書くべき事項をあらかじめ提示する。学習を振り返り，授業内で集めた言葉を組み合わせて自分の考えとしてまとめさせる。

○タブレット等で提出させ，すぐに互いに読み合えるようにする。

5　次の時間の内容を予告する

Ｔ：ここまでの四作品を振り返り，次の時間は三年間の人とのつながりやこれからの生き方について考えてみたいと思います。

○内容を忘れているようであれば，家庭学習で読んでくるように指示する。

6　温かいスープ／アラスカとの出会い／律儀な桜／わたしを束ねないで

6時間

指導の重点

・作品を読んで考えたことを十年後の自分に伝える文章を書かせる。

本時の展開に即した主な評価規準例（Bと認められる生徒の姿の例）

・複数の文章を合わせたり，比較したりして読んで考えを広げたり深めたりして，人間，社会，自然などについて，自分の意見をもっている。【思・判・表】
・今までの学習や経験を生かして考えたことを未来の自分に対して伝えようとしている。【主】

生徒に示す本時の目標
　複数の作品を読み比べ，考えたことを十年後の自分に伝えよう

1　本時の目標を知り，学習の見通しを持つ

Ｔ：ここまで学習してきた四つの作品について，それぞれ自分の意見をまとめてきました。今日は読み取ったことを合わせたり比べたりして自分の考えをまとめます。

○四作品で使用したワークシートやタブレット等に記入したことを見直し，それぞれの学習内容を思い出す。

2　四作品から使いたい二～三作品を選ぶ

Ｔ：これまでの授業で書いた自分の考えを見直しながら，大きく考えが変わった，とても共感したという作品を二～三つ選びましょう。
　それを基に，自分の生き方に対する最終の考えを書いていきます。📥 **WS6**

○複数の作品を使うことを条件とする。状況によっては二つでもよいことを告げる。必ず複数の作品を使うことを強調する。

3　作品の相違点を図を使って整理する

○選んだ作品から読み取ったこと，伝わってくる

思いなどを書き出しながら，相違点を整理する。

○複数の作品の重なりの部分は十分時間をかけて考えさせるようにする。

○一定の時間を取ったら，自由に座席を移動して整理の仕方やまとめる言葉について交流し，自分の図に書き加えたり修正したりする。

○すべて埋まらなくても，共通して言っていることが見つかればよいとする。

○言葉が見つからない生徒もいるので，注意しながら机間指導を行う。

> **ポイント　図表を使って考えを整理する**
> これまでの学習でも使用したことのある，ベン図で考えを整理する。考えはできるだけ短い言葉で書かせると，比較しやすくなる。相違点を考えているうちに，選んだ作品全てに共通することが見えてくることもあるので，全ての欄を埋めさせようとしなくてよい。

Ｔ：選んだ作品を合わせることによって見えてきた言葉を「○○は△△だ。」の形で発表してください。

○様々な組み合わせが考えられるので，発表内容も多様なものとなることが予想される。明らかな誤読以外はできるだけ，受容しながら，発表

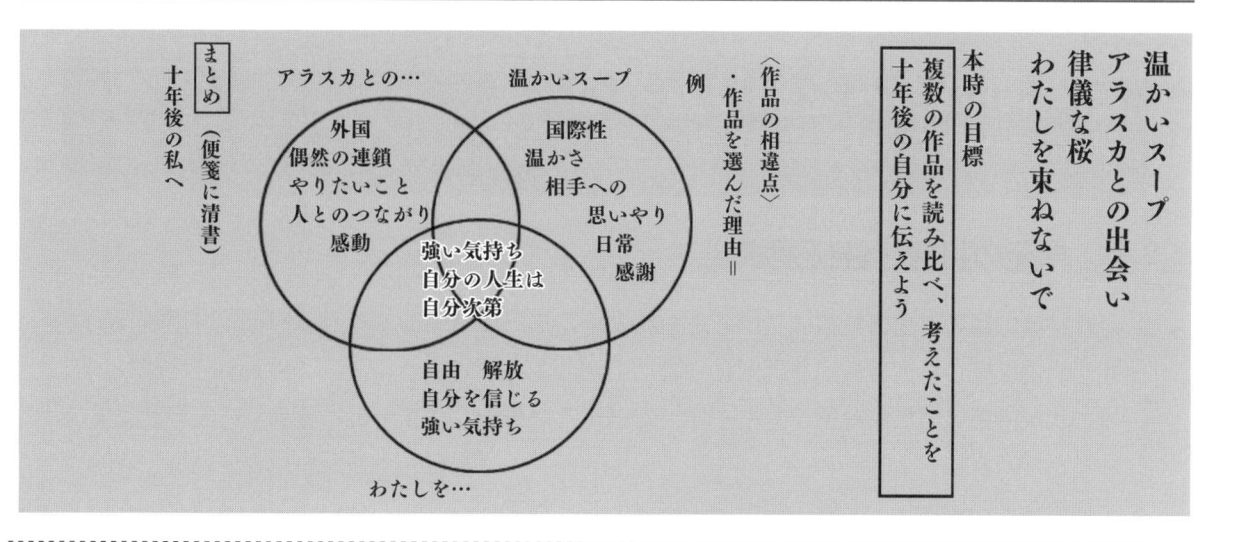

温かいスープ
アラスカとの出会い
律儀な桜
わたしを束ねないで

本時の目標
複数の作品を読み比べ、考えたことを
十年後の自分に伝えよう

例
〈作品の相違点〉
・作品を選んだ理由＝

アラスカとの…
外国
偶然の連鎖
やりたいこと
人とのつながり
感動

温かいスープ
国際性
温かさ
相手への
思いやり
日常
感謝

強い気持ち
自分の人生は
自分次第

自由　解放
自分を信じる
強い気持ち

わたしを…

まとめ　（便箋に清書）
十年後の私へ

を促していく。
○時間的な余裕があれば，四人グループで考えを
　紹介し合ってもよい。

> **発展**
> 　この学習活動を念頭に，これまでの四作品
> の学習のまとめを形式をそろえてタブレット
> 上に保管させ，それをコピーしたり，貼り付
> けたりしながら整理させてもよい。

4　自分の考えをまとめる

Ｔ：複数の作品を合わせて気付いたこと，新たに
　考えたことをもとに，自分のこれからの生き方
　を十年後の自分あての手紙の形で書きましょう。
　　まずは簡単に十年後の二十五歳になった自分
　の姿を想像してみましょう。
○ワークシートの質問に答えながら十年後の自分
　がどのような仕事に就き，毎日をどのような気
　持ちで過ごしているか具体的に想像させ，自分
　の考えを伝える相手である将来の自分を明確に
　意識させる。　　　　　　　　　📥 **WS7**

> **ポイント　十年後の自分を具体的に思い描く**
> ワークシートに，①仕事に就いている，い

ない。就いているならどのような仕事か，②
日本にいるか，外国にいるか　③今好きなこ
とは続けているか　などの簡単な質問を用意
して十年後の姿を具体的に思い浮かべられる
よう工夫する。

Ｔ：では，今自分の生き方について考えているこ
　とを十年後の自分あての手紙の形で書きましょ
　う。
○十分に時間を取って書かせるようにする。
Ｔ：今書いた手紙は，なくならないように注意し
　て保管し，十年後に読んでみましょう。きっと
　その時のあなたに，刺激や勇気，なつかしく温
　かな気持ちを与えてくれるはずです。

三年間の歩みを振り返ろう　（5時間）
冊子にまとめて，発表会をする

1　単元の目標・評価規準

・話や文章の種類とその特徴について理解を深めることができる。　　　〔知識及び技能〕(1)ウ

・相手や場に応じた言葉遣いを理解し，適切に使うことができる。　　　〔知識及び技能〕(1)エ

・場の状況に応じて言葉を選ぶなど，自分の考え方が分かりやすく伝わるように表現を工夫することができる。　　　　　　　　　　　　　　　　　〔思考力，判断力，表現力等〕A(1)ウ

・文章の種類を選択し，文章の構成を工夫することができる。

　　　　　　　　　　　　　　　　　　　　　　　　　　〔思考力，判断力，表現力等〕B(1)イ

・言葉がもつ価値を認識するとともに，読書を通して自己を向上させ，我が国の言語文化に関わり，思いや考えを伝え合おうとする。　　　　　　　　　「学びに向かう力，人間性等」

知識・技能	話や文章の種類とその特徴について理解を深めている。　　　　　　　((1)ウ)
	相手や場に応じた言葉遣いを理解し，適切に使っている。　　　　　　((1)エ)
思考・判断・表現	「話すこと・聞くこと」において，場の状況に応じて言葉を選ぶなど，自分の考えが分かりやすく伝わるように表現を工夫している。　　　　　（A(1)ウ）
	「書くこと」において，文章の種類を選択し，文章の構成を工夫している。（B(1)イ）
主体的に学習に取り組む態度	中学校での学習を整理し，言葉を選んだり，構成を工夫したりして文章にまとめると共に他者と進んで交流し質疑応答をして考えを深めようとしている。

2　単元の特色

教材の特徴

　本単元は中学校での三年間の学びについて，「これまで」を振り返り，「これから」の学びについて考えていくものである。これまで積み重ねてきた国語の学習の歩みを振り返って冊子にまとめ，その内容を発表し合い，質疑応答することにより自分の考えを深めていく学習をする。これらを通して中学校卒業後も学び続ける生徒を育成することをねらいとする。学習活動は「集める・整理する」，「組み立てる」，「表現する」，「共有する」の四段階で進め，さらにそれらを「生かす」ことにつなげていく。

身に付けさせたい資質・能力

　本単元では，三年間の国語科の学習のまとめとして，「これまで」の学習の歩みを振り返り，自分はどのような力を身に付けたか，それがどのような場面でどう役立っているのか等について，生徒が自己理解するよう指導を進めていく。そして，「これから」の学びについて主体的に考えるきっかけとする。そのために，三年間の歩みを振り返る冊子を作る言語活動を設定する。これは学習指導要領に例示されている言語活動「提案や主張など自分の考えを話したり，それらを聞いて質問したり評価などを述べたりする活動」や「情報を編集して文章にまとめるなど，伝えたいことを整理して書く活動」に当たる。この言語活動を通して，これまでの学習を生かし，伝えたいことを整理して書く資質・能力や自分の考えを明確にして話したり，相手の考えを聞いて理解したりする資質・能力を身に付ける学習活動とする。

3　学習指導計画（全5時間）

次	時	○主な学習活動	☆指導上の留意点　◆評価規準
一	1	○冊子のテーマを考え決める。 ・三年間の中学校での国語の学習を振り返る。これまでの学習から学んだことを想起し，さらに他生徒との対話を通して自分が身に付けた力は何かを意識する。また，その力が他の場面でどう役立っているかを考える。 ・印象に残った学習活動を想起し，三年間の学びを総括するテーマを考える。	☆教師は，三年間の学習を想起させる資料を生徒に用意させる。必要に応じて三年間の学習を想起させるヒントとなるワークシートを作成し生徒に活用させる。 ◆自分の考えを他者に聞いてもらうために相応しい言葉遣いで話している。【知・技】 ◆中学校での学びを振り返り，それを総括するテーマを考え，聞き手に伝わるように表現している。【思・判・表】
二	2	○内容を整理し，構成や工夫について考える。 ・冊子の内容について，目次を考えることから全体の構成，記事（紙面）を考える。	◆冊子の構成を考え，一つ一つの記事（紙面）について効果的に他者に伝わるよう文章の構成を工夫している。【思・判・表】
	3〜4	○記事を書き冊子を完成させる。 ・一つ一つの記事（紙面）について効果的に他者に伝わるよう文章を工夫する。	◆話や文章の種類とその特徴について理解を深めている。【知・技】 ◆冊子の構成を考え，一つ一つの記事（紙面）について効果的に他者に伝わるよう文章の構成を工夫している。【思・判・表】
三	5	○発表会を開き，学習を振り返る。 ・四人のグループで発表会を開く。 ・質疑応答を繰り返し，自分の考えを深めていく。 ・自分の冊子を再度読みながら，学習を振り返り，「これから」の学びについて考える。	◆場の状況に応じて言葉を選ぶなど，自分の考えが分かりやすく伝わるように表現を工夫している。【思・判・表】 ◆学習を整理し，言葉を選んだり，構成を工夫したりして文章にまとめると共に他者と進んで交流し質疑応答をして考えを深めようとしている。【主】

三年間の歩みを振り返ろう　冊子にまとめて，発表会をする

1 / 5時間

生徒に示す本時の目標
　冊子のテーマを考え，決めよう

1　単元の学習の見通しをもたせる
○単元の目標を示し，その学習活動として，三年間の国語科の学習の歩みを振り返る冊子を作ることを示す。

> **ポイント　デジタル冊子について**
> 　冊子については，「デジタル冊子」とすることが効率的である。例えば，プレゼンテーションアプリを使うことで手軽に作成することができるし，家庭での補充学習が行いやすくなる。印刷し製本する時間が取れなくても本単元を予定通り実施することができる。

Ｔ：卒業も近くなってきている時期になりました。ここで三年間国語の授業で学習してきたことを振り返ります。自分には，どのような力が付いたのか，その力はどのような場面でどのように役立ったのか，ということも考えていくとよいでしょう。

Ｔ：この単元で身に付けてほしい力は，これまでの学習を生かし，情報を編集して文章にまとめるなど伝えたいことを整理して書く力や多様な考えをもつ相手に対して，自分の考えを明確にして話したり，相手の考えを聞いて理解したりする力です。

Ｔ：学習を進める大まかな予定を伝えます。皆さん自身の学習の見通しをもってください。国語の授業は今日を入れて５時間使います。この時間に冊子のテーマを決め，２時間目は，冊子の内容をどのようにするかを考えます。本の目次をイメージして，どのような構成で自分の学びを文章にしてまとめていくかを考えます。３時間目と４時間目で書く活動を行い冊子を作り完成させます。５時間目にグループで発表会を開き質疑応答をして，互いに考えを深め合う学習を行います。　📥 **WS1**

> **ポイント　学習を振り返る資料を用意する**
> 　事前に本単元に活用する資料を例示するなどして生徒に集めさせておく。また，学習のヒントとするために，各学年教科書の「学習の見通しをもとう」を教師が用意しておく。

2　本時の学習について説明する
○教科書 p.221「これからの学びを展望する」を読み，これまでの学びをまとめることとこれか

準備物：ワークシート，教科書（1・2年）・これまでのノートやワークシート，教科書目次のデータ（黒板掲示用資料かデジタルデータまたは印刷物），振り返り用資料（必要に応じて）

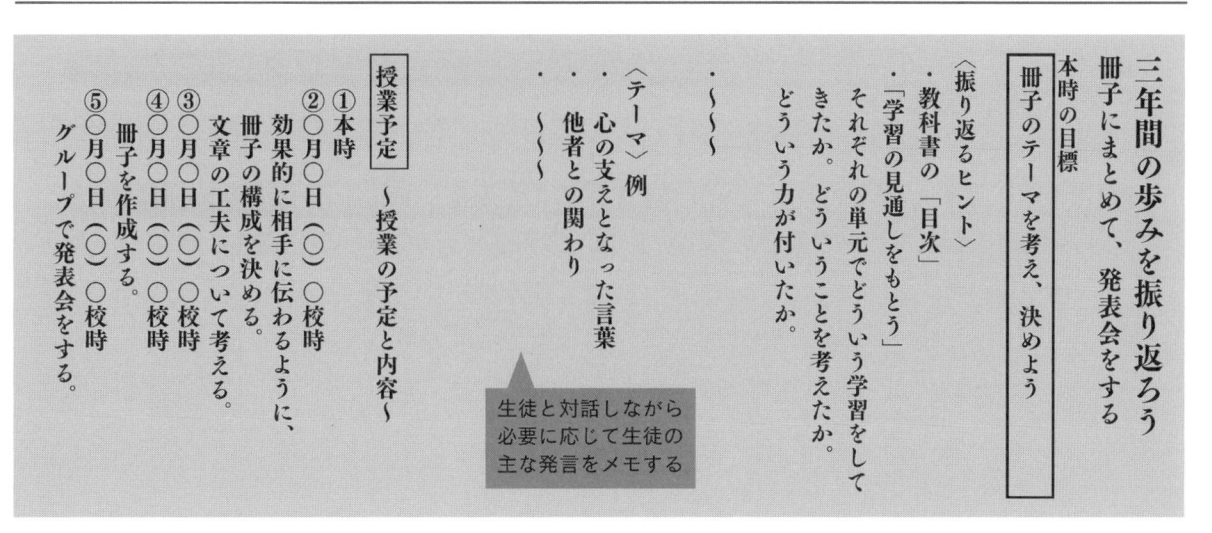

三年間の歩みを振り返ろう
冊子にまとめて，発表会をする

本時の目標
冊子のテーマを考え，決めよう

〈振り返るヒント〉
・教科書の「目次」
・「学習の見通しをもとう」
　それぞれの単元でどういう学習をしてきたか。どういうことを考えたか。どういう力が付いたか。

・〜〜〜
・〜〜〜

〈テーマ〉例
・心の支えとなった言葉
・他者との関わり
・〜〜〜
・〜〜〜

生徒と対話しながら必要に応じて生徒の主な発言をメモする

授業予定　　〜授業の予定と内容〜
①本時
②〇月〇日（〇）〇校時
　効果的に相手に伝わるように，冊子の構成を決める。
　文章の工夫について考える。
③〇月〇日（〇）〇校時
④〇月〇日（〇）〇校時
　冊子を作成する。
⑤〇月〇日（〇）〇校時
　グループで発表会をする。

らの学びに生かすことについて説明し，生徒に考えるヒントを示す。

T：この時間で冊子のテーマを決めます。そのためにまず，次の二つについて考えてみましょう。一つ目は，「国語科の学習を通して身に付けた力は何か」，二つ目は「身に付けた力が，他の場面でどう役立っているか」ということです。

3　資料を基に学習を振り返りテーマを決める
○用意した資料を吟味し，テーマを決めていく。教科書の「学習の見通しをもとう」を参照させ，振り返るヒントとする。

> **発展**
> 　歩みを振り返る範囲を，1，2年生の学習，国語科の資料集，ワーク，図書館や，自宅で読んだ関連図書，本，新聞，雑誌等に広げていく。

T：用意した資料をよく見て先ほどの二つのことについてメモしていき，全体のテーマを決めてください。個人学習を25分取ります。そのあと10分間の意見交換の時間を取ります。そして残りの時間でテーマを最終決定しましょう。それ

では，始めてください。
○教師はこの間，机間指導をしたり質問を受けたりして，生徒の学習を進めさせる。
T：（25分経過）25分がたちました。グループで意見交換をしてください。
　（10分経過）10分がたちました。自分の考えがはっきりしてきましたか。それでは，残りの時間を使って，テーマを決定してください。
○教師は机間指導をして，生徒がたてたテーマをおおよそ把握しておく。テーマがたてられていない生徒には個別指導をする。

4　学習内容を確認し次時の予告をする
T：今日の学習で皆さんは二つの視点をもとに，冊子のテーマを決めることができました。次回は，冊子の構成や工夫について考えていきます。また，そこまで進んだ人は記事を書き始めます。学習の準備をしておいてください。

2/5時間 三年間の歩みを振り返ろう 冊子にまとめて，発表会をする

指導の重点
・冊子の構成や内容を考えさせる。

本時の展開に即した主な評価規準例（Bと認められる生徒の姿の例）
・冊子の構成を考え，一つ一つの記事（紙面）について効果的に他者に伝わるよう文章の構成を工夫している。【思・判・表】

生徒に示す本時の目標
冊子の構成や内容について考えよう

1 本時の学習について理解する

○テーマに沿って考えた冊子の内容についてどのように書いていくか考えさせる。その手立てとして，本の目次を想起させ，どのように全体を構成するか考えさせる。

T：冊子のテーマが決まりました。今日は，全体の構成を考え決めていきます。冊子は，「まえがき」，「本文」，「あとがき」の三部構成にします。その「本文」の中身の構成について考えます。①国語科の学習を通して身に付けた力は何か，②身に付けた力が，他の場面でどう役立っているか，③学んだことを，今後どう生かしていくかです。これを意識して柱を決めていきましょう。この個人学習を25分間行います。

T：次にグループでの意見交換を10分取ります。自分の考えた構成，内容，工夫などを交流して自分の考えを明確なものにしていきましょう。冊子の「目次」（記事・本文の構成）を本時に完成させます。

ポイント 学習内容の確認の徹底
個人学習の時間を取る前に生徒からの質問

を受け，答えていく。また，どういうことに取り組めばよいか個別に助言していく。

○この段階でもテーマを決めきれていない生徒にはテーマの内容例を示し説明する。現時点でのその生徒の取り組み内容に適したテーマを考え決めさせる。他者を引き付けるキャッチコピーは別に考えさせる。

（例）
・他者とのかかわり　　・言葉のもつ力
・古典を継承する意味　・心の支えとなる言葉
・今と昔　変わることと変わらないこと
・工夫された文章表現とその効果
・言葉のルールと私たちの言葉
・コミュニケーション力を高めるには
・分かりやすく話すこと・書くこと
・論説文に表れる筆者の人柄

2 冊子の記事（紙面）について考えて決める
📥 WS2

○以下の説明後，今後の授業と家庭学習で取り組むことの見通しをもって各自学習に取り組ませる。

T：テーマが決まりました。今までの学びがこれからにつながることを意識してください。冊子

準備物：ワークシート，教科書（１・２年）・これまでのノートやワークシート，教科書目次のデータ（黒板掲示用資料かデジタルデータまたは印刷物），振り返り用資料（必要に応じて）

```
┌─────────────────────────────────────────────────────────────┐
│                               三年間の歩みを振り返ろう          │
│                               冊子にまとめて、発表会をする      │
│                                                               │
│  本時の目標                                                    │
│  冊子の構成や内容について考えよう                              │
│                                                               │
│  〈全体の構成〉                                                │
│  ①まえがき                                                    │
│  ②本文                                                        │
│  ③あとがき　※学習のまとめとして書く。                         │
│                                                               │
│  〈考えるヒント〉                                              │
│  ①国語科の学習を通して                                        │
│    身に付けた力は何か。                                        │
│  ②身に付けた力が、他の場面でどう                              │
│    役立っているか。                                            │
│  ③学んだことを、                                              │
│    今後どう生かしていくか。                                    │
│                                                               │
│  学習の流れ                                                    │
│  ①個人学習                                                    │
│  ②意見交換                                                    │
│  ③個人学習　冊子の構成の決定　「目次」                         │
│                                                               │
│  第三時・第四時                                                │
│  記事を書く。冊子を完成させる。                                │
└─────────────────────────────────────────────────────────────┘
```

を完成させるのが〇月〇日〇曜日です。それを用いて発表するのが〇月〇日〇曜日の〇時間目の授業です。学習の見通しを立てて取り組みましょう。

Ｔ：次回から２時間でテーマに基づいて記事（紙面）を書いていきます。今日の学習は，その準備として全体の構成を考えていきます。次に，それぞれの記事の内容や文章の構成について考え書く準備をしていきます。集めた資料を再度吟味しテーマに関連する部分を確認しましょう。教科書，ノート，ワークシートなど，どのページやどの部分をどう活用するか考えましょう。また，新たに資料を探しても構いません。

Ｔ：構成を考えるために，本にある，「目次」をイメージしてください。今回の学習では，「まえがき」，「本文」，「あとがき」の三部構成にします。その「本文」の構成を考えてください。

3　学習の冊子の記事（紙面）について考えて決める

Ｔ：それでは，各自学習を始めてください。

〇記事の構成については，「まえがき」，「本文」，「あとがき」の例を示す。文種については，例えば「自分の体験を紹介し，そこから感じたこと，考えたことを伝えたい」や，「気持ちや場面を生き生きと伝えたい」ならば「随筆」を，物事の特性や価値を伝えたい」なら「批評文」を，「伝えたいことについて順序だてて説明したい」ならば「論説文」を参考にするよう助言する。

Ｔ：（25分経過）時間が来ましたので，グループで意見交換を行って自分に役立ててください。

Ｔ：（10分経過）時間が来ましたので，個人で構成と工夫について決めてください。

4　本時の振り返りと次時の予告をする

〇構成と工夫について書き留めたワークシートを見て内容を確認する。

Ｔ：次の時間は実際に記事を書いていきます。準備しておきましょう。

三年間の歩みを振り返ろう　冊子にまとめて，発表会をする

指導の重点

・伝えたいことが効果的に他者に伝わるよう文章を工夫させる。

本時の展開に即した主な評価規準例（Bと認められる生徒の姿の例）

・話や文章の種類とその特徴について理解を深めている。【知・技】
・冊子の構成を考え，一つ一つの記事（紙面）について効果的に他者に伝わるよう文章の構成を工夫している。【思・判・表】

生徒に示す本時の目標
　記事を書き，冊子を完成させよう

1　記事を書く

○前時までの学習を振り返り，2時間で記事を書き上げ冊子を完成させることを確認する。使用する情報を整理して記事を書かせる。

○記事を書く際には，教科書 p.222を参照する。目的に合わせて記事の分量と文章の構成を考える。

Ｔ：冊子の大まかな構成を「まえがき」，「本文」，「あとがき」とすること，その中の「本文」について構成を工夫して書きましょう。

Ｔ：読み手に興味をもってもらう見出しやキャッチコピーを付ける。見出しや文章の，イラストなどの配置工夫しましょう。まずは本文の記事について書いてください。

Ｔ：この時間と次回の2時間で冊子を完成させましょう。この時間の最後10分間で，グループ内で中間発表をします。

ポイント　全生徒が完成させるよう個別に助言していく
　生徒の習熟状況に合わせて，取組の優先順位を助言する。

○「まえがき」については，三年間の歩みを振り返り，冊子を作るに当たっての思い，考え，これまでの学習，授業の感想，思い出など想起させて記述させる。

○教師は，一人一人の生徒の学習の進捗状況を把握し，適宜個別に問いを発したり助言したりする。

○教師は生徒の質問に対応する。

○なかなか学習が進まない生徒に対しては個別に指示を与える。

・記事とする分野を絞り，生徒が感想をもてる内容をとらえさせる。3学年で学習した内容から振り返るとよい。

（例）

・「握手」のおもしろさはどういうところにありましたか。

・小説の文章の書かれ方について気付いたことや勉強したことにはどういうことがありましたか。思い出しましょう。

・「故郷」の登場人物を思い出しましょう。どのような人として描かれていましたか。そのような人だと思ったのはどの表現や文章からですか。

・表現の仕方についてあなたはどう考えますか。

準備物：教科書（1・2年）・これまでのノートやワークシート，教科書目次のデータ（黒板掲示用資料かデジタルデータまたは印刷物），振り返り用資料（必要に応じて）

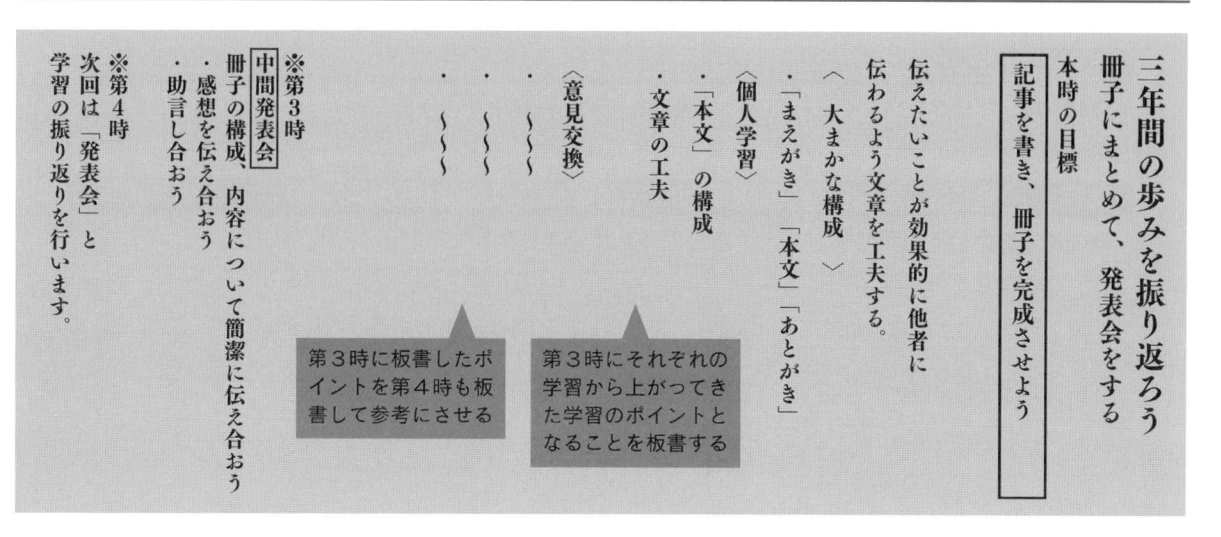

三年間の歩みを振り返ろう
冊子にまとめて、発表会をする

本時の目標

記事を書き、冊子を完成させよう

伝えたいことが効果的に他者に伝わるよう文章を工夫する。

〈大まかな構成〉
・「まえがき」「本文」「あとがき」

〈個人学習〉
・「本文」の構成
・文章の工夫

〈意見交換〉
・〜〜〜
・〜〜〜
・〜〜〜

※第3時
中間発表会
冊子の構成、内容について簡潔に伝え合おう
・助言し合おう
・感想を伝え合おう

※第4時
次回は「発表会」と学習の振り返りを行います。

> 第3時に板書したポイントを第4時も板書して参考にさせる

> 第3時にそれぞれの学習から上がってきた学習のポイントとなることを板書する

2 （第3時）中間発表会

○四人グループで行う。時間は5〜10分程度とする。それぞれ自分の進捗状況を簡潔に伝え合う。意見交換，感想交流を行うとともに互いに助言し合う。解決できないことについては教師に質問する。

3 （第4時）次回の「発表会」に向けて

○記事を書き，冊子を完成させることに重点を置く。本単元を扱う時期は進路決定との兼ね合いがあり，あまり家庭学習での負担はかけたくないと考えることもあるだろう。時間内に完成できるよう，個別の進度に応じて助言を心がけるとよいだろう。

○次時の発表に向けて，発表準備を行う。冊子の内容の要点を拾い出したり，要約したりして文章を書くこともある。発表原稿を用意することも考えられる。しかし，発表については聞き手を見ながら発表し原稿を読む活動にはならないよう生徒に伝えておく。

○発表の基本的な流れをあらかじめ示しておく方法もある。支援が必要な生徒については，例のような進め方の助言もできる。

（例）
1 はじめに

2 テーマとそれをテーマにした理由
3 自分が学んできたことから
4 学びが生きた出来事について
5 これからの学びについて
また，目次を参考にさせることも考えられる。

4 本時の学習の振り返り

○生徒は時間中に意見交換したり助言し合ったりする活動が多くあるので，ここでは，教師からの学習状況の評価，助言等を行い次時の学習に期待と意欲をもたせる。学習の楽しさを伝える内容としたい。

5／5時間　三年間の歩みを振り返ろう　冊子にまとめて，発表会をする

指導の重点
・自分の考えが分かりやすく伝わるように表現を工夫した発表をさせる。

本時の展開に即した主な評価規準例（Bと認められる生徒の姿の例）
・場の状況に応じて言葉を選ぶなど，自分の考えが分かりやすく伝わるように表現を工夫している。【思・判・表】
・学習を整理し，言葉を選んだり，構成を工夫したりして文章にまとめると共に他者と進んで交流し質疑応答をして考えを深めようとしている。【主】

生徒に示す本時の目標
発表会を開き，学習を振り返ろう

1　本時の学習について確認する（4分）
○発表会の流れと学習内容を確認する。（四人一組としているが，発表時間を増やすために三人一組でもよい。また，一人当たりの発表・質疑応答時間を調整することも考えられる。）
○本時終盤の振り返る学習において，四つの視点をあらかじめ伝える。
Ｔ：発表は四人一組で行います。時間は一人3分以内です。質疑応答を含め5分以内で行いましょう。それを順に繰り返します。
Ｔ：聞き手として，①文章の種類とその特徴に関する知識をどう生かしたか。
　②記事の内容を効果的に伝えるために，どのような構成を工夫したか。
　③場の状況に応じて話すために，どのようなことに気をつけたか。
　④友達の発表を聞いて，気づいたことや，さらに考えが深まったことは何か。を考えながら聞きましょう。
Ｔ：発表を聞き終わった後，三年間の学びやこれからの学びについて思いを語り合う時間を5分取ります。大いに語り合いましょう。

Ｔ：そして各グループでの話し合いの概要を代表の人がみんなに伝える時間を取ります。みんなの学びをみんなで共有しましょう。最後に学習をまとめ，考えを深めていきます。さあ，張り切っていきましょう！

ポイント　明るく楽しい雰囲気づくり
自分もよく頑張ってきたと自分をほめ，学ぶことは楽しいことであり，またこれからも学び続けようという意欲を引き出す明るく学びあえる雰囲気をつくることに注力する。

2　発表会を開く（20分）
○発表者は冊子を示しながら発表していく。
○聞き手の反応を見ながら言葉を選ぶなど，自分の考えが分かりやすく伝わるよう表現を工夫する。
○発表原稿を作成しそれを読むことはできるだけ避ける。生徒の学習状況に応じて，「まえがき」の内容や，「目次」を活用して発表させる。なお，発表の内容を箇条書きにした発表メモは作らせてもよい。
Ｔ：発表会を始めます。相手に伝えることと，自分の学びに生かすよう内容をとらえながら聞き

準備物：教科書（1・2年）・これまでのノートやワークシート，教科書目次のデータ（黒板掲示用資料かデジタルデータまたは印刷物），振り返り用資料（必要に応じて）

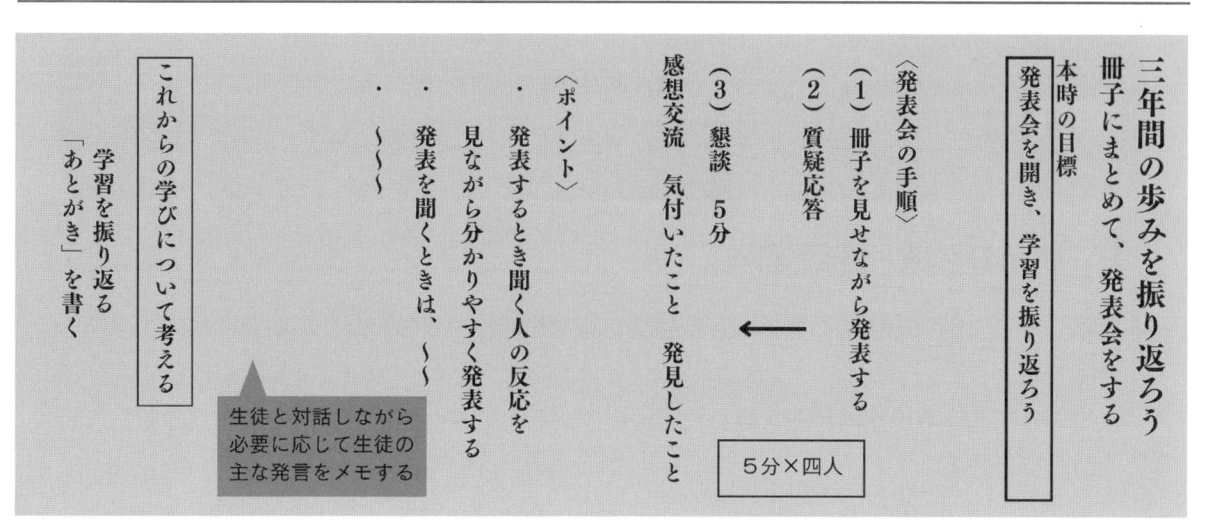

板書例：

三年間の歩みを振り返ろう
冊子にまとめて、発表会をする

本時の目標
発表会を開き、学習を振り返ろう

〈発表会の手順〉
（1）冊子を見せながら発表する
（2）質疑応答
（3）懇談　5分
感想交流　気付いたこと　発見したこと

5分×四人

〈ポイント〉
・発表するとき聞く人の反応を見ながら分かりやすく発表する
・発表を聞くときは、〜〜
・〜〜

生徒と対話しながら必要に応じて生徒の主な発言をメモする

これからの学びについて考える
学習を振り返る
「あとがき」を書く

取ることを大切にしてください。

○生徒は，発表会学習メモに，冒頭の3点を意識して適宜キーワードをメモするなどして聞く。メモに専念せず，話し手と示されている冊子に注目して聞く。教師は生徒の状態を見て助言する。

3　懇談（5分）

○学級の状況に応じて「なるほど」「そうなんだ」「そういうことか」「大切だなあ」「分かる」「いいなあ」等々，傾聴して受容する気持ちをもつこと及び各自の学びを尊重して聞くように助言していく。

○個々の学習であり，発表内容の優劣，正否，賛否，好悪を問うものではないことを意識させる。

Ｔ：グループみんなの発表を聞いてどのような思いをもちましたか。5分間語り合ってください。5分後に各グループから一言学級全体に話し合った内容について伝える時間を取ります。

> **発展**
> 感想記入フォームを作り，それに入力させ，発表者に送る。発表者は深い学びにつなげる資料の一つとして活用する。

4　代表者が発表する（5分）

○一グループ30秒程度で端的に伝えさせる。

Ｔ：それでは発表をお願いします。30秒程度でお願いします。

5　「あとがき」を書く（10分）

○本単元での学びを振り返る。まとめの文章を，冊子の「あとがき」として書く。

Ｔ：学習のまとめをする時間となりました。冊子の「あとがき」として振り返りを書いてまとめましょう。

6　教師からのメッセージ

○冊子の内容，発表内容等生徒の学習状況を評価する話をする。これまでの学びを認め，これからの学びに主体的に向かえるよう，励ましの気持ちを込めて教師の思いを伝える。

Ｔ：（教師からのメッセージ）

Ｔ：共に学んだ仲間にみんなで拍手を送りましょう！（大きな拍手）

初日　　　　　　　　　　　　　　　　　　　　　　（2時間）

1　単元の目標・評価規準

・理解したり表現したりするために必要な語句の量を増し，語感を磨き語彙を豊かにすることができる。　　　　　　　　　　　　　　　　　　　　　〔知識及び技能〕(1)イ

・詩を読んで考えを広げたり深めたりして，人間，社会，自然などについて，自分の意見をもつことができる。　　　　　　　　　　　　　　　　〔思考力，判断力，表現力等〕C(1)エ

・言葉がもつ価値を認識するとともに，読書を通して自己を向上させ，我が国の言語文化に関わり，思いや考えを伝え合おうとする。　　　　　　　　「学びに向かう力，人間性等」

知識・技能	理解したり表現したりするために必要な語句の量を増し，語感を磨き語彙を豊かにしている。　　　　　　　　　　　　　　　　　　　　　　　　　　　　　　((1)イ)
思考・判断・表現	「読むこと」において，詩を読んで考えを広げたり深めたりして，人間，社会，自然などについて，自分の意見をもっている。　　　　　　　　　　　　（C(1)エ）
主体的に学習に取り組む態度	詩を読んで，進んで考えを広げたり深めたりし，今までの学習を生かして，作品の価値について考えをまとめ，伝え合おうとしている。

2　単元の特色

教材の特徴

　題名の「初日」という語は，新しい始まりや新しい日々のスタートを象徴し，学校や日常生活の中での新しい挑戦や変化に結びつく語である。詩に使われている言葉が平易で難解な表現も少ないため，一読して詩の世界に入りやすく，全体から前向きな感情や新しい一日が始まることへの期待，希望などをストレートに感じ取ることができる。

　その一方で，「曙をほどく」「ういういしい光」「見失いかけたもののかたち」などの特徴的な表現も多く，これまでの学習方法を生かしてどのようにとらえるかを生徒が考え，他者と交流することによって，詩の楽しみ方を再確認することができると考える。また，後半の連には心情を読み取れるような比喩的な表現が多いが，今まさに未来へ向かって一歩を踏み出そうとしている生徒達には，それらが期待と不安の入り混じったような心情であることを共感的に感じ取ることができる。

　この詩は生徒に「詩」という形式が自分自身の気持ちを表現したり，伝えたりする一つの方

法であることを印象付けられる教材であるといえよう。

身に付けさせたい資質・能力

　本単元では，詩を読んで，進んで考えを広げたり深めたりし，今までの学習を生かして，作品の価値について考えをまとめ，交流してさらに考えを深めることをめざす。（主体的に学習に取り組む態度）そのために，既習の学習を生かして詩に使われている言葉に注目して読み味わい，自分の現在の気持ちや経験と重ね合わせて想像を膨らませ，あらためて新しいスタートに対する気持ちを考えさせる。

　また，考えたことを明確にして表出するためには相手意識が重要である。そこで，本指導では，この詩を人に贈るとしたらどのような人に贈りたいかを話し合わせ，相手意識をもった音読で締めくくる。ここでは音読自体は評価対象とせず，自分たちが感じ取ったことや言葉のもつ力を音読の形で他者に伝えようとすることで，この詩が自分にとってどのような意味のある詩なのかを考えさせる活動とする。

3　学習指導計画（全2時間）

次	時	○主な学習活動	☆指導上の留意点　◆評価規準
一	1	○音読を数回行い，伝わってくることについて交流する。 ・一言で表現するとどんな詩かを考える。 ○詩の中の表現について，好きな表現，疑問に思う表現について話し合う。 ○一言で表現するとどんな詩かを再度考える。	☆「初日」のイメージをもたせておく。 ☆一人読みや二人読み等，形態を工夫する。 ◆言葉の使われ方や表現上の特徴に注目して伝わってくることを話し合い，内容の理解に役立てている。【知・技】
二	2	○この詩をどのような人に贈りたいか考える。 ・贈りたい人の状況を想定する。 ○話し合ったことを説明した後，音読を行う。	☆詩を贈りたい人を具体的に想像させる。 ☆想定の理由を，詩の言葉を使って説明させる。 ◆詩を読んで考えを広げたり深めたりして，人間，社会，自然などについて，自分の意見をもっている。【思・判・表】 ◆詩を読んで，進んで考えを広げたり深めたりし，作品の価値について考えをまとめ，贈りたい人物を想定して伝えようとしている。【主】

指導の重点

・詩に描かれた情景や心情を想像させる。

本時の展開に即した主な評価規準例（Bと認められる生徒の姿の例）

・言葉の使われ方や表現上の特徴に注目して伝わってくることを話し合い，内容の理解に役立てている。
【知・技】

生徒に示す本時の目標
　詩に描かれた情景や心情を想像しよう

1　学習の目標を確認し，学習の見通しを持つ

Ｔ：中学校国語で学ぶ最後の詩ですが，題名が「初日」です。まもなく新しい環境へスタートする皆さんにはどんなことが伝わるでしょうか。今まで学習してきたことを生かして読み味わってみましょう。

2　初日のイメージをもつ

Ｔ：「初日（はつひ）」という言葉を聞いたことがありますか？

○新しい言葉に注目させる。「初日（はつひ）」は季語であること，正岡子規の「空近くあまりまばゆき初日かな」などを紹介し，ゆっくりと登っていく朝の光を具体的にイメージさせて詩の内容理解に生かす。

Ｔ：「初日」から受けるイメージを自由に出し合いましょう。　⬇ WS1

○二人組などで自由に話をさせ，指名や挙手などで，数名に発表させ，適宜板書する。

3　情景を思い浮かべながら繰り返し音読する

Ｔ：「初日」のイメージが膨らみましたね。では，音読をします。情景を想像しながら音読をしてください。

○1行ずつ交代，一連ごとに交代で，順番を変えて二回読ませる。さらに二人で声を合わせて，一人でなどいろいろな読み方を組み合わせて何度も読ませる工夫をしてもよい。

Ｔ：この詩は一言で言うと，どんな詩と言えますか？　ワークシートに書きましょう。

4　表現に即して，情景や心情を読み取る

Ｔ：詩を音読してみて，一番印象に残った部分を抜き出してタブレット上で提出してください。ワークシートには，自分はどう感じたか，どんなことが伝わったかを書いてみましょう。他の人に考えを聞いてみたいと思うような部分を取り上げてください。

ポイント　表現について話し合う動機をつくる

　印象に残った部分について，ここで自分の捉え方を書かせることで，他の生徒はどのように感じているのかという興味をもたせる。

Ｔ：同じ部分を取り上げている人はいますか？　その人と，伝わってくることなどについて話し

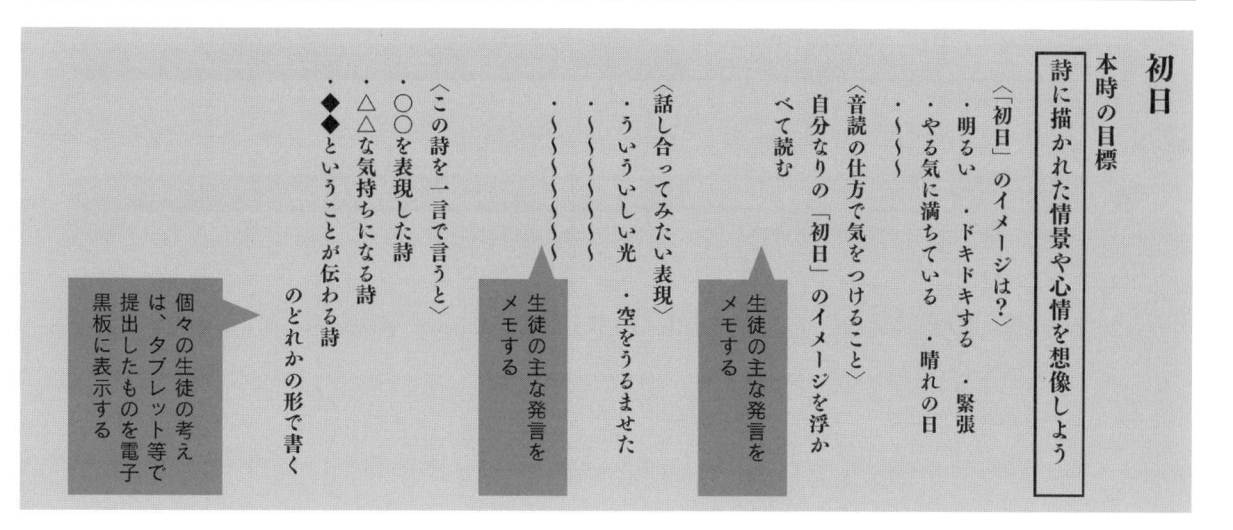

初日

本時の目標
詩に描かれた情景や心情を想像しよう

〈「初日」のイメージは？〉
・明るい ・ドキドキする ・緊張
・やる気に満ちている ・晴れの日
・～～

〈音読の仕方で気をつけること〉
自分なりの「初日」のイメージを浮かべて読む
→生徒の主な発言をメモする

〈話し合ってみたい表現〉
・ういういしい光 ・空をうるませた
・～～～～～
・～～～～～
・～～～～～
→生徒の主な発言をメモする

〈この詩を一言で言うと〉
・○○を表現した詩
・△△な気持ちになる詩
・◆◆ということが伝わる詩
のどれかの形で書く
→個々の生徒の考えは、タブレット等で提出したものを電子黒板に表示する

合いましょう。なぜそう思ったのか，どこから そう考えたのか，などの質問をするようにして ください。

○タブレット上の記述を見て，同じ部分を取り上げている生徒を探し交流する。

T：席に戻り，自分の考えたことを文章にします。

ポイント　考えの変容を確認する

交流したことを生かして表現から伝わることをまとめる。最後に「ここから，この詩を一言で言うと…」を付け加えさせる。

初めに書いたこととの違いを確認させ，読みの深まりを感じ取らせる。

5　多様な読み方を共有する

T：「この詩を一言で言うと」に続く部分をタブレットに入力してください。

○　表示された言葉をいくつか取り上げて，教師との対話的な形で考えを述べさせる。

発展

導入部分を省略するなどの工夫をして時間を捻出し，jamboard などのアプリ上に提出させる。

クラス全員から提出された多様な考えを，自分で分類させたり，並べ替えたりすると捉え方の視点の違いを理解したり，さらに読みを広げていくことができる。

T：今日の学習で，一番印象に残った人の考えは何ですか。感想を書いて授業を振り返りましょう。

指導の重点

・贈りたい人を決め，メッセージをそえて朗読させる。

本時の展開に即した主な評価規準例（Bと認められる生徒の姿の例）

・詩を読んで考えを広げたり深めたりして，人間，社会，自然などについて，自分の意見をもっている。【思・判・表】
・詩を読んで，進んで考えを広げたり深めたりし，作品の価値について考えをまとめ，贈りたい人物を想定して伝えようとしている。【主】

生徒に示す本時の目標

　贈りたい人を決めて，メッセージをそえて朗読しよう

1　本時の目標を示し，学習の見通しをもつ

Ｔ：前回の授業で読み取ったことや伝わってきたことを生かして，気持ちのこもった朗読をして学習を締めくくりましょう。

2　詩を贈る相手を想定する　⬇ WS2

Ｔ：この詩はどのような詩だったかを振り返り，その詩を贈りたい人を思い浮かべましょう。身近な人でも，架空の人でもいいです。その人はどのような状況で，どのような気持ちでいるのかを想像してみましょう。

ポイント　相手意識をもって文章を書く

　本時は朗読をさせるが学習の中心は，相手意識をもって詩にそえるメッセージを書くことにもある。
　クラスの状況によって教師が「これからの人生に希望でいっぱいな人」「少し落ち込んでいる人」「新しいスタートに緊張している人」などのおおまかな人物像を提示し，より具体的な状況を想像して付け加えさせてもよ

い。また，自由にグループをつくらせて，協働で人物像を楽しみながらつくらせてもよい。他者の想定が難しい場合には，自分の今の心境などを探らせ，自分自身を「相手」としてもよい。

○人物像を箇条書きでワークシートに書かせる。
Ｔ：その人に伝えたいこと，どのような気持ちになってほしいかを考えて書きましょう。
Ｔ：では，人物像を広げたり，より具体的にするために，ワークシートを読み合ってみましょう。
　　詳しい人物像が思い浮かばない人は，参考にさせてもらいましょう。

ポイント　他者の考えを参考にする

　人物像の想定を苦手とする生徒もいるので，他者の考えを参考にすることを推奨し，自然に助け合いながら学習を進めることを再確認させる。
　あえて対話をせずに行うのは，短時間に多くの考えに触れさせ，自分自身の内面に向き合わせる目的と，必要以上に相手の気持ちに踏み込まないための配慮である。

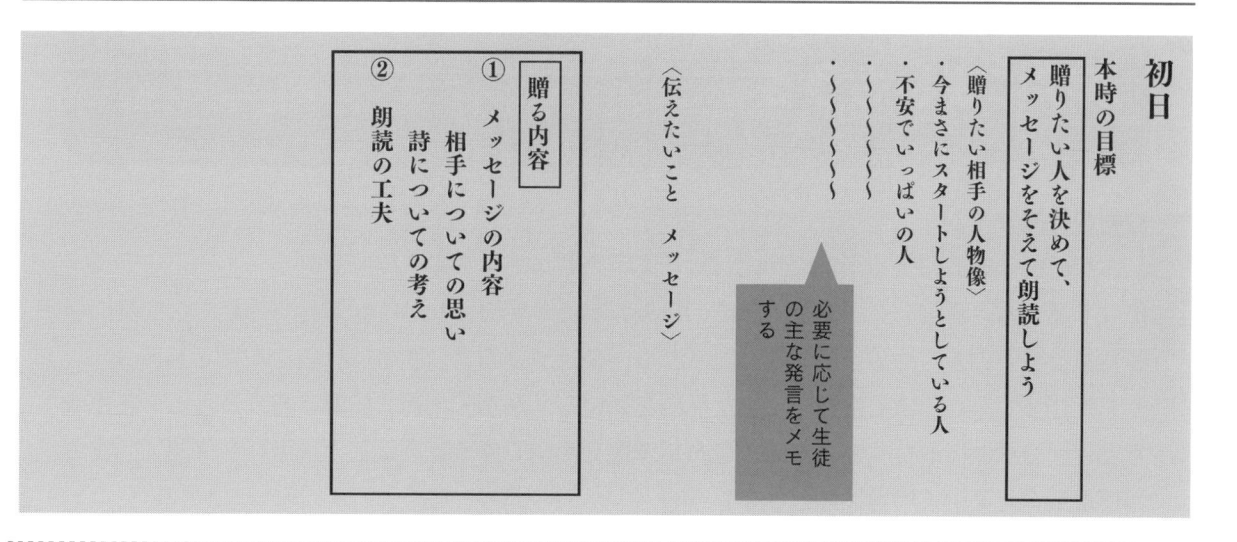

板書（ワークシート）の内容：

初日

本時の目標
贈りたい人を決めて、
メッセージをそえて朗読しよう

〈贈りたい相手の人物像〉
・今まさにスタートしようとしている人
・不安でいっぱいの人
・～～～～～～
・～～～～～～
・～～～～～～

〈伝えたいこと　メッセージ〉

必要に応じて生徒
の主な発言をメモ
する

贈る内容
① メッセージの内容
　相手についての思い
　詩についての考え
② 朗読の工夫

3　朗読の前に付けるメッセージ文を考える

Ｔ：では，朗読の準備に入ります。まず，リード
　　文を参考に，メッセージ文を書きましょう。

○リード文：①「あなたは今（状況）…きっと
　　（心境）でしょう。そんなあなたにこの詩を贈
　　ります」②「私がこの詩で最もよいと思った部
　　分は（伝わること）…」③「私は（自分の考
　　え・相手への思い）そんな気持ちを込めて朗読
　　します。」

○できるだけ時間を取って書かせるようにする。

Ｔ：書き終わったメッセージ文を一度声に出して
　　読みましょう。

○読みづらい部分，修正点があれば直す。

Ｔ：四人グループで，書いたメッセージ文を静か
　　に読み合って感想を伝え合いましょう。読ませ
　　てもらった人のワークシートには一言感想を書
　　いてください。

4　メッセージ文に続けて朗読をし，学習を振り返る

Ｔ：文章に続けて詩も朗読します。相手に向けた
　　ビデオレターのイメージで気持ちを込めて朗読
　　しましょう。教室内の好きな場所に移動して行
　　ってください。

○朗読の技術は問わず，相手を思い浮かべて読む，

という経験を重視する。自席のまま一斉に行っ
てもよい。全体での発表は，自主的に行える生
徒に依頼する。教師がメッセージを考えて生徒
に対して朗読してもよい。

5　学習の振り返りを行う

○活動を終えて，感じたことや気づいたことを書
　き留める。

> **発展**
>
> 　家庭学習として，ビデオメッセージをつく
> らせる，朗読が難しい場合には，メッセージ
> 文とともに詩を視写させ，下級生に読んでも
> らう掲示物とするなど，卒業期ならではの活
> 動につなげることもできる。

漢字に親しもう5

教材の特徴

　本教材は年間五回ある漢字に特化した「漢字に親しもう」の最終回である。1，2年の漢字に関する学習，漢字の造語力や，熟語の読み方などと組み合わせて学習してきた内容を基に構成された漢字のまとめの後に配置されており，補足や復習と位置付けられた教材である。

　したがって，ここまで学習してきた熟語を用いて「漢字の学習」に関する「コラム」を作成するという課題に取り組む。自分が選んだ漢字を用いて作成することで漢字に主体的に向き合う態度を育てていく学習活動とする。

生徒に示す本時の目標

　学習してきた漢字を用いて「コラム」を作成しよう

1　本時の目標を確認し，本時の学習の流れについて説明する

○事前に課題として出していた教科書 p.226の問題の答え合わせを行う。

Ｔ：今日は「漢字」について今まで学んできた知識を生かして「コラム」を作成します。その為に，今まで学習してきた内容を簡単に振り返ります。

○3年生になってから学習してきた内容を振り返る。
- ・熟語の構成
- ・漢字の造語力
- ・漢字（熟語）の音訓
- ・部首
- ・類義語，対義語，多義語
- ・同音異義語　など

○学習した中で最も印象に残っている学習内容について整理する。その際，その理由も明確にする。

○どのようなことを学習し，何を学んだのかを確認する。

○印象に残っている学習を考える際，理由も明確に示すように指示する。

2　学習した漢字を用いてコラムを作成する

Ｔ：3学年の教科書に掲載されている漢字を用いて，「私にとっての漢字の学習」という題名でコラムを書きます。

《作成条件》
- ・自分にとっての「漢字の学習」を漢字で表すと何になるかを最初に示す。その際は，3学年の教科書に用いられている漢字を使う。
- ・なぜその漢字を選んだのかについての理由を明確にする。その際，可能な限り具体的な出来事を書く。
- ・「漢字の学習」とはどのようなものだったのかについての自分なりの「まとめ」も書く。

○「私にとっての漢字の学習」という内容で，コラムを作成する。

○机間指導を行い，困っている生徒がいれば支援する。

○進捗状況を確認し，適宜交流の時間を設ける。

○使用する漢字は漢字1字でもよいし，熟語でもよいことを示す。

○例文を提示すると分かりやすい。

漢字に親しもう5

本時の目標
学習してきた漢字を用いて「コラム」を作成しよう

《一年間で学習してきた内容》
・熟語の構成
・漢字の造語力
・漢字（熟語）の音訓
・部首
・類義語、対義語、多義語
・同音異義語

◎コラムを作成しよう
《作成条件》
・自分にとっての「漢字の学習」を漢字で表すと何になるかを最初に示す。
・三学年の教科に用いられている漢字を使う。
・意見を裏づける理由を明確にする。
・具体的な出来事を書く。
・「漢字の学習」に対する「まとめ」も書く。

［例］［まとめ］本時の学習で気づいたこと学んだこと
《例》漢字の学習自体に苦手意識があったが、様々な視点で学習することで興味が湧いてきた。

3　グループで読み合う

Ｔ：作成したコラムをグループの中で読み合います。

○三人～四人のグループを作成し，グループの中で読み合う。

○読み合った際には，必ずそれぞれに対する感想や工夫できるポイントを伝える。

○グループの中で興味深い作品を一つ選択する。

○グループ毎の興味深い作品を全体で披露する。

ポイント　グループ内での興味深い作品選び

　円滑な学習のために選択するための条件付けを行う。
（例）
・学習した内容が生かされている。
・全ての生徒にとって分かりやすい。
・今後の漢字の学習のヒントになる。

4　推敲する

Ｔ：グループの中でもらった感想やアドバイスを参考にして，自分の作品を推敲します。

○各個人が得た感想やアドバイスを基に，自分の作品を推敲する。他者の意見はあくまで参考であり，取り入れなくてもよいことを伝える。

ポイント　幅をもたせる

・感想やアドバイスを基に選択した漢字を変更してもよい。
・完成しなかった生徒は宿題として後日提出もできるようにしておく。

5　学習を振り返る

○学習を振り返り，気づいたこと，感じたことについてまとめさせる。

発展

・タブレット等を活用して調べたり問題を配信したりしてもよい。
・コラムにこだわらず1行日記や短歌や俳句を書かせたり，書写と関連させたりしてもよい。

国語の力試し

（3時間）

1　単元の目標・評価規準

［読む力］１／３時間　・自分の生き方や社会との関わり方を支える読書の意義と効用について理解することができる。　　　　　　　　　　　　　　　〔知識及び技能〕(3)オ

・文章を読んで理解したことや考えたことを知識や経験と結び付け，自分の考えを広げたり深めたりすることができる。　　　　　　〔思考力，判断力，表現力等〕C(1)オ（第2学年）

・言葉がもつ価値を認識するとともに，読書を通して自己を向上させ，我が国の言語文化に関わり，思いや考えを伝え合おうとする。　　　　　　　　〔学びに向かう力，人間性等〕

［話す力・聞く力］［書く力］２／３時間　・具体と抽象など情報と情報との関係について理解を深めることができる。　　　　　　　　　　　　　　　　　　〔知識及び技能〕(2)ア

・進行の仕方を工夫したり互いの発言を生かしたりしながら話し合い，合意形成に向けて考えを広げたり深めたりすることができる。　　　　〔思考力，判断力，表現力等〕A(1)オ

・文章の種類を選択し，多様な読み手を説得できるように論理の展開などを考えて，文章の構成を工夫することができる。　　　　　　　〔思考力，判断力，表現力等〕B(1)イ

＊「学びに向かう力，人間性等」は［読む力］と同じ（以下の［知識・技能］も同じ）。

［知識・技能］３／３時間　・慣用句や四字熟語などについて理解を深め，話や文章の中で使うことを通して，語感を磨き語彙を豊かにすることができる。　　〔知識及び技能〕((1)イ)

・歴史的背景などに注意して古典を読むことを通して，その世界に親しむことができる。

〔知識及び技能〕((3)ア)

2　単元の特色

教材の特徴

　本単元は，「読む力」「話す力・聞く力」「書く力」「知識・技能」の領域別確認問題を通して学習したことの振り返りをねらいとしている。教材の特徴は，教科書掲載の練習問題と二次元コードで読み取る発展問題で構成され，CBT形式で取り組む点にある。本指導案は教科書の設問を中心に構想した。

身に付けさせたい資質・能力

　「読む力」では，(1)オの力を育成する。他の文章と比較して文章を批判的に読み，自分の考

えをグループで伝え合う言語活動を設定した。「話す力・聞く力」では，A(1)オの力を育成する。話し合いシートを見直して合意形成についての考えを深める言語活動を設定した。「書く力」では，B(1)イの力を育成する。相手と目的を明確にして説明文を書き，交流する言語活動を設定した。「知識・技能」では，(1)イおよび(3)アの力を育成する。そのために慣用句，四字熟語，和歌の知識をもとに設問の答えを共有する言語活動を設定した。

3 学習指導計画（全3時間）

次	時	○主な学習活動	☆指導上の留意点　◆評価規準
一	1	○本時の目標を確認する。 ○課題を確認する。 ○課題解決の見通しを考え，課題に取り組む。 ○互いの考えをグループで共有する。 ○個人で見直す。 ○本時のまとめをする。	◆言葉に対する筆者の考え方という微妙で把握しにくい内容を他の文章の考え方と比較して理解している。【知・技】 ◆「読むこと」において文章を批判的に読んで筆者の見方や考え方について自分の考えをグループで伝え合っている。【思・判・表】 ◆進んで文章の表現を理解し，今までの学習を生かして筆者の考えをまとめようとしている。【主】
二	2	○本時の目標を確認する。 ○前半の課題に取り組む。 ○課題解決の見通しを考える。 ○互いの考えをグループで共有する。 ○個人で見直す。 ○課題：「読み手を説得できるように論理の展開を考えて提案書を書こう」（後半）を確認する。 ＊以下の流れは，前半の課題と同じである（個人で課題に取り組むところまで活動し，グループでの共有は次時に行う）。 ○本時のまとめをする。	◆情報と情報，それぞれの意見の関連性について理解を深めている。【知・技】 ◆進行の仕方を工夫したり互いの発言を生かしたりしながら話し合い，合意形成に向けて考えを広げたり深めたりしている。【思・判・表】 ◆合意形成のあり方について考え，課題に沿って話し合いシートを見直そうとしている。【主】 ◆情報と情報，意見の関連性，情報の内容・特徴について理解している。【知・技】 ◆論理の展開などを考えて，文章の構成を工夫している。【思・判・表】 ◆積極的に情報の内容を理解し，課題に沿って読み手を説得できる提案書を書こうとしている。【主】
三	3	○本時の目標を確認する。 ○互いの考えをグループで交流する ○課題「解答をグループで共有しよう」（後半）を確認して，はじめに個人で見直す。 ○解答をグループで共有後，個人で確認する。 ○本時のまとめと単元のまとめをする。	◆図の特徴を把握するなどして情報同士の関係を整理して理解を深めている。【知・技】 ◆読み手を説得できるように論理の展開などを考えて，文章の構成を工夫している。【思・判・表】 ◆積極的に情報の内容を理解し，課題に沿って読み手を説得できるように提案書の文章を書こうとしている。【主】 ◆慣用句や四字熟語などの意味について，辞書等で調べて理解している。【知・技】 ◆万葉集の特徴や歴史的背景などに注意して和歌を読み，内容を理解している。【知・技】 ◆語句や古典の設問に取り組み，今までの学習を生かして国語の知識を深めようとしている。【主】

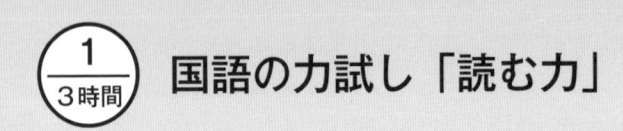

国語の力試し「読む力」

1 / 3時間

・三年間の「読むこと」の学習を振り返らせる。

本時の展開に即した主な評価規準例（Bと認められる生徒の姿の例）

・言葉に対する筆者の考え方という微妙で把握しにくい内容を他の文章の考え方と比較して理解している。【知・技】
・「読むこと」において文章を批判的に読んで筆者の見方や考え方について自分の考えをグループで伝え合っている。【思・判・表】
・進んで文章の表現を理解し，今までの学習を生かして筆者の考えをまとめようとしている。【主】

生徒に示す本時の目標

　三年間の「読むこと」の学習を振り返ろう

1　本時の学習課題を把握する

Ｔ：本時の授業では，「読む力」についての振り返りをします。文章の読みを深めるためにこれまでどのような活動をしてきましたか。

○生徒の発言の中から「他の文章と比べて読んだ」「感想や疑問点についてグループで交流した」といった意見を取り上げる。

Ｔ：今日も文章を批判的に読み，筆者の言葉に対する考え方について自分の考えをまとめます。すでに各自で解答している設問2にもう一度取り組みます。文章を批判的に読むとはどういうことでしょうか。教科書 p.135の「文章を批判的に…」を参考に考えてください。

○5分間程度時間をとる。

> **ポイント　生徒の言葉を生かして学習課題を伝える**
>
> 　生徒とのやりとりを通して出てきた言葉を用いて伝えることで，生徒が学習の必然性を感じて主体的に学習に取り組めるようにする。

○生徒の発言の中から「自分の知識や経験と比べ

たり，複数の文章と比べたりして読みを深めること」「賛成・共感など自分の立場を明確にすること」という言葉を取り上げる。

Ｔ：設問の模範解答は一例です。先生が皆さんの解答に付けた赤色下線部とコメントをもとに書き直す課題に取り組みます。

○生徒はすでに家庭学習で設問に取り組み，自己採点をしている。生徒が十分に内容を読み取れていないことが分かるような記述箇所には教師が赤色の下線を引いてコメントを付している。

2　課題を解決するための見通しをもつ

○課題解決のために必要なことを捉える。

Ｔ：まずは，見通しをもちましょう。言葉に対する筆者の考えをしっかり把握します。そのためにどのような点を押さえておくとよいですか。赤色下線部とコメントをヒントにワークシートにメモしてください。　📥 **WS1**

○5分程度時間をとる。

○生徒を指名して発言させながら批判的な読みに向けて読みを深めておく必要がある箇所を確認させる。その中で次の2点に特に注目させる。

①――線部「言葉は〜」の比喩が表す意味は？
②筆者の言葉に対する考え方を表すキーワードは？　また，それは筆者の言葉へのどのよう

板書計画

国語の力試し（読む力）

本時の目標
三年間の「読むこと」の学習を振り返ろう

本時の課題
文章を批判的に読み、筆者の言葉に対する考え方について自分の考えをまとめよう

〈筆者の言葉に対する考え方とは〉
①——線部の理解→「のようだ」の比喩表現
②筆者の言葉に対する考え方→小ささ・貧しさ・いとしさ＝言語化の営みへの筆者の思い

①言語化の営み（A）と八歳の少女（B）との共通点

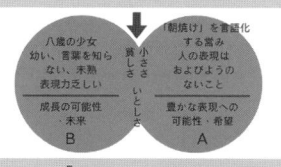

「AはBのようだ」
②言語化についての考え(相違点)

『言葉の力』	『朝焼けの中で』
着物の染色	筆者の体験
美しい言葉、正しい言葉 その人の人間全体の世界＝論理的表現 （言葉の本質、もつ力）	小ささ、貧しさ いとしさ ＝感覚的表現 （言葉への希望）

〈生徒の解答例〉「①＋②」＋③（自分の考え）
自然のもつ表現力に比べ、人間の言語化の営みは幼子のように小さく拙いが、無限の可能性がある（①）。一方で『言葉の力』のようにその美しさは人間全体を反映している。言葉の「ささやかさ」そのものに大きい意味がある（②）。両文章は
＋
ともに言葉の本質を表現しているが、『朝焼け』の方が自らの感覚に訴えて共感しやすい（③）。

〈まとめ〉
読む力＝文章の深い読み＋文章を批判的に読む力とは…例
①文章の深い読み＝②知識や経験の具体例引用・比較＋③考え（深い共感・関連性の発見）

な思いを表しているのか？

Ｔ：皆さんの意見から，①——線部の比喩の読み取りと，②筆者の言葉に対する考え方という微妙で把握しにくい内容の理解が十分でないと筆者の考え方がつかみにくいことが分かりました。では，①——線部の比喩表現は，何をどのようにたとえていますか。また，②のキーワードは何ですか。

○①——線部の比喩表現について生徒に質問しながら板書に集合図を示す。同じように②のキーワード「小ささ・貧しさ・いとしさ」を板書しして筆者の言葉への思いや考えをまとめる。

Ｔ：筆者の言葉に対する考えについて，理解を深めてきました。さらに深く読み取るために，言葉について論じた他の文章，２年生で学習した随筆「言葉の力」と比較してみます。両者の考え方の微妙な違いを捉えましょう。比較の観点は教科書 p.119「学びのカギ」を参考にします。比較して分かったこと，例えば共通点や相違点をワークシートにメモしてください。

○比較の観点「立場や主張」「事実や事例」「文体や表現」（教科書 p.119「学びのカギ」）もワークシートに一覧表にして示しておく。

○10分程度時間をとる。

Ｔ：メモしたことを発表してください。

○生徒の発言の中から共通点は共に随筆で言語化の営みの大切さを述べている点，相違点は設問の文章からは言語化へのいとしさといった筆者の希望までも読み取れる点などを取りあげる。

3　課題解決に取り組む

Ｔ：以上の読み取りもふまえて設問2の答えをあらためてワークシートにまとめてください。

○10分程度時間をとる。

4　グループの中で考えを交流する

Ｔ：では，グループ内で自分の考えを互いに発表して交流してください。

○10分間程度時間をとる。

Ｔ：グループの交流を踏まえて必要があればさらに修正してください。

○5分後に生徒数名に指名し，発表させる。

5　まとめと宿題の予告

Ｔ：本時は文章表現を見つめ直し，他の文章と比べて筆者の言葉に対する考え方を深く読み取ることで中学校「読む力」の振り返りをしました。教科書 pp.242-246の設問を宿題で解いてきてください。

2 / 3時間　国語の力試し「話す力・聞く力」「書く力」

指導の重点
・今まで学んできた話す力・聞く力・書く力を振り返らせる。

本時の展開に即した主な評価規準例（Bと認められる生徒の姿の例）

話す力・聞く力
・情報と情報，それぞれの意見の関連性について理解を深めている。【知・技】
・進行の仕方を工夫したり互いの発言を生かしたりしながら話し合い，合意形成に向けて考えを広げたり深めたりしている。【思・判・表】
・合意形成のあり方について考え，課題に沿って話し合いシートを見直そうとしている。【主】

書く力
・情報と情報，意見の関連性，情報の内容・特徴について理解している。【知・技】
・論理の展開などを考えて，文章の構成を工夫している。【思・判・表】
・積極的に情報の内容を理解し，課題に沿って読み手を説得できる提案書を書こうとしている。【主】

生徒に示す本時の目標

　三年間の「話す・聞く／書く」ことの学習を振り返ろう

1　本時の前半の学習課題を把握する（話す力・聞く力）

Ｔ：本時の前半は話す・聞く学習の振り返りを，後半は書く学習の振り返りをします。宿題の教科書 pp.242-246 の設問の答え合わせをします。これまでの話し合い活動の振り返りを次の話し合いに生かすことができたか，メモや動画の記録をタブレット等で確認して発言してください。
○５分間程時間をとる。
○生徒の発言から「振り返りを次に生かすことが難しく，合意形成に至らないことが多かった」「全員が納得できる合意形成ができた」「同じような意見がいくつか出ていたので，それぞれの意見の共通点や相違点を指摘する発言をすればよかった」等の意見を取り上げ，学習課題につなげる。

ポイント　生徒の言葉を生かして学習課題を伝える

　生徒とのやりとりを通して出てきた言葉を用いて伝えることで，生徒が学習の必然性を感じて主体的に学習に取り組めるようにする。

Ｔ：話し合いの仕方は，一つに決定する，視野を広げる，コミュニケーションを深めるなど目的によって異なります。物事を一つに決める話し合いの合意形成は難しいという意見が多いです。そこで，本時は合意形成を目指す話し合い活動に絞ってこれまでの振り返りを今後に生かせるようにまとめの活動をします。では，どのような課題に取り組んだらよいでしょうか。
○５分間程度時間をとる。　📥 WS2
○教師が作成し，授業で活用してきた「話し合いシート」（タブレット上のワークシート）や教科書 p.187 を参考にペアで話し合わせる。
○生徒の発言の中から振り返りで気づいたことを工夫点としてシートに加えるといった意見を取り上げ，課題につなげる。

2　課題を解決するための見通しをもつ

Ｔ：シートを見直す課題に取り組むことにします。その前に解決の見通しをもちましょう。まず，シート見直しの工夫の観点は何ですか。例として「司会の役割」「座標軸の活用方法」などがあります。これらも含めて必要な観点についてペアで話し合ってください。

国語の力試し（話す力・聞く力／書く力）

本時の目標
三年間の「話す・聞く／書く」ことの学習を振り返る

課題（前半＝話す・聞く力）
話し合いシートを見直そう

〈これまでの学習の振り返りから〉
振り返りを次に生かすことが難しかった／合意形成に至らないことが多い／全員が納得できる合意形成ができた／全員が一回ずつ提案を発言した後は、発言する人がいない／同じような意見がいくつか出ていたので共通点や相違点を指摘する発言をすればよかった

〈見直しの工夫の観点〉
①司会の役割、②提案の工夫、③質問の工夫、④対応策（同じような意見ばかりになった場合・意見があまり出ない場合）、⑤座標軸の活用

課題（後半＝書く力）
相手意識・目的意識を明確にして提案書を書こう

〈条件〉
①相手＝全校生徒対象
②目的＝給食委員代表の立場で図Aまたは図Bどちらかを選び、提案書を書いて説得する。

まとめ
話す力・聞く力＝「提案の工夫」例…優先順位の高い理由から述べるとその理由も聞けて次につなげられる。

○5分間程度時間をとる。
○生徒の発言の中から次のような観点を取り上げて板書し、課題解決の手立てにする。
　①司会の役割，②提案の工夫，③質問の工夫，④対応策（同じような意見ばかりになった場合，意見があまり出ない場合），⑤座標軸の活用

3　課題解決に取り組む
Ｔ：これらの観点のうち最も重要だと考える観点を一つ取り上げてそれに基づいて工夫点を各自でワークシート（タブレット）に書き込んでください。この後にグループで交流します。
○10分間時間をとる。

4　互いの意見をグループで交流する
Ｔ：では，グループで交流してください。
○10分間程時間をとる。全員がタブレットで記述内容を共有して質問や意見を交流する。
Ｔ：次に共有したことをふまえて必要と感じたルールや工夫点について個人で修正してください。
○3分間程時間をとる。
○生徒数名に指名して全体で発表させて共有する。

5　本時（前半）の振り返りをする
Ｔ：②の観点が一番多かったようです。質問しやすいように優先順位の高い理由からナンバリングして述べると次にその理由を聞きやすくなるという意見もありました。見直したシートをこれからの話し合い活動に活用してください。

6　後半の学習課題を把握する（書く力）
Ｔ：後半は「書く力」の振り返りです。（教科書p.245の設問2を示して）これまで学習してきた書く活動では前提として当然押さえておくべきポイントがありました。それは何ですか。
○生徒の発言の中から事前に「相手意識・目的意識」を明確にしておくという意見を取り上げ，課題設定と解決の見通しにつなげる。
Ｔ：設問2は「相手・目的」が明確ではありません。そこで，「給食委員会の意見が分かれたため委員代表者二名が全生徒に向けてそれぞれ両案の提案書を示し，生徒の意見を聞く会を開く」設定で皆さんが委員代表としていずれかの提案書を書く課題に取り組みます。個人での取組後，グループで交流し，さらに個人で修正します。では，提案書を書き始めてください。
○10分間程度時間をとる。

7　次時の予告をする
Ｔ：次の時間にグループで交流します。

国語の力試し「書く力」「知識・技能」

指導の重点

・三年間で学習した「書くことと知識・技能」について振り返らせる。

本時の展開に即した主な評価規準例（Bと認められる生徒の姿の例）

書く力
・図の特徴を把握するなどして情報同士の関係を整理して理解を深めている。【知・技】
・読み手を説得できるように論理の展開などを考えて，文章の構成を工夫している。【思・判・表】
・積極的に情報の内容を理解し，課題に沿って読み手を説得できるように提案書の文章を書こうとしている。【主】

知識・技能
・慣用句や四字熟語などの意味について，辞書等で調べて理解している。【知・技】
・万葉集の特徴や歴史的背景などに注意して和歌を読み，内容を理解している。【知・技】
・語句や古典の設問に取り組み，今までの学習を生かして国語の知識を深めようとしている。【主】

生徒に示す本時の目標

　三年間の「書くこと，知識・技能」の学習を振り返ろう

1　課題解決（前半「書く力」）に取り組む

Ｔ：本時の前半は「書く力」の振り返りの続きを，後半は「知識・技能」についての振り返りです。では，前時で書いた提案書を個人でもう一度見直してください。その後グループで交流してください。

○5分間程時間をとる。

2　意見をグループ・全体で交流する

Ｔ：では，グループで交流します。全員でタブレットの共有機能で内容を共有してください。よかった点と説明が分かりやすくなる工夫点といったアドバイスがあればそれもタブレットに記入してください。その後，質問や意見を交流します。

○15分間程時間をとる。

Ｔ：共有したことをふまえて必要と感じた点について個人で修正してください。

○5分間程時間をとる。

○この後，生徒数名に指名して全体で発表させて共有する。

○予想される生徒の反応。

　図Bは図Aと比べて説明の図が一コマ少ないのでより短時間で理解でき，分かりやすいということを中心に説明したが，コマ数だけでなく，コマの中の説明文も少ないという意見があり，それを付け加えた。また，図Aの立場の人から図Bのデメリットとして鉛筆の正しい持ち方ができる人が少ないので正しい箸の持ち方につながらないのではないかという意見があったが，図Bの立場の人から逆に図Bを採用することで鉛筆の正しい持ち方の啓発にもつながるのではないかという意見があった。デメリットをメリットに変える意見であり，自分の提案書に取り入れた。図Aの時間順に詳しく説明していて分かりやすいというメリットは，図Bにはない。

3　本時（前半：書く力）の学習を振り返る

Ｔ：本時は，意見文を書くことで「書く力」の振り返りをしました。分かりやすく説明するためには情報（図）の分析を踏まえて重要度の高い理由から説明すること，また，話し合いの提案と同じようにメリットだけでなくデメリットも指摘して多面的に説明することが大切だと思います。本時の振り返りを今後の書くことに生かしてください。

国語の力試し（書く力／知識・技能）

本時の目標
「書くこと、知識・技能」の学習を振り返ろう

課題（前半＝話す力・聞く力）
相手意識・目的意識を明確にして提案書を書こう

〈グループ交流の意見〉
・図Bは図Aと比べて説明の図が一コマ少ないので、より短時間で理解できる。
・コマ数だけでなく、コマの中の説明文も少なく、すぐに理解できる。
・図Bのデメリットとして鉛筆の正しい持ち方ができる人が少ないので正しい箸の持ち方につながらない。
また図Bは図Aより説明が少なく不適切。
・図Bを採用することで鉛筆の正しい持ち方の啓発にもつながる。

課題（後半＝書く力）
設問の解答を共有して知識を確認しよう

〈和歌の設問・選択肢＝誤っている箇所〉
「乙女の気持ちが〜込められている」
×→情景描写
「桃の花が〜香る」
×→「にほふ」（つややかと照り映える）
「繊細で技巧的」×→万葉集は素朴な歌風

まとめ
四つの領域の振り返り＝構成・表現の工夫などでは、領域を超えて共通の観点で振り返る
→左例
【読む・聞く】メリット・デメリットを理解する。
【書く・話す】"　"を表現する。

---

4 本時（後半）の学習課題を把握する（知識・技能）

Ｔ：本時の後半は「知識・技能」の振り返りをします。設問の解答をもう一度，個人で見直してください。その後，グループで共有し，個人でまとめをします。ことわざ，故事成語，四字熟語については間違えた理由を国語辞典等で確認します。和歌の設問は正解以外の選択肢について適切でない理由を交流で確認してください。

○5分間程時間をとる

5 各自の解答をグループで交流する

Ｔ：では，グループで解答を交流します。先程の観点で交流してください。

○10分間程時間をとる。

6 個人で解答を見直す

Ｔ：では，個人でもう一度間違った箇所を中心に解答を確認してください。

○5分間程時間をとる。

○生徒数名を指名し，誤った箇所の確認を中心に全体に発表させる。グループによっては，設問3（和歌の問題）選択肢の誤り箇所である「乙女の気持ちが〜込められている」「桃の花が〜香る」「繊細で技巧的」がなぜ不適切であるか，十分確認できないこともあるので必要に応じて教師から全体に向けて知識の補足説明をする。

7 本時（後半：知識・技能）の振り返りをする

Ｔ：本時後半は，知識・技能の振り返りをしました。教科書の設問だけでは十分ではないので，新出漢字も含めてドリル問題等で復習しておいてください。

8 単元の振り返りをする

Ｔ：単元「国語の力試し」を振り返りましょう。「読む力」では表現の分析と他の文章との読み比べで理解を深め，「話す力・聞く力」では提案の仕方の工夫などを考え，「書く力」では提案書の構成内容の工夫を考えました。これらの領域を構成や表現という観点で共通してとらえることも大切です。今日の振り返りをこれからの学習活動に生かしてください。

執筆者・執筆箇所一覧 (所属は執筆時)

【編著者】

田中　洋一
　　東京女子体育大学名誉教授／令和7年度版光村図書出版中学校国語教科書編集委員

【編集協力者】

石川　俊一郎
　　足立区教育委員会

勝田　敏行
　　元東京都公立中学校校長

【執筆協力者】

木下　千津子
　　板橋区立中台中学校

西塔　麻美子
　　世田谷区立世田谷中学校

【執筆者】（執筆順）

田中　洋一（前掲）
　　第1章　これからの国語科の授業が目指すもの

和田　祥子（杉並区立杉森中学校）
　　世界はうつくしいと　続けてみよう｜思考のレッスン　具体化・抽象化｜論理の展開を意識して書こう　グラフを基に小論文を書く

西塔　麻美子（前掲）
　　握手｜読書を楽しむ｜「私の一冊」を探しにいこう　羊と鋼の森／読書案内　本の世界を広げよう／コラム ためになるってどんなこと？｜本は世界への扉　天、共に在り／極夜行／読書案内　本の世界を広げよう

青野　祥人（大田区立大森第四中学校）
　　漢字に親しもう1｜漢字1　熟語の読み方／漢字に親しもう2｜漢字2　漢字の造語力｜漢字に親しもう3｜漢字3　漢字のまとめ／漢字に親しもう4｜漢字に親しもう5

馬場　雅美（日野市立三沢中学校）
　　［聞く］意見を聞き、適切さを判断する｜説得力のある構成を考えよう　スピーチで心を動かす｜考えを効果的に伝えよう　多角的に分析して批評文を書く

吉田　稔（青梅市教育支援センター）
　　文法への扉1　「走って」いるのは誰？｜文法への扉2　「ない」の違いがわからない？｜国語の力試し

内藤　ゆりか（江東区立大島中学校）
　　言葉1　相手や場に応じた言葉遣い｜言葉の釣り糸を垂らす｜言葉2　和語・漢語・外来語／語彙を豊かに 時代や世代による言葉の変化｜言葉3　慣用句・ことわざ・故事成語

蓑毛　晶（杉並区立中瀬中学校）
　学びて時に之を習ふ―「論語」から／漢文の訓読｜俳句の可能性／俳句の創作教室／俳句を味わう｜聴きひたる　初恋

勝田　敏行（前掲）
　季節のしおり　春｜季節のしおり　夏｜季節のしおり　秋｜季節のしおり　冬

加藤　則之（杉並区立済美教育センター）
　作られた「物語」を超えて｜故郷

田中　将一（江戸川区教育委員会）
　実用的な文章を読もう／報道文を比較して読もう／情報整理のレッスン　情報の信頼性｜それでも，言葉を

山内　麻美（立川市立立川第六中学校）
　挨拶―原爆の写真によせて｜［推敲］論理の展開を整える｜聞き上手になろう　質問で相手の思いに迫る

小林　寿子（港区立白金の丘中学校）
　複数の意見を読んで，考えよう―正解が一つに決まらない課題と向き合う

岩井堂　雅代（足立区立江南中学校）
　和歌の世界／音読を楽しむ　古今和歌集　仮名序｜君待つと―万葉・古今・新古今／和歌の表現技法｜夏草―「おくのほそ道」から／俳句と俳諧／つながる古典／古典名作選

石川　俊一郎（前掲）
　［話し合い（進行）］話し合いを効果的に進めよう｜合意形成に向けて話し合おう　課題解決のために会議を開く

木下　千津子（前掲）
　温かいスープ／アラスカとの出会い／律儀な桜／わたしを束ねないで｜初日

村上　昭夫（大田区立大森第四中学校）
　三年間の歩みを振り返ろう　冊子にまとめて，発表会をする

［板書作成協力者］
　青野　祥人（大田区立大森第四中学校）
　原田　涼子（世田谷区立太子堂中学校）
　本田　千晶（青梅市立東中学校）
　折原　悠理（渋谷区立上原中学校）
　杉山　史周（足立区立谷中中学校）
　池内　海（足立区立渕江中学校）
　永崎　萌（府中市立府中第六中学校）

【編著者紹介】

田中　洋一（たなか　よういち）

東京女子体育大学名誉教授。横浜国立大学大学院修了，専門は国語教育。東京都内公立中学校教諭を経た後，教育委員会で指導主事・指導室長を務め，平成16年より東京女子体育大学に勤務，令和5年度より現職。この間，中央教育審議会国語専門委員，全国教育課程実施状況調査結果分析委員会副主査，評価規準・評価方法の改善に関する調査研究協力者会議主査などを歴任する。平成20年告示学習指導要領中学校国語作成協力者，光村図書小・中学校教科書編集委員，21世紀国語教育研究会会長。著書・編著書多数。

改訂　板書＆展開例でよくわかる
指導と評価が見える365日の全授業
中学校国語　3年

2025年3月初版第1刷刊　©編著者　田　中　洋　一
　　　　　　　　　発行者　藤　原　光　政
　　　　　　　　　発行所　明治図書出版株式会社
　　　　　　　　　　　　http://www.meijitosho.co.jp
　　　　　　　　（企画）林　知里（校正）関沼幸枝
　　　　　　　〒114-0023　東京都北区滝野川7-46-1
　　　　　　　振替00160-5-151318　電話03(5907)6703
　　　　　　　ご注文窓口　電話03(5907)6668
＊検印省略　　　　　組版所　長野印刷商工株式会社

本書の無断コピーは，著作権・出版権にふれます。ご注意ください。
教材部分は，学校の授業過程での使用に限り，複製することができます。

Printed in Japan　　　　　ISBN978-4-18-491327-1
もれなくクーポンがもらえる！読者アンケートはこちらから →

全ての子供たちの可能性を引き出す
授業づくりの在り方を考える

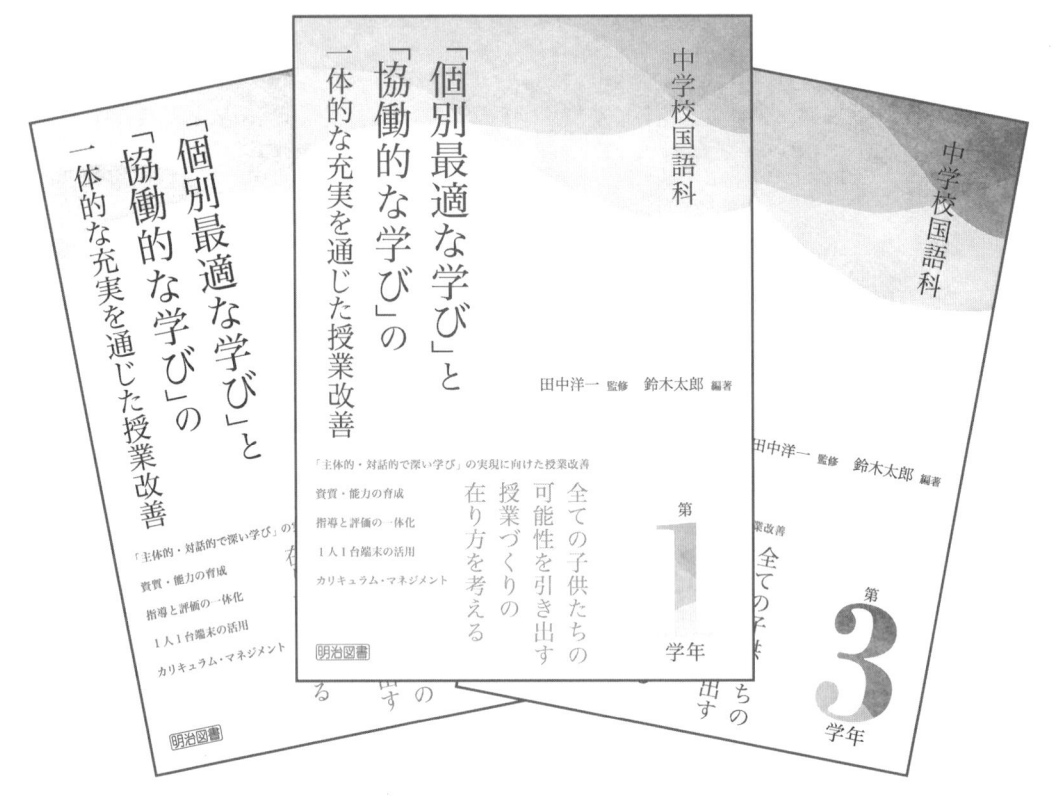

学習指導要領が示す資質・能力を確実に育成し、生徒一人一人を豊かな学びへと導くためには「個別最適な学び」と「協働的な学び」の一体的な充実を通じた授業改善が欠かせない。ＩＣＴを効果的に取り入れながら、領域別に授業づくりの具体を示した。

1章　国語科の授業改善と「個別最適な学び」と
「協働的な学び」の一体的な充実
Ⅰ　教育改革の方向と授業改善
Ⅱ　「個別最適な学び」と「協働的な学び」の
一体的な充実を通じた授業改善

2章　「個別最適な学び」と「協働的な学び」の
一体的な充実を通じた授業改善を図るプラン

田中洋一　監修
鈴木太郎　編著

各Ｂ５判・128頁
定価 2,310 円（10%税込）
図書番号 3671-3673

校長必携！一年間使えるあいさつ集

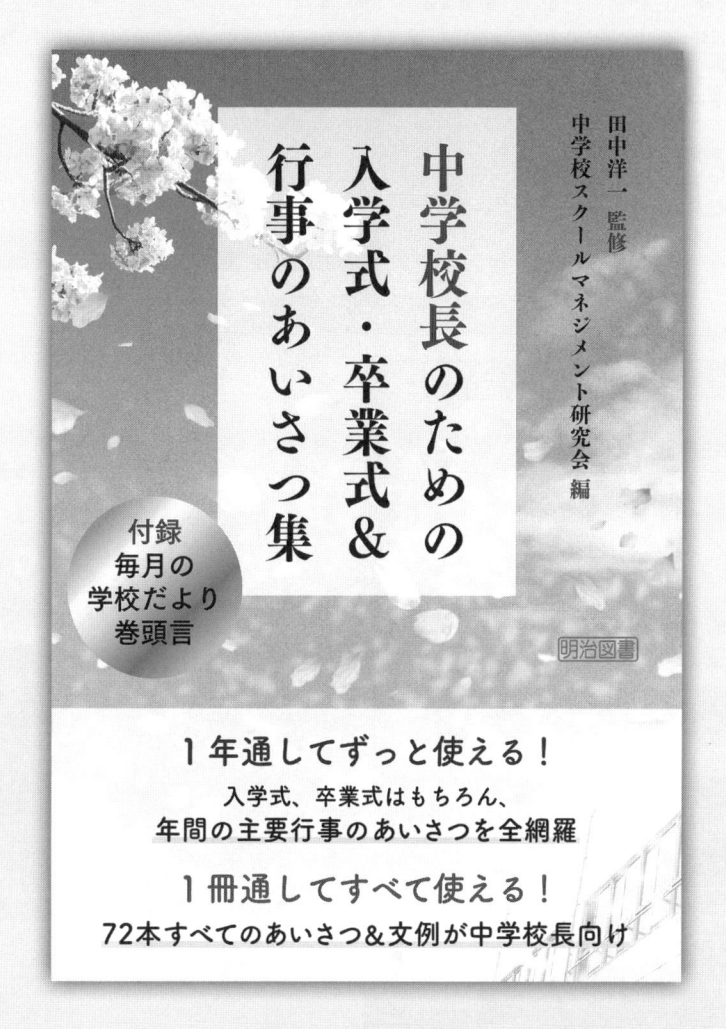

中学校長のための
入学式・卒業式＆
行事のあいさつ集

田中洋一 監修
中学校スクールマネジメント研究会 編

付録
毎月の
学校だより
巻頭言

明治図書

１年通してずっと使える！
入学式、卒業式はもちろん、
年間の主要行事のあいさつを全網羅

１冊通してすべて使える！
72本すべてのあいさつ＆文例が中学校長向け

田中 洋一 [監修]
中学校スクールマネジメント研究会 [編]

聞き手の心に届く入学式・卒業式の式辞例＆行事で使えるあいさつ例の具体とヒントが満載！
行事のあいさつは、新入生保護者会・学校運営協議会・生徒総会などといった、様々な相手や
場面を想定した、すぐに使える事例を集めました。[付録] 月ごとの学校だよりの巻頭言

184 ページ／A5判／定価 2,420 円(10%税込)／図書番号：7817

明治図書　携帯・スマートフォンからは **明治図書 ONLINE へ** 書籍の検索、注文ができます。▶▶▶

http://www.meijitosho.co.jp ＊併記４桁の図書番号（英数字）でHP、携帯での検索・注文が簡単に行えます。

〒114−0023　東京都北区滝野川７−46−１　ご注文窓口　TEL 03−5907−6668　FAX 050−3383−4991

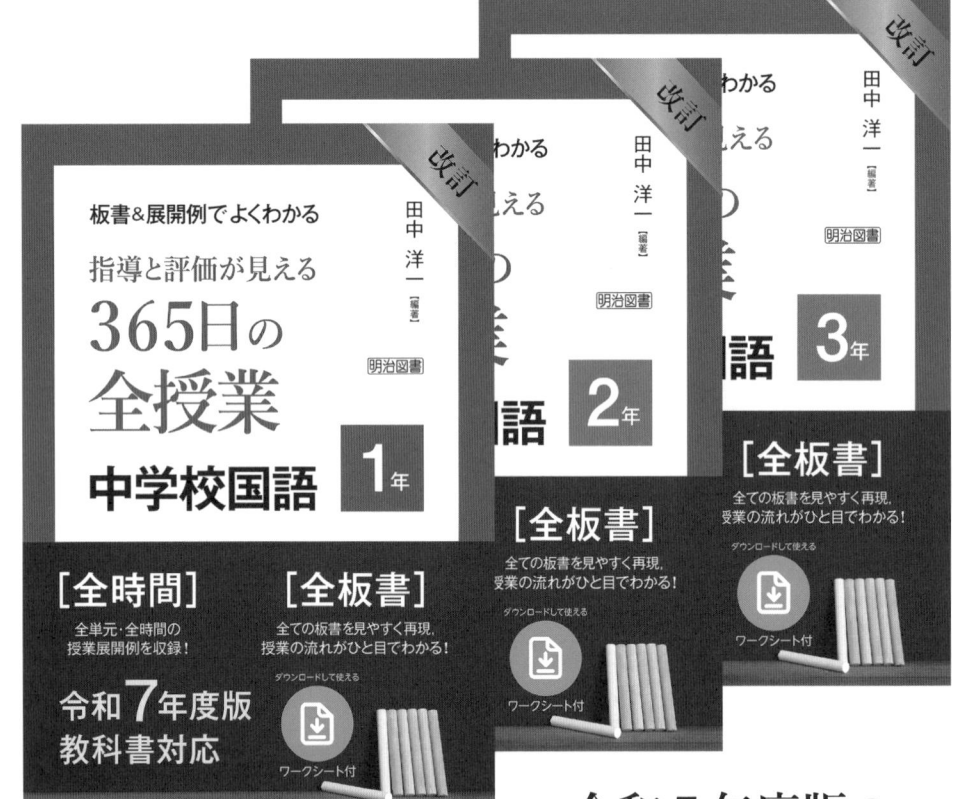